Bildungslügen

GRUNDFRAGEN DER PÄDAGOGIK

Studien – Texte – Entwürfe

Herausgegeben von der Alfred-Petzelt-Stiftung

Band 25

Zu Qualitätssicherung und Peer Review der vorliegenden Publikation

Die Qualität der in dieser Reihe erscheinenden Arbeiten wird vor der Publikation durch den Herausgeber der Reihe geprüft.

Notes on the quality assurance and peer review of this publication

Prior to publication, the quality of the work published in this series is reviewed by the editor of the series.

Heribert Schopf (Hrsg.)

Bildungslügen

Ausgewählte Texte von Alfred Schirlbauer
zu Erziehung, Unterricht und Bildung

PETER LANG

Berlin · Bruxelles · Chennai · Lausanne · New York · Oxford

Bibliografische Information der Deutschen Nationalbibliothek
Die Deutsche Nationalbibliothek verzeichnet diese Publikation
in der Deutschen Nationalbibliografie; detaillierte bibliografische
Daten sind im Internet über http://dnb.d-nb.de abrufbar.

Umschlagsillustration: © Jörg Schirlbauer

Zu danken ist dem Klett Cotta Verlag, dem Löcker Verlag , dem Sonderzahl
Verlag, dem WUV Verlag, wie dem Ferdinand Schöningh Verlag für die
freundliche Überlassung der Rechte an einzelnen Texten. Seinen beiden
Kindern Teresa (Abschlusstext) und Jörg Schirlbauer (Titelgrafik) ist für ihre
Unterstützung und Mithilfe zu danken.

ISSN 1619-246X
ISBN 978-3-631-91490-8 (Print)
E-ISBN 978-3-631-91491-5 (E-PDF)
E-ISBN 978-3-631-91492-2 (E-PUB)
DOI 10.3726/b21675

© 2024 Peter Lang Group AG, Lausanne
Verlegt durch Peter Lang GmbH, Berlin, Deutschland

info@peterlang.com- www.peterlang.com

Diese Publikation wurde begutachtet.

für
Alfred Schirlbauer
1948 bis 2022

Inhalt

Prolog

Einleitung

„Über das Elend unserer Bildungsanstalten" haben sich bereits viele Gedanken gemacht. Ein Wesenszug kritischer pädagogischer Wissenschaft war und ist das interesselose Interesse am Untersuchungsgegenstand. Anders gesagt: an einem Bildungswesen ein gutes Haar lassen, bedeutet immer, in es verstrickt zu sein. Womit ist zu rechnen, wenn man ein Bildungswesen ohne Bildung unterhalten möchte? Der vorliegende Band versucht darauf, die eine oder andere Antwort zu geben.

Es gibt Bücher, die man haben möchte, nach denen man Ausschau hält, wenn sie bereits vergriffen sind. Diese möchte ich an dieser Stelle zu den Schätzen zählen. Der vorliegende Band will so eine Wiederentdeckung alter Schätze sein. Er stellt Texte vor, die bereits publiziert wurden, ist somit eine Art Re-Produktion. Er bringt wichtige Aufsätze und Schriften des bedeutenden österreichischen Erziehungswissenschaftlers und Pädagogen Alfred Schirlbauer (1948-2022) wieder neu heraus. Nach achtjähriger Tätigkeit an Pflichtschulen lehrte und forschte er als Universitätsprofessor für Pädagogik bis 2009 an der Universität Wien und betrieb, wie man damals sagte, systematische Pädagogik. Er verstarb 74-jährig im November 2022. (Eine komplette Bibliografie seiner Bücher, Herausgeberschaften und Texte findet sich im Anhang.)

Die wieder aufgenommenen Texte haben eine beabsichtigte systematische Klammer, auf die man beim Lesen erst wird stoßen müssen, und sie sind gleichzeitig pädagogische Unikate, also Einzelstücke, eines besonderen Denkers und Intellektuellen, der Thema für Thema mit wenigen Verweisen und wohlüberlegten Überschneidungen, bestens gegliedert, vorstellen konnte. Die Originalität im Denken ist in der Zeit tatsächlich etwas Besonderes geworden. Sie ist es, die zur Wieder-Herausgabe Anlass gegeben hat. Während in all den Jahren die Analysen von Alfred Schirlbauer keine historisierende Patina angenommen haben, sind die Werke seiner damaligen Kritiker:innen längst in Vergessenheit geraten. Der Aktualitätsbezug seiner systematischen bildungstheoretischen Kritik war immer frappierend. Er kann hinkünftig eine Anregung zu beständiger Forschung sein.

Worum es geht

Alfred Schirlbauer hat sich von Anfang an wissenschaftlich dem Täuschen und Enttäuschen sowie dem Schwinden und Verschwinden gewidmet. Im Stil

anders als seine Zeitgenossen, wohl ähnlich den hier nur exemplarisch angeführten Zugriffen von Hermann Giesecke („Das Ende der Erziehung"; „Wozu
ist die Schule da?"; „Pädagogische Illusionen"), wohl auch lesefreundlicher als
die früheren kritischen H.J. Heydorns („Über den Widerspruch von Bildung
und Herrschaft") sowie skeptischen Einsätze von Theodor Ballauff („Schule der
Zukunft"; „Skeptische Didaktik"), Wolfgang Fischer und Jörg Ruhloff („Unterwegs zu einer skeptisch transzendental-kritischen Pädagogik"; „Skepsis und
Widerstreit").

Schirlbauers skeptischer Blick streifte durch die damalige Universitäts- und
Schulpädagogik und erspähte ansatzweise das eigentlich schier Unfassbare: die
zunehmende Verniedlichung der pädagogischen Grundgedankengänge, das problematische Unbedeutsam-Machen einheimischer Begriffe seiner Erziehungswissenschaft und die Marginalisierung theoretischer Forschung gegenüber den
aufkommenden „Binsen"-Ergebnissen einer überbordenden normativen Empirie
(Koch). Er fasste diese Kritik in eine lesbare Sprache und beschrieb sie mit den
Mitteln kynischer Provokation. Er war ein Lehr-Meister des Vortrags, er schrieb,
wie er sprach, Inhalt und Form entsprachen einander. Man hört beim Lesen
Alfred Schirlbauer heute noch sprechen, auch dann, wenn man seine markante,
sonore Bass-Stimme nie gehört hat.

Als Hörer seiner damaligen Vorlesung „Theorien und Modelle der Didaktik"
bekam man einen Eindruck von der Kraft seiner Sprache, der pädagogischen
Begriffe, der spielerischen Vermittlung und der verstehenden Aneignung. Der
Hörsaal 33 des Universitäts-Hauptgebäudes wurde in den Jahren seiner Lehrtä-
tigkeit zu einer Art Pilgerstätte für jene, die an der Clou- und Ereignislosigkeit
des gesamten Pädagogik-Studiums zu verzweifeln drohten. Da war plötzlich
einer, der kein Blatt vor den Mund nahm, der mitunter – subjektiv betrachtet –
auch schlechte neben den guten Witzen lieferte und der seinen Hörer:innen
gleichsam im Zuhören Modelle und Theorien der Didaktik beibringen konnte.
Das schallende Lachen des bis auf den letzten Platz überfüllten Hörsaals drang
in die Flure der alten Uni und beseelte sie dermaßen, dass nicht wenige Studierende sich diese Vorlesung, so wie ich, gleich öfter ‚gegeben' haben. Schirlbauers Vorlesung war die spannendste und unterhaltsamste des ganzen Studiums.
Seine Seminare wiederum hatten etwas Andächtiges, man konnte sich dem
Meister nicht unvorbereitet nähern. Seine Art zu lehren und zu diskutieren –
vielleicht kann man sie sokratisch nennen – war gewiss von einer absoluten
Nichtlehrerhaftigkeit gekennzeichnet. Man lernte und begann zu verstehen,
was Pädagogik ist, was sie sein könnte, was man als Bedingung ihrer Möglichkeit zu bedenken hat. Nebenbei war diese Lehre auch unterhaltsam und
man bekam einen Eindruck davon, was es heißt, unterrichten zu können. Die

Lektüren waren anspruchsvoll und neu, Kant, Hegel, Nietzsche und Heydorn, Deleuze dazu Petzelt, Ballauff, Koch, Meyer-Drawe, Heitger u.v.a.m.

Früh bemerkten seine Hörer:innen, dass Schirlbauer vor den Fächergrenzen seiner Disziplin nicht Halt machen wollte. Nicht um diese neuen Provinzen zu erobern, sondern deren Potenzial für spezifische pädagogische Lesarten methodisch erkennbar zu machen. Seine Pädagogik, man kann es in diesem Band lesen, hat eine Affinität zur Soziologie – Sollen und Sein zu verbinden, hat auch Charme. Basil Bernstein faszinierte ihn u.a. deshalb, weil seine eigenen Überlegungen einer fachlichen methodischen Ordnung (Wagenschein „Verstehen lehren") sich mit Bernsteins Theorie pädagogischer Codes („Beiträge zu einer Theorie pädagogischer Prozesse") nicht nur nicht erhärten ließen, sondern sie in überzeugender Weise bestätigten. Mit Sofsky/Paris („Figurationen sozialer Macht") soziologischen Überlegungen zur Autorität wiederum bestätigte sich wiederum seine Theorie der Autoritäts-Zuschreibung von Lehrpersonen, um die es, in der Zwischenzeit, immer prekärer wurde. Heute haben wir es in Ermangelung praktikabler Erziehungsvorstellungen im Unterricht mehr mit dem Versuch psychotechnischer Verhaltensänderung zu tun als mit erziehendem Unterricht, in dem es um Wissen und Haltung geht.

Bourdieu/Passeron, Baudrillard und Deleuze lernte man bei Schirlbauer lesen und studieren. Sie gehörten zum großen Besteck bildungstheoretischer Analyse in soziologischer Begrifflichkeit. Wer verstanden hatte, dass Pädagogik-Studieren lesen und denken bedeutete, konnte im Zusammenhang mit der wachsenden Reproduktion von Ungleichheit von Schule Zusammenhänge erkennen und Gründe für das Scheitern so mancher gutgemeinter Bildungsreformen vorwegnehmen. Foucault, Pongratz und Bröckling lieferten die Hintergründe für Gouvernementalität und Zeitgeistdiagnosen mit pädagogischkritischem Anspruch. Beispielsweise in Agnieszka Dzierzbicka, Richard Kubac, Elisabeth Sattler (Hg.): „Bildung riskiert"; sowie in: „Pädagogisches Glossar der Gegenwart" gemeinsam herausgegeben mit Agnieszka Dzierzbicka 2006, und im Band „In bester Gesellschaft" 2008 von Agnieszka Dzierzbicka, Josef Bakic und Wolfgang Horvath herausgegeben.

Mit Alfred Schirlbauer wurden die „Untiefen des Mainstreams" (Pongratz) entdeckt, dekonstruiert, „Tabus" und „Halbbildung" besprochen (Adorno), „Bauformen des Unterrichts" bedacht (Prange) und damit auch die Methode der Kritik durch Anwendung gelernt. Apropos Dekonstruktion: Mit dem ab den 2000er Jahren neuen Trend, konstruktivistisch Bildungswissenschaft zu betreiben, hatte Schirlbauer keine so rechte Freude, sehr wohl aber mit dem Auffinden der jeweiligen Stilblüten und performativen Fehlschlüsse, wenn z.B. erklärte Konstruktivist:innen nicht zwischen radikalem und sozialem

Konstruktivismus unterscheiden konnten. War das vielleicht ein Spaß, zu fragen, wer jetzt recht hätte.

Dreißig Jahre nach Erscheinen seiner ersten Texte gibt es aus universitätspolitischen Versäumnissen und Politiken eine solche kritische, systematische Pädagogik samt Nachfolger:innen nicht mehr, die diesen Namen verdienen würde. Seine „wackeligen Prognosen" sind zu Fakten geworden, das „Verschwinden des Lehrers" erfährt genau die „Epiphanie", die er logisch erschlossen hatte. Der Untertitel von Schirlbauers frühem Buch „Junge Bitternis" (1992) heißt „Eine Kritik der Didaktik". Jahre später wird Andreas Gruschka unabhängig davon in seiner Forschungsarbeit die Krisen des Unterrichts, der Didaktik und der Erziehung benennen, empirisch belegen und den Aufsatz „37 Elefanten" in seine Publikationsreihe „Pädagogische Korrespondenz" (2010) aufnehmen.

Nun weiß man es: Aus Lehrer:innen sind tatsächlich Lernberater:innen geworden, die weder didaktisch noch methodisch wissen, was sie tun. Die Bildungspsychologie hat inzwischen die Mittel, das Verhalten der Beschäftigten (Lehrer:innen, Schüler:innen, Direktor:innen) zu verändern. Herbart würde wohl mit einiger Betroffenheit diesem para-pädagogischen Treiben eine Absage erteilen. Aber ohne die Zwecke, die erstere nicht liefern kann, wird aus Unterricht und Erziehung ein wenig bildendes, aber auf Dauer gestelltes teaching to the test. Der gute Lehrer bereitet sich vor, nicht seinen Unterricht, so Petzelt und später Schirlbauer unisono. Die neue Lehrperson kopiert aus dem Internet Material, um den Beschäftigungsgrad der Lernenden so hoch wie möglich zu halten. Aus dieser *Arbeit* wird kein erziehender Unterricht mehr, man bleibt in der Zucht und in der Regierung stecken. Die Bildungslügen deckt heute niemand mehr auf, die Grenzstärke der neuen Bildungswissenschaften ist selbst löchrig wie ein Emmentaler. Die Bildungswissenschaften gleichen einem spielenden Orchester ohne Dirigenten, das verschiedene Musikrichtungen zur Aufführung bringt.

Schirlbauers Studierende beschäftigten sich mit der Verschwindens-Metapher und ließen konsequenzlogisch immer wieder etwas verschwinden (Unterricht, Methode, Sache, u. v. m.). Dabei zählte nicht das Spur-Halten bereits ausgefahrener und abgearbeiteter Thesen zum Auftrag, sondern die Erkenntnismöglichkeiten aufzuzeigen, die in den vorfindlichen Themen und Zielen die performativen Widerspruchslagen stetig befeuerten, mit dem Ziel, vor- und nachzudenken, den Einbezug ins Denken zu schaffen und widerspruchsfrei Stellung zum Gelernten und Durchdachten nehmen zu können.

Alfred Schirlbauers Bücher waren auch Teil seiner Prüfungsliteratur, für jene, die ihn als Zweitprüfer für die Diplomprüfung ausgesucht hatten. Für diese Glückspilze, natürlich subjektiv betrachtet, die letzte Gelegenheit, im

Studium mit einem Pädagogen und einer Pädagogik in Kontakt zu kommen. Als Betreuer von Diplomarbeiten und Doktorvater war er für diejenigen ein Glücksfall, die es schafften, einen eigenen Grundgedankengang zu formulieren.

Worum es in diesem Band geht

Die Auswahl der hier neu herausgebrachten Originalbeiträge folgt zunächst Schirlbauers Monografien, wobei alle Abdrucke dem Original textlich und grammatikalisch folgen.

Die Programmatik von Schirlbauers Pädagogik erkennt man immer bereits anhand der Wahl seiner prägnanten Titel, die ankündigen, was sie versprechen.

1992 erschien sein Buch „Junge Bitternis. Eine Kritik der Didaktik", seine publizierte Habilitationsschrift, aus dem in unserem vorliegenden Band drei Texte ausgewählt wurden:

„Vom elitären Charakter der Bildung"– „Gegenstandsbegriff und Lehrer-Schüler-Verhältnis: Ein Plädoyer für eine fachlich-genetische Lehrerausbildung" – „Von Klempnern, Schwätzern, Kurpfuschern und Animateuren. Der Lehrer und sein wandlungsfähiges Selbstverständnis."

1996 erschienen „Destruktive Beiträge zu Pädagogik und Bildungspolitik", mit dem Titel „Im Schatten des pädagogischen Eros". Aus diesem Buch wurden sieben Texte ausgewählt:

„Die große Transformation" – „Die totale Schule" – „Die banale Schule" – „Im Schatten des pädagogischen Eros" – „Der redende Lehrer – He'll never come back" – „Reinheit und Vermischung"– „Die Umerziehung des Lehrkörpers – Von der Lehrerfortbildung zur Organisationsberatung"

Sein drittes Buch, erschienen 2005, aus dem wiederum der Symmetrie halber sieben Texte herausgenommen wurden, heißt „Die Moralpredigt. Destruktive Beiträge zu Pädagogik und Bildungspolitik". Der gleichbleibende Untertitel der Bücher ist programmatisch zu lesen. Schirlbauer hatte seine Agenda gefunden:

„Guter Unterricht ist Unterricht, in dem Verstehen gelehrt wird" – „Vom Verschwinden des Lehrers und seiner Epiphanie" – Distanz als didaktische Kategorie. Bemerkungen zum Mußecharakter der Schule" – „Disziplin. Bemerkungen zum heimlichen Ziel aller Erziehung" – „Die Moralpredigt" – „Bildungslügen", Lernen und Bildung im Übergang von der Disziplinar- zur Kontrollgesellschaft."

Aus zahlreichen Sammelbänden wurden weitere sechs großartige Beiträge zusammengestellt, die exemplarisch für Schirlbauers spätes Werk stehen:

„Humboldt incorporated" – „37 Elefanten. Oder: kann man ohne Lerntheorie unterrichten?" – „Bildung im ‚Industriefaschismus' " – „Erziehung Macht

Disziplin. Bemerkungen zum pädagogischen Machtbegriff ohne ständige
Rücksicht auf Foucault" – „Autonomie" – „Die Schule des Fortschritts – Ein
Essay" und eines der seltenen Interviews mit ihm, aus einer ihm gewidmeten
Festschrift „Ein Schuss Kynismus für klare Luft."

Grundsätzlich kann man die Stoßrichtung seiner Überlegungen bereits
in den Titeln erkennen. Sie kommen auf den ersten Blick einfach daher, dass
alle, die bereits im Titel ihr Pulver verschießen, neidisch werden könnten.
Da schimmert vielleicht einmal das didaktische Dreieck durch, ohne dass es
begrifflich vorkommt, wie auch die sp(r)itzig beschriebenen Gefährdungsphä-
nomene einer misslingenden Lehrer:innenbildung. Nicht nur Studierende merken beim Lesen gar nicht den Umstand, dass diese Texte mehr als 25 Jahre auf
dem Buckel haben. Schirlbauers Kritik trifft den Punkt, weil sie gerade nicht
an einem normativen Besser-Wissen oder an einer Retro-Pädagogik festhält,
sondern ironisierend und kynisch die Konsequenzen einer immer weniger
normkritischen Schule problematisiert. Die Titel deuten jeweils darauf hin,
dass mit einer Aufgabe einheimischer Begriffe die Disziplin aufs Spiel gesetzt
wird. Die Spielart seiner positionellen Skepsis, die er augenzwinkernd durchhalten konnte, ist leider aus der Mode gekommen. Er öffnet sich, bleibt aber
hinsichtlich übersteigerter Erwartungshaltungen gegenüber neuen Formen der
Kritik skeptisch, wenngleich er sie nicht dogmatisch ablehnt. Man könnte auch
sagen, er beschritt einen Denkbogen, der mit der systematischen Pädagogik der
Petzelt/Heitger-Schule begann, überschritt diese mit Ausflügen in die Fachdi-
daktiken und in die Nachbardisziplinen Soziologie und Lernpsychologie, um
wieder an Grundgedanken von Erziehung und Unterricht neu formuliert zu
erinnern.

Der Band kommt jeweils gegen Ende beider Textblöcke zu je einer Art
Warte. Sie können die Denk-Bewegung von Schirlbauer zu abgeklärtem und
aufgeklärtem Einbezug ins Denken vortrefflich nachzeichnen. Die Warte, von
der aus er spähte, wird zur Leser-, vielleicht sogar zu einer Lehrerperspektive.
Der pointierte Zugang seines letzten Textes „Schule des Fortschritts" liest sich
als eine Hommage an Theodor Ballauffs „Schule der Zukunft". Ballauffs und
Schirlbauers Texte sind kongeniale gegenseitige Ergänzungen.

Die Neuordnung aller Texte folgt der Logik der Zeit ihres Entstehens, erstens zwischen Politik, Gesellschaft, Schule und Bildung und zweitens davon die
Begriffe Erziehung, Unterricht, Lehren und Verstehen thematisch voneinander
abzugrenzen. Von Täuschungen zu Enttäuschungen kommt man im pädagogischen Bereich in die Sphäre des Schwindens zu der eines Verschwindens. Aus
der chronologischen Ordnung erwächst ein logos pädagogischer Denkungsart.
Die Zusammenschau von Sinnlichkeit und Intellekt, von Natur und Kultur,

von Intra- und Intersubjektivität kann – wie sich zeigen lässt – gedacht werden, wenn die Übung der Urteilskraft als Kritik (in pädagogischen Fragestellungen) die Bedingung der Möglichkeit pädagogischen Handelns sein soll und sie Widersprüche in sich aufnehmen kann, die sich nicht durch Denken und Dagegen-Schreiben einfach aus der Welt schaffen lassen.

2015 erscheint die zweite Auflage seines „Ultimativen Wörterbuchs der Pädagogik. Diabolische Betrachtungen". Aus diesem Wörterbuch habe ich mir erlaubt, den Themenblöcken entsprechend, exemplarisch relevante Begriffe voranzustellen. Die in diesen kleinen lexigrafischen Sprachkunstwerken und Einträgen notierten Übertreibungen gehören ebenso zu Alfred Schirlbauer wie seine ernsten Beiträge. Die Lektüre des gesamten Wörterbuchs sei somit empfohlen.

Im Epilog beschließt Alfred Schirlbauers Tochter Teresa diesen Band mit einem persönlichen Text zu ihrem Vater. Die Gestaltung des Covers übernahm sein Sohn Jörg. Eine ausführliche Bibliografie und ein Quellenverweis schließen den Band ab.

Einen besonderen Dank möchte ich an dieser Stelle meinen Freunden Dr. Gordan Varelija und Dr. Richard Kubac aussprechen. Beide haben mit ihren Überlegungen und Hilfestellungen die Realisierung dieser Aufgabe erheblich erleichtert. Mit ihrer Unterstützung war es möglich, der unbedingten Authentizität von Alfred Schirlbauer und seinem Werk gerecht zu werden. Dr. Christian Strnad ließ es sich nicht nehmen, das Korrekturlesen zu unterstützen.

Dem Vorstand der Alfred-Petzelt-Stiftung bin ich zu besonderem Dank verpflichtet, weil er mit seiner Idee zur Fassung eines solchen Buches den Stein ins Rollen brachte. Ohne seine Unterstützung und Möglichkeiten gäbe es dieses Buch so nicht. Der inhaltliche Rahmen, die systematische und pädagogische Klammer zwischen Alfred Petzelt und Alfred Schirlbauer, ist überall dort stupend, wo Sache, Lehren und Lernen bedacht werden. Man könnte fast sagen, dass man über den einen (erst) zum anderen kommt. Möge die Leser:innenschaft entscheiden, wie das wohl gemeint sein könnte.

Heribert Schopf

Danksagung

An dieser Stelle möchte ich den einzelnen Verlagen sehr herzlich danken, dass sie einer Wiederaufnahme zugestimmt haben:

Dem WUV Verlag für die Rechte an drei Texten im Buch:

Schirlbauer, Alfred (1992): junge bitternis. Eine Kritik der Didaktik. WUV

Vom elitären Charakter der Bildung. (S. 15–28)

Gegenstandsbegriff und Lehrer-Schüler-Verhältnis: Ein Plädoyer für eine fachlich-genetische Lehrerausbildung. (S. 59–71)

Von Klempnern, Schwätzern, Kurpfuschern und Animateuren. Der Lehrer und sein wandlungsfähiges Selbstverständnis. (S. 72–87)

Dem Sonderzahl Verlag für die Überlassung der Rechte an den Texten der Bücher:

Schirlbauer, Alfred (1996): Im Schatten des pädagogischen Eros. Destruktive Beiträge zur Pädagogik und Bildungspolitik. Sonderzahl.

Die große Transformation. (S. 11–30)

Die totale Schule. (S. 31–44)

Die banale Schule. (S. 45–54)

Im Schatten des pädagogischen Eros. (S. 55–70)

Der redende Lehrer – He'll never come back. (S. 71–86)

Reinheit und Vermischung. (S. 125–144)

Die Umerziehung des Lehrkörpers – Von der Lehrerfortbildung zur Organisationsberatung. (S. 145–154)

Schirlbauer, Alfred (2005): Die Moralpredigt. Destruktive Beiträge zur Pädagogik und Bildungspolitik. Sonderzahl.

Guter Unterricht ist Unterricht, in dem Verstehen gelehrt wird. (S. 20–39)

Vom Verschwinden des Lehrers und seiner Epiphanie. (S. 40–57)

Distanz als didaktische Kategorie. Bemerkungen zum Mußecharakter von Schule. (S. 75–89)

Disziplin. Bemerkungen zum heimlichen Ziel aller Erziehung. (S. 90–102)

Die Moralpredigt. Invektiven zum Ethikunterricht. (S. 103–128)

Bildungslügen. (S. 180–197)

Lernen und Bildung im Übergang von der Disziplinar- zur Kontrollgesellschaft. (S. 198–213)

Schirlbauer Alfred (2015): Ultimatives Wörterbuch der Pädagogik. Diabolische Betrachtungen. Sonderzahl.

Dem Löcker Verlag für die Überlassung der Rechte an den Texten der Bücher:

Dzierzbicka, A./Kubac, R./Sattler, E. (Hg.) (2005): Bildung riskiert. Erziehungswissenschaftliche Markierungen. Löcker.

Schirlbauer, Alfred: Humboldt incorporated. (S. 227–236)

Dzierzbicka, A. /Bakic, J. /Horvath, W. (Hg.) (2008): In bester Gesellschaft. Einführung in philosophische Klassiker der Pädagogik von Diogenes bis Baudrillard. Löcker.

Schirlbauer, Alfred: Ein Schuss Kynismus für klare Luft. Interview mit Alfred Schirlbauer. (S. 15–30)

Schirlbauer, A./Schopf, H./ Varelija, G. (Hg.) (2018): Zeitgemäße Pädagogik. Verlust und Wiedergewinnung der „einheimischen" Begriffe. Löcker.

Schirlbauer, Alfred: Schule des Fortschritts – Ein Essay. (S. 9–24)

Dem Ferdinand Schöningh Verlag für die Überlassung der Rechte an den Texten der Bücher:

Bünger, C./Euler, P./Gruschka, A./Pongratz, L.A.(Hg.) (2009): Heydorn lesen. Herausforderungen kritischer Bildungstheorie. F. Schöningh.

Schirlbauer, Alfred: Bildung im „Industriefaschismus". (S. 147–160)

Bünger, C./Mayer, R./ Messerschmidt, A./ Zitzelsberger, O. (Hg.) (2009): Bildung der Kontrollgesellschaft. Analyse und Kritik pädagogischer Vereinnahmungen. F. Schöningh.

Schirlbauer, Alfred: Erziehung Macht Disziplin – Bemerkungen zum pädagogischen Machtbegriff ohne ständige Rücksicht auf Foucault. (S. 85–96)

Dem Klett Cotta Verlag für die Überlassung der Rechte an einem Text im Buch:

Mitgutsch, K./Sattler, E./Westphal, K./ Breinbauer, I.M. (Hg.) (2008): Dem Lernen auf der Spur. Klett-Cotta.

Schirlbauer, Alfred: 37 Elefanten. Oder: Kann man ohne Lerntheorie unterrichten? (S. 197–211)

1 Vom Enttäuschen und Täuschen: Gesellschaft, Politik, Schule und Bildung – zur Dekonstruktion von Freiheit, Autonomie und Mündigkeit

Begriffe aus dem ultimativen Wörterbuch
Autorität, Bildung, Bildungsexperte, BildungsministerIn, Bildungstheoretiker, Klassiker, Kompetenz, Meinen, Privatschule, Wissen

„Ultimatives Wörterbuch der Pädagogik. Diabolische Betrachtungen"

Autorität (Subst.), die – Deutsche Version von „auctoritas" (lat.). Ein Auctor (Autor) war einer, der etwas hervorgebracht hatte: z. B. ein Buch, eine Statue oder sonst etwas irgendwie Unerhörtes und bisher nie Gesehenes. Von Studenten meist mit „th" geschrieben (Authorität), weil sie ja besser Englisch (authority) können als der Autor dieses Wörterbuchs. Latein ist ihnen eher fremd. Der Autor, die Autorität, haben im Grunde nichts mit Macht zu tun. Sie kann ihnen allerdings zuwachsen, wenn sie Anerkennung finden. Manchmal irren sich die Menschen dabei allerdings, und es werden Wahnsinnige als Autoritäten anerkannt. Autorität ist also ein Modus der Anerkennung.

Lehrer könnten als Autoritäten auftreten, wenn sie etwas könnten: Eine Sache z. B. gut erklären oder etwas Bemerkenswertes zeigen. Etwas heruntergekommen ist die Idee der Autorität durch die sogenannte Amtsautorität: Jemand steht eine Stufe höher in der Hierarchie, hat das Sagen, aber ist ein Trottel und sowieso sozial inkompetent. Diese zivilisationsgeschichtliche Angelegenheit hat dazu geführt, dass die Idee der Autorität insgesamt in Misskredit geraten ist und daher die Lenkung des gesellschaftlichen Betriebs durch Autoritäten nicht mehr richtig funktioniert. Deshalb hat man die Form der Lenkung durch personale Autoritäten ersetzt: durch betriebswirtschaftliche Steuerungsmechanismen. Die Inputsteuerung durch Erlässe, Vorschriften etc. funktioniert nicht mehr so gut, daher setzt man auf Outputsteuerung. Wenn der Output nicht stimmt, werden einfach die Mittel gekürzt. Über Geld lässt sich bekanntlich alles steuern, weil die meisten es haben wollen. Autoritäten sind heute diejenigen, die über die Mittel verfügen, die andere brauchen. Eine besondere Anerkennung ist damit allerdings nicht verbunden. Anerkennung wird ersetzt durch finanzielle Abhängigkeit – und damit Autorität durch Macht (S. 15–16).

Bildung (Subst.), die – Das, was möglichst alle erreichen sollten, aber in Wirklichkeit nur wenigen zuteil wird. Der Begriff der Bildung dient der Unterscheidung von Gebildeten und Ungebildeten. Die sogenannten Halbgebildeten sind nach reiflichen Überlegungen eines gewissen Th. W. Adorno nicht diejenigen, die dieses Ziel nur zur Hälfte erreicht hätten, sondern diejenigen, die es überhaupt verfehlt hätten – durch Anstrebung. Damit hat er auch recht. Denn wenn man etwas anstrebt, was man nicht kennt, kann man leicht das Ziel verfehlen. Der sich bilden wollende Mensch ähnelt in gewisser Hinsicht dem Mann von La Mancha. Er kämpft einen vergeblichen Kampf. Daneben ist die Figur des Sancho Panza gerade von außerordentlicher Bildung, weil er um die Begrenztheit unserer Denk- und Seinsmöglichkeiten weiß: skeptischer Pragmatiker. In jüngster Zeit hat die Bildung etwas von ihrer metaphysischen Aura verloren. Das ist einerseits gut so, weil uns das Metaphysische nie so richtig gut getan hat, andererseits aber schlecht, weil nun jeder noch so dämliche Kurs als Bildungsveranstaltung verkauft werden kann.

Nach W. von Humboldt (das ist der, der den Chimborazo nicht bestiegen und vermessen hat, sondern sich stattdessen in der gepflegten Atmosphäre der diplomatischen und literarischen Salons bewegt hat) ist Bildung „die harmonische Entfaltung der Kräfte des Menschen zu einem proportionierlichen Ganzen". Damit ist er berühmt geworden. Nach Goethe aber ist die Bildung eine Ansammlung von „Narrenpossen". Dem Geheimrat nach käme es eher darauf an, dass jemand etwas vorzüglich verstünde und damit der Menschheit nützlich wäre. Beide gebildete Menschen. Zwischen diesen Polen haben wir uns aufzuhalten und tun es auch mit einem unangenehmen Kopfgefühl (S. 20).

Bildungsexperte (Subst.), der – Von außerordentlicher Erfahrenheit, was seine ureigenen beruflichen Tätigkeiten anlangt. Er ist z. B. Managementberater, Verfassungsjurist, Genetiker, Unternehmer oder war es, interessiert sich aber ebenso laienhaft wie engagiert für die Gestaltung des Bildungswesens, berät also die Bildungsministerin, deren intellektueller Habitus dem seinen ähnlich sein dürfte. Wie sagte schon Prof. Bourdieu? – „Der Geschmack paart die Dinge und Menschen, die zueinander passen, die aufeinander abgestimmt sind, und macht sie einander verwandt." Man mag am anderen vor allem, dass er mag, was man selber mag. Die Bildungsministerin ist froh, im Bildungsexperten jemanden zu haben, der das, was sie haben will, auch will, aber besser formulieren kann und überhaupt massenmedial besser „rüberkommt". Und wenn er sich mit seinen manchmal überschießenden Thesen einmal öffentlich verkühlt, dann war er es und nicht sie. Besonders wortreich formuliert der Bildungsexperte seine despektierliche Meinung über das bestehende Bildungssystem, durch das er geworden ist, was er ist: nämlich Bildungsexperte. Hält man ihm dies entgegen, neigt er zur Behauptung, er sei Bildungsexperte trotz schlechter Schulbildung geworden. Ein wahrer Held also, ein Phoenix aus der Asche des Schulwesens (S. 21).

BildungsministerIn (Subst. irregularis), der/die – A. B. definiert Politik allgemein als die „Leitung öffentlicher Angelegenheiten zu privatem Vorteil" bzw. als die Variante des Lebensunterhalts, die vom „verkommenen Teil unserer kriminellen Schichten bevorzugt wird". Das erscheint uns heute als zu hart. Stimmt vielleicht für EU-Bildungskommissäre, keinesfalls für österreichische Bildungsministerinnen. Welchen privaten Vorteil sollte eine solche schon aus ihrem Amte ziehen? Unsereinem tun sie ja schon fast leid. Keine blasse Ahnung davon, was Bildung sein könnte und eingeklemmt zwischen den Vorgaben der OECD, den Steilvorlagen der Bildungsexperten, weiters einer nicht minder kompetenten Schar von Bildungsjournalisten, einer aufmüpfigen Eltern- und Schülerschaft, die Lehrergewerkschaft nicht zu vergessen, muss sie ständig so tun, als würde sie sich nicht nur um die Bildung der Jugend kümmern, sondern auch gleichzeitig für Gerechtigkeit sorgen, die Interessen der Wirtschaft befriedigen, für eine befreite und der Vielfalt der Möglichkeiten Rechnung tragende Sexualität und die Integration von potentiellen Dschihadisten kämpfen. Der „private Vorteil" geht hier praktisch gegen Null, und dass „nichts weitergeht" (weiß eigentlich irgendwer, wohin?) liegt in der Natur der Sache. Wer bei der Regierungsbildung dieses Amt übernimmt, hat die „Arschkarte" gezogen. Eine gewisse Naivität dürfte also die Voraussetzung dafür sein, sich angeloben zu lassen (S. 21–22).

Bildungstheoretiker / Bildungsforscher (Subst.), der – Die Bildungstheorie ist ein mittelmäßig einträglicher Berufszweig für gescheite Leute, die zwar nie ein Kind zu Gesicht bekommen haben, aber deswegen genau darüber nachdenken, was aus Kindern werden sollte. Der Bildungstheoretiker ist äußerst scharfsinnig, was das Entwerfen von Idealbildern des Menschengeschlechts betrifft und begibt sich damit auf ziemlich schwankenden Boden. Zumeist nimmt er dabei Anleihen bei verblichenen Bildungstheoretikern. Meistens interpretiert er also, und zwar die Heroen des Bildungsdenkens, fängt mit Sokrates und Platon an und endet dann bei Humboldt, Kant, Hegel und Schleiermacher. Dass Letzterer seinen Namen zu Recht trägt, bemerkt er nicht. Der Bildungstheoretiker wirft nur einen ungefähren Blick auf die Bildungswirklichkeit. Und muss sich daher von den sogenannten Bildungsforschern sagen lassen, dass viele Schulbildungsabsolventen nicht einmal lesen und schreiben können. Da ist er dann oftmals gekränkt und verfällt in einen tiefen Kulturpessimismus, woraus sich wieder beachtliche Bücher und Zeitschriftenartikel ergeben, die an dieser Tatsache aber auch nichts ändern. Der Bildungsforscher ist aus einem anderen Holze geschnitzt, kümmert sich nicht um die Ideen der Bildungsheroen, will aber wissen, ob die Finnen besser lesen können als die Deutschen. Sein Spezialgebiet sind die Tests. Er testet praktisch alles: Leseverständnis, Problemlösekompetenz in Mathe, Naturwissenschaft, u. s. w., und er vergleicht alle diese auf geheimnisvolle Art zustande gekommenen Daten aus verschiedenen Ländern. Er ist versessen auf Rankings und Ranglisten im Bildungswesen, während der Bildungstheoretiker abends eher das Champions-League-Spiel „Real gegen Arsenal" anschaut. Bildungsforschung ist ein einträglicher Beruf, weil hier Zahlen, Daten, Fakten produziert werden, welche zwar mit der Wirklichkeit wenig zu tun haben, was aber der Bildungspolitiker nicht weiß (S. 22–23).

Klassiker (Subst.), der – Alter Knacker; unter seinen Zeitgenossen schwer umstritten, heute unbekannt. Man kann heute Bildungsministerin werden, ohne je auch nur die Namen Plato, Humboldt, Campe, Hegel oder Schleiermacher gehört zu haben. Man kann aber auch Lehrer werden, ohne je einen von diesen oder überhaupt ein pädagogisches Buch gelesen zu haben. Politiker wie auch Praktiker kommen mit den Leitvorstellungen der OECD, die das Bildungswesen steuert, durchaus über die Runden. Ansonsten begnügt man sich mit frommen Floskeln wie diesen: das Kind in den Mittelpunkt stellen, jedes Kind nach seinen Bedürfnissen fördern, den Schulen mehr Autonomie geben, Unterricht muss Spaß machen, Bildungsstandards einhalten etc.; der Klassiker wird ersetzt durch den Bildungsexperten, der ziemlich erfahren (expertus) ist in allen möglichen Dingen, sofern sie nicht mit Bildung zu tun haben (S. 59).

Kompetenz (Subst.), die – Das ist praktisch alles. Wenn du die hast, bist du fast unsterblich. Da das Wort eben ALLES meint, muss es dann, damit man sich wenigstens ein bisschen auskennt, aufgesplittert werden in verschiedene Teilkompetenzen. Zuerst kannte man nur drei Kompetenzen: nämlich die Sozialkompetenz, die Methodenkompetenz und die Selbstkompetenz. Nach Einspruch des Lexikographen kam dann noch die Sachkompetenz dazu – so, als wäre das etwas Zusätzliches. Methodenkompetenz – so hieß es – wäre die Kompetenz, selber nachschauen zu können, wenn man nicht weiß, wo, also sich praktisch überhaupt nicht auskennt. Sozialkompetenz ist ungefähr die Fähigkeit, die Äußerungen einer Bildungsministerin als sinnvoll zu erkennen und auch bereit zu sein, sie praktisch umzusetzen. Das volitionale Moment ist nämlich nach F. E. Weinert unverzichtbar. Sonst wissen die Leute vielleicht, was etwas ist, tun es aber nicht. Und so geht's nicht. Die Selbstkompetenz war wirklich schwer zu ergründen. Was ist – so fragten sich viele – Selbstkompetenz „eigentlich"? Eine Nachfrage des Lexikographen ergab dann doch eine befriedigende Antwort: Das wäre die Fähigkeit, mit sich selbst umgehen zu können, also – praktisch gesprochen – die Fähigkeit und auch der Wille (volitionales Moment), sich täglich selber die Zähne zu putzen, in die Arbeit zu gehen (wenn man eine hat) und am Abend rechtzeitig schlafen zu gehen. Die Nachfrage des Lexikographen, ob hier die Selbstbefriedigung mit eingeschlossen wäre, ergab dann ein Auflegen des Hörers. Onanie dürfte also – volitional – immer noch unerwünscht sein.

Der Autor dieses geistreichen Wörterbuchs erwog auch noch, ob nicht vielleicht im Begriff der Selbstkompetenz auch das suizidale Moment enthalten sei. Nach abermaliger telefonischer Nachfrage erfuhr er allerdings, dass Kurse für Erhängen etc. nicht vorgesehen seien. Das erschien ihm aber dann doch etwas mangelhaft. So mangelhaft, dass der Autor sich selbstkompetent erhängen wollte, was er aber nicht konnte, wegen mangelnder Erhängungskompetenz. So blieb ihm nichts anderes übrig, als dieses Wörterbuch zu schreiben, wozu er aber auch nicht ganz kompetent sein dürfte (volitional schon, aber sonst nicht).

Zu ihrer Hochform gelangt die Kompetenz nach reiflichen Überlegungen eines gewissen O. Marquard aber in der Inkompetenzkompensationskompetenz. Das ist praktisch diejenige Kompetenz, über welche Leute verfügen, die nicht kompetent sind, aber trotzdem so tun müssen, als wären sie es. Nach Marquard sind das die Philosophen, die Zuständigen für die unlösbaren Probleme. Meiner Meinung nach handelt es sich bei diesem Marquard'schen Diktum um eine übertriebene Selbstironie, weil ja Philosophen – zumindest indirekt – in der Regel zugeben, dass sie auch nicht wüssten, was jetzt zu machen sei und überdies sowieso praktisch für nichts zuständig sind. Sie reden und denken ja nur (nach). Der wirklich Inkompetenzkompensationskompetente ist nach Ansicht des Lexikographen der Ministerialrat, der Sektionschef und der Minister für Bildung, Wissenschaft, Verteidigung und sowieso alles. Die haben nämlich wirklich keine Ahnung vom Tuten und Blasen, machen aber immer (in diversen Interviews) ein bedeutungsvolles Gesicht, verhalten sich medienkompetent geschult und sondern Sprechblasen ab, bei denen ein erkenntnisinniger Mensch einfach abschalten muss und schlafen geht (S. 61–63).

meinen (Verb.) – Der Autor dieses Wörterbuchs „meint" z. B., dass dieses Wörterbuch ein Bestseller werden sollte, weil es ja seines ist, und daher die Tantiemen auf seinem Konto landen sollten. Anthropologisch gesehen muss man sagen, dass die Menschen eigentlich ununterbrochen "meinen", vor allem dann, wenn sie sagen, dass sie dächten. Der Ausdruck „Meinung" ist in den letzten Jahren etwas aus dem Gebrauch gekommen. Vor allem in TV-Interviews sagen die Interviewten jetzt immer, wenn sie nach ihrer Meinung gefragt werden, dass sie sich etwas denken würden: „Ich denke, dass die Sache X so und so ist, und überhaupt denke ich, dass man hier dies und jenes machen müsste." Das Meinen und Glauben verschanzt sich heute gerne hinter dem Denken. Wenn jemand sagt „Ich denke, dass …", kann man ziemlich sicher sein, dass er nur meint oder vermutet. „Denken" klingt eben einfach besser, hat den Beiklang von Überlegtheit und verleiht dem Sprecher sogar ein bisschen Überlegenheit. Statt „denken" könnte er auch „glauben" sagen. „Glauben" hat aber wiederum

den Nachteil, dass es einerseits noch mehr nach Vermutung klingt, andererseits – je nach Intonation – nach Gewissheit im religiösen Sinne. Letzterem soll
in jedem Fall vorgebeugt werden. „Glauben" ist restlos out, „meinen" ist wiederum zu trivial. Daher ist „denken" der probate Ausweg, wenn man zu einer
Sachlage etwas sagen soll, wovon man nichts versteht. Man braucht schon sehr
viel Autorität und gesellschaftliche Anerkennung, um seine Meinungen auch als
Meinungen kundtun zu können. Der für Österreich legendäre Kanzler Bruno
Kreisky konnte das noch. Er beantwortete jede kritisch gemeinte Journalisten-
frage mit dem Satzanfang:

„Ich bin der Meinung …". Das bedeutet, dass Meinungen die Chance haben,
als Wahrheiten akzeptiert zu werden, wenn sie von Autoritäten geäußert werden. Genau genommen ist aber der Gegenpol zur Meinung nicht das Denken,
sondern das Wissen. Der gute alte Kant war noch der Meinung, dass man diese
Dinge folgendermaßen unterscheiden könne: Beim Meinen wären die subjektiven Anteile im Gesagten überwiegend, beim Wissen hingegen die objektiven.
Hundert Prozent Objektivität gibt es nicht, denn dann wäre man gottähnlich,
hundert Prozent Subjektivität gibt es aber auch nicht, denn dann wäre man ein
Trottel. Zwischen diesen Extremen leben wir und müssen daher ständig diskutieren und argumentieren (S. 72–74).

Privatschule (Subst.), die – So wie Schule überhaupt, nur in einigen Hinsichten
ganz anders. Je privater (exklusiver), desto teurer. Homogenisiert die Schülerschaft nach Elternvermögen. Seit die Kinder der Industriellen und Topmana-
ger es zunehmend mit Proletenkindern im Gymnasium zu tun haben, ist die
Industriellenvereinigung nun auch für die Gesamtschule. Ihre Kinder gehen
sowieso in die Privatschule (S. 91).

Wissen (Subst.), das – Bildungsexperten und Bildungspolitikern vor allem
bekannt als „totes" Wissen, worunter sie alles rechnen, was ihnen fremd ist oder
dessen Sinn sich ihnen nicht erschließt: z. B. historische Ereignisse, naturwissenschaftliche Gesetze, grammatische Regeln etc., also praktisch alles, was sich
googeln lässt. Da das meiste dessen, wofür sich Menschen interessieren, sich
tatsächlich googeln lässt, müsse man – so die Meinung der Experten – eigentlich fast nichts mehr lernen und könne sich auf die Selbst-, Sozial- und Methodenkompetenz beschränken, was eine gewisse Beschränktheit mit sich führen
dürfte. Da unter Methodenkompetenz wesentlich die Fähigkeit verstanden wird,
nachschauen zu können, was das Netz dazu sagt, ist die Autorität des Lehrers
praktisch auf selbiges übergegangen. Lehrer wie Schüler sitzen dann staunend
vor den Bildschirmen und sind ergriffen von dessen Allwissenheit. Nur eines
ist noch unklar: Wie ist das Wissen da hineingekommen? Wie ist es überhaupt

entstanden? Vielleicht durch Menschen, deren Denkfähigkeit auch nicht unbegrenzt war? Wie ist schlussendlich der Computer entstanden? Nach Bauplänen aus dem Internet?

Jedenfalls: Während Lehrer ehedem das begrenzte Wissen, das sie hatten, mitunter noch erklären konnten, hat es das Netz so an sich, dass es zwar vieles sagt, aber nichts erklärt. Darauf beruht zum Großteil seine respekterheischende Aura (S. 120–121).

Vom elitären Charakter der Bildung (1987)

Vom „elitären Charakter der Bildung" zu reden, ist natürlich eine Anmaßung. Dies deswegen, weil derjenige, der darüber redet, gleichsam für sich selber „Gebildetheit" voraussetzt und dies auch noch mit der These von deren Seltenheit verquickt. Indes: Sie werden mich hier wahrscheinlich scheitern sehen, wohl vorbereitet zwar, aber der dazu nötigen Anlagen er mangelnd.

Der Kurs, den ich zu durchlaufen mich anschicke, eine Art Geländelauf, Beginnt einigermaßen flach – eben zum Aufwärmen, steigt dann aber relativ rasch an, sodaß eine entsprechende intellektuelle Beinmuskulatur erforderlich wäre. Er hat vier Abschnitte:

1. Zum Aufwärmen: eine alltagssprachlich orientierte Analyse der Begriffe „Genialität, Hochbegabung und Bildung".
2. Die erste Steigung: Der Genius und der Gebildete bei Friedrich Nietzsche.
3. Die zweite Steigung: Bildung als „sozialisierte Halbbildung" heute, im Anschluß an Theodor W. Adorno.
4.1. Die dritte Steigung: Aristokratie für alle – die Bildungsutopie Heinz J. Heydorns.
4.2. Sprung in die Niederungen: Anspruchslosigkeit für alle – ein kurzer Blick auf unseren AHS-Lehrplan.

1. Genialität – Hochbegabung – Bildung

„Hochbegabt" bezeichnet heute nur sehr ungefähr das, was vor rund 150 Jahren der Geniebegriff meinte. Mit dem Begriff „Genie" können wir heute nicht mehr allzuviel anfangen. Bestenfalls bewährt er sich noch in trivialpsychologischen Disputen von sogenannten ungebildeten Kreisen. Wenn einer beispielsweise sich die Stereoanlage selber ins Auto bastelt, die Waschmaschine repariert und bei den Nachbarn in Schwarzarbeit die unvermeidlichen Holzplafonds montiert oder Fliesen legt, so spricht man mit unverhohlener Bewunderung davon, er sei ein Genie, auf wienerisch ein „Schanierl". Und die Tochter vom Nowak auf der Nebenstiege spricht drei Sprachen, sie ist ein „Sprachengenie". Unverhohlene Bewunderung und wohl auch ein bißchen Neid werden damit ausgedrückt. Das ist die Funktion dieses Vokabels, distanzierte Bewunderung auszudrücken, Bewunderung für ein unerklärliches Phänomen. So gibt es die technischen Genies, das Sprachengenie und das - heutzutage besonders geschätzte - Organisationsgenie.

Bewunderung für ein Können, von dem wir nicht sehen, wie es mit dem Bildungsgang des derartig als Genie Bezeichneten zusammenhängt.

Spätestens ab der zweiten Hälfte unseres Jahrhunderts spricht man akademisch nicht mehr vom Genie, sondern nüchtern von Hochbegabungen, sprachlichen wie mathematisch-logischen, musischen und sportlichen. Es ist nunmehr ganz selbstverständlich, daß es für jedes Können auch sogenannte „Spitzenbegabungen" gibt. Nur wenige haben einen IQ von 140 und mehr, nur wenige einen IQ von 60 und weniger; das - so wissen wir ist auch kein Zufall, sondern liegt an der Testkonstruktion. Unsere Aufmerksamkeit für die „Hochbegabten" ist allerdings von anderer Natur als die geschilderte Aufmerksamkeit für das Genie, welches sich ja – so sagt man – „von selbst durchsetzt"[1]. Sie ist weniger von Bewunderung und kultischer Verehrung gezeichnet als vielmehr von der Absicht, das Phänomen Zu erklären und "pädagogisch–technisch" in den Griff zu bekommen. Es könnte sein, daß es viel mehr Begabte gibt, als wir annehmen. Bei entsprechender Förderung könnten es mehr sein, "Ausschöpfung der Begabungsreserven" heißt das Unternehmen.

Durch entsprechende Förderung aller kann man sicher die sogenannte Normalverteilung – z. B. der Intelligenz – im Koordinatensystem nach rechts verschieben. Aber: Die Normalverteilung bleibt. Die Spitzen werden nicht mehr. Sie sind lediglich Spitzen einer veränderten Grundpopulation. Man kann sich auch die Spitzen, also die berühmten 2 bis 3 Prozent herausklauben und sonderbehandeln. Deren Leistungen werden sich dem gemäß steigern, mehr Genies wird es deswegen nicht geben. Denn im Geniebegriff ist – so sagte ich – die Bewunderung für das Exzeptionelle und Exorbitante ausgedrückt, und gerade diese läßt sich nicht vermehren. Gäbe es Hunderte oder Tausende Einsteins, würden wir sie nicht bewundern und mit der Bezeichnung „Genie" verehren.

---

1   Dieser Auffassung fährt schon Nietzsche leidenschaftlich in die Parade; für ihn ist das eine „schiefe, linkische, enge, höckerige, krüppelhafte Argumentation". Denjenigen, die so reden, hält er entgegen: „…weil es euch keine Mühe gekostet hat, sie unter euch zu haben, so macht ihr daraus die allerliebste Theorie, daß ihr euch auch fürderhin keine Mühe um sie zu geben braucht. Nicht wahr, meine unerfahrenen Kinder, sie kommen von selbst: der Storch bringt sie euch! Wer wird von Hebammen reden mögen!" (S. 99 in der unter Anm. 10 genannten Schrift)

Verehren läßt sich nur der eine, welcher vielleicht als eine Art „Supereinstein" aus diesen „Normaleinsteinen" hervorragt[2].

Der dritte fragwürdige Terminus in diesem Zusammenhang ist der Bildungsbegriff. Er hat – so behaupte ich vorweg – weder mit dem Geniebegriff unbedingt und direkt etwas zu tun noch mit dem Begriff der Hochbegabung. Man kann das folgendermaßen verstehen. Zunächst in Abgrenzung von der Hochbegabung.

Interessanterweise sprechen wir von künstlerischen und sprachlichen Hochbegabungen, von mathematisch-logischen und von sportlichen Hochbegabungen, sogenannten Bewegungstalenten. Es gibt Schulen für mathematisch Hochbegabte, z. B. in Budapest, und es gibt Schulen für sportlich Hochbegabte, z. B. in Österreich und natürlich auch in Budapest[3]. Nirgends aber gibt es Schulen für historisch Hochbegabte und geographisch Hochbegabte, für biologische Spitzenbegabungen. Braucht es dazu keine Begabung, kann man das ohne jede Begabung? Wie steht's damit? Das macht doch einigermaßen stutzig, daß hier die Probleme der sogenannten Hochbegabtenforschung mit unserer schon vielfach kritisierten Trivialterminologie von Haupt- und Nebenfächern korrespondiert. Wer keinerlei Talent hat, studiert eben Geographie und Geschichte als Lehramt und vermittelt dieses Wissen an Schüler, welche dazu ebenfalls keinerlei Talent brauchen - eine wenig atemberaubende Perspektive.

---

2   Übrigens läßt sich der klassische Geniebegriff kaum auf die Wissenschaft beziehen. Bei Kant heißt es: „ein Genie ist 1) ein Talent, dasjenige wozu sich keine bestimmte Regel geben läßt, hervorzubringen: nicht Geschicklichkeitsanlage zu dem, was nach irgend einer Regel gelernt werden kann; folglich muß Originalität seine erste Eigenschaft sein. 2) Da es auch originalen Unsinn geben kann, müssen seine Produkte zugleich Muster, d. h. exemplarisch sein; mithin sind sie selbst nicht durch Nachahmung entsprungen, sondern dienen anderen zum Richtmaße oder zur Regel der Beurteilung. 3) Kann es (das Genie) selbst nicht beschreiben, wie es sein Produkt zu Stande bringt, auch kann es das nicht wissenschaftlich anzeigen. Es gibt als Natur die Regel, daher weiß der Urheber eines Produkts, welches er seinem Genie verdankt, selbst nicht, wie sich die Ideen in ihm dazu herbeifinden; hat es auch nicht in der Gewalt, dergleichen nach Belieben oder planmäßig auszudenken; kann daher auch nicht anderen solche Vorschriften mitteilen, welche sie instand setzen, gleichmäßige Produkte hervorzubringen. 4) Die Natur schreibt durch das Genie nicht der Wissenschaft, sondern der Kunst die Regel vor... " (I. Kant, K. d. U., § 46)

3   Siehe dazu Wolfgang Mitter, Begabtenschulen in Einheitsschulsystemen. In: Bildung und Erziehung, 24/1971. – W. Mitter vergleicht in diesem Artikel die Begabtenschulen der USA und der UdSSR, beides Länder mit relativ langer Einheitsschultradition.

Dem widerspricht aber interessanterweise die nahezu selbstverständlich
geübte Hochschätzung zumindest der Geschichte als Bildungsfach[4] Der historisch geübte Blick gehört zur Signatur des Gebildeten. Der im Gegenwärtigen Befangene, unhistorisch denkende und argumentierende Zeitgenosse – er
mag noch so talentiert sein, als gebildet vermögen wir ihn nicht zu bezeichnen.
An der Geschichte zumindest führt kein Bildungsweg vorbei; sehr wohl aber
an den feinen Verästelungen mathematischen Denkens; man muß auch kein
Geigenvirtuose sein, um als gebildet gelten zu können, schon gar nicht einen
Slalom auf dem Ganslernhang bewältigen.

Der Gebildete singt weder Arien, noch malt er Aquarelle. Er beschäftigt sich
nicht mit Graphentheorie und ihrer Anwendung auf die elektronische Daten-
verarbeitung und kann keinen Vergaser reparieren. Kann er das, so tut das
zwar seiner Bildung keinen Abbruch. Ein Moment seiner Bildung ist das alles
aber nicht.

Der Gebildete wird zwar geschätzt – von wiederum Gebildeten. Bewundert
wird er nicht. Der Kreis der Gebildeten definiert sich als gebildet selbst. Wie
sollte auch ein Ungebildeter einen Gebildeten als gebildet erkennen? Hingegen
die Genies, sofern sie durch Leistungen sich als solche erwiesen haben, sind
auch für die anderen als solche erkennbar. Ihre exzeptionellen Leistungen sind
für jedermann als exzeptionell bemerkbar, wenn auch nur selten versteh- und
nachvollziehbar. Und Hochbegabung – so dürfen wir sagen – ist ein Produkt
psychologischer Diagnoseverfahren. Der Gebildete also – so scheint es nach ein
paar phänomenologischen Strichen – muß weder hochbegabt sein, schon gar
nicht aber ein Genie[5].

Wodurch erweist sich also nun der Gebildete als „gebildet“? Ich zeichne noch
ein paar Striche in die Skizze, mit Bleistift, sodaß wir noch radieren können. Ich
sagte schon: er singt keine Arien, kann vielleicht nicht einmal Klavierspielen,
malt keine Aquarelle und spricht keine einzige Programmiersprache. Aber: Er
hat ein durchaus inniges Verhältnis zu Kunst und Kultur, etwa zur Oper, zum
Theater. Wir werden keinen "gebildet" nennen, für den das 3-Sat-Programm

---

4   Vgl. dazu beispielsweise Herbert Zdarzil, Geschichte und Bildung. In: Erich Heintel,
    Philosophische Elemente der Tradition des politischen Denkens. Wien, München
    1979. Ferner: Alfred Schirlbauer, Geschichte als Bildungsfach. In: M. Heitger, Die
    Vielheit der Fächer und die Einheit der Bildung. Innere Schulreform III. Wien/Frei-
    burg/Basel 1984.

5   In gewisser Weise könnte man sogar sagen: „Genialität“ und „Bildung“ schließen
    einander aus. Dies dann, wenn es zutrifft, daß das Genie notwendig „einseitig“ ist,
    zum Gebildeten aber „Vielseitigkeit des Interesses“ (Herbart) gehört.

etwa mehr bedeutet als der Spielplan des Akademietheaters, für den etwa Picasso und Kandinsky zu abstrakt sind und die Bilder Van Goghs zuwenig naturgetreu, für den etwa auch eine Programmiersprache eine Sprache ist und die Leistungen des Computers Denkleistungen sind.

Wir erwarten von einem Gebildeten nicht mehr und nicht weniger als ein verständiges Urteil zu den Gebilden von Kunst und Kultur, wie zu den Gebilden und Gestellen moderner Technik und Zivilisation, ein besonnen-kritisches Urteil zur „Einrichtung der menschlichen Dinge" (Adorno) eingeschlossen. Nichts Exzeptionelles und Exorbitantes verlangen wir ihm ab, weder der Potenz nach, auf welche etwa ein hoher Score in einem Intelligenztest rückzuschließen erlaubt bzw. nahelegt, noch dem Werk nach. Der Gebildete also als der Unauffällige und Normale, „ein Mensch wie du und ich", womit ich allerdings niemandem zu nahe treten will. So sieht es jedenfalls aus. Wenn dem tatsächlich so wäre – wie steht es dann aber um den Titel dessen, was ich darzulegen gedenke? Wie steht es um den elitären Charakter der Bildung, um den kleinen Kreis derer, welche sich „gebildet" nennen? Wie ist das zu verstehen, was W. Fischer vor einigen Jahren auf folgende Formel gebracht hat: „Bildung" – so sagte er – „sei nicht jedermanns Sache"[6].

Das überrascht doch einigermaßen und macht nachdenklich, denn: Ist nicht Bildung seit jeher das, was wir niemandem vorenthalten sollten, die Verfaßtheit des Menschlichen, welche allgemein werden soll?

Nicht jeder ist „hochbegabt", erst recht nicht jeder ein Genie. Man kann eine größere Zahl derartiger Menschen wünschen, von ihrer Produktion sollten wir vielleicht Abstand nehmen, auch wenn und gerade weil der Wunsch des Vaters der modernen Hochbegabtenforschung, also der Wunsch Termans, Genies sollten nur mit Genies Kinder zeugen, teilweise schon in Erfüllung gegangen ist[7].

Aber daß Bildung allgemein wird, ist doch ein urpädagogisches Anliegen. Man mag dabei an Comenius denken: alle alles vollständig zu lehren. Das war revolutionär, hatte keine reale Aussicht auf Verwirklichung. Die Verhältnisse waren noch nicht so weit.

6　Siehe dazu seine Abhandlung. „Über das Lehren und Lernen von Philosophie bei Platon oder: Die dem Menschen eigentlich zukommende Bildung ist das Philosophieren, aber das Philosophieren ist nicht jedermanns Sache." In: Zeitschrift für Pädagogik 1/1983.

7　Siehe Klaus K. Urban, Zur Geschichte der Hochbegabtenforschung. In: W. Wieczerkowski/H. Wagner (Hg.), Das hochbegabte Kind. Düsseldorf 1981.

Ich erinnere dabei auch an Bildung als den Kampfbegriff des aufsteigenden Bürgertums im 18. Jahrhundert. Über Bildung gewinnt das Bürgertum entscheidend sein Selbstbewußtsein, nimmt es den Kampf mit dem Adel um die Vorherrschaft auf. Schließlich im 20. Jahrhundert, schon zu Beginn, soll Bildung wirklich allgemein werden, nicht mehr auf das Bürgertum beschränkt bleiben. Die bürgerliche Vorherrschaft – so erkannte man – wird über Bildung reproduziert, der weitaus größte Teil der Bevölkerung, die Bauern und vor allem die Arbeiter, ist von ihr ausgeschlossen. Es ist dies die Zeit der Arbeiterbildungsvereine, der Volksbildungsvereine. Der Kampf ist verzweifelt. Bildung ist das entscheidende Mittel der Emanzipation der unterdrückten Klassen. Erst in der zweiten Hälfte des 20. Jahrhundert gewinnt dieser Kampf die notwendige ökonomische Basis, hat Aussicht auf Erfolg. Niemand muß mehr von Bildung ausgeschlossen werden. Der gesellschaftliche Reichtum macht Bildung für alle möglich. Bildung wird zum Bürgerrecht, und jeder ist Bürger[8].

Angesichts dessen noch die Bildung als eine Angelegenheit der Wenigen und Erlesenen zu behaupten, scheint reaktionär und muß nicht auf Verständnis stoßen. Die anstößige Behauptung von der kleinen Zahl der Gebildeten ist ausführlich zu erläutern. Ich tue das, indem ich die Gedanken dreier Denker der Bildung vorstelle. Die drei sind Friedrich Nietzsche, Theodor W. Adorno und Heinz Joachim Heydorn.

Vorweg noch eine Bemerkung zur Art der Auslese der drei Arten von Eliten, welche bisher zur Sprache kamen. Sie wird ein Licht auf das nun Folgende werfen: Das Genie des Geniekults der Romantik und auch noch bei Nietzsche wird ausgelesen durch Gott, Schicksal, Natur oder ein wie auch immer metaphysisch angesetztes Prinzip. Das gehört zur Verehrung, die man ihm zuteil werden läßt. Der Hochbegabte wird testpsychologisch ermittelt. Die Grenze, ab der die Psychologie von Hochbegabung spricht, ist willkürlich gesetzt, eine Sache der Konvention, an welcher Stelle der Normalverteilung von Hochbegabung die Rede sein soll[9].

Der Gebildete ermittelt sich als Gebildeter selber, sowohl dem Prozeß nach als auch der wechselseitigen (stillen) Zuerkennung der Etikette nach. Keine Testbatterie vermag den Gebildeten als gebildet zu diagnostizieren. Die Werke, welche er schafft, falls er überhaupt welche schafft – überhaupt was er tut und leistet – sind wenig auffällig. Allenfalls eckt er manchmal an und ist auch ein wenig

---

8   Vgl. Ralf Dahrendorf, Bildung ist Bürgerrecht. Bramsche/Osnabrück 1965.
9   Darauf verweist z. B. Karl-Heinz Gruber, Schulreform und Begabtenförderung. In: Erziehung und Unterricht, 5/1987.

sonderbar, aber das sind andere auch. Besonderes Interesse bei den politisch und wirtschaftlich Mächtigen vermag er nicht zu erregen. Deshalb rede ich hier von ihm, wenn schon einmal Gelegenheit ist.

2. Der Genius und der Gebildete bei Friedrich Nietzsche

Also zunächst zu Nietzsche[10] und der bedrückenden Aktualität seiner Baseler Vorträge „Über die Zukunft unserer Bildungsanstalten". Wir wissen, wie hier – aus Anlaß von Nietzsche – Aktualität verstanden werden muß. Die Thesen des Unzeitgemäßen sind nicht zeitgemäß, sondern betreffen unsere Zeit. Sie könnten, was ihren Gehalt anlangt, ebensogut heute verfaßt worden sein. Lassen wir ihn zu Wort kommen!

„... immer deutlicher zeigt es sich, daß wir keine Bildungsanstalten haben, daß wir sie aber haben müssen. Unsere Gymnasien, ihrer Anlage nach zu diesem erhabenen Zwecke prästabiliert, sind entweder zu Pflegestätten einer bedenklichen Kultur geworden, die eine wahre, d. h. eine aristokratische, auf eine weise Auswahl der Geister gestützte Bildung mit tiefem Hasse von sich abwehrt, oder sie ziehen eine mikrologische, dürre oder jedenfalls der Bildung fernbleibende Gelehrsamkeit auf ... " (S. 85), welche erstens den meisten möglich ist und zweitens den Staatszielen dienlich ist.

„Zwei scheinbar entgegengesetzte, in ihrem Wirken gleich verderbliche und in ihren Resultaten endlich zusammenfließende Strömungen beherrschen in der Gegenwart unsere ursprünglich auf ganz anderen Fundamenten gegründeten Bildungsanstalten: einmal der Trieb nach möglichster Erweiterung der Bildung, andererseits der Trieb nach Verminderung und Abschwächung derselben. Dem ersten Triebe gemäß soll die Bildung in immer weitere Kreise getragen werden, im Sinne der anderen Tendenz wird ihr zugemutet, ihre höchsten selbstherrlichen Ansprüche aufzugeben und sich dienend einer anderen Lebensform, nämlich der des Staates unterzuordnen." (S. 13 f.)

Der Bildung „unter dem Leitstern des Staates" und für den Staat gilt Nietzsches Kritik. Nietzsche hat eine genau definierte Elite im Sinne. Eine Elite für den Staat ist diese aber nicht. Er glaubt bemerkt zu haben, „von welcher Seite aus der Ruf nach möglichster Erweiterung und Ausbreitung der Bildung am deutlichsten erschallt. Die Erweiterung gehört unter die beliebten nationalökonomischen Dogmen der Gegenwart. Möglichst viel Erkenntnis und Bildung -

---

10   Friedrich Nietzsche, Über die Zukunft unserer Bildungsanstalten (1871/72). Leipzig 1925. Die folgenden Seitenangaben beziehen sich auf diese Ausgabe (Kröner).

daher möglichst viel Produktion und Bedürfnis – daher möglichst viel Glück! – so lautet etwa die Formel. Hier haben wir den Nutzen als Ziel und Zweck der Bildung, noch genauer den Erwerb, den möglichst großen Geldgewinn." (S. 34)

Ich verkürze Nietzsches Gedankengang barbarisch: Verbreitung und Verminderung der Bildung haben mächtige Bundesgenossen - einmal das Streben der Massen nach Bildung, weil nur diese Aufstieg und Erfolg garantiert, dann das Interesse des Staates und der Wirtschaft an der sogenannten „Ausschöpfung der Begabungsreserven". Bildung als wichtigster Produktionsfaktor im Sinne der Bildungsökonomie. Deshalb wird das, was der Staat allen zugänglich macht, auch für seine Zwecke zugerichtet. Die Höheren Schulen haben als wichtigste Aufgabe, Leute von heute zu bilden[11], „Leute von heute und sonst von nirgendwo her" (K. Wolf), „courante Menschen" – so Nietzsche – sollen aus ihr hervorgehen. Diese „Bildung" muß nach Nietzsche rasch vor sich gehen, damit aus dem derartig Gebildeten möglichst schnell ein geldverdienendes Wesen wird, und sie muß so gründlich vor sich gehen, damit aus diesem schnell geldverdienen den Wesen auch ein viel geldverdienendes Wesen wird. Was Nietzsche an dieser Bildungsvorstellung anprangert, ist der Bund von „Intelligenz und Besitz". Daran laborieren wir noch heute.

Gewährleistet wird eine derartige Bildung vor allem durch „wissenschaftliche Bildung" im Sinne der modernen Wissenschaften, also der technisch gefügigen Naturwissenschaften einerseits, mit Blick auf die Kunst, Dichtung, Musik, Malerei, kurz: mit Blick auf die Klassiker - durch die historisierend relativierende „wissenschaftlich" analysierende Behandlung derselben, in welcher sie verstummen.

Die Gymnasien sind für Nietzsche nichts als Pflanzstätten einer „gelehrten Fettsucht", weil in ihnen zusammenläuft, was auf der Ebene der Universität als spezialisierte Magersucht sich präsentiert.

„Denn so in die Breite ausgedehnt ist jetzt das Studium der Wissenschaften, daß, wer bei guten, wenngleich nicht extremen Anlagen, noch in ihnen etwas leisten will, ein ganz spezielles Fach betreiben wird, um alle übrigen dann aber unbekümmert bleibt. Wird er nun schon in seinem Fach über dem vulgus stehen, in allen übrigen gehört er doch zu ihm, das heißt in allen Hauptsachen. So ein exklusiver Fachgelehrter ist dann dem Fabrikarbeiter ähnlich, der, sein Leben lang, nichts anderes macht als eine bestimmte Schraube oder Handhabe,

---

11 Daher die Forderungen nach „Lebensnähe", „Praxisnähe", „Gesellschaftsrelevanz" und „Wirklichkeitsbezug". Vgl. dazu vom Verf. „Streifzug durch die Projektpädagogik". In diesem Bd., Kap. C.

zu einem bestimmten Werkzeug oder zu einer Maschine, worin er dann freilich eine unglaubliche Virtuosität erlangt." (S. 37)

Solch ein Gelehrter ist ein Ausgebeuteter seiner Wissenschaft, und die Wissenschaft dient dem Staat. Das, was diese Wissenschaften liefern, wird aufsummiert. Als Bindemittel fungiert eine „klebrige Masse", die Journalistik, Surrogat für die Philosophie. Dem für die Wissenschaft und die Journalistik erziehenden Gymnasium des späten 19. Jahrhunderts gilt Nietzsches Zorn.

Welche Erneuerung schlägt er vor bzw. - Nietzsche ist ja kein Schulreformer - wo liegen die Ansatzpunkte für die Wiederbelebung des Gymnasiums? Für Nietzsche ist diese Wiederbelebung in weite Ferne gerückt, er spricht von „hundert Jahren und mehr". Ich kann das hier nur andeuten. Zunächst fährt er dem schon zu seiner Zeit ziemlich modischen Selbsttätigkeitsrummel in die Parade. Anstatt „zuchtvoll zu sprechen", d. h. in zuchtvollem Respekt vor den Klassikern, lehrt man die Gymnasiasten „selbständig zu stottern", vor allem im deutschen Aufsatz. Statt daß sie Andacht vor dem großen Kunstwerk erführen, verführt man sie zu selbständiger ästhetischer Kritik. Statt daß sie auf die großen Denker hörten, legt man ihnen nahe, selbständig zu philosophieren. (S. 58) „Jede sogenannte klassische Bildung" - und um diese geht es bei Nietzsche - „hat nur einen gesunden und natürlichen Ausgangspunkt, die künstlerisch ernste und strenge Gewöhnung im Gebrauch der Muttersprache: für diese aber und für das Geheimnis der Form wird selten jemand von innen heraus, aus eigener Kraft zu den rechten Pfaden geleitet, während alle anderen jene großen Führer und Lehrmeister brauchen und sich ihrer Hut anvertrauen müssen. Es gibt aber gar keine klassische Bildung, die ohne diesen erschlossenen Sinn für die Form wachsen könnte. Hier, wo allmählich das unter scheidende Gefühl für die Form und für die Barbarei erwacht, regt sich zum ersten Mal die Schwinge, die der rechten und einzigen Bildungsheimat, dem griechischen Altertum zuträgt." (S. 56)

Aber auch dazu wiederum brauchen wir dieselben Führer, die Klassiker, also Goethe, Schiller, Lessing, Winckelmann ... Wer die Genien sind, dürfte nun klar sein, ich nannte eben einige. Diese sind die Lehrmeister der Bildung. Sie haben mit den Pädagogen und Erziehungswissenschaftlern nichts gemein.

Wer die Gebildeten sind, dürfte ebenfalls klar sein, das sind diejenigen, welche dem Anspruch der Klassiker gewachsen sind, welche imstande sind, sich diesen studierend (mit Eifer) hinzugeben, Schiller und Goethe so wieso, weiters - und etwas gegen Nietzsche - der pragmatisch nutzlosen Geschichte, der gänzlich unnützen Kunst und Philosophie und - sit venia verbo! - last not least den unbrauchbaren klassischen Sprachen.

„... im Grunde entscheidet wohl hier kaum der Grad der Begabung" - ich ergänze: der IQ-, „ob man für derartige Stimmen zugänglich ist, sondern" - so Nietzsche, seine Dramatik liegt uns Nachgeborenen weniger - „die Höhe und der Grad einer gewissen sittlichen Erhabenheit, der Instinkt zum Heroismus, zur Aufopferung - und endlich ein sicheres zur Sitte gewordenes, durch richtige Erziehung eingeleitetes Bedürfnis der Bildung: als welche, wie ich schon sagte, vor allem Gehorsam und Gewöhnung an die Zucht des Genius ist." (S. 106)

Damit hier keine - angesichts von Nietzsche geradezu üblichen - Mißverständnisse aufkommen: Der „Heroismus", welcher für Bildung die schlechthinnige Voraussetzung bildet, hat nichts mit etwaigen Gefühlen der Überlegenheit zu tun, auch nicht die „sittliche Erhabenheit". Erhaben ist der sich Bildende über die Versuchungen, mit Hilfe derer der Zeitgeist[12] ihn von dem abbringen will, was allein bildet, nämlich der wahrhaft intellektuellen Arbeit, also der Auseinandersetzung mit der großen Literatur und Philosophie, für welche es keine Belohnungen gibt.

Es gehört also - und darauf war unter anderem aufmerksam zu machen - ein gerüttelt Maß an Brachialhermeneutik dazu, in der Bildungselite Nietzsches so etwas wie eine Führungselite für einen zukünftigen totalitären Staat zu sehen. Damit haben die Gebildeten im Sinne Nietzsches gerade nichts gemein.

3. Bildung als „sozialisierte Halbbildung"' heute, im Anschluß an Th. W. Adorno[13]

Der zweite, den ich hier bemühen will, ist über derartige Zweifel ohnehin erhaben: Theodor W. Adorno. Gleichwohl findet sich bei ihm die These von der Seltenheit der Bildung subtil entfaltet, allerdings nicht als Kern einer Kritik des Bildungssystems, sondern vielmehr im Zusammenhang einer umfassenden soziologischen Kulturkritik, insbesondere einer Kritik der Kulturindustrie. Ich meine, daß diese dem Pathos Nietzsches nicht nur nicht widerspricht, sondern dieses geradezu empirisch stützt, wobei allerdings „empirisch" etwas umfassender zu verstehen ist als heute üblich.

Für Adorno ist der „Verfall von Bildung" im Phänomen der Bildung selber schon angelegt. Die Symptome dieses „Verfalls von Bildung, auch in der Schicht der Gebildeten selber, erschöpfen sich nicht in den nun bereits seit Generationen

---

12   Der Zeitgeist ist bekanntlich „der Herren eigener Geist" (Goethe).
13   Die Zitate im Folgenden entstammen seiner Schrift „Theorie der Halbbildung". In: Max Horkheimer/Theodor W. Adorno, Soziologica II. Frankfurt 1962.

bemängelten Unzulänglichkeiten des Erziehungssystems und der Erziehungs-
methoden. Isolierte pädagogische Reformen allein, wie unumgänglich auch
immer, helfen nicht." (S. 168)

Wir dürfen das im Zusammenhang unseres Themas zugleich als Wink verstehen, etwaige Bildungshoffnungen nicht vorschnell auf neu einzurichtende
Institutionen oder auf eine Reformierung der Vollzugsgestalt von Unterricht
im Sinne der Methodik zu richten.

Es dürfte wenig Sinn haben, sich mit Eifer auf die Konstruktion von Modellen sogenannter „Bildungsanstalten" zu werfen, erstens: wenn heute nicht mehr
klar ist, was Bildung ist oder vielmehr war, zweitens: zumal wir selber - Adorno
gemäß - vom Syndrom der Halbbildung erfaßt sind. Es bleibt also - allen prag-
matischen Überlegungen zum Trotz und gerade gegen sie - gar keine andere
Wahl, als durch das Medium der Halbbildung hindurch anachronistisch an
Bildung festzuhalten: ein münchhausenartiges Unternehmen.

Ich sagte: Der Verfall von Bildung ist im Phänomen der Bildung selber
angelegt, nicht bloß ein Abfall von einer gewissen kulturellen Höhe, welche
man - subjektiv gewendet - als Bildung bezeichnet. Dies besagt nach Adorno,
daß Kultur und Bildung als der „Inbegriff einer Gesellschaft von Freien und
Gleichen", autonomen Bürgern und damit als entscheidende Waffe gegen den
Feudalismus, nachdem dieser unterlag, nicht aus der Hand gegeben wurde.
Dies allerdings - so betont er - nicht mala fide, sondern gemäß ökonomischer
Gesetze. Das, was Kultur und Bildung ursprünglich faßten, degenerierte somit
schon zu Zeiten Nietzsches zum Mittel der Reproduktion von (bürgerlicher
Vor-) Herrschaft. Kultur verkam zur Ansammlung sogenannter „Kulturgüter",
an welchen - weil dazu Muße erforderlich - nur wenige zu partizipieren ver-
mochten, zur sogenannten Geisteskultur. Obwohl sie ihrem ursprünglichen
Sinn nach nicht von der „Einrichtung der menschlichen Dinge" getrennt werden kann, verabsolutierte sie sich ideal und als Selbstzweck, real verkommt sie
zu Dekor und falscher Symbolik. Der Gebildete als Bildungsphilister. Selbst bei
dem „ansonsten großen Gelehrten Wilhelm Dilthey" ortet Adorno erste derartige Symptome, wenn derselbe in seinem Werk „Das Erlebnis und die Dichtung" über Hölderlin folgendes schreibt: „Wo ist ein anderes Dichterleben aus
so zartem Stoff gewebt, wie aus Mondenstrahlen! Und wie sein Leben, so war
seine Dichtung ... " Das sei - so Adorno - „bei aller Gelehrsamkeit des Autors
von kulturindustriellen Erzeugnissen im Stil Emil Ludwigs bereits nicht mehr
zu unterscheiden." (S. 169)

Bildung also wird zunächst zum Wert - die Naturwissenschaften haben
demgemäß einen Nutzwert, das Studium der Klassiker ist von Bildungswert -
und dann zum Statussymbol. Indem Bildung - subjektiv - zum wichtigsten

Medium des sozialen Aufstiegs wird, objektiv gesehen zur Qualifikation für bestimmte Führungspositionen innerhalb der Gesellschaftshierarchie, werden zunächst die Inhalte ausgetauscht. Da ist die Karriere der sogenannten Realien, also der Naturwissenschaften und der kauf männisch wichtigen modernen (lebenden) Fremdsprachen. Die Humaniora werden zum Statussymbol. Der humanitäre Anspruch, der in den Werken der deutschen Klassiker der Literatur und Philosophie, vor allem aber auch der griechischen und römischen Klassiker liegt, wird aufgrund der herrschenden ökonomischen Gesetze abgefälscht in sogenannte Geisteskultur und Innerlichkeitspflege. Was von ihnen bleibt, ist das Pathos der Bildung, bis in die Mitte unseres Jahrhunderts: der „Bildungsbürger".

Heute nähern die Klassen sich an, aber nicht dergestalt, daß dem Proletariat, welches es so ohnehin kaum mehr gibt, wiederum über Bildung gelänge, was zuvor dem Bürgertum gelang.

Bei Adorno heißt es: „Die unablässig weiter anwachsende Differenz zwischen gesellschaftlicher Macht und Ohnmacht verweigert den Ohnmächtigen, tendenziell bereits auch den Mächtigen, die realen Voraussetzungen zur Autonomie, die der Bildungsbegriff ideologisch konserviert." Die Macht - so interpretiere ich Adorno - zieht sich weiter zurück: hinter die Sphäre der Bildung. Sie bedarf ihrer tendenziell gar nicht mehr. Und Bildung wird selbst zur Handelsware. Die Industrie bemächtigt sich der Bildung in Gestalt der Kulturindustrie. Alle sind (potentiell) Abnehmer der Produkte der Kulturindustrie.

„Dem Bewußtsein nach verflüssigen sich die Grenzen zwischen den sozialen Schichten", aber nur dem Bewußtsein nach. Der kleine und mittlere Angestellte, den Adorno 1950 im Auge gehabt hat, als er die Physiognomik des Zeitgeistes als Halbbildung faßte, welcher Bildung intendierte, aber nur zur Applikation gewisser äußerlicher Versatzstücke und Embleme gelangte, unterscheidet sich wahrscheinlich heute dem Bewußtsein nach (als Bildung) nicht wesentlich vom sogenannten higher management. Die Hausfrau, welche im Supermarkt jeden Monat den neu erschienenen Bildband „Maler" kauft, partizipiert in gleicher Weise an den für den Markt zurechtgemachten Kulturgütern wie der Manager, der ein Wochenendseminar „Marxismus für Manager" besucht.

Adorno berichtet von einem im Amerika der Vorkriegszeit schon ungeheuer erfolgreichen Buch, nämlich Sigmund Spaeths „Great Symphonies". Es sei - so Adorno - „hemmungslos auf ein halbgebildetes Bedürfnis zugeschnitten". Wenn man es durchgearbeitet hat, ist man imstande, sich als kultiviert dergestalt auszuweisen, daß man die Standardwerke der symphonischen Literatur sofort erkennen kann. Das Buch präsentiert also die jeweiligen Hauptthemen und unterlegt sie mit Sätzen nach der Art von Schlagern. Das Ganze ist leicht singbar, auch beim Autofahren. Der angepeilte Bildungseffekt schnell und ökonomisch erreichbar.

Der kulturindustrielle Geschäftssinn - oftmals nicht unähnlich der modernen Didaktik - paßt haargenau zu dem mit dem Lebensstandard wach senden Bildungsbedürfnis als Wunsch, „zu einer Oberschicht gerechnet zu werden, von der man sich subjektiv ohnehin immer weniger unterscheidet." (S. 182) Was früher dem Neureichen vorbehalten war, ist Volksgeist geworden. Das Bedürfnis dazuzugehören wird entsprechend gestillt. Im Ausverkauf ganzer Wissenschaften - handlich zubereitet - wird dem Leser als Konsumenten eingeredet, er sei „au caurant". Der Beispiele gibt es genug: die popularisierte Archäologie, die Geschichte sowieso - in Form der Biographien fescher Kaiserinnen, die Physik als Reizmittel utopischer Phantasien, zumal die Relativitätstheorie. Die Attitüde der Halbbildung ist die des Mitredens, als Fachmann sich Gebärdens, des Dazugehörens, des Besserwissens, „die Sprache des Angebers". Halbbildung ist Informiertheit, bloße Informiertheit.

„Im Klima der Halbbildung überdauern die warenhaft verdinglichten Sachgehalte von Bildung auf Kosten ihres Wahrheitsgehalts und ihrer lebendigen Beziehung zu lebendigen Subjekten." (S. 176)

Was bleibt, ist ein undeutliches Bewußtsein von Bildung, von dem, was sie ist und man sein müßte, um gebildet sich nennen zu dürfen. Oder – in den Worten Adornos: Indem Halbbildung „an die traditionellen Kategorien und Inhalte sich klammert, die sie nicht mehr erfüllt, so weiß die neue Gestalt des Bewußtseins unbewußt von ihrer eigenen Deformation." (S. 187)

Ich hätte dieses Kapital ausgespart, wenn es nicht in engem, aber wahrscheinlich undeutlichem Zusammenhang mit unserem Thema stünde, und wenn es nicht mit uns selbst zu tun hätte; d.h. es besteht die ungeheure Gefahr, daß wir uns - selber durchaus alle Symptome der Halbbildung tragend, zumal die Pädagogiker, sofern sie nur mehr von Bildung reden - „mit breiten Händen" (Nietzsche) an die Förderung der Hochbegabten machen, ohne auch nur zu bemerken, daß diese Förderung der Hochbegabten nur sehr indirekt oder zufällig in die Nähe der Bildung kommt.

Die Adornosche These, daß an der Bildung „nur noch einzelne Individuen partizipieren, die nicht ganz in den Schmelztiegel hineingeraten sind, zu ihrem Glück oder Unglück, oder professionell qualifizierte Gruppen, die sich selbst gerne als Eliten feiern" (S. 176), sollte uns zu denken geben. Auch sollten wir uns fragen - ich wende jetzt den Hauptgedanken Adornos auf die Schule, ob nicht die Schule, zumal das Gymnasium, nichts anderes in Wahrheit darstellt, als die institutionalisierte Produktion von Halbbildung, von Besserwissern,

Bescheidwissern und Halbverstehern. Daran arbeitet die moderne Didaktik, indem sie die Inhalte zuschneidet und motivationspsychologisch aufmotzt, auf daß sie auch der Dümmste schluckt, allerdings als Derivat. Daran arbeitet die Allgemeine Pädagogik, indem sie die fachliche Autorität des Lehrers als despotisch denunziert, die Autorität, an welcher sich allein ein Jugendlicher abzuarbeiten vermag. Da ist die didaktisch ritualisierte Hervorlockung von juvenilen Bedürfnissen, Interessen und Meinungen. Jeder äußert seine Meinung zu Goethe und zu Brecht, gefragt ist nicht mehr die Sache, sondern, was uns der Faust heute noch sagt. Wenn man einem Studenten der Pädagogik heute einen Text von W. v. Humboldt vorlegt, so kann es einem passieren, daß jener behauptet, er fühle sich angesichts dieses Textes unwohl, könne sich hier gar nicht ein bringen, jedenfalls wisse er nicht, was das mit ihm zu tun habe.

Es könnte sein, das ist meine Warnung, daß in den sogenannten Hochbegabtenschulen die Halbbildung geradezu kulminiert, vor allem, wenn die Gymnasiasten dort bloß mehr von dem bekommen, was man ihnen in der herkömmlichen Schule serviert, mehr Halbverstandenes, aber versetzt mit dem Bewußtsein der Auserlesenheit.

4.1. Aristokratie für alle - die Bildungsutopie Heinz J. Heydorns

Es dürfte klar sein, wofür sich die beiden - Nietzsche und Adorno - ausgesprochen haben. Keine neue Bildungsanstalt hatten sie im Sinn, sondern die Wiederbelebung einer alten. Bei Nietzsche ist die Vision einer Restitution des Gymnasiums in ferne Zeiten gerückt; vermutlich wird es - so Nietzsche - in der Zwischenzeit überhaupt zugrunde gehen und mit ihm die Universität. Für Adorno gilt es, an der Bildung, welcher die Bemühungen des Gymnasiums galten, anachronistisch festzuhalten. Wir hätten nichts Besseres.

Bei Heydorn schließlich - 1949 sozialistisches Mitglied der ersten deutschen Bundesversammlung, ich füge das an, um ihn nicht ins Eck der Wendepädagogen zu rücken - heißt es in einer 1971 erstmals veröffentlichten Abhandlung über die „Aktualität des Klassischen":

„Die Zeit ist reif, auch für die volle Aufgrabung der klassischen Bildung in ihrer unerschöpflichen, geistigen, sinnlich-ästhetischen Dimension; es geht darum, den kostbaren Besitz zu einem Besitz für alle zu machen anstelle der anhebenden Bildungsverweigerung für alle."[14] Es sei schwieriger, so meint er, „den Menschen

---

14   Zur Aktualität der klassischen Bildung. In: Ders., Zur bürgerlichen Bildung - Anspruch und Wirklichkeit. Bildungstheoretische Schriften, Bd. 1. Frankfurt 1980, S. 321.

an der langen Leine zu halten, wenn er eine differenzierte Bewußtseinsbildung durchlaufen habe. Auf dem Markte" - (dem Wohnort des Zeitgeistes, A. S.) -„hört man jedoch das Gegenteil; es gehe darum" -so behaupten dessen Handlanger – diese „reaktionäre, elitäre Bildung" endlich„zu liquidieren ... Hierin eben sind sich, und das gibt zu denken, pragmatische Großindustrielle und deklamierende Linkspädagogen absolut einig. Sie eint gemeinsame Negation des Geistes."[15]

Das Gleichheitsprinzip realisiert sich - so Heydorn - als „Bildungsverweigerung für alle". Was beispielsweise früher nur eine Minderheit lesen durfte, darf bald niemand mehr lesen. Die „aristokratischen Fächer" werden abgeschafft; „es könnte jemand auf die Idee kommen, Aristokrat zu sein."[16]

Das Gleichheitsprinzip gilt natürlich auch in der neuen, projektierten Schule nur ermäßigt. Denn in den Kursen A, B, C der Hauptfächer wird Leistungsrationalität betrieben. Ganze Heerscharen von Pädagogen widmen sich den nicht in Griff zu bekommenden Ab- und Aufstufungsproblemen und denen der „inneren Differenzierung". Die sogenannten Kernfächer, Geschichte und Geographie, Naturwissenschaften und Kunst, bedürfen angeblich der Leistung nicht, hier wird auf Leistung verzichtet. Hier aber - betont Heydorn – „wird Leistungsverhinderung zur Kritikverhinderung", zur Verhinderung „entmythologisierender Erkenntnis"[17].

Ich kürze hier ab, allerdings nicht ohne das Gemeinte noch ein bißchen zu illustrieren und einen Blick auf unseren neuen AHS-Lehrplan zu werfen[18].

4.2. Anspruchslosigkeit für alle

Ich beginne beim Trivialen. Unsere Gymnasiasten - so gewinnt man den Eindruck - sollen nicht rechtschreiben lernen, sondern - So heißt es – „mit der Funktion der Rechtschreibung vertraut gemacht werden" (S. 68), vor allem sollen sie „erkennen, daß sich Rechtschreibnormen verändern können ... und ein orthographisches Problembewußtsein entwickeln" (ebenda). Die Sicherheit in diesem Lernbereich soll so groß sein, „daß sie in ihrem Alltag mögliche Schreibsituationen bewältigen können" (ebenda). Was über den trivialen Alltag eines 14jährigen Dauerfernsehkonsumenten hinausgeht, ist vom Bösen.

---

15 A.a.O., S. 316.

16 Über den Widerspruch von Bildung und Herrschaft. Bildungstheoretische Schriften, Bd. II. Frankfurt 1970, S. 327.

17 A.a.O., S. 301.

18 Vollständige Ausgabe 1. Lehrplan der AHS. 1. und 2. Klasse. Wien 1985. Daraus die folgenden Zitate.

Im Lernbereich „Sprechen" wird die „sprachliche Handlungsfähigkeit"
gefordert. Der Lehrer, der nicht weiß, was das ist, bekommt es prompt erklärt.
In der „Sprachbetrachtung" sollen „übliche Sprachstrategien erkannt werden"
(S. 69). Aber welcher Lehrer erkennt die Sprachstrategie der Lehrplanverfasser?

Selbstverständlich findet sich unter „Lesen und Textbetrachtung" an erster
Stelle das Stichwort „Lesetechniken" (S. 75). Diese müssen „entwickelt" werden
zur „rascheren Sinnerfassung", dazu müsse man „die Blickspanne erweitern"
und „geeignete Konzentrationsübungen" durchführen. „Rasch" also muß das
Lesen vor allem erfolgen.

In der Medienerziehung sollen die Möglichkeiten der Medien erkannt werden – ein anspruchsvolles, aber wohl auch für die meisten von uns nahezu
unbewältigbares Unternehmen; denn: wer liest schon noch „Die Welt als
Phantom und Matrize" (Günther Anders)[19] und um welche „Textsorte" handelt es sich dabei eigentlich? Vor allem aber wird über die Lieblingssendungen
im Fernsehen geredet. „Knight Rider" wird also auch noch für würdig befunden, Gegenstand des Deutschunterrichts zu sein. Auch die „Comics" müssen
besprochen werden, vor allem der diffizile Unterschied zwischen „Kastentext"
und „Sprechblase" (S. 75). Für Gedichte dürfte da wenig Zeit bleiben, und der
Spaß am Comic wird den Kindern obendrein verdorben. Mir tun die Kinder
leid. Die Hochbegabten und die weniger Begabten.

Das Gymnasium ist tot. Es lebe das Gymnasium!

Ich weiß, ich spinne.

---

19 In: Günther Anders, Die Antiquiertheit des Menschen. Bd. 1, S. 99–211. München ⁷1987.

Die totale Schule (1994)

1. Oberflächenphänomene

Wir beginnen mit der Registrierung von Oberflächenphänomenen, also zunächst noch einigermaßen harmlos mit der Konstatierung des Überforderungs- bzw. Überbürdungssyndroms. 1992 z. B. bemerkte dieses auch ein politisch organisierter österreichischer Lehrerverein und stellte seine Jahrestagung unter das Motto „Schule – Mistkübel der Gesellschaft". Das mag zwar etwas grobschlächtig formuliert gewesen sein, aber – so meine These – die Veranstalter haben dabei etwas durchaus Bemerkenswertes gesehen. In der Tat scheint Schule auch eine Art Entsorgungsbetrieb oder eine Art Endlagerstätte für gesellschaftlich-politisch unlösbar erscheinende Probleme zu sein. Schon 1985 schreibt Hermann Giesecke in seinem ebenso vielbeachteten wie umstrittenen Essay „Das Ende der Erziehung": „Wenn die Zahl der Verkehrstoten steigt oder die Wehrgesinnung sinkt oder die Friedensdiskussion in der Öffentlichkeit zu einseitig erfolgt, wird nach Erlässen gerufen, die die Schulmeister anhalten sollen, das Nötige unverzüglich beizubringen."[1]

Die Schule – so Giesecke – ersticke allmählich „in Erwartungen, die von außen an sie herangetragen werden in der Annahme, die staatliche Weisung könne hier irgendwelchen Übeln abhelfen".[2] Gieseckes Beispiele für dieses Phänomen zunehmender Überbürdung von Schule durch gesellschaftliche Altlasten und Rückstände lassen sich unschwer vermehren.

In den österreichischen Lehrplänen ist die Entsorgung gesellschaftlicher Altlasten gar systematisiert, und zwar in der Form der sogenannten „Unterrichtsprinzipien". Das sind Themenbereiche, die einer eindeutigen Einordnung in eines der traditionellen Schulfächer entbehren und demgemäß fachübergreifend bei Gelegenheit aufzugreifen und zu behandeln sind. Dazu gehören die Sexualerziehung ebenso wie die Politische Bildung, Umwelterziehung, Medienerziehung, Sozialerziehung, Verkehrserziehung, Friedenserziehung u.s.w. Die Liste wird - zwar nicht naturgemäß, aber kultur- und komplexitätssteigerungsgemäß - immer länger. Die sog. gesellschaftlichen Probleme werden nicht weniger, sondern mehr.

---

1   Hermann Giesecke, Das Ende der Erziehung. Neue Chancen für Familie und Schule. Stuttgart ⁴1988, S. 111.

2   Ebd.

Man kann diesen Vorgang, wenn man will, auch psychoanalytisch deuten. Natur und sogenannte „Umwelt" werden nicht von der Erwachsenengeneration geschont und geschützt, sondern fortwährend technisch vernutzt und vernichtet. Statt dessen werden die Lehrer beauftragt, die Kinder anzuhalten, den Bruder Baum zu respektieren und die Spinne zu lieben. Die Massenmedien, einschließlich der Boulevardpresse, werden (hierzulande) aus Steuergeldern massiv unterstützt. Die Lehrer aber werden beauftragt, kritische Medienerziehung zu betreiben. Natürlich ahnen die pädagogischen Praktiker etwas von diesem Zusammenhang bzw. Widerspruch und spätestens nach den ersten Versuchen, mit Schülern die üblichen - nach Lehrplandiktion - „Gebrauchstexte" kritisch zu lesen, wissen sie es: Man kann es nicht. Denn entweder man liest sie, dann ist man nicht kritisch, sondern betäubt, oder man ist kritisch, dann liest man sie nicht. Man kann - so stellt man alsbald fest - auch nicht kritisch fernsehen. Denn wer fernsieht, will sich entspannen, also abschalten. Wer also einschaltet, um abzuschalten, ist nicht kritisch, sondern hat die Fahne der Vernunft auf Halbmast gesetzt.

Die Schule dient - so die psychoanalytische Version des Überbürdungsphänomens - als Projektionsfläche für die Gewissensreste der Erwachsenengesellschaft. Die Gewissensbisse der Erwachsenen werden zu fachübergreifend zu behandelnden Unterrichtsprinzipien mit Gesinnungspower. Und wenn diese Saat einmal aufgeht – und die Sache der Ökopädagogik scheint aufzugehen -, dann konveniert das ersprießliche Ergebnis den Auftraggebern auch nicht. Natürlich rüttelt kein Politiker an den Grundprinzipien der Konkurrenz- und Leistungsgesellschaft, am allerwenigsten der Unterrichtsminister. Statt dessen sollen die Kinder lernen, uneigennützig, lieb und solidarisch miteinander umzugehen. Sie sollen die bessere Welt schaffen. Allen Ernstes forderte beispielsweise vor einiger Zeit der Kultusminister eines deutschen Bundeslandes eine Intensivierung des Geschichtsunterrichts als strategische Maßnahme gegen Ausländerfeindlichkeit und Rassenkrawalle.

Aber ganz unabhängig davon, ob solchen Maßnahmen ála longue Erfolg beschieden ist oder nicht, möglich ist dieser Dauereingriff in den schulischen Zusammenhang und damit die fortwährende Überbürdung nur, weil nicht (mehr) klar ist, wozu Schule eigentlich da ist. Bei Giesecke heißt es: „Je weniger öffentliche Übereinstimmung darüber herrscht, wozu Schule eigentlich da ist und wozu nicht, desto mehr werden ihr Aufgaben aufgebürdet oder von ihr an sich gerissen, die mit ihrem ursprünglichen Zweck nichts mehr zu tun haben, bloß weil sie an der zuständigen Stelle, z. B. im Elternhaus, nicht erledigt werden."[3]

Erziehung im Rahmen der öffentlichen Schule wird damit zu einem gigantischen Betrieb der gesellschaftlichen Altlastenentsorgung; vom „sogenannten Bösen" bis zur Aidsgefahr, vom Baumsterben bis zum massenmedial manipulierten Bewußtsein - nichts als Aufgaben für die Erziehung in der öffentlichen Schule. Wer wollte angesichts dieser Sachlage noch davon reden, daß sich die Schule heute verstärkt dem wirklichen Leben gegenüber öffnen sollte?

Gieseckes Problemlösungsvorschlag scheint mir allerdings ebenso sympathisch wie vermutlich undurchführbar. Seine Forderung nach „Besinnung" der Schule auf ihre „eigentümliche Aufgabe im gegenwärtigen Sozialisationsprozeß, also auf das, was nur sie dabei leisten könne" und keine andere Instanz, scheint vorauszusetzen, die Schule als „öffentliche"(!)Einrichtung könne sich - kraft welcher Potenz? - abschotten gegenüber all den gesellschaftlich drängenden politischen und moralischen Zumutungen, könne von sich aus - als Institution der „Öffentlichkeit"- aktiv werden gegen die Bedürfnisse der Öffentlichkeit.

Anders formuliert: Gieseckes „Besinnungsforderung" bzw. seine Forderung an den Unterricht, „jeglichen Erziehungsauftrag zurückzuweisen, welcher nicht aus den Bedingungen des Unterrichts selber erwächst"[4], also die Forderung nach Reduktion der Erziehung auf die Herausbildung bloß jener Tugenden und Verhaltensweisen, die für Lernen selber notwendig sind, stilisiert den Unterricht - und eben nicht bloß grammatisch - zu einem Quasisubjekt, dem es frei stünde, dieses zu tun oder jenes zu lassen, übersieht also diejenigen Bedingungen einer komplex organisierten demokratischen Massengesellschaft und Öffentlichkeit, durch welche die öffentliche Institution Schule (eben weil sie „öffentlich" ist) zu dem wird, als was sie eben diagnostiziert worden ist.

2. Schule als totale Institution

„Wozu Schule eigentlich da ist und wozu nicht" - zu dieser Frage gibt es weder eine öffentliche Übereinstimmung noch überhaupt irgendeine. Nicht einmal die Erziehungswissenschaftler und professionell beispielsweise mit Schultheorie Befaßten sind sich darüber einig. Vielmehr scheinen sie damit beschäftigt, alle diese Zusatzaufgaben und Erwartungen für und an die Schule teilweise zu

---

3 Ebd.
4 Ebd., S. 114.

entdecken und zu formulieren und andererseits an die Schule zu vermitteln. Die Vermittlerrolle, welche sie dergestalt zwischen Politik und schulischer Praxis einnehmen, ist schlechthin unkritisch und damit nicht nur prekär, sondern mitverantwortlich für das Dilemma.

An die Adresse der Praktiker gerichtet darf man vielleicht sagen: Wenn Erziehungswissenschaftler und Pädagogen, welcher weltanschaulichen Zurechnung auch immer, zu Lehrern sprechen und diesen neue und neueste Aufgaben für deren pädagogische Praxis ansinnen wollen, ist schlechthin Mißtrauen angebracht.

Ich denke dabei v. a. an die in den letzten Jahren heftig betriebene Schullebensreanimation qua Schulklimaverbesserung und damit im Zusammenhang an all die Maßnahmen, welche für diese Zwecke gesetzt wurden, beispielsweise an die Didaktik „offenen Lernens", an die Forcierung von sogenannten „Freiarbeitsphasen", von Projekten sowieso, an die handlungsorientierte, schülerorientierte und erfahrungsorientierte Didaktik[5], schließlich an die Bestrebungen, Schule von einem Ort des Lernens zunehmend zu einem Ort des Lebens zu verwandeln, zum Lebensraum hin zu transformieren bzw. zumindest zu erweitern. Entscheidend ist dabei: Wohnraum und Lebensraum wird die Schule eben genau dann, wenn man ihr Eigenschaften des Wohnens und Lebens verpaßt, Ruhe-, Spiel- und Discoecken, wenn sie Elemente des außerschulischen kindlichen und juvenilen Lebens in sich aufnimmt oder wenn sie sich zur Schulgemeinde hin entwickelt, Ausstellungen, Fahrten, Schullandheimaufenthalte, Zeltlager, Feste und Feiern organisiert oder sich überhaupt mit der Gemeinde zu einem integren höheren Ganzen findet, etwa im Sinne der englischen community education.

Zugegeben: Wir sind noch nicht so weit. Die Rede ist von Tendenzen. Zumal wenn der Trend zu ganztägigen Schulformen anhält, wird plausibel, daß sich Lehrer und Lehrerinnen zusätzliche Qualifikationen werden aneignen müssen: Freizeitpädagogische beispielsweise, abenteuerpädagogische, projektpädagogische sowieso. Das Rollenbild des Lehrers wird sich erweitern und vervielfachen und eben dadurch vermutlich immer diffuser werden. Man wird als Lehrer alles gleichzeitig sein müssen: Instruktor im Sinne der Qualifikationsfunktion von Schule, Zensor im Sinne der Selektionsfunktion, Animator

---

5   Eine Kritik dieser Konzepte versucht der Verf. in: Junge Bitternis. Eine Kritik der Didaktik. Wien 1992. Vgl. dazu auch die Analysen des Rahmenkonzepts NRW „Gestaltung des Schullebens und Öffnung der Schule" im Heft 6/1989 der Pädagogischen Rundschau (Beiträge von Henning Günther, Birgit Ofenbach, Rudolf Lassahn).

und Fazilitator im Sinne der Förderung des kindlichen Eigenlebens, seiner
Spontaneität und Kreativität, Vater und Mutter im Sinne der familiär gestal-
teten Momente des „Schullebens", primus inter pares in der demokratischen
Schulgemeinschaft, Organisator und Berater im Sinne der die Schule trans-
zendierenden gemeinwesenarbeitsähnlichen Unternehmungen, schließlich
Therapeut mit Unterstützung eines noch auszubauenden psychologisch quali-
fizierten Beratungsstabes.

Es war der amerikanische Schulkritiker Paul Goodman, Radikalliberaler
und Anarchist, der die Schule einmal als „a great babysitting" bezeichnete und
dieser Diagnose den Ausruf hinzufügte: „but what an expensive kind of babysitting!"[6]

Diese eine unter den vielen Funktionen, welche Schule seit jeher neben den
paideutischen Funktionen[7] miterfüllt, könnte unter gegenwärtigen Bedingungen allmählich dominant werden: die kustodiale Funktion. Sie überwölbt alle
anderen. Dabei passiert etwas höchst Beachtenswertes. Die vielbeklagte Kluft
zwischen Lernen und Leben wird geschlossen. Die seit den Zeiten der Reformpädagogik vielbeschworene Einheit von Schule und Leben wird tatsächlich hergestellt; allerdings nicht ganz so, wie sie bestanden hat vor der Errichtung von
Schulen, vor dem Aufstieg der Moderne. Die Einheit von Schule und Leben
wird nun in der Schule verwirklicht, nicht im Leben. Nicht das Leben wird -
wie vormodern und bis ins 18. Jahrhundert hinein - diese Einheit garantieren,
sondern die Schule wird es garantieren.

Das mittelalterliche „ganze Haus", also die Einheit von familiärem Leben,
Arbeit, Erziehung und religiöser Praxis, wird einfach transferiert. Die Schule
wird zum „ganzen Haus". Der vormoderne Zustand wird zunächst rehabilitiert
und dann repetiert, allerdings als Farce. Die „patria potestas", die väterliche
Gewalt also als das Zentrum des mittelalterlichen „ganzen Hauses", wandert
ab in andere Hände, wird anonym verfügt, ist diffus verteilt im Netzwerk der
anonymen und unangreifbaren Großorganisation Gesellschaft.

Die pädagogisch betriebene Vergesellschaftung von Kindheit, Jugend und
Aufwachsen im Sinne einer durchdringenden und allumfassenden Sozialisation wird perfekt. Die Ganztagsgesamtbeschulung wird zum umfassenden

---

6   Zit. nach: Stefan Blankertz, Legitimität und Praxis. Öffentliche Erziehung als päd-
    agogisches, soziales und ethisches Problem. Wetzlar 1989, S. 77.

7   Siehe dazu Theodor Ballauff, Funktionen der Schule. Historisch-systematische Stu-
    dien zur Scolarisation. Weinheim/Basel ²1984. Ballauff konstatiert 31 Hauptfunk-
    tionen. Die, welche den eigentlichen Sinnhorizont von Schule ausmachen, nennt er
    „paideutische".

Sozialisationsinstrument, welches niemand mehr handhabt, nur alle. Sie entläßt die Subjekte, also die Unterworfenen, in das von ständigem Weiter-, Dazu- und Umlernen umstellte Erwerbsleben. Eine der Schule ähnliche Instanz, das Seniorenwohnheim mit pädagogisch-psychologisch geschultem Betreuerstab, mit Bastelnachmittagen, Ausspracherunden, Hausmusik- und Filmabenden, Ausflugsfahrten und Gymnastikstunden wird die zum Erwerbsleben untüchtig Gewordenen wieder aufnehmen.

Ich spreche natürlich von Tendenzen, aber nicht von erfundenen und imaginierten, sondern von Tendenzen, die sie sich heute bereits abzeichnen. Prognostisch könnte man sagen: Definierte Inhalte (ein Codex des Lernenswerten) werden immer fragwürdiger. Die Zivilisationstechniken werden im wesentlichen bleiben, aber in ihrer Komplexität reduziert (die Orthographiereformen z. B. werden weitergehen). Der Fächerlehrplan wird sich vermutlich zu einem Kurslehrplan wandeln und dieser wird nicht unähnlich dem der Volkshochschule bzw. dem der amerikanischen High School sein. In der fachübergreifenden Bearbeitung von Themen wird v. a. auf Moral, Engagement und sogenanntes soziales Handeln gesetzt.

Der über Jahrhunderte für Schule typische „Rassismus der Intelligenz und der Schulleistungen"[8] wird zurückgedrängt. Er weicht einem neuen, dem Rassismus der Moral. Der „Bildungsbürger", eine fragwürdige Figur von Anfang an (von Friedrich Nietzsche auch „Bildungsphilister" genannt), wird nicht einmal ein Reservat mehr finden. Er wird abgelöst vom „guten Menschen". Dessen abschätziger Blick wird nicht den Ungebildeten gelten, denn diese gibt es dann so wenig wie die Gebildeten, sondern denen, die seine Moral nicht teilen, sein Engagement nicht unterstützen.

Die modernen Erziehungswissenschaften sind zwar nicht gerade der Motor für diese Vorgänge, dafür sorgt der gesellschaftliche Mechanismus schon selber, aber - so kann man sagen - der Transmissionsriemen. Sie sind es, die „dafür das Personal, die Techniken und die Ideologien bereitstellen". Je stärker - so nochmals Giesecke - „diese Wissenschaften expandieren, je mehr sie sich an den Universitäten und in Berufsverbänden institutionalisieren, umso hartnäckiger vermögen sie eine öffentliche Propaganda für ihre Angebote zu entfalten. Sie expandieren, weil sie Absolventen produzieren, für die Arbeitsplätze gefunden werden müssen. So werden immer neue Bedürftigkeiten definiert und behauptet. Entdeckt werden zum Beispiel die Alten, die Familien, die Touristen, die

---

8   Pierre Bourdieu, Der Rassismus der Intelligenz. In: Ders., Soziologische Fragen. Frankfurt/M. 1994.

Menschen an ihrem Feierabend. In absehbarer Zeit wird die Macht dieser Berufsgruppen so groß sein, daß eine Diskussion über ihren Sinn und Zweck aussichtslos wird, so wie es angesichts der Macht der Lehrerverbände längst aussichtslos geworden ist, über eine Verkürzung der Schulzeit zu diskutieren"[9] Solches schmerzt natürlich die Profession. Aber man wird Gieseckes durchaus unzynischer Diagnose kaum die Zustimmung verweigern können.

Das Unheimliche an diesen Vorgängen ist natürlich gerade die Tatsache, daß hier eines ins andere greift, daß auf den einen Schritt der nächste folgt, daß das ganze funktioniert. „Vernetzung" ist längst keine Programmvokabel mehr. Der unsägliche Terminus taugt lediglich zur Bezeichnung eines ohnehin ablaufenden Prozesses, in welchem eine Monopolinstitution des Staates zur totalen Sozialisationsinstanz sich aufspreizt und wuchert, unfähig zu jeglicher Beschränkung.

Gieseckes Wunsch nach einer Besinnung der Schule auf das, was nur sie leisten kann und keine andere Einrichtung, kein anderer Zeitort, nach einer Rückkehr zur Lern- und Bildungsschule dürfte ein frommer, aber unerfüllbarer Wunsch sein. Vielleicht hat man Karl Marx, obwohl er 1989 ein zweites Mal[10] gestorben ist, dennoch zu früh für tot erklärt? Denn: Nach wie vor geben meines Erachtens Struktur und Modus seiner Kritik, nicht ihr Inhalt, Muster dafür ab, wie man dieser Prozesse kritisch Herr werden könnte.

Nach wie vor sind es die „ökonomischen Verhältnisse", welche beispielsweise die triviale Tatsache der ganztägigen Schulformen schaffen. Nach wie vor handelt es sich über weite Strecken des sogenannten pädagogischen Diskurses, welcher auf derartige Problemstellungen bereitwillig antwortet, um ein Überbauphänomen, um ideologische Rechtfertigungsstrategien, welche das durch ökonomische Bedingungen Erzwungene auch noch pädagogisch heiligen.

Nach wie vor können beispielsweise die Schullebensrenaissance, die fatale Wiederkehr mancher Varianten der Reformpädagogik (von Peter Petersens Gemeinschaftserziehung, Berthold Ottos und Wilhelm Alberts Gesamtunterricht bis hin zu Ellen Keys „Träumen von der Schule der Zukunft") als ideologisch entlarvt werden: „Fluchtversuche"[11] aus der immer komplexer werdenden

---

9   Giesecke, a.a.O., S. 55.
10   Vgl. dazu den ebenso amüsanten wie provozierenden Versuch Konrad Paul Liessmanns, Marx als Poeten (des >Kapitals<) zu lesen: Karl Marx*1818 1989.
11   So interpretiert Heinz-Joachim Heydorn die Reformpädagogik. In: Ders., Über den Widerspruch von Bildung und Herrschaft. Bildungstheoretische Schriften. Band 2. Frankfurt/M. 1979, S. 218–272.

(post)industriellen Massengesellschaft in den Romantizismus und Irrationalismus.

Selbstverständlich muß eine Institution, welche selbst in ihren offiziellen Präambeln ihren totalitären Charakter nicht verschleiert, sondern geradezu als Gütesiegel und Vertrauensnachweis präsentiert, indem sie beispielsweise eine Bildung verspricht, „die den ganzen Menschen umfaßt, seine intellektuellen und musischen Fähigkeiten ebenso wie seine Gefühlskräfte und körperlichen Anlagen, einschließlich einer ethischen Bildung"[12], welche überdies immer längere Zeiten der Heranwachsenden mit Beschlag belegt, sogenannte humanisierende Elemente in sich aufnehmen, sich geradezu als Weihestätte der Menschlichkeit präsentieren, zumal sie diese ihre Funktion und ganzheitliche Aufgabe mit den Mitteln der Betroffenen finanziert „Ein steuerfinanziertes Pflichtschulsystem" - so eine gewisse Isabel Paterson 1943 - „ist das komplette Modell eines totalitären Staates."[13]

Eben deswegen muß es alles daran setzen, nicht als solches zu erscheinen; deshalb die vielen Weichzeichner im Erscheinungsbild, deshalb das Dauerplädoyer für die Humanisierung der Verkehrsformen in der Schule, etwa das Plädoyer für den sozial-integrativen Führungsstil, die Aufnahme von therapeutischen Elementen in den Schulunterricht, die Inszenierung von Lebensnähe und Lebendigkeit über die reformpädagogisch inspirierten Lernformen.

Deshalb auch die „Schulpartnerschaft", also der kommunikative Einbezug der Eltern als Partner der Lehrer (beide als Partner der Schüler). Der Zweck letzterer leuchtet unschwer ein. Es geht um die Herstellung der Zustimmung und Akzeptanz der Vormünder der Betroffenen, also derjenigen Personen, die das Unternehmen finanzieren. In der Sprache des Märchens könnte man sagen: Der Wolf frißt Kreide und taucht seine Pranke in Mehl, um die Unmündigen und Unschuldigen in Sicherheit zu wiegen. „Seht her, ich bin's, Eure Mutter, das Urbild für Schutz, Wärme und Geborgenheit!"

3. Penetrante Sozialisation

Indes: Die Märchenmetaphorik ist trügerisch. Der Wolf verstellt sich nicht bloß, gibt sich nicht nur als Mutterziege aus. Er mutiert zur Mutter, will die Kleinen nicht vernaschen, sondern nur umsorgend beherrschen. Auch die Weichzeichner - Metapher trifft nicht ganz. Die Konturen der Reproduktionsagentur

---

12   Zit. nach (österr.) Lehrplan der AHS (Allgemeinbildende höhere Schulen), Allgemeiner Teil.
13   Zit. nach: Blankertz, a.a.O.; S. 209.

Schule werden tatsächlich milder, nicht nur ihre Präsentationsformen, nicht
nur ihr Werbefoto. Die Schulkultur wechselt allmählich ihr Geschlecht. Die
Herbheit und Strenge väterlicher Erziehung wird abgelöst durch eine weiche,
feminin-mütterliche Schulkultur.

Schule wird zu einer Art überdimensionalen „Tagesmutter", deren sym-
bolischer Uterus den Nachwuchs ernährt, wärmt, schützt und die Stöße der
Bewegungen des Gesellschaftskörpers abfedert. Ihre (ermäßigten) Ansprüche
treten den Umsorgten nicht mehr fordernd gegenüber, sondern sollen in ihnen
fördernd von innen heraus wirksam werden. Die alten Topoi der Erziehung,
nämlich Aufgabe - Erfüllung, Anordnung - Durchführung, Leistung - Überprüfung, Vormachen - Nachmachen u. s. w. weichen den neuen: Helfen, Trösten, Entwickeln, Fördern, Motivieren; im Spezialfall: Liebesentzug.

Die alte Herrschaftsmechanik greift nicht mehr. Sie ist durchschaut. Die
Imperative der Herrschaft werden in die Subjekte selber eingeschleust, erscheinen nicht mehr als Momente der Anforderungen eines „Außen", sondern als
innere Motive, denen durch Erziehung nichts als Förderung und Beförderung
widerfährt. Schule wiederholt damit nichts anderes als die neuen Formen der
Betriebskultur, imitiert bzw. spiegelt die Führungsformen der Trendunterneh-
men mit flachen Hierarchien, Mitarbeitermotivation und „Human-Relations"-
Design. Der britische Erziehungssoziologe Basil Bernstein machte für diese
Metamorphosen des „pädagogischen Codes" im wesentlichen Wandlungen in
der Industrie und Technologie verantwortlich: „Veränderungen in der Arbeitsteilung führen zu einer neuen Konzeption von Fähigkeit. Das Veralten ganzer Fähigkeitsbereiche mindert die Bedeutung kontextgebundener Tätigkeiten
und steigert die Bedeutung allgemeiner Prinzipien, von denen sich eine ganze
Reihe unterschiedlicher Tätigkeiten ableiten lassen. [Im deutschen Sprachraum
spricht man gegenwärtig von sog. >Schlüsselqualifikationen<.] Man könnte -
grob gesprochen - sagen: Das 19. Jht. brauchte gehorsame und unflexible Arbeiter, das späte 20. Jht. dagegen angepaßte und flexible."[14]

Diese arbeiten von sich aus und quasi-selbständig für das Unternehmens-
ziel. Eine rigide Sozialstruktur der Führungsformen würde solches verhindern. Demokratische Stile, offenere und egalitäre Formen hingegen kommen
dem entgegen. Bernstein spricht von „lockerer Rahmung" des Vorgesetzten-
Mitarbeiter-Verhältnisses bzw. des Lehrer-Schüler-Verhältnisses. Im Alltag

---

14 Basil Bernstein, Über Klassifikation und Rahmung pädagogisch vermittelten
    Wissens. In: Ders., Beiträge zu einer Theorie des pädagogischen Prozesses. Frank-
    furt/M. 1977, S. 156.

spricht man analog vom „lockeren Typ" des Lehrers/des Chefs. Was Bernstein für die Arbeitswelt und die dort sich vollziehenden Veränderungen sagt,
gilt vermutlich immer mehr auch für die Welt des Wissens, der Wissenschaft
(auch sie gehört zur Arbeitswelt). Auch hier ist daher Anpassung und Flexibilität angesagt und die Bereitschaft nachgefragt, auf neue gesellschaftliche
Erfordernisse mit entsprechender Wissensproduktion/Ideologieproduktion
dienstbar zu antworten: Kooperation mit anderen Disziplinen, Teamwork, Ver-
netzungsfähigkeit und ähnliches mehr im Dienste sogenannter gesellschaftlicher „Schlüsselprobleme".

Die allmähliche „Entklassifizierung der Redezeichen nach Gesellschaft"
und die damit gegebene Veränderung im sozialen Kontrollsystem hat hier
eine allmähliche „Verflüssigung der Wissensstrukturen und Verrückung der
Grenzen des Bewußtseins" (Bernstein) zur Folge. Bildhaft gesprochen: Die
elfenbeinernen Türme der Wissenschaft - die Garanten disziplinärer Son-
derung, des Expertentums, aber auch der Abschottung von Alltag, Politik,
Praxis - dürften damit endgültig fallen und damit den Flachbauten (mit verstellbaren Wänden) einer alltagsnahen, politik- und praxisbezogenen Ad hoc-
Wissenschaft weichen, welche „forscht" und interveniert, lehrt und gleichzeitig erzieht bzw. zu einer bestimmten Praxis animiert, also sich benimmt wie
eine progressive Reformschule von heute mit ihren lebensnahen, politik- und
praxisnahen Projekten.

Gesamtgesellschaftlich heißt dies für die Mechanismen der sozialen
Kontrolle, daß diese weniger „interpositional" (hart aber „gerecht") funktionieren, sondern interpersonal, also im Sinne einer wechselseitigen, zudring-
lich- durchdringenden, weichen Sozialisation. - Jedermann wird des anderen
Sozialarbeiter.

Die derzeitigen Reformen in Richtung „Schulautonomie" sind diesen Pro-
zessen affin. Als autonome erfüllen Schulen genau diese Aufgabe einer „inter-
personalen sozialen Kontrolle" (Bernstein).

Wenn die Hierarchie fällt, die Bürokratie sich zurückzieht, müssen andere
Instanzen das entsprechende normative Stützkorset liefern, damit die Organisation nicht auseinanderfällt. Ein Aufgabenprofil braucht es, nunmehr eben ein
inhaltlich-normativ spezifisches, ein „schuleigenes". Die autonome Schule gibt
sich ihr eigenes Profil, kreiert ihr eigenes „Logo".

Wenn die Bürokratie mit ihren hierarchisch geordneten Instanzen den nach
formalen Prinzipien funktionierenden Ordnungsmechanismus aus dem Schul-
körper entnimmt (indem sie sich entmachtet), also die - nach Emile Durkheim -
„mechanische Solidarität" (im Sinne von Zusammenhang) aufgeweicht wird,
bilden sich organische Formen von Solidarität, vielgestaltig und die Formen
wechselnd.

Aus der theoretischen Flugzeugperspektive mag das nett aussehen- diese bunte und vielgestaltige pädagogische Praxis. Indes enthält diese auch einen vorher nicht gekannten Konkurrenzkampf. Ganz ohne Elemente des „Werdens und Sterbens" wird das nicht abgehen, v. a. dann nicht, wenn die Schulautonomie zur Privatisierung sich steigert, ein Trend, der ihr immanent ist. Vor allem aber wird die autonome Schule - auch schon die öffentliche - von beträchtlichen Wertkonflikten geschüttelt sein, welche ihr z. B. schon durch die selbständige Profilerstellung zuwachsen. Wertkonflikte werden die Kommunikation im Lehrkörper prägen, auch die in der beteiligten Elternschaft. Die Kommunikation der beteiligten Gruppen muß gleichsam auf Dauer gestellt werden. Die autonome Schule wird aber als eine „offene Schule" auch direkten politischen Einflüssen der Gemeinde und des Bezirkes ausgesetzt sein. Denn autonome Wesen sind als selbständige auch ungeschützte Wesen. Der „Schonraumcharakter" von Schule - sowohl was die Lernenden als auch die Lehrer anlangt (ihre Autonomie) - wird also ebenfalls fallen. Paradoxerweise werden in der autonomen und offenen Schule ziemlich heteronome Lehrer arbeiten, während die heteronom bestimmte Schule der Tradition ihren Exekutivorganen relativ viel Autonomie (pädagogische Freiheit) gewährte. Während also in der heteronom bestimmten Schule von gestern die Lehrer relativ frei waren und sich unfrei wähnten, werden in der autonomen Schule von morgen die Lehrer ziemlich unfrei sein, sich aber dafür freier fühlen. Und darauf - „wie man sich fühlt" - dürfte es ja auch ankommen.

Die große Transformation (1995)

Die „Schulkaserne", „Drill-, Lern- und Buchschule" hat ausgedient. Mit ihr sind auch ihre typischen Amtswalter – „die Pauker" – verschwunden. Schulen werden zunehmend humaner. Sie werden zu „pädagogischen Anstalten". Lernen wird immer weniger erzwungen, sondern vielmehr angereizt. Der Modus der Inszenierung von Lernprozessen läßt aber das „Was" des Lernprozesses nicht unberührt und auch die Beurteilung von Lernergebnissen nicht unangetastet. Schule erlebt eine große Transformation. Diese Transformation vollzieht sich im Namen der Humanität. De facto geht es um die Herstellung von Bedingungen, welche die Schule sozial gerechter und klimatisch erträglicher zu machen geeignet erscheinen, wenn nicht überhaupt das Gerechtigkeitsproblem zum Verschwinden bringen sollen. „Gerecht" oder „ungerecht" sind nämlich allemal Urteile/Beurteilungen. Und wo das Urteilen reduziert wird, wird auch das Gerechtigkeitsproblem in in seiner Dramatik entschärft.

Der Selektionsdruck läßt nach bzw. bezieht sich auf andere Qualitäten. Der autoritär Gehorsam, Aufmerksamkeit und Gefolgschaft fordernde Pauker wird abgelöst vom gruppenpsychologisch vifen, auf die Kinder „eingehenden", die Freundlichkeitsmaske des verhaltenstrainierten-sozialintegrativen Typus tragenden Lehrers. Auch letzterer allerdings – und darüber sollte man sich nicht blauäugig hinwegtäuschen – ist auf Gefolgschaft aus. Er braucht keinen Rohrstock. Er lockt mit Schalmeienklängen. Der partnerschaftliche Gestus ist entwaffnend.

Die Reform enthält zweifellos einen Fortschritt, aber einen Fortschritt, der in sich höchst dialektisch ist. Für ihre Klientel wird Schule um vieles erträglicher. Mit vielfältigen Gelenkstellen versehen und vorsichtig stoßgedämpft, wird der gesellschaftliche Zwangsmechanismus des Interessensystems (und auch der Schule) kaum mehr direkt erlebt. Seine Härte und Widerspruchshaftigkeit ist gedämpft und in Schaumgummi gepolstert. Das affirmative Vokabular der Ingenieure der Bewußtseinssteuerung (der Pädagogen) wird selbst unverhüllt kaum mehr als Bedrohung erlebt: Vernetzung, ganzheitliches Lernen, Bedürfnisorientierung, allgemeiner Therapismus. Die „Planungsboys" (Heydorn) der Stabsstellen arbeiten unermüdlich. Kaum einer, der nicht unterschreibt.

1. Bei dem eben erwähnten Heinz-Joachim Heydorn kann man bereits 1972 lesen: Während die überlieferte Bedeutung der Schule abnimmt, „wird eine andere in den Vordergrund rücken. Die produktive Spanne des Menschen wird ununterbrochen verkürzt, Jugend und Alter dehnen sich aus. Die Notwendigkeit einer überdimensionalen Bewahranstalt tritt hervor, in der audio-visuelle

Debile zwar immer noch produktionsfit gemacht werden, aber zugleich über lange Frist mit irgend etwas beschäftigt werden müssen, was sie vom Denken abhält. Schule wird zu einer Art Wildpark mit >do it yourself< und verfrühter Libido. Für die Breite der Mobilität genügt dies, bis zum mittleren Management; die funktionelle Sprache reduziert sich ohnehin auf einige hundert Vokabeln. Alles Übrige können die Monopole selbst erledigen; für Spitzenselektionen kann unschwer gesorgt werden. Wer leidet, dem kann geholfen werden; es mehren sich die Stimmen, leichte Rauschgifte zu gesellschaftlichem Konsum zu erklären."[1]

Die visionäre Kraft dieser Sätze ist stupend. Am Höhepunkt der Curriculumdiskussion – Saul B. Robinsohns „Bildungsreform als Revision des Curriculums" erscheint 1971 in erster Auflage, und die im Streit liegenden Didaktikmodelle haben bei aller Divergenz eine große Gemeinsamkeit: die zentrale Stellung der Inhalte – sieht Heydorn voraus, was sich heute vollzieht, nämlich die Transformation der Schule zu einer sozialpädagogischen Einrichtung.

Diagnostizierbar ist dieser Vorgang meines Erachtens an einer Vielzahl von Reformvorstößen, welche sich weitgehend „reformpädagogischen" Intentionen der Zwanzigerjahre unseres Jahrhunderts verdanken: Offenes Lernen und Freiarbeit, Projektarbeit und fachübergreifendes Lernen, Ganzheitskonzepte und Gesamtunterricht, kritische Diskussion der Ziffernnoten bis hin zu Vorstößen, die Ziffernnoten zugunsten ganzheitlich - verbaler Persönlichkeitsbeurteilungen überhaupt zu suspendieren.[2] Das Lehrer-Schüler-Verhältnis unterliegt demgemäß weitgehenden Veränderungen: Die fachliche Autorität und Kompetenz der Lehrer hat sich im Hintergrund zu halten, anvisiert ist der Lehrer als Animateur selbständiger Schüleraktivitäten, als Fazilitator sozialer Prozesse, als Therapeut gestörter Kinderpersönlichkeiten, jedenfalls als Pädagoge, der die „ganze" Persönlichkeit des Kindes im Auge hat und für deren ganzheitliche Entwicklung Sorge trägt.[3]

---

1   Heinz-Joachim Heydorn, Zur Neufassung des Bildungsbegriffs. Wiederabdruck im Band 3 seiner „Bildungstheoretischen Schriften": Ungleichheit für alle. Frankfurt/M. 1980, S. 150 f.

2   So schon der Reformpädagoge und großdeutsche Berufschauvinist Ludwig Gurlitt in seiner Schrift „Die rote Gefahr" (d. s. die Noten). Wiederabgedruckt in: Theo Dietrich (Hg.), Die pädagogische Bewegung vom Kinde aus. Bad Heilbronn 1963.

3   Siehe dazu Alfred Schirlbauer, Ergänzungen, Ganzheiten und integrierte Codes. In: Ders., Junge Bitternis. Eine Kritik der Didaktik. Wien 1992.

Pädagogik und Pädagogen sind unter dieser Prämisse verständlicherweise nicht mehr bloß für das Lernen der Kinder (einschließlich der für Lernen günstigen Tugenden) zuständig, sondern eben für alles, was die Anthropologie eines ganzen Menschen zu umfassen und zu registrieren vermag, für seine Freizeit jedenfalls, für seine Phantasien, Wünsche und Bedürfnisse, für seine sozialen Praktiken, weltanschaulichen Einstellungen usw.

Deutlicher formuliert: Nicht bloß überlagert mittlerweile eine ganze Fülle von Erziehungsaufgaben die ursprüngliche Aufgabe von Schule, nämlich die Kulturtechniken zu vermitteln und eine Propädeutik in die grundlegenden Einzelwissenschaften und Kulturgebiete zu geben (der traditionelle Fächerkanon), sondern der Tendenz nach scheint Schule nunmehr auch die Aufgabe zuzufallen, den Kindern das Leben in der peergroup zu ersetzen, ein quasifamiliäres Ambiente zu bieten, Kommunikationsformen zu pflegen[4], die traditionellerweise aus dem Bereich des Privaten stammen.

Heydorns Formulierung „Wildpark mit do it yourself und verfrühter Libido" trifft die Situation von heute im Kern. Die Dominanz der kustodialen Funktion von Schule - das ist der Wildpark. Der Schonraumcharakter von Schule ist gerade noch geblieben. Im Gehege werden die Kinder weitgehend noch von den Härten realen Lebens verschont, nicht aber zugunsten von ehedem theoretisch genannten Ansprüchen und Lernaufgaben, welche allein Mündigkeit und Kritikfähigkeit ermöglichen könnten, sondern zugunsten schulischer Simulation realen Lebens: Simulierte Sexualität als Vorbereitung auf diese, simulierte Politik als Vorbereitung auf jene, simuliertes Handeln und Herstellen als Vorbereitung auf späteres Handeln und Herstellen, simuliertes Leben als Vorbereitung auf Leben. „Fensterloser Gang" heißt die Formel, auf welche Heydorn diesen Vorgang gebracht hat. Kein Gedanke, keine Begrifflichkeit, keine Abstraktion, die über das Gegebene hinausführten. Fernsehen als Vorbereitung auf Fernsehen, das Verfassen und Lesen von „Gebrauchstexten" als Vorbereitung auf den universellen Gebrauch von allem und jedem. Die Einübung in die Pragmatik eines anonym verhängten Daseins als Utilisation der Eingeübten selber. Der Prozeß der Annäherung der Schule an Leben bzw. vorgestellte Bilder von Leben kann aber sein Ziel - die Identität von Schule und Leben[5] - nicht erreichen, ohne

---

4 Vgl. dazu die geltenden Lehrplanbestimmungen für das Fach „Deutsch".

5 „Und wenn das planvolle Handeln so aus der Erziehung das Leben selbst macht, könnten wir vorausdenkend erwarten, für das spätere Leben eine bessere Vorbereitung zu finden als die Praxis im gegenwärtigen Leben?" So formuliert dies William Heard Kilpatrick in seiner Schrift „Die Projekt-Methode". Wiederabgedruckt in: Hermann Röhrs, Die Reformpädagogik des Auslands, Düsseldorf 1965, S. 91.

Schule zum Verschwinden zu bringen. Deshalb vollzieht er sich mit inverser Logik. Da Schule bleiben muß als Sicherungsinstrument für die zunehmend anonymere Herrschaft, wird das Leben getilgt bzw. in Schule verwandelt. Die lebensnahe Ganztagsgesamtschule verspricht lebensnahe Lernprozesse, verkehrt aber das Leben in Schule. Das Leben der Kinder findet schulisch statt, damit Schule sich als Leben ausgeben kann. So lebensnah und lebensrelevant kann ein schulisches Projekt gar nicht sein, daß es nicht als Schulveranstaltung auftreten müßte. So lebensnah und lebensbedeutsam kann ein unterrichtlich veranstaltetes Rollenspiel gar nicht sein, daß es nicht Rollenspiel bliebe. So körperbetont können die im Rahmen moderner Sexualerziehung inszenierten Erfahrungsmöglichkeiten von Sexualität und sexuellen Bedürfnissen gar nicht sein, daß sie nicht Didaktik blieben.

Die Schranke, welche verhindert, daß Schule mit dem Leben ganz und gar identifiziert bzw. verwechselt wird, ist aber eine Bewußtseinsschranke, über welche nur derjenige verfügt, welcher Schule noch als Ort des Lernens erfahren durfte, desjenigen Lernens, welches sich Praxis noch zum Objekt distanzierten Bedenkens machen durfte. Wo Praxis nur mehr als Feld der Einübung lebensweltlicher Quasiselbstverständlichkeiten fungiert, ist letzten Endes auch jede Erfahrungsmöglichkeit getilgt.

Das paradoxe Ergebnis eines mehrhundertjährigen Gestaltwandels des Verhältnisses von Schule und Leben ist demgemäß für die Betroffenen die Wiederherstellung der Einheit von Schule und Leben als Farce, ohne daß diese als solche erlebt würde.

Der für die Moderne typische Prozeß der Ausdifferenzierung vormoderner ungeteilter Lebenspraxis in Einzelfunktionen läuft in sich wieder zusammen. Schule wird Handlungsraum, Lebensraum. Nahtlosigkeit der Übergänge ist das Programm, letzten Endes die Tilgung aller Übergänge. Wären nicht noch einige Rituale, wären die Übergänge heute schon nicht mehr bemerkbar. Der Wechsel vom Kindergarten in die Grundschule vollzieht sich als Gleiten. Einzig die Schultüte bewahrt noch vor dem Nicht-Bemerken des Übergangs. Das ist gut so.

Die Diskussion bzw. Kritik der Maturaprüfung als Ritual bzw. unnötige Härte auf der einen Seite und die Einrichtung von Studieneingangsphasen auf der anderen Seite läßt auch den Gymnasiasten ins Studium rutschen. Seminarähnliche Arbeitsgemeinschaften, die Anfertigung von Fachbereichsarbeiten auf der Ebene des Gymnasiums und Hochschuldidaktikkurse für pädagogisch unbedarfte Dozenten auf der Universität tun didaktisch das ihre, um Reibungslosigkeit der Übergänge zu garantieren. Das ist schon weniger unproblematisch.

Der Übergang des Ganztagsgesamtschulbenützers vom schulischen in den häuslichen Bereich dürfte ohnehin schon ziemlich ohne Belang sein, er führt von Bildschirm zu Bildschirm. Einzig das Verlassen des Schulhauses und die unvermeidlichen Turbulenzen in den öffentlichen Verkehrsmitteln verhindern noch die Erfahrung von Zeit als Zeitbrei. Die gegenwärtigen Diskussionen über das Sitzenbleiben bzw. den Unsinn des Sitzenbleibens weisen in die nämliche Richtung. Die tragische Härte, die dem Repetieren einer Klassenstufe anhaftet, dürfte gerade aus der Prägnanz resultieren, welche der damit verbundenen Erfahrung von Zeitlichkeit eigen ist: Ein Jahr zu verlieren, nicht versetzt zu werden, kommt einer exklusiven Nichtbeförderung gleich, einer negativen Auszeichnung, beinahe schon einer Degradierung; eine Erfahrung, welche tatsächlich an die Härte der Erfahrung gelebten Lebens erinnert. Das anstelle der Jahrgangsklassen immer wieder vorgeschlagene System vom Kursmodulen mit unterschiedlichen Ansprüchen, in welches sich die Subjekte mit ihren unterschiedlichen Leistungen und Neigungen gleichsam von selber einpassen, nimmt dem Vorgang tatsächlich jede Härte. Kein Sitzenbleiben mehr, aber auch kein Aufsteigen. Die unterschiedlichen Begabungsprofile treffen auf unterschiedliche Kurskombinationen wie der Schlüssel ins gut geölte Schloß. Ein pädagogisches „Sesam öffne dich". Die derart geöffnete Tür erschließt aber keinen wie auch immer gearteten Raum, allenfalls einen Vorraum mit Türen, welche zu Vorräumen mit Türen führen. Leben im Hologramm.

2. Kein Zweifel. Die Schulkritik des 20. Jahrhunderts hat gegriffen. Die bestkritisierte Institution des Staates hat nachgegeben, Zug um Zug. Die Wellen der „Humanisierung" des Schullebens unterspülen allmählich ihre Fundamente. Kaum trifft noch zu, was Helmut Schelsky in den Sechzigerjahren mit Recht über Schule sagen zu können meinte, sie sei eine „Zuteilungsstelle für Sozialchancen". Welche Chancen werden hier noch eröffnet? Im Projekt der Gesamtschule wie im de facto zur Gesamtschule sich mausernden Gymnasium sind alle pauperiert, bleiben keine Eliteillusionen, ist jede Bildungsschwärmerei im Ansatz unterbunden, damit auch ein gutes Stück Lernmotivation.

Aber nicht nur Schelskys Diktum war damals zutreffend. Rückblickend erweisen sich alle Varianten der Schulkritik des 20 Jahrhundert als triftig. Keine, die nicht zumindest eine Facette dieser Institution richtig erfaßt hätte. Wer wollte bestreiten, daß die Kritik der Reformer der Zwanzigerjahre an der „Lern-, Buch- und Drillschule" berechtigt gewesen wäre? Wer wollte bestreiten, daß die Schule die Ungerechtigkeiten der Gesellschaft in sich (re)produzierte? Wer wollte bestreiten, daß die Schule als staatliche Organisation hierarchisch aufgebaut (gewesen) wäre und nach dem Muster bürokratischer Herrschaft funktioniert (hätte)? Wer wollte bestreiten, daß sie die Mittelstandsnormen als Sollwert und Maßstab gebraucht hätte? Wer wollte - so kann man beinahe endlos fortfahren - bestreiten, daß sie sich als Lerninstitut der lebendigen Erfahrung von Welt verschlossen hätte und Welt- und Lebensprobleme schulmäßig zugerichtet, präpariert hätte, daß sie bestenfalls Schulweisheit hervorbringe, nicht aber Lebensweisheit? Wer wollte bestreiten, daß sie die individuellen Köpfe – trotz „innerer Differenzierung", Kleingruppenarbeit und teamteaching - normiere, das Individuum gerade nicht in seiner Individualität fördere, sondern bestenfalls ein paar verschieden genormte Profile produziere? Wer wollte bestreiten, daß sie als der Tradition verpflichtete Institution vielfach hinter den gesellschaftlichen Entwicklungen hinterherhinke, gleichsam nie so richtig auf der Höhe der Zeit sei?

Wie gesagt: Die bestkritisierte Einrichtung des Staates hat nachgegeben. Die mit Emphase vorgetragene Dauerkritik ist nicht ohne Folgen geblieben. Der sattsam bekannte Vorwurf (etwa vonseiten der Lehrer), die Pädagogik wäre eine weltferne und -fremde akademische Disziplin, hätte mit ihrer Praxis nichts oder nur am Rande zu schaffen, trifft wohl kaum auf die Sparte „Schulpädagogik" zu. Wie keine andere Teildisziplin der Erziehungswissenschaften hat sie sich der politischen Welt verbunden, fungiert sie in innigem Kontakt zur Bildungspolitik und - entscheidend - über ihre popularisierten Varianten zu den Medien. Schulkritik ist längst keine akademische Angelegenheit mehr, sondern wesentlich eine Angelegenheit der Massenmedien, ja des Publikums selber, vor allem aber auch Bestandteil des Lehrerstudiums.[6]

Es liegt auf der Hand: Eine über die Massenmedien in ihrem Unmut - und welcher Vater, welche Mutter hegte keinen solchen über Schule? - bestärkte und gleichsam mobilisierte Öffentlichkeit bringt die Bildungspolitik in Zugzwang, ja zwingt sie mitunter in einen Reformeifer, welcher dann weniger an Formen des Regierens erinnert als vielmehr an eine pseudodemokratisch-populistisch motivierte Variante vorauseilenden Gehorsams. Die Schulorganisationsnovellen überpurzeln einander. Die Lehrpläne - eben erst fixiert im Sinne von auftoupiert- harren angeblich schon wieder der „Entrümpelung". Gar so wichtig kann also das, was darin steht, nicht sein, sonst wäre es nicht eingebunden gedacht in den Regelkreis von Systole und Diastole der Zeitgeistpumpe.

---

6   Wenn es denn stimmen sollte, daß Lehramtsstudenten „Schultheorie" vor allem in der Reform von „Schulkritik" kennenlernen.

3. Man könnte von einem Niedergang der Schule sprechen oder davon, daß sie zu Tode reformiert worden sei. Allerdings setzte eine derartige These voraus, daß sie zuvor auf einem Hochplateau ihrer Möglichkeiten sich befunden hätte, von dem ausgesehen alles Weitere nur mehr als Abstieg erscheinen kann. Derartiger Interpretation wollte ich gerade dadurch begegnen, daß ich auf die Triftigkeit der Schulkritik dieses Jahrhunderts von Anbeginn verwies. Ich repetiere nochmals in aller Kürze: Ellen Keys Kritik an der „alten Schule" (der des 19. Jahrhunderts) paßte durchaus, wenn sie vom schulisch veranstalteten „Seelenmord"[7] sprach. Scharrelmanns Diktum von der „Schulkaserne" und der „Lernfabrik" war durchaus zutreffend. Daß das dreigliedrige Schulsystem die Klassengesellschaft reproduzierte, ist kaum von der Hand zu weisen, auch dann nicht, wenn man auf über Schullaufbahnen vermittelte soziale Aufsteiger verweisen kann. Daß Schule wesentlich eine Ausprägung der gesellschaftlichen Disziplinarmacht ist, die sich des nach jeweiligen Fähigkeiten erfolgenden Lernens als eines Disziplinierungs- und Selektionsinstrumentes bediente, ist kaum zu bestreiten. Auch nicht, daß das Leben „außen vor" blieb, daß also das, worauf es im Leben im Sinne eines gelingenden Statuserhalts letztlich ankommt, schulisch nicht vermittelt wurde. Diesbezüglich meinte man eben, sich auf „Umgang und Sitte" (Herbart) bzw. die familiäre Sozialisation verlassen zu können und konnte es auch. Die Riegel der Herkunft, des Milieus, der Sozialisation funktionierten noch, als das Schulsystem längst sozial durchlässig geworden war, und Bourdieu/ Passeron konnten mit Recht von der „Illusion der Chancengleichheit"[8] reden.

Man muß also den Wandlungsprozeß von Schule als einer „Lern- und Bildungsschule" (wohlmeinende Formulierung) bzw. „Lern- und Drillschule" (pejorativ) zu einer sozialpädagogischen Einrichtung keineswegs als Niedergang beschreiben, wie es bisher vielleicht geklungen haben mag. Man tut vielleicht eher gut daran, davon auszugehen, daß die Schule, die wir haben, durchaus passend ist zur Gesellschaft, welche wir sind. Jede Gesellschaft hat das Schulsystem, das sie „verdient" (welches zu ihr paßt). Aber: Welche Gesellschaft sind wir?

Postmoderne Gesellschaftsanalysen sprechen bezeichnenderweise – das Präfix „post" ist eben postmodern typisch – von einer „postindustrial society"[9] und meinen damit schlicht eine Gesellschaft, die sich weitgehend ihres

---

7	Ellen Key, Die Seelenmorde in den Schulen. In: Theo Dietrich (Hg.), a.a.O.
8	Pierre Bourdieu/Claude Passeron, Die Illusion der Chancengleichheit. Frankfurt/M. 1970.
9	Daniel Bell, Die nachindustrielle Gesellschaft. Frankfurt/M. 1975.

Klassencharakters entledigt hätte. Man konstatiert das Verschwinden des Pro-
letariats. In der Tat macht es heutzutage wenig Sinn – übrigens auch dann nicht,
wenn man Kommunist sein sollte (aber auch das macht wenig Sinn) -, von den
„werktätigen Massen" zu sprechen. Die Arbeiterklasse ist weitgehend aufgegan-
gen in der breiten Schicht der Angestelltenkaste, welche zum überwiegenden
Teil dem Dienstleistungssektor zugehört, also mit der Produktion und dem
Handel von Dienstleistungen u. v. a. von Informationen beschäftigt ist. Charles
Jencks spricht im Anschluß an Daniel Bell treffend von einer „neuen Klasse",
welche eben keine Klasse im traditionellen Sinne mehr ist – dem „Cognitariat",
einer Art Paraklasse. „Paraklasse" deshalb, weil die Bezeichnung einer Klasse
als Klasse anderer Klassen zur sowohl sozialen wie logisch-definitorischen
Abgrenzung bedarf. Aber: Das „Cognitariat" – das sind eben fast alle.[10]

Das heißt natürlich nicht, daß Einkommensunterschiede verschwunden
wären und daß das Cognitariat ein in sich einheitliches Gebilde wäre. Es ist
dies weder, was seine ökonomische Basis[11] anlangt, noch was seine kulturellen
Praktiken und sein soziales Selbstverständnis betrifft. Überflüssig hinzuzufügen, daß dort, wo es keine Arbeiterklasse mehr gibt, auch das Bürgertum verschwunden ist. Es nimmt also nicht wunder, wenn mit dem Bürgertum auch
das verschwunden ist, worüber es sein Selbstverständnis gewann: die Bildung
als klassische Bildung.

Warum sollten die Kinder des Cognitariats auch die gerade noch bestehende
Hauptschule besuchen, also die Schule der ehedem sogenannten „werktätigen
Massen"? Sie gehen zum Großteil ins Gymnasium. Warum sollte dieses noch
ein klassisches Profil haben, wo die Bourgeoisie, für welche jenes gedacht war,
verschwunden ist? Der Tendenz nach gehen also alle in eine sogenannte allgemeinbildende höhere Schule, welche die unterschiedlichsten Ansprüche der in
sich uneinheitlichen neuen Gesellschaft befriedigen soll. Deshalb findet sich in
dieser Schule beinahe alles, was irgend noch als ein gesellschaftliches Bedürfnis artikulierbar ist: Berufsbildende Elemente in der AHS, allgemeinbildende

---

10   Charles Jencks, Was ist Postmoderne? Zürich und München 1990.
11   Zur psychischen Struktur dieser neuen Klasse bemerkt Charles Jencks (a.a.O., S. 48),
     „daß zahlreiche Manager in erstrangiger Position ebenso gestört sind wie die rest-
     lichen Arbeitstätigen, weil sie viel mehr Informationen pro Minute oder pro Tag
     verarbeiten müssen als die ausgebeuteten Lohnarbeiter vor hundert Jahren, und
     dies müssen sie für den abstraktesten Kunden tun, für den entferntesten von allen,
     nämlich für den Weltmarkt. Da wir aber ihre Einkommen annähernd kennen,
     dürfte es uns schwer fallen, diese Personen zu bedauern, aber Gestörtheit bleibt
     Gestörtheit, selbst wenn sie selbstverschuldet und gut bezahlt ist."

in der BHS; Leistungsschule soll sie sein und kann es nicht mehr, da es keinerlei Übereinkunft über irgendwelche Standards gibt. Gänzlich ohne theoretische Elemente kommt sie nicht aus, weil sie ohne jene nicht mehr Schule wäre; da die Gesellschaft erzieherisch versagt, eben wegen der nicht gegebenen Standards in puncto Verhalten, wird alles Erzieherische in die Schule verlagert, selbst dann, wenn diese Ansprüche in sich widersprüchlich wären (projektunterrichtliche Anti- Raucherkampagnen treffen auf eben eingerichtete Raucherzimmer).

Schon weil diese Schule immer länger dauert, dem Trend nach also ganztägig sein wird, kann sie sich nicht als reine Leistungs- und Bildungsschule verstehen, sondern muß Elemente des privaten und wie auch immer abenteuernden Lebens der Kinder in sich aufnehmen, muß zumindest zu einem Teil auch Lebensraum werden. Da das Leben selber als Lernraum nicht mehr zur Verfügung steht, müssen Elemente dieses Lebens schulisch simuliert werden. Dazu dienen dann die diversen Projekte, gemeinwesenarbeitsähnliche Unternehmungen, offene Lernphasen und ähnliche Dinge mehr. Da letzten Endes Privatheit als sozialer Ort verschwunden ist, wird sie unterrichtlich simuliert – im erfahrungsorientierten Unterricht, in gestalttherapeutischen Übungen und ähnlichen didaktischen Settings. Damit gelangt aber nicht nur Schule allmählich an die Grenze ihrer Möglichkeiten, sondern allmählich auch der Staat als Besitzer dieser Institution an die Grenze seiner legitimen Einflußsphäre.

4. Der vorläufig letzte Schritt in diesem Prozeß der Schulentwicklung scheint mir der Versuch zu sein, die Einzelschulen des Staates zu autonomisieren, partiell in die Autonomie zu entlassen. Der Staat beginnt, sich aus diesem Unternehmen, das er vor gut 200 Jahren als absolutistischer Verwaltungsstaat an sich gerissen hat, zurückzuziehen. Außerstande, die heterogenen und zum Teil auch widersprüchlichen Ansprüche einer mobilisierten, zumindest wach gewordenen demokratischen Öffentlichkeit in einen schulpolitischen Konsens zu bündeln, gibt er nach. Zenbuddhistisch gesprochen: Weich ist stärker als hart. Bei Sturm ist die biegsame Weide stärker als die knorrige Eiche.

Konnte einer der bedeutendsten Lehrplantheoretiker des 20. Jahrhunderts, nämlich Erich Weniger, 1952 in seiner „Didaktik als Bildungslehre" vom Staat noch als der „Ausgleich gewährenden Instanz"[12] sprechen, welche den unterschiedlichen Ansprüchen der gesellschaftlichen Mächte an die Schule

---

12   Siehe dazu die Interpretation des Weniger-Schülers Herwig Blankertz, Theorien und Modelle der Didaktik. München 1973, 7. Aufl., insbesondere das Kapitel „Das Bildungsideal, der Staat und das didaktische Spannungsfeld".

gleichsam die Spitze bricht und sie unter dem Geleit der „relativen Autonomie"
der Pädagogik so wendet, daß sie die Educanden nicht determinieren, sondern
deren kritische Vernunft entbinden, so scheint es damit ein Ende zu haben. Es
erscheint als purer Idealismus, vom Staat als Ausgleich gewährender Instanz zu
sprechen, wenn dieser sich selbst als pluralistisch versteht.

Wie sollte es möglich sein, Partikularismen als solche zu definieren und aus-
zuscheiden zugunsten eines zunehmend als überwältigend empfundenen Allgemeinen? Pluralistisch macht es eben wenig Sinn, partikulare Interessen als
partikular zu denunzieren. Einem fiktiven Protagonisten von Allgemeinheit
(Allgemeiner Bildung, Allgemeiner Schulpflicht etc.) erginge es im Diskurs mit
einem Protagonisten von Pluralität wie dem Hasen mit dem Igel in der gleich-
namigen Fabel: Er ist immer schon da gewesen, und auf die Einrede von der
Partikularität seines Interesses antwortet der postmoderne Igel schlicht mit: „Ja
eben, na und …? Ja, mein Interesse ist partikular, aber ist es deswegen unbe-
rechtigt?" Ja, „Legitimität" selber ist eine Vokabel, die dem mächtigen Diskurs
des Allgemeinen entstammt und von Protagonisten der Pluralität nur mehr
spielerisch und zum Schein eingesetzt wird, eine Art Sprachfalle, in welche der
Allgemeinheitsprotagonist bereitwillig tappt.

Schulrelevant gesprochen: Kaum ein Ansinnen an Schule, das nicht gute
Gründe auf seiner Seite hätte, aber keines, welches damit zwingend wäre und
andere Ansinnen eliminieren könnte. „Zwingende" Argumente in Lebensfra-
gen, Bildungsfragen, Schulfragen u.s.w. haben eben allemal Autorität dessen,
der spricht, zumindest als Begleitung, wenn nicht als Voraussetzung.

5. Also überpurzeln sich die Ansprüche und die Lehrer werden permanent
überfordert. Wenn sie das alles leisten könnten, was sie sollten, wären sie nicht
zu bezahlen. Und da die Ansprüche an Schule nicht nur heterogen sind, sondern mitunter auch widersprüchlich, paralysieren sie sich wechselseitig, aber
nicht von selber, sondern über sozial-kommunikative Krämpfe der betroffenen
Lehrkörper. Ratlosigkeit ist noch das harmloseste Ergebnis derartiger Prozesse.
(Der Autor hatte beispielsweise anläßlich des 25-Jahre-Jubiläums einer Schule
einen Festvortrag mit dem Titel „Wozu Schule?" zu halten.) Als Lösung für derartige Problemlagen ist derzeit „Organisationsberatung" vorgesehen.

Jedenfalls: Unter dem Trommelfeuer der Schulkritik hat zunächst die Schule
nachgegeben. Nunmehr gibt auch der Eigentümer dieser Institution nach
und setzt erste Schritte im Rückwärtsgang. Unter dem Titel der Schulautonomie erweitert er die Entscheidungsspielräume der vor Ort Handelnden und

beschneidet sich damit selbst in seiner Funktion, Kompetenz und Lenkungs-
befugnis. Eine Art Selbstkastration. (Als wäre Kastration eine Therapie für
Impotenz.)

Nun haben es zwar bürokratische Organisationen als Erscheinungsformen bürokratischer Herrschaft so an sich da. sie das Handeln ihrer Akteure
von oben nach unten möglichst bis ins Detail zu bevorschriften und zu regeln
suchen[13], aber sie haben es auch an sich, daß sie dies nicht können, daß sie also
ihren an vorgeschobenem Posten agierenden Exekutivorganen einen kleinen
Rest an Entscheidungsfreiheit lassen müssen. Es gibt „Ermessensspielräume"
für die Richter, für die Finanzbeamten, für die Polizisten, für die Lehrer. Man
schafft es gleichsam nicht, die Vorschriftenreihe logistisch zwingend so auf
die Reihe zu bringen, daß sich nur die eine und keine andere Amtshandlung
ergibt, wie es eigentlich in Bürokratien als den rationaler Herrschaft am nächsten kommenden Herrschaftsformen idealerweise sein müßte. Daher hatten die
Lehrer bis in die Achtzigerjahre hinein „Methodenfreiheit". Was zu lehren war,
stand fest, die Methode aber war frei. Methodenfreiheit war ihr Ermessensspielraum (neben anderen), letzten Endes Angelegenheit der als relativ autonom gedachten Pädagogik im Erziehungsstaat à la Erich Weniger, welche im
Allgemeinen Teil des Lehrplans konzentriert war.

Ermessensspielräume sind also nicht dazu erfunden, damit die Beamten ein
bißchen Freiheit haben, innerhalb eines eng definierten Rahmens dem freien
Spiel der Einbildungskraft sich hingeben können, sondern sie ergeben sich und
sind mit dem Geist des Gesetzes zu füllen. Für die Lehrer waren dies der Allgemeine Teil des Lehrplans, die „didaktischen Grundsätze" u. a. Dinge mehr.
Mittlerweile ist der Allgemeine Teil des Lehrplans ein ziemliches Kauder-
welsch, die didaktischen Grundsätze sind als solche nicht mehr ausformuliert,
manche Formulierungen erinnern an sie, dafür ist der Passus der Methodenfreiheit gefallen und die Empfehlung von Unterrichtsmethoden an seine Stelle
getreten.

Der „Rahmenlehrplan" ist ein Vorläufer der Autonomie, er gewährt dem
Lehrer partiell einen Ermessensspielraum in der Gewichtung der Lehrgüter;
die Wahlpflichtfächer der Oberstufe sind ebenfalls als Vorläufer zu betrachten,
sie gewähren den Schülern einen teilweisen Ermessensspielraum in der Wahl
ihrer Lehrer. Mit dem Schulautonomiekonzept gegenwärtiger Prägung scheint

---

13　Vgl. Peter Vogel, Die bürokratische Schule. Unterricht als Verwaltungshandeln und
　　der pädagogische Auftrag der Schule. Kastellaun 1977.

aber ein qualitativer Sprung erreicht zu sein, von dem noch nicht sicher ist, ob er auch gestanden werden kann oder ob damit das System zu kippen beginnt. Es ist zwar logisch durchaus konsequent, bei fehlender öffentlicher Übereinkunft bezüglich der Antwort auf die Frage nach den konkreten Aufgaben von Schule die Entscheidungsspielräume bzw. bürokratisch ohnehin unvermeidlichen Ermessensspielräume zu erweitern, also den in ihr handelnden Akteuren unter dem Titel der „Autonomie" die Aufgabe der Definition von Standards zuzuspielen, beispielsweise die Aufgabe, 15 % der Zeit, welche Schüler in der Schule zu verbringen haben, selbst zu definieren.

Aber - wie schon gesagt - weitere Ermessensspielräume (Handlungsräume ohne ausdrückliche Bevorschriftung) sind bürokratisch allemal mit dem „Geist des Gesetzes" zu füllen. Und dieser ist wesentlich konzentriert im Allgemeinen Teil des Lehrplans, der Verordnungstext gewordenen Staatspädagogik (de facto eine Mixtur heterogener pädagogischer Theoreme und Ideologeme). Es nimmt daher nicht wunder, daß kaum eine politische Gruppierung von einiger Bedeutung sich am Autonomiekonzept stößt, eröffnet es doch Einflußmöglichkeiten, die man vorher so nicht hatte. Installiert werden also „regionale pädagogische Zentren"[14], pädagogische Beratungsstellen (Autonomieberatungsteams), welche die Beratung (Beeinflussung) der Praktiker besorgen sollen.

Konkret und am Beispiel: Konnte man sich bisher letztlich nie ganz sicher sein, ob der einzelne Lehrer die im Lehrplan empfohlene Unterrichtsform des Projekts auch wirklich praktiziert, so wird es wohl – je weiter die Autonomie, desto direkter und wichtiger der Einfluß der Beratungspädagogen – unter demgemäß veränderten Bedingungen kein Entkommen, Ignorieren oder auch nur halbherziges Befolgen mehr geben können.

Das Vakuum, welches die Bürokratie auf ihrem Rückzug hinterläßt, wird mit pädagogischen Ideologien – welcher Art auch immer – gefüllt. Die Kluft zwischen pädagogischer Theorie/ Ideologie und Praxis wird endlich geschlossen. Die pädagogisch-„theoretisch" konzipierten Ideen und Programme könnten praktisch beinahe bruchlos übersetzt werden, wären sie nicht in sich ziemlich heterogen, widersprüchlich und auch politisch verschieden konnotiert.

---

14 Nachzulesen beispielsweise bei: Karl-Heinz Gruber, Schulautonomie und Schulentwicklung. In: Schulheft 64/1991. Notwendig sei nach Gruber die Etablierung von „Netzwerken vorbildlich arbeitender Schulen und innovationswilliger Lerngruppen", die Errichtung von „regionalen pädagogischen Zentren" als „Stätten des Erfahrungsaustausches, der kollegialen Ermunterung und der professionellen Solidarität" zum Zwecke der „Humanisierung und Demokratisierung der Schulen". - Ja, wenn klar wäre, was eine „vorbildliche" Schule ist.

Theoretisch ist dies nicht uninteressant, könnte es doch den Richtungs-
streit zwischen den erziehungswissenschaftlichen und didaktischen Konzepten beleben, den erloschenen Methodenstreit neu entfachen (es könnte aber
auch ein gewöhnlicher politischer Grabenkampf daraus werden). Pädagogisch-
praktisch führt dies allerdings zu einer vermutlich nicht unerheblichen Komplexitätssteigerung, jedenfalls zu personellem Mehraufwand und – entscheidend – zu einer Kostensteigerung für ein gesellschaftliches Subsystem, welches
sich ohnehin schon an den Grenzen seiner Finanzierbarkeit bewegt. Kosten-
senkung - falls sich diese jemand je zur Motivgrundlage seines Eintretens für
Autonomie gemacht haben sollte - wird es also keinesfalls geben.

Das System könnte also kippen, nicht bloß aus finanziellen Gründen, wenngleich diese letztlich den Ausschlag geben, sondern aus einer Aporie heraus, in
welche das von Maria Theresia so genannte „politicum" Schule gerät, wenn es
ein „pädagogicum" wird und gleichwohl politicum, also öffentliche Angelegenheit, bleiben soll.

Die in die pädagogische Autonomie entlassene Staatsschule ist ein Parado-
xon, welches sich so nicht wird halten können. Sie wird nicht öffentlich sein
können und gleichzeitig partikulare, ja private Interessen befriedigen können.
Sie wird nicht allgemein bilden können und gleichzeitig die Individuen in ihrer
Individualität fördern können. Bildung kann nicht Erscheinungsform des
Geistes von Allgemeinheit sein und gleichzeitig Ausdruck privatistischer Strebungen. Philosophisch (aber salopp formuliert) heißt das Match bekanntlich
„Hegel gegen Wilhelm von Humboldt", schultheoretisch heißt es „Staatsschule
gegen Privatbildung". Nach 200 Jahren scheint es ein tiebreak zu geben, welches
diesmal zugunsten von Willhelm von Humboldt ausgehen dürfte.

Bei diesem heißt es in seiner Schrift „Über öffentliche Staatserziehung": „Jede
öffentliche Erziehung aber, da immer der Geist der Regierung in ihr herrscht,
giebt dem Menschen eine gewisse bürgerliche Form ... Will man aber der
öffentlichen Erziehung alle positive Beförderung dieser oder jener Art der Ausbildung untersagen, wollte man es ihr zur Pflicht machen, bloß die eigne Entwi-
ckelung der Kräfte zu begünstigen, so ist dies einmal an sich nicht ausführbar,
da was Einheit und Anordnung hat, auch allemal eine gewisse Einförmigkeit
der Wirkung hervorbringt, und dann ist auch unter dieser Voraussetzung der
Nutzen einer öffentlichen Erziehung nicht abzusehen."[15]

---

15 In: Wilhelm von Humboldt, Bildung und Sprache. Besorgt von Clemens Menze.
    Paderborn 1965, 2. Aufl., S. 21.

Das scheint mit der Punkt zu sein, auf den es ankommen wird. Von der pädagogisch autonomen Schule weiß man letztlich nicht mehr, wieso sie eigentlich vom Staat getragen werden muß, wieso sie nicht überhaupt gleich als privatwirtschaftlicher Dienstleistungsbetrieb geführt wird. Vielleicht bedarf es am Ende des 20. Jahrhunderts der Staatsschule auch gar nicht mehr, um eine „gewisse bürgerliche Form" der Individuen herzustellen, also Konformität im Sinne von Allgemeinheit zu garantieren? Es könnte sein, daß gar nicht mehr die Schule die primäre Sozialisationsagentur ist (die Familie übrigens auch nicht), welche sich - so heißt es doch? - nun auch der modernen Medien bediente, sondern daß vielmehr umgekehrt die Schule zu deren Ergänzung arbeitet. Die öffentliche Anstaltsschule dürfte im selben Ausmaß an Bedeutung verlieren, in welchem Staatlichkeit und Staaten an Bedeutung einbüßen: eben zugunsten der Wirtschaft, der internationalen Konzerne, der Medien und ihrer Vernetzung. „Wir haben nur gelernt, das offen Irrationale zu überführen, die Irrationalität, die sich als Wahrheit ausgibt, hält sich verborgen. Der Kapitalismus ... wuchert ..., ist tief verinnerlicht, hält die Vorstellung besetzt."[16]

---

16 Heinz-Joachim Heydorn, Ungleichheit für alle. Zur Neufassung des Bildungsbegriffs. Bildungstheoretische Schriften. Bd. III, Frankfurt/M. 1980, S. 300.

Die banale Schule (1996)

1. Schwarzweißfotografien

In ein Gymnasium zu gehen war in den Sechzigern – wie jeder weiß – alles andere als eine Selbstverständlichkeit, eben eine Besonderheit, geradezu eine Auszeichnung. Das Erlebnis der eigenen Auszeichnung spiegelte sich in der Wahrnehmung dieser Institution. Schon die Architektur des Gebäudes flößte uns Neulingen Respekt ein und Ehrfurcht, also diese Mischung aus Furcht und Hochachtung. So auch die Lehrer – sie nannten sich „Professoren" – und die Architektur ihrer Lehrkörper-, ihr Habitus. Jean Baudrillard[1] würde diese Körper – im Gegensatz zu den „geklonten Körpern" – „zeremonielle Körper" nennen. Deren Haupteigenschaft ist „Begrenzung" (sie haben eine „Szene", ein „Prinzip" und „Substanz"). „Geklonte Körper" hätten solches nicht. Ihr „Prinzip" wäre unendliche Ähnlichkeit, Assimilation und Akkommodation.

Ich erinnere kurz an den Mathematiklehrer. Eine riesenhafte Figur mit dicker Hornbrille, schwarzem Gummimantel und hellgrauem Stetson. So saß er im Schulbus vom Bahnhof zur Josefstraße, der Adresse *des* Gymnasiums. Im Bus herrschte eines, nämlich: Stille, Mucksmäuschenstille, ohne daß er je etwas gesagt hätte. Im Schulgebäude dann: Weißer Mantel, Tafeldreieck und Zirkel unter den Arm geklemmt, so erschien er pünktlich mit dem Läuten im Klassenzimmer und setzte ohne irgend ein persönlich gehaltenes Wort oder sonstwie joviales Geplauder genau an der Stelle der Ableitung fort, an welcher er am Vortag mit dem Läuten geendet hatte.

Was war das für ein Unterricht? Frontalunterricht? Wohl kaum, denn es gab keine Front. Er unterrichtete uns ohne uns. Beinahe konnte man den Eindruck gewinnen, daß er uns zu dem Zweck, den er hier verfolgte, gar nicht brauchte. Gleichwohl war die Aufmerksamkeit gespannt. Es ging darum „mitzukommen", mitzukommen mit seinen Erläuterungen und vor allem: mitzukommen mit dem Mitschreiben. Jedermann wußte es: Den Dreh nicht kapiert zu haben, rächt sich bitterlich. Und der, der es nicht wußte ...

Anläßlich einer Schularbeit – zehn Minuten vor Schluß – beginnt einer von uns zu weinen und schlägt sich selbst mit der Faust auf den Kopf (der Arme

---

1 Jean Baudrillard, Vom zeremoniellen zum geklonten Körper: Der Einbruch des Obszönen. In: Dietmar Kamper/Christoph Wulf (Hg.), Die Wiederkehr des Körpers. Frankfurt/M. 1982, S. 350–362.

hatte noch keines der vier Beispiele gerechnet). „Big chief" – so nannten wir ihn - gelassen: „Nanu, da verliert einer die Contenance!" Was „Contenance" ist, wurde aus dem Kontext der Situation erschlossen. Denn die Fremdsprachen hießen Englisch, Latein und Griechisch.

Der Germanist und Historiker imponierte nicht nur durch seine eleganten Anzüge und Krawatten. Von letzteren – so spekulierten wir damals – mußte er mehrere hundert haben, denn nur selten ereignete es sich, daß er dieselbe zweimal im Semester trug. Vor allem imponierte er durch seine Kontakte zur Presse. Und Edzard Schaper und Max Frisch – so wurde allseits vermutet – kannte er persönlich. Er mußte auch mit Pädagogik etwas zu tun gehabt haben, bemerke ich rückblickend. Manchmal nämlich versuchte er, uns Fünfzehnjährigen zu erklären, was „Bildung" ist (für mich eine Art Probleminfektion). Mitunter versuchte er auch eine Unterrichtsform, welche ich in der Rückschau als „Gruppenunterricht" identifiziere. Das Unternehmen scheiterte selbstredend kläglich. „Heute ist er nicht vorbereitet" – so unkten wir. Der Altphilologe war Major der Reserve. Daß wir bei seinem Eintreten (Auftritt?) die Hände an der Hosennaht hatten, war ihm ebenso wichtig wie die Differenz von Gerundiv und Gerundium. Unsere Haltung hatte ebenso exakt zu sein wie die lateinische Grammatik. Der Biologe, Klassenvorstand und Administrator der Schule, war kriegsversehrt. Aber die Prothese statt des rechten Beines hinderte ihn nicht, mit uns einen Wandertag zu absolvieren, der sogar die Sportler unter uns ermüdete. Ein Wandertag war eben zum Wandern da. Zu sonst nichts. In regelmäßigen Abständen erzählte er für uns völlig Unverständliches, er sprach von Schulstatistiken und angeblich rasant anwachsenden Schülerzahlen. In Mineralogie warf er uns Holzmodelle aus sieben bis acht Metern Entfernung zu. Die Antwort - „hexagonal", „tetragonal" oder … – mußte prompt, „wie aus der Pistole geschossen", kommen. (Es wurde überhaupt viel aus der Pistole geschossen, und das Holzmodell nicht gefangen zu haben, brachte sowieso einen Punkteabzug.)

2. Disziplin

Ein „Disziplinproblem" gab es damals nicht. Statt dessen gab es „Selbstdisziplin". Der Hang zur Selbstdisziplinierung äußerte sich bei manchen Schülern auch in der Form der Selbstbestrafung. Kein Zweifel, daß solches heute als neurotisch und höchst therapiebedürftig empfunden würde. Meine Freunde und ich pflegten uns z. B. nach einer verhauten Schularbeit damit zu bestrafen, daß wir uns das Fußballtraining für die kommende Woche versagten. Dem Trainer logen wir dann vor, daß der Vater es uns verboten hätte. Der Vater wiederum wußte nichts von der mißlungenen Schularbeit, nur die Mutter.

Selbstdisziplinierung gehörte damals weitgehend zum „Normalitätsverständnis" von Leben und Arbeit. Sie war sogar „positiv besetzt". „Das Moment des Selbstzwanges wurde ausgeglichen durch Akte der Selbstaufwertung. In das Durchhalten mischte sich der Stolz ... Selbstdisziplinierung mußte nicht erst äußerlich nahegelegt werden, sondern war" – so würde man heute sagen – „identitätsnah".[2]

Damit arbeitete Schule, konnte damit arbeiten. Thomas Ziehe, an den ich mit diesen Zitaten anknüpfe, meint gar folgendes: „Die frühere Schule war subjektiv eher ertragbar. Sie war dies keineswegs, weil sie besser war als die heutige Schule, sondern weil die Maßstäbe, anhand derer sie erlebt wurde, unkritischer waren. Das, was man als gegeben, als natürlich, als normal erleben mußte, war weiter gefaßt und fester verankert als heute. Autoritäre Strenge, Undurchsichtigkeit des Lehrstoffes, Selbstzwang im eigenen alltäglichen Verhalten – das waren tief verankerte Bestandteile dessen, was man als >normal< empfinden mußte. Ärgerlich sicherlich, oft auch angstmachend und belastend, aber eben >normal<. Das heißt, der Normalitätsentwurf, den Schüler wie Lehrer gegenüber der Schule in Anwendung bringen mußten, war ein anderer.[3]

Schule war, wie sie eben war. Sie war verkleinertes Abbild (d. i. sie auch heute) des damals auch ansonsten ziemlich autoritativen gesellschaftlichen Lebens. Wer's nicht glaubt, schaue sich im österreichischen Fernsehen einmal „Zeit im Bild - Da Capo" an. Die Sendung ist „Schwarz-Weiß" gehalten. Gleichwohl sieht man nichts als „rote Teppiche": Der Handelsminister eröffnet ein neues Autobahnteilstück. Der Bundeskanzler kehrt von einem Auslandsbesuch zurück. Der Bundespräsident empfängt die „Queen", und der Finanzminister verkündet eine neue Steuer. - Kein Interview, keine peinliche Befragung, keine Legitimation. Autoritäten tun, was sie tun. Sie „stellen fest", verkünden, appellieren mitunter (an den Fleiß der Bevölkerung). Vor allem aber diskutieren sie nicht, schon gar nicht im Fernsehen. Sie sind wesenhaft unnahbar (von ihrem Privatleben wußte man nichts), manchmal auch „gütig", meist aber kühl. Für die Lehrer speziell war die frühere Schule eher ertragbar, weil sie an die Bereitschaft zur Selbstdisziplinierung und zum Selbstzwang nur noch anzuknüpfen brauchten, und die Sache „lief wie geschmiert". Das sogenannte

---

2 Thomas Ziehe, Zeitvergleiche. Jugend in kulturellen Modernisierungen. Weinheim und München 1991, S. 85.

3 Ebd., S. 78.

„Motivationsproblem" gab es nicht. Zumindest nicht in der Praxis. Theoretisch
wurde es zwar schon vorbereitet, davon wußten aber die Praktiker nichts.
Motiviertheit war schlicht Voraussetzung, für den Besuch eines Gymnasiums zumal. Im Gymnasium gesessen zu haben und nicht motiviert gewesen zu
sein, wäre ein Paradoxon gewesen. Hätte ein Schüler derartiges geäußert (z. B.
„Null Bock auf Mathe und Latein"), hätte der Klassenvorstand kühl darauf hingewiesen, daß kein Zwang zum Besuch des Gymnasiums bestünde, schon gar
nicht zum Besuch gerade dieses Gymnasiums. Es hätte ohnehin zu viele Schüler. Jeder Abgang bedeutete eine Erleichterung.

Solches – nämlich „Unmotiviertheit"– zu bekunden, war unmöglich, auch
undenkbar. Unmotiviertheit konnte man allenfalls - still! – praktizieren, wenn
auch nur für ein oder zwei Semester. Heute hingegen – so Thomas Ziehe – ist
die „Legitimationsfrage latent allgegenwärtig. Die Frage >Warum machen wir
das hier überhaupt?< kann jeden Moment kommen. Logisch gesehen ist dies
nicht einmal schlecht, ... psychodynamisch aber verletzlich und anstrengend."[4]

Lehrer beginnen deshalb zusehends ihre Unterrichtsarbeit vor den Schülern
zu legitimieren. Sie begründen ihre Auswahl der Unterrichtsinhalte und Themen, ja begründen auch ihre Verfahren und Methoden. Irgendwie ist es der
Pädagogik gelungen, jungen Lehrern einzureden, daß das auch pädagogisch
sei. So mancher Lehrerbildner und Autor pädagogischer Lehrbücher meint gar,
daß die Schüler nicht bloß ein Recht auf derartige Legitimation hätten, sondern darüber hinaus - wahrhaft pädagogisch behandelt - überhaupt an der Aus-
wahlproblematik und der Verfahrenswahl zu beteiligen seien. Man tut so, als
wären Lernende ihre eigenen Bildungstheoretiker, Curriculumexperten und
Unterrichtsmethodiker. Der Ruf nach Schülerselbstbeurteilung ist dann nur
konsequent.

Damit tauchen Probleme auf, die man vorher so nicht hatte. Die Begrün-
dungsarbeit (für Inhalte z. B.) stößt dann sehr schnell an ihre logischen wie
auch diskursiven Grenzen. Jede inhaltliche Setzung nämlich ist nur ein Stück
weit zu begründen und plausibel zu machen. Und für jedes derartige Plausi-
bilitätsargument gibt es mindestens ein triftiges Gegenargument. Letzten
Endes hängen curriculare Entscheidungen (ob von Curriculumkommissionen,
von Lehrern im Unterricht oder von wem auch immer getroffen) an basalen
Wertprämissen, an einem normativen Konzept von Kultur, welches dergestalt
einem ziemlichen Verflüssigungsprozeß ausgesetzt wird. Im Falle der Schü-
lerbeteiligung an derartigen Prozeduren ereignet sich das nämliche, nur

---

4   Ebd., S. 89.

deutlicher: Die Begründungen sind der Reichweite nach aufs äußerste reduziert. Die Entscheidungen werden voluntativ-plebiszitär, mitunter tendieren sie zum Anarchischen.

Soll überhaupt noch Greifbares zustande kommen, wird der Lehreraufwand erheblich. Vor allem rhetorische Qualitäten werden wesentlich („Rhetorik" als Kunst, auch dort noch zu überzeugen, wo die Gründe ausgehen), aber jüngst auch Counselling-Fähigkeiten und Coaching-Qualitäten. „Der >gute Grund< für eine Themen- oder Inhaltsentscheidung besteht dann in hohem Maße im Identifikationsgehalt der Lehrerpersönlichkeit, ergo in dessen Beziehungsarbeit", heißt es bei Thomas Ziehe.[5] Der Lehrer muß also die Verflüchtigung von kulturell eindeutigem Sinn (von kulturellen Standards) durch „gute Beziehungen" wettmachen, durch psychodynamisch aufwendige Beziehungsarbeit einen zumindest situativ bleibenden Handlungssinn immer wieder ermöglichen/erzeugen.

Und das ist etwas anderes als Unterricht, wie man ihn bisher kannte, welcher einfach ablief nach Lehrplan, relativ eindeutigen Leistungsstandards und auch kleinen inhaltlichen Vorlieben wie persönlichen Eigenarten der Lehrer: Im Grund ein Ritual (wenn schon kein Zeremoniell), welches die Persönlichkeit der Schüler wie der Lehrer weitgehend unangetastet ließ, während die Akteure in neueren Konzepten von Unterricht nahe aneinander geraten.

Die im Lehrplan kanonisierten Inhalte (der Lehrplan als inverser „Index"), ihre Unantastbarkeit, ja Heiligkeit, fungierten geradezu als Schutzwand zwischen den Beteiligten - ähnlich der Funktion von ritualisierten Höflichkeitsformen.

Wo die Autorität der Inhalte fällt, fällt auch die autoritäre Aura der Lehrer, fallen die Rituale, geraten die Beteiligten „als Menschen"- menschlich-allzumenschlich!- aneinander: Man lernt einander kennen. Und das ist nicht immer schön. Die Lehrer erscheinen dann zumeist als Menschen „wie du und ich". Der Nimbus ist dahin. Was übrig bleibt, ist wenig, zumeist banal. Grundsätzlicher: Da es unmöglich ist, rund 30 Schüler tagtäglich 5 bis 6 Stunden nur über das Faszinosum der Inhalte und Themen zur Arbeit zu bewegen, ja weil solches wohl überhaupt eher in die Sternstunden der Schulpädagogik gehören dürfte[6], bleiben nur mehr zwei Möglichkeiten, und da die fraglose Autorität des Lehrers als Aura dessen, der „das Sagen hat", dahin ist, eigentlich nur mehr eine: Die Schüler

---

5   Ebd., S. 88.
6   Vgl. dazu Friedrich Copei, Der fruchtbare Moment im Bildungsprozeß. Quelle und Meyer 1966. Ähnlich auch: Martin Wagenschein, Verstehen lernen. Weinheim 1970.

arbeiten für den Lehrer, weil er es ist, also ihm zuliebe. Die Macht der Position wird ersetzt durch die Macht (den Reiz) der Person. Man nannte das einmal Eros, milder: Charisma, eine (Ver)führungsqualität. Wir bräuchten eine pädagogische Erotik. Wir haben sie aber nicht. Die banalere, alltäglichere Variante derselben sind die „guten Beziehungen" (zu den Schülern). Man will als Lehrer gemocht werden und „beliebt" sein. Das ist (in Grenzen) machbar, aber anstrengend.

3. „Gute Beziehungen" - kastrierter Eros

Eine praktikable pädagogische Erotik scheitert aber nicht bloß daran, daß wir nicht genau zu sagen vermögen, worin die Anreizungsqualität einer derartig ausgestatteten Person besteht und wie man die entsprechenden Eigenschaften erwerben könnte. Sie scheitert im Grunde schon an Momenten, die auch ohne eine elaborierte Theorie von Eros bekannt sind.

Zunächst: Eros trifft nicht alle. Das Charisma zieht nicht bei allen. Und: Eros ist sowieso Wahl aus Neigung. Eros will gar nicht alle bezaubern, verführen. Da bleiben allemal einige auf der Strecke der Unerwähltheit. Für die moderne Schule ein unerträglicher Gedanke und v. a. ein undurchführbares Konzept. Der moderne Lehrer erwählt seine Schüler nicht, sondern findet sie vor. Die moderne Schule ist also vor allem gerecht. Und Eros ist nicht gerecht. Aber Eros ist auch nicht ungerecht Eros kennt keine Gerechtigkeit. Gerechtigkeit ist keine Kategorie der Erotik. Der erotische Diskurs liegt quer zum Diskurs der Gerechtigkeit und dem der Allgemeinheit (und Legitimation) überhaupt. Eros entflammt am Besonderen oder nicht. Wenn nicht, dann schläft er. Eros entzieht sich der Willentlichkeit und Absicht. Damit ist er schlechthin nicht „handhabbar". Vielmehr handhabt er uns, wenn es ihm beliebt.

Entscheidend spricht aber folgendes gegen ihn: Ist er einmal entflammt, dann wird er rücksichtslos (im Sinne von moralisch bedenkenlos). Mit moralischen Rücksichten funktioniert Verführung nicht, und Verführung verträgt sich weder mit dem Ethos des Dialogs noch mit dem der Kommunikation oder dem der Gegenseitigkeit Verführung ist nicht das Gegenteil von Führung, sondern das Gegenteil des „herrschaftsfreien Dialogs": Nicht nur weil sie auf Macht aus ist, sondern weil sie herrscht, indem sie den Sinn des Dialogs ins Gegenteil verkehrt. D. h.: Eros verführt, indem er vorspiegelt, das Wort verdreht, sich aufplustert, schöne (!) Reden schwingt.[7]

---

7   So ähnlich charakterisiert ihn: Jörg Ruhloff, Problematischer Vernunftgebrauch -
    Skepsis - praktisch-pädagogische Produktivität. In: Wolfgang Fischer, Colloquium
    pädagogicum. St. Augustin 1995.

Das aber – muß man das noch sagen? – gilt weithin nicht als Pädagogik, kommt schon lange nicht mehr in Frage.

Derlei kommt genauso wenig in Frage wie die verfemte Lenkung durch die Kraft der Autorität. Beide Formen nämlich – die antike Variante (der Erotik) wie die neuzeitlich-moderne (der Autorität) – (ver)führen, verfolgen ein Ziel, verfolgen am Zögling ein ihm äußerliches Ziel.

In den „guten Beziehungen" hingegen, im Gestus der Sympathiewerbung, des „Gemochtwerdenwollens" und „Beliebtseinwollens" geht es um die Konkordanz von Lernbedürfnissen der Schüler und Lernzielen der Gesellschaft (im Modus wechselseitiger Ermäßigung). „Gute Beziehungen" bilden dergestalt ein Derivat von Charisma und Eros, eine stark ermäßigte – eben kastrierte – Variante von Eros. Demgemäß taugt ein derartiger Habitus auch für Gruppen von Individuen, er erweitert seinen - wenn auch in bezug auf Wirkungstiefe eingeschränkten - Wirkungskreis auf eine Mehrzahl von Individuen, ist weniger selektiv als Eros. Vor uns haben wir die Gestalt pädagogischer Alltagshumanität, den sogenannten sympathischen und „lockeren" Lehrertyp, ständig bedroht von Lauheit und Banalität, dem Verlust jeglicher Aura.

Das aber ist praktizierbar (im Sinne von moralisch gestattet), wenn auch unendlich aufwendig und psychisch belastend. Ein permanenter Balanceakt auf der Mittelachse der Pole von Nähe und Distanz, aber auch zwischen Zielbestimmtheit und Zieloffenheit: schülerorientiert, bedürfnisnah und doch nicht ganz ohne gesellschaftskonforme Lernziele.

Die „Allgemeinen didaktischen Grundsätze" des AHS-Lehrplans verordnen dem Lehrer daher ein „ausgewogenes Verhältnis von emotionaler Warme (…) und angemessener Distanz statt autoritärem Verhalten und Mißgunst bzw. Anbiederung oder Forderung nach Identifitkation."[8] Wir verkneifen uns die Frage, wie w… ein Lehrer sein darf.

---

8   Lehrplan der AHS. Vollständige Ausgabe 1. Wien 1985, S. 26.

Die Moralpredigt
Invektiven zum Ethikunterricht (2000)

Strick, subst. masc.
Ein veraltetes Gerät, welches Mörder daran erinnern
sollte, daß auch sie sterblich sind. Es wird um den
Hals gelegt und verbleibt das ganze Leben lang
dort. Weitgehend wurde es von einer komplizierten
elektrischen Vorrichtung verdrängt, die an einer
anderen Körperstelle angebracht wird. Diese macht
ihrerseits rasch einem neuen Apparat Platz, der unter
dem Namen Moralpredigt bekannt ist.

(*Ambrose Bierce, 1842–1914*)

Vorbemerkungen

Es mag unpassend erscheinen, den Beitrag zu einer Festschrift für einen bedeutenden pädagogischen Theoretiker mit Assoziationen zur Technologiege-
schichte der Verbrechensbekämpfung zu belasten.

Indes und erstens: Spätestens seit Foucault wissen die kritischen (und daher
erst recht die skeptischen) Pädagogen, daß das Erziehungsgeschäft mehr mit
Polizei und Justiz zu tun hat, als es der pädagogische Diskurs des 20. Jahrhunderts wahrhaben wollte. Der Eintrag von Bierce in *Des Teufels Wörterbuch*[1]
ist gewissermaßen kurzgefaßter Foucault lange vor Foucault, eine prospek-
tive Kürzestrezension zu *Überwachen und Strafen*. Sehr viel anders läuft die
Chose bei Foucault nämlich auch nicht. Die Metamorphosen der Technologien der Disziplinarmacht reichen eben von der öffentlichen Hinrichtung bis
zu den Humanwissenschaften und ihrem praktisch-integrierenden Zentrum,
der Pädagogik. Überflüssig vielleicht hinzuzufügen, daß damit keine strenge
historische Abfolge gemeint ist, sondern ein Prozeß der Akzent- und Bedeu-
tungsverlagerung. Die Strafe gibt es immer noch, nur an Bedeutung hat sie
eingebüßt.

---

1 Bierce, Ambrose (1966): Aus dem Wörterbuch des Teufels. Ausw., Übers. und Nachw.
   von Dieter E. Zimmer. – Frankfurt. Hier zit. n. der überaus gelungenen Zusammen-
   stellung von Exempeln schwarzen Humors durch: Köhler, Peter (Hg.) (1994): Das
   Katastrophenbuch – Stuttgart.

Und überdies und zweitens: Bierce ist später Nachfahre der „Hunde von
Kynosarges". Und Antisthenes, der als Gründer dieser Philosophengruppe gilt,
war Schüler des Erzskeptikers Sokrates. Und wenn Skeptiker sich ihrer gesellschaftlichen Randstellung bewußt werden, ist es nicht unwahrscheinlich, daß
sie zum Kynismus konvertieren.

Der Intention nach ist der Kynismus kritisch-skeptisch, entlarvend und auf-
deckend, gleichzeitig aber methodisch – in Komparation zur komplexer gebau-
ten sokratischen Elenktik – lapidar, offen bis schamlos, was ihm als Bösartigkeit
ausgelegt wird. Letzteres dürfte zumindest nicht ganz falsch sein. In der Tat
verspüren Kyniker ein lustvolles Kribbeln (introspektiv gewonnener Erfah-
rungssatz) in ihrer Mördergrube, wenn sich Gelegenheit ergibt, den schleier-
machenden Kollegen der Zunft unangenehme Wahrheiten zu enthüllen.

Der Bierceschen Programmatik gemäß, nach welcher der Zyniker ein
„Lump" (ist), „dessen fehlerhafte Sicht die Dinge sieht, wie sie sind, und nicht
wie sie sein sollen, woher dann der skythische Brauch rührt, einem Zyniker
die Augen auszustechen, um seinen Sehfehler zu korrigieren" (worauf wir aber
in kynisch typischer Bedürfnislosigkeit gerne verzichten wollen), müssen hier
einige Enthüllungen vorgenommen werden, welche in erster Linie den Ethikunterricht betreffen, en passant aber auch Grundstrukturen pädagogischen
Tuns überhaupt.

Genaugenommen handelt es sich um drei Enthüllungen, vorgestellt in der
Form von Thesen, wovon die beiden ersten quasi als Prämissen für die dritte
These fungieren.

Die erste These (Enthüllung): Der Ethikunterricht ist ein Revenant der Moralpredigt. Die zweite These: Die Moralpredigt ist die Urform (Primitivform) pädagogischen Agierens, keine Fehlform. Die dritte These (conclusio): Im Modus
des Ethikunterrichts kehrt das schulpädagogische Handeln in die Urform des
Pädagogischen zurück und erkennt sich in dem, was es ist, nämlich: Tugendeinrede, Werteappell und Gesinnungsapplikation.

So weit, so gut – kynisch gesehen. So weit, so schlecht – pädagogisch-
modern gesehen. Moderne Kyniker, welche einen Hauptberuf haben und z. B.
Pädagogen sind, dürfen es also dabei nicht bewenden lassen, sonst kommen
die Skythen. Daher soll abschließend – nach all den Enthüllungen – noch eine
kleine Verhüllung vorgenommen werden, um den Ethiklehrern (auch den diese
auszubildenden Zunftkollegen) zu zeigen, was man tun kann, damit man nicht
so leicht als Moralprediger erkannt wird. Um diese Thesen verständlich zu
machen, dürfen wir uns selbst- verständlich nicht an das halten, als was sich die
Ethik als philosophische Teildisziplin präsentiert. Denn diese ist in der Regel
doch ein ziemlich anspruchsvolles intellektuelles Unternehmen, dem man das

Moment der Moralpredigt nicht unmittelbar ansieht. Man muß es aber auch nicht, da zu erwarten steht, daß sich der Ethikunterricht vermutlich gerade nicht an ihr orientieren wird, sondern an anderen Instanzen.

Wir werden also eher fragen, als was sich der Ethikunterricht derzeit in seinen Anfängen präsentiert, welche Motive seine Einführung begünstigt haben, welche Begründungen für ihn geltend gemacht werden etc.; dazu werden wir einen Blick auf die entsprechenden Lehrplanentwürfe machen, auch erste pädagogische Erfahrungen mit dem Ethikunterricht exemplarisch in Augenschein nehmen. En passant soll darauf aufmerksam gemacht werden, ob und wie der Ethikunterricht ein Moment im Gesamtzusammenhang pädagogisch-bildungspolitischer Veränderungen und Reformvorhaben abgibt.

Weiters muß klarerweise eine plausible Bestimmung der Struktur dessen geliefert werden, was hier unter Moralpredigt verstanden werden soll. Dies soll in lockerer Anlehnung an das geschehen, was in der Soziologie unter dem Titel „mikropolitischer Studien"[2] getrieben wird.

1. Die österreichische Ausgangslage, an welche die Motive und Begründungen für das neue Fach sich hefteten, war schlicht diese: Mit Erreichen des 14. Lebensjahres haben die Schüler das Recht, sich vom Religionsunterricht selbständig abzumelden. Ein ständig größer werdender Teil der Schülerschaft macht von diesem Recht Gebrauch und bewegt sich streunend durch das Schulhaus bzw. hält sich im Kaffeehaus auf. Der Teil der Abmelder ergänzt dergestalt die Zahl derer, welche (weil ohne Bekenntnis) von vornherein am konfessionellen Religionsunterricht nicht teilnehmen. Die Religionslehrer verlieren also ihr Publikum. Dieses Motiv war in den dem Schulversuch *Ethik* vorangegangenen Debatten zwar spürbar, wurde aber nicht ausdrücklich geltend gemacht.

Geltend gemacht wurde zunächst das sogenannte Gerechtigkeitsargument: Die Deserteure der religiös fundierten Moral würden auf diese Art und Weise auch noch mit zwei Freistunden pro Woche belohnt. Dieses Argument war zwar von einer gewissen Plausibilität, zumindest wurde es kaum in Frage gestellt, reichte aber selbstverständlich nicht hin, um justament Ethik als „Ersatz- bzw. Alternativfach" in die leer gewordene Stelle des Curriculums zu

---

2   Siehe dazu Heinrich, Peter, Schulz zur Wiesch, Jochen (Hg.) (1999): Wörterbuch zur Mikropolitik. Festschrift für Horst Bosetzky zum 60. Geburtstag. – Opladen. Für Pädagogen speziell interessant sind die mikropolitischen Studien zum Loben und Drohen, wie sie Rainer Paris kürzlich vorgelegt hat: Paris, Rainer (1998): Stachel und Speer. Machtstudien. – Frankfurt.

platzieren. Genauso gut hätte man eine religionswissenschaftliche Propädeutik lancieren können (wofür sich der Verfasser in mehreren Vorträgen stark gemacht hatte) oder eine elementare Rechtskunde. Also erstarkte im Zuge der diesbezüglichen Debatte mehr und mehr ein zweites und moral- bezüglich direktes Argument, nämlich dasjenige vom Orientierungs- und Wertebedarf der Jugend: ein disziplinar-technologisches Argument. Getragen war es durchwegs von der Hoffnung bzw. Erwartung, der Ethikunterricht sollte/könnte leisten, was bisher der konfessionelle christliche Religionsunterricht geleistet hätte. Eine Hoffnung, die ihre Nahrung aus der eigenartigen Vorstellung von einer Art Strukturhomologie von Ethik und Religion bezog. Der Ethikunterricht sollte also liefern, worauf eine Gesellschaft auch nach dem weitgehenden Entfall religiöser Bindungen nicht verzichten zu können scheint: Orientierungen und Werte, Zielpunkte bzw. Stopregeln für das Bewußtsein der Mitglieder dieser Gesellschaft.

Eine bildungstheoretische Begründung – überflüssig, darauf zu verweisen – wurde nicht erwogen. Naiv wäre es anzunehmen, die Proponenten der Ethik hätten geahnt, daß solches Schwierigkeiten bereiten könnte. Vielmehr scheint unter Bildungspolitikern und Bildungsfunktionären die Vorstellung umzulaufen, die Kinder und Jugendlichen lernten ohnehin zu viel, das Bildungssystem sei ohnehin zu kopflastig und hätte dergestalt einen starken Äquivalenzbedarf, was die Tugenden und Werte anlange; es erzeuge dergestalt eine bedrohliche Ansammlung von vielwissenden, aber – weil orientierungslos – potentiellen Schwerverbrechern. Daß es sich vielleicht gerade umgekehrt verhalten könnte, daß unserer Jugend vielleicht die Gefahr drohen könnte, durch die derzeit propagierte und teilweise schon eingeleitete „Bildungsreform" zur Vorhut einer neuen Gesellschaft zu werden, welche sich eher durch Ahnungslosigkeit, was den Lauf der Dinge anlangt, auszeichnet, diese Schwäche aber dann wettmacht durch einen unerschütterlichen Hang zum Moralisieren, scheint allenfalls für Skeptiker und Kyniker eine überlegenswerte Vermutung zu sein, nicht für Moralisten und Profis des Gesinnungstransportgewerbes der Gegenwart.

Die derzeit angebahnte Bildungsreform begünstigt nämlich insgesamt eher die Tugendseite des Erziehungs- und Unterrichtsgeschäfts. Das Uraltmodell des erziehenden Unterrichts kippt schwer auf die Seite der Erziehung. Der Zentralbegriff einer aufklärerischen (auch noch der emanzipatorisch-kritischen) Pädagogik, nämlich „Wissen", wird mehr und mehr zu einer Art dirty word. Statt dessen reüssiert die Moral, notdürftig verkleidet als „Selbst- bzw. Sozialkompetenz", welche selbstverständlich in unterrichtlichen Arrangements erworben werden soll, die sich – was die Inhaltsperspektive anlangt – vor allem durch

„Offenheit" auszeichnen, was die Ziele und Verfahren anlangt, aber durch ziemliche Geschlossenheit. Der neue österreichische Lehrplan für die Sekundarstufe I streicht ein Drittel des Stoffes und reserviert dieses Drittel der Jahresunterrichtszeit für handlungsorientiert-offene Lernformen, fachübergreifenden Unterricht (Projekte), in welchen die Lernenden vor allem eines nachzuweisen gehalten sind: politische korrekte Gesinnungen und sozialkompetente Umgangsformen. Das Wissen wird beliebig. Als leitende Zielperspektive fungiert dabei ein eigenartiges Kompositum aus einer neuen Wirtschaftsmoral (Flexibilität, Teamfähigkeit, Kommunikationsbereitschaft etc.) und einer säkularisierten christlichen Tugendlehre.

Für das Einströmen der zeitgeistigen Moral und ihrer Tugenden sorgt also schon die Lehrplan*reform* (Rückbildung) als solche, der Ethikunterricht fungiert dabei lediglich als tief angesetzter Schlußstein dieser wesentlich als „klein" zu bezeichnenden Wohnstätten für die zukünftig „kleinen" Menschen mit ihren kleinen Geschäftigkeiten im Dienste eines globalen Ganzen.[3]

Diese Akzentverlagerungen und Bedeutungsverschiebungen in Bildungspolitik und Bildungspraxis könnten natürlich nicht statthaben ohne ihre Entsprechungen in der sogenannten gesamtgesellschaftlichen Praxis zu haben, woher sie ihre Anstöße erhalten. Das Moralisieren ist gewissermaßen gesellschaftlicher Trend, der seine Auslöser paradoxerweise einem Modernisierungsschub verdankt; einem Modernisierungsschub, der die traditionellen moralischen Instanzen und Institutionen – die Kirchen – entscheidend schwächte. Moral versteht sich weder mehr von selbst, noch ist sie durch selbstverständliche (traditionelle) Autoritäten beglaubigt. Sie hat, wie Jörg Bergmann[4] kürzlich formulierte, ihren Aggregatzustand geändert, ist vom festen in den gasförmigen Zustand übergegangen. In veränderten sozialen Erscheinungsformen „überlebt sie heute flexibel in den impliziten und expliziten moralischen Bewertungen"

---

3   Peter Sloterdijk hat in seinen *Regeln für den Menschenpark* (Die Zeit, 16. Sept. 1999) wohl mehr als nur etwas Richtiges gesehen, als er monierte, daß Bildungsfragen immer auch Fragen dazu sind, wie „klein" man die Menschen eigentlich haben will. „Rund, rechtlich und gütig sind sie miteinander, wie Sandkörnchen rund, rechtlich und gütig miteinander sind" (Nietzsche). Daß also Moral etwas für kleine Leute sein könnte, dürfte als Thema für den Ethikunterricht auszuschließen sein; nicht bloß deshalb, weil es sich da- bei um eine didaktische Verfrühung handeln dürfte, sondern grundsätzlich, weil es den Sinn des Unternehmens konterkariert.

4   Bergmann, Jörg (1999): Alltagsmoral. Eine Erkundung. – In: Kursbuch „Schluß mit der Moral". – Heft 136, Juni 1999, 119.

alltäglicher Kommunikation. Sie tritt uns zwar nirgends mehr in ihrer alten Rigidität gegenüber, dafür ist sie überall.

In einem Text über die Karriere *Angewandter Ethiken* konstatiert Konrad P. Liessmann – die Konjunkturen philosophischer Teilgebiete resümierend – ähnliches: „Nachdem seit den sechziger Jahren in rascher Abfolge Geschichtsphilosophie, Neostrukturalismus, Sprachphilosophie und Ästhetik ihre zweifelhaften Konjunkturen gehabt haben, standen und stehen die neunziger Jahre dieses zu Ende gehenden Jahrhunderts ganz im Zeichen der Moralphilosophie. Nach der spekulativen Weltrevolution, der dekonstruktiven Analyse der Zeichen und der postmodernen Beliebigkeit war und ist ethische Ernsthaftigkeit angesagt. Ethik, vor wenigen Jahrzehnten noch ein verdorrter Zweig am Stamm der Modephilosophien, feierte eine Renaissance ohnegleichen. Was allenthalben als verstaubt betrachtet wurde – die Moral –, breitete sich unwiderstehlich aus: von den Seminarstuben in die Feuilletons, von dort in die Talk-Shows und dann wieder zurück (…) das neue Ethik-Bewußtsein (zeitigte) das Moralisieren als herrschende Diskursform. Alle relevanten und irrelevanten politischen, ökonomischen, historischen, rechtlichen, ästhetischen, wissenschaftlichen und alltäglichen Fragen werden dabei in eine moralische Form gebracht, das heißt aus Fragen der Macht, des Profits, des Geschmacks, der Geschichte, der Legalität, der Wahrheit und des Trivialen wird eine Frage nach dem Guten und dem Bösen."[5]

Eine der hellsichtigsten Lehrplantheorien dieses Jahrhunderts, nämlich die Basil Bernsteins, erklärte übrigens schon Ende der sechziger Jahre das Aufkommen sogenannter „integrativer Lehrplancodes" (fächerübergreifend-ganzheitliches an „Themen" orientiertes Lernen) von der Schwächung der moralischen Basis von Gesellschaften her. Wo die Moral sich von selbst verstünde – Bernstein spricht (mit Durkheim) von „mechanischer Solidarität" von Gesellschaften – gäbe es Unterricht von der Sorte des „Sammlungscodes" (Fachunterricht, kognitiv orientiert). Gesellschaften hingegen mit „organischer Solidarität", also solche mit schwacher moralischer Basis, würden themenorientiertes, fächerverbindendes Lernen begünstigen.[6] Etwas banalisiert ausgedrückt könnte man die derzeitigen Reformen im Bildungswesen auch als

---

5 Liessmann, Konrad P. (1999): Angewandte Ethik. Von realer Ohnmacht und imaginierter Freiheit. – In: Kursbuch „Schluß mit der Moral". – Heft 136, Juni 1999, 121.

6 Bernstein, Basil (1977): Beitrage zu einer Theorie des pädagogischen Prozesses. – Frankfurt. Siehe dazu auch meine Interpretation „Reinheit und Vermischung" in: Schirlbauer, Alfred (1996): Im Schatten des pädagogischen Eros. Destruktive Beiträge zur Pädagogik und Bildungspolitik. – Wien.

Angstreaktionen interpretieren. Die „Modernisierung" der Gesellschaft, wiewohl rhetorisch immer noch beschworen, erfolgt vielen gewissermaßen doch zu rasch. Da die technologiebedingt sich beschleunigenden Modernisierungsschübe als solche nicht zu stoppen sind, steigt man bildungspolitisch auf die Bremse. Die Präambeln der Entwürfe[7] zum neuen österreichischen Lehrplan für die Sekundarstufe I formulierten dies noch ziemlich offen-naiv. Sie sprachen von der durch einen rasanten Wissenszuwachs („Wissensexplosion") bedingten „neuen Unübersichtlichkeit" und empfahlen für die Lösung dieses „Problems" schlicht Lehrplankürzung, ergänzt um Haltungen und Attitüden, welche man eben „Kompetenzen" nannte; ein Ausdruck, der die moralische Schieflastigkeit der Angelegenheit notdürftig kaschierte.

Wiewohl man sich also systematisch-pädagogisch wie ethik- philosophisch unter Ethikunterricht durchaus etwas anderes vorstellen könnte, steht kaum zu erwarten, daß er – was seine kritische Masse anlangt – etwas anderes sein wird als ein Wiedergänger der Moralpredigt. Und überdies: Insofern schon die Religionslehrer in den letzten beiden Jahrzehnten kaum mehr Religion unterrichteten (Bibelkunde, Kirchengeschichte, Liturgietheorie u. a. m.), sondern im wesentlichen moralische Kommunikation aus Anlaß mehr oder weniger aktueller Problemstellungen (Abtreibung, Euthanasie, Stellung der Frau in der Gesellschaft, Krieg und Frieden etc.) betrieben, dürfte der erwartbare Ethikunterricht in der Tat der pragmatisch geeignete Kandidat als Alternative für das seiner Klientel verlustig gehende Fach sein.

2. Die derzeit in Österreich vorliegenden, schulautonom erstellten Lehrpläne für den Ethikunterricht weisen denn auch ziemlich genau in diese Richtung. Durchwegs stellen sie in ihren Präambeln klar, daß die Religionslehrer bei der Zuteilung der zu vergebenden Ethikstunden weder ausgeschlossen noch bevorzugt werden sollen, daß auch die „arbeitslosen Philosophielehrer" keinen Anlaß zum Frohlocken haben werden, daß vielmehr alle diesbezüglich engagierten Lehrer – sofern sie sich bestimmten Fortbildungsmaßnahmen unterziehen – die Chance haben sollten, sich in diesem Fach umzutun. Expertenhaftes Wissen soll also, so darf interpretiert werden, kein Selektionskriterium sein, wenn es im wesentlichen um die Vermittlung von Wertebewußtsein, Verantwortungsbewußtsein und sogenannte „Orientierungen" geht.

---

7   BMUKA (Bundesministerium für Unterricht und kulturelle Angelegenheiten) (Hg.) (1999): Weißbuch Lehrplan 1999. – Wien.

Wie eben gesamtgesellschaftlich der weitgehende Verlust religiöser Bindungen das Moralisieren als herrschende Diskursform erst hervorbringt und der
Abdankung des Klerus die Karriere der moralisierenden Journalisten, Wissenschaftler, Talkmaster und Politiker entspricht, so führt der Bedeutungsverlust des
Religionsunterrichts und Akzeptanzschwund der Religionslehrer gerade nicht die
Jugend ins moralische Vakuum, sondern ermöglicht erst ihre moralische Dauer-
beanspruchung durch diverse gesamtunterrichtliche Maßnahmen wie die Karriere moralisch betulicher Biologie-, Sport- und Geschichtelehrer zu Werte- und
Orientierungsspezialisten. Daß der Ethikunterricht dergestalt zu einer Angelegenheit von Laienpredigern werden könnte, ist also nicht unwahrscheinlich.

   In einem Grundsatzpapier *Ethik in der Schule – Grundgedanken und Vorschläge zur Fort- und Weiterbildung* formuliert der Initiator des Schulversuchs
und Direktor eines Wiener Gymnasiums folgendes: „Das Hauptaugenmerk
liegt in unserem Ansatz darin, die Defizite der uns anvertrauten Jugendlichen auszuloten und Sinnvolles anzubieten, nämlich: Wissen – z. B. historisch
über Konfuzius, Christus, Mohammed, sowie vergleichend über die Bibel,
Koran, Thora … Bildung – das Umgehen mit dem Wissen, Kenntnisse über
Menschenrechte, Gebote, Gesetze, Regeln des Taktes und Anstandes … Her-
zensbildung – Themenbereiche wie Gemeinschaft und Leben, Arbeitslosig-
keit, Staatsverantwortung und Einzelverantwortung … Sinn und Sinnkrisen
des Lebens – in der Gesellschaft, in der Jugend, für den einzelnen Schüler;
Drogen und Süchte, deren Gefahren und Auswirkungen; Selbstbewußtsein-
Selbstwertgefühl-Selbstsicherheit als Antwort auf Aktionen wie Schnellbahn-
surfen, Alkoholmißbrauch, Sektennähe, Gewalt … Diskussionskultur – eine
gehobene Form des Miteinander entwickeln, Rhetorik und Kommunika-
tionsschulung, Möglichkeiten zur eigenen Meinungsbildung, die Reibebaum-
funktion des Lehrers, aber auch des eigenen Ich anerkennen, erleben und
akzeptieren – dazu ist viel Zeit notwendig, die in den anderen Fächern nicht
vorhanden ist, weil die Stofffülle Lernexperimente solcher Art nicht zuläßt. Als
letzter Streitpunkt soll noch außer Streit gestellt werden, wer aller, d. h. welche
Lehrer Ethik unterrichten dürfen bzw. können: es steht in unserem Lehrkörper
und im Schulgemeinschaftsausschuß SGA außer Streit, daß zunächst einmal
alle Professoren prinzipiell die Möglichkeit zu unterrichten haben sollen – mit
den Voraussetzungen einer Zusatzausbildung wie Ethikvorlesungen, Kollo-
quien über Religionswissenschaften, Seminare, NLP-Ausbildung, etc …"[8]

---

8   *Ethik in der Schule …*. – graue Literatur; ein Kommentar dürfte sich erübrigen, auch
    auf die Nennung des Autorennamens wollen wir gern verzichten.

Im Lehrplanentwurf (schulautonom) selber heißt es dann für die 15 bis 16jährigen unter der Überschrift *Der Mensch als Individuum und als Sozialwesen*: „Der Schüler soll Kameradschaft, Freundschaft, Zuneigung als Wert erleben lernen und sich der Bedeutung personaler Beziehungen in seinem Leben bewußt werden. Sehr wichtig ist das darüber hinausgehende soziale Empfinden, für die anderen Familienmitglieder, für die anderen Schüler, für die schwachen, armen und behinderten Menschen, sei es im eigenen Lebensraum, sei es in globaler Sicht ... eine begründete, positive Einstellung zu den Mitmenschen und zur Mitwelt ist die Voraussetzung für ein menschenwürdiges Leben...“[9]

Aber auch in einem Tiroler Entwurf, der sich stellenweise als inhaltlich ziemlich differenziert erweist und seine Konstrukteure dergestalt als kenntnisreich ausweist, indem er z. B. für die 17jährigen das Thema Religionskritik empfiehlt und hier auf den Diamat, auf Nietzsche, Freud u. a. verweist, in bezug auf das Thema „Arbeit" auch auf Hegel hinweist, heißt es dann, was die konkreten Ziele des Ethikunterrichts anlangt: „Erziehung des Schülers zu Wert- und Handlungsorientierung, Reflexion und Umsetzung von Toleranz, sozialer Verantwortung und Rücksicht gegenüber anderen und gegenüber deren Wirklichkeitsdeutungen und Weltanschauungen, Hilfen zur Beschäftigung mit der eigenen Befindlichkeit, mit eigenen Wertvorstellungen ...“[10]

Konzedieren wird man, daß solche papers in der Regel nicht aus der Feder eines einzelnen stammen, also üblicherweise das Produkt von sakrosankter Kooperation und Kompromiß sind. Ob es aber Zufall ist, daß hier die Zielsetzungen des Faches querliegen (wenn schon nicht widersprechen) zur inhaltlichen Differenziertheit, kann bezweifelt werden.

Auch das Kapitel „Liebe und Sexualität" in diesem Tiroler Elaborat klingt auf merkwürdige Weise anders als die über Religionskritik oder Arbeit; so etwa, wenn „Sexualität als Ausdruck von Zärtlichkeit" bestimmt und in unmittelbarer Nähe zur Mutterliebe angeführt wird.

---

9   Oberstufenrealgymnasium Wien, Hegelgasse 12: Ergänzende Fassung – Konzeption der Lehrplaninhalte für vier Jahre. Antrag auf Genehmigung eines Schulversuchs „Kulturkunde, Ethik und Religionen" (KER), 5. Zu Österreich siehe speziell die systematisch angelegte Kritik von Breinbauer, Ines M. (1999): Ethikunterricht – ein Anachronismus?! – In: Ladenthin, Volker/ Schilmöller, Reinhard (Hg.) (1999): Ethik als pädagogisches Projekt. – Opladen.

10   Planungsgruppe BRG-BORG Landeck: Lehrplanentwurf für die AHS-Oberstufe aus dem Fach „Ethik und Lebensgestaltung", 6.

Aber wie auch immer die Dinge im Detail gelagert sind, grosso modo läßt sich zu Inhalten und Themen des Ethikunterrichts, wie sie derzeit vorliegen, folgendes resümieren: Mit wenigen Ausnahmen handelt es sich um das Produkt von „Ahnungslosigkeit mal guter Wille". Überspanntes mischt sich mit Trivialem, Banalem und schlicht Falschem. Die weitgehende Offenheit der Formulierungen legt einerseits den Schluß nahe, daß dieses Fach zum „Laberfach" par excellence werden könnte, andererseits sind der Unverbindlichkeit des erwartbaren Gelabers doch auch wieder Grenzen gezogen, z. B. durch die sogenannte „Wert- und Handlungsorientierung".

Das Bayerische Ethikunterrichtsgesetz (BayEUG) ist da ziemlich unverblümt. Im Art. 47 (Ethikunterricht) wird unter Punkt (2) 1 festgehalten, daß der Ethikunterricht „der Erziehung der Schüler zu werteinsichtigem Urteilen und Handeln (dient)".

Im schulautonom erstellten Konzept unseres Wiener Beispiels heißt es etwas verblümter, daß aufgrund der „Destabilisierung in persönlichen und sozialen Beziehungen", der festgestellten „Orientierungsdefizite" und der „durch Traditionsabbau auftretenden Unsicherheit" die österreichischen Lehrpläne durch die Bildungsinhalte des Ethikunterrichts zu ergänzen seien. Diese hätten die „Lebensgestaltung, die Persönlichkeitsbildung, die Werteordnungen" u. s. w. zu betreffen. Gleichzeitig ginge es aber nicht darum (sic!), „neue Unterrichtsinhalte einzuführen oder einen neuen Gegenstand zu entwickeln, sondern mögliche Defizite [auf Schülerseite] auszugleichen."

Aber: Wien mag zwar „anders" sein (bekannter Slogan aus der Wien-Werbung: „Wien ist anders"), eine andere Logik hat es nicht. Was hier als Widerspruch auftaucht, ist keiner. Das erwähnte Grundsatzpapier klärt das Problem. Der Ethikunterricht unseres Wiener Modells „vertieft und ergänzt" eigentlich nur, „was in anderen Gegenständen oft nur angerissen werden kann". Die sogenannte „Stoffülle" der traditionellen Schulfächer verhindere es also, daß die Schule die Ziele erreiche, die ihr auch ohne Ethikunterricht gesetzt wären, nämlich gemäß § 2 des österreichischen Schulorganisationsgesetzes an der „Entwicklung der Anlagen der Jugend nach sittlichen, religiösen und sozialen Werten, sowie nach den Werten des Wahren, Guten und Schönen durch einen ihrer Entwicklung und ihrem Bildungsgang entsprechenden Unterricht mitzuwirken ..." und die jungen Menschen „zu arbeitstüchtigen, pflichttreuen und verantwortungsbewußten Gliedern der Gesellschaft" zu machen.

Der Ethikunterricht vollende also (gewissermaßen durch Stoffentlastung), was ohne ihn (bzw. ohne Religionsunterricht) unvollendet bleiben müßte. Er liefere nicht etwas von den anderen Fächern Unterscheidbares, sondern erfülle ihren Zweck. Im ethik-unterrichtlich-schulpädagogischen Handeln kulminiert also der Sinn von Schule und Bildung. Und als Kulminationspunkt erscheinen allemal die Werte, Normen, Orientierungen, auf deren Vermittlung durch einen bloß sachlich gerichteten Unterricht kein Verlaß ist. Der Ethikunterricht versteht sich als Werteappell, Tugendeinrede und Gesinnungsapplikation. Daran ändert auch so manches in die Entwürfe eingeschobene pseudo- kritische Verbalbrimborium nichts. Er gibt sich also als das zu erkennen, was er ist: ein Wiedergänger der Moralpredigt, die Ursprungsvariante pädagogischen Handelns. In moralisch brüchigen, von technologiebedingten Modernisierungsschüben geschüttelten und ökonomisch krisenhaften Zeiten entsteigen die Urformen des pädagogischen Tuns den erziehungswissenschaftlichen Katakomben.

3. Mit Foucault/Bierce interpretieren wir zwar die Pädagogik als eine avancierte Form der Technologien der Disziplinarmacht, behaupten aber gleichzeitig, daß der Prozeß der Verfeinerung und Subtilisierung dieser Technologien umschlägt in eine neue Qualität, eine Technologie eigener Art, so daß z. B. die Strafe – wenn sie schon nicht ausgegrenzt werden kann aus dem pädagogischen Zusammenhang – so doch zumindest als Grenzform des Pädagogischen angesehen werden kann.

Eine wesentliche Differenz zwischen dem Strafen und pädagogischem Handeln kann man z. B. in der unterschiedlichen Zeitstruktur dieser Disziplinartechnologien ausfindig machen. Die Strafe erfolgt ex post facto, im nachhinein. Für sie gilt: omnis determinatio est negatio. Die Bestimmung des Gesollten, Gebotenen, Erlaubten erfolgt über die Negation des Nichtgesollten, des Verbotenen. Die Affirmierung des zukünftig Gesollten/Erlaubten bleibt diffus angesichts der Deutlichkeit des Unerlaubten. Dazu gehört: Bestraft werden allemal Taten und nicht Haltungen und Gesinnungen. Darin liegt das verschwenderisch Unökonomische einer auf Strafe reduzierten Disziplinartechnologie, ihre Tendenz zum Ausufern. Als ein formales, aber nicht unwesentliches Kriterium pädagogischen Handelns erweist sich also seine Zeitstruktur des pro futuro. Pädagogisches Agieren ist auf Prävention aus. Es affirmiert Haltungen, Gesinnungen positiv, aus welchen die entsprechenden Handlungen durch die Subjekte produktiv generiert werden sollen.

Mit Arnold Gehlen[11] könnte man sagen: Wem die gesellschaftskonforme Moral, ihre tragenden Werte und geltenden Tugenden zu seinen eigenen geworden sind, der kann auf die zeitraubende Tätigkeit des Studiums der geltenden Gesetze verzichten. Die Moralpredigt als Urform pädagogischen Agierens hat aber im Vergleich zu ihren Kunst- und Hybridformen, die aus ihr pädagogisch erfinderisch entwickelt werden, noch eine Art doppelter Zeitstruktur.

---

11   So seine Theorie der Entlastungsfunktion der Institutionen.

Einerseits operiert sie als anlaßbezogene Intervention in das Tun und Treiben des Nachwuchses, hat demgemäß einen Vergangenheitsaspekt, andererseits
konstruiert und konturiert sie Werte und Normen in den Subjekten als Haltungen, aus denen heraus deren zukünftiges Handeln produziert werden soll. Sie
ist demgemäß anlaßbezogen-präventiv. Wenn z. B. im Rahmen der familiären
Erziehung die Lenkung des Nachwuchses durch die vielen eher beiläufigen und
kaum bewußt gesetzten Hinweise und Winke ins Stocken gerät oder ins Stocken
zu geraten scheint (ob dies tatsächlich so ist, spielt für ihre Funktionslogik keine
Rolle), wenn also die „stille Pädagogik" (Pierre Bourdieu) versagt, dann tritt die
Moralpredigt auf den Plan.

Sie expliziert die einzunehmenden Haltungen und Gesinnungen, die durch
den gegebenen Anlaß durchbrochen erscheinen, bringt Gebote und Verbote
in Erinnerung und sucht sie in bezug auf die ihnen zugrundeliegenden Werte
zu plausibilisieren. Genau insofern sie Gebote und Verbote in ein plausibles
Verhältnis zu Haltungen und Werten setzen muß, also die gesollten Verhaltensweisen als Verwirklichungen eines Werts zu erläutern gehalten ist, operiert
die Moralpredigt gerade nicht – wie man vielleicht annehmen würde – jenseits
von Vernunft (irgendwie im apädagogischen Raum), sondern – wie Pädagogik im großen und ganzen – im Modus des „dogmatischen Gebrauchs" von
Vernunft.[12] Sie hat also durchaus unterrichtlich-lehrende Anteile, aber diese

---

12   Siehe dazu Jörg Ruhloffs Explikation einer Pädagogik des „dogmatisierenden Ver-
      nunftgebrauchs" in seinem Aufsatz „Über problematisierenden Vernunftgebrauch
      und Philosophieunterricht." In: Vierteljahrsschrift für wissenschaftliche Pädagogik
      72/1996, 289–302. Eine solche Pädagogik macht es sich zu ihrer Aufgabe, „Wissen,
      Ethos, Lebenslehren und Lebenskünste, soziale Verhaltensstandards und derglei-
      chen mehr, jedenfalls aber gesicherte Antworten ... zu übermitteln und zu über-
      liefern, in sie einzuweisen ... Das wesentliche ... Merkmal dieses in zahlreichen
      Varianten entfalteten und in der europäischen Geschichte insgesamt deutlich über-
      wiegen- den Modells von Pädagogik ist der dogmatisch-doktrinale Grundcharak-
      ter ... Der dogmatisierende pädagogische Vernunftgebrauch geht ... im Ergebnis
      auf Bildungskonzepte mit Gewißheitsakzent aus und er legitimiert pädagogische
      Praktiken vom Grundmuster der Verfügung über andere, wozu durchaus auch
      sanfte Arten der Überwältigung des anderen zugunsten der für gewiß gehaltenen
      Wahrheiten und Weisungen zu zählen sind." Pädagogische Praktiken hingegen,
      „die aus einem problematisierenden Vernunftgebrauch legitimiert werden können,
      werden mindestens dies gemeinsam haben, daß sie nicht über die Gedanklichkeit
      und das Bewußtsein anderer Menschen zu disponieren versuchen ..." Aber: Handelt
      es sich dabei noch um *pädagogische* Praktiken? Vielleicht könnte man sagen: Wenn
      eine Disziplinartechnologie des Strafens die „untere" Grenze des pädagogischen

(rhetorisch) argumentierenden Teile sind unmittelbar wertebezogen, dienen eben der Erziehung. Ihr Sinn ist es, andere Menschen (Zöglinge) „auf den rechten Weg zu leiten". Sie lebt nicht bloß aus der Voraussetzung, daß sie das auch kann, sondern v. a. aus der, daß sie das auch muß.

Die Werte bilden dabei das unerschütterlich-empfindliche Fundament, von dem sich die Argumentation des Moralpredigers quasi abstößt. Sich auf die Befragung der grundgebenden Werte selber einzulassen, hieße vom Diskursgenre der Moralpredigt in ein anderes zu wechseln. Wertedebatten sind also keine Moralpredigten.

Aus den Strukturmerkmalen der Anlaßbezogenheit und dem der Festigkeit basaler Wertprämissen ergibt sich nicht selten eine gewisse Heftigkeit, zumindest Eindringlichkeit der Moralpredigt. Moral, die sich zur Geltung bringen will, erfordert die Predigt als Form.

Bleiben im Falle gelingender Sozialisation die diese steuernden Werte eher unthematisiert im Hintergrund, so werden sie im Falle des Falles eigens herausgestellt und ihrer unbedingten und unbezweifelbaren Geltung affirmiert (ansonsten – so wird dem Zögling drastisch vor Augen geführt – holt ihn der Teufel, die Drogenszene, Aids, eine minderqualifizierte Arbeit etc. Zumindest als Gebärde gehört die Drohung zur Moralpredigt).

Im Modus der Moralpredigt wird der erzieherische Wille unmittelbar bekundet und hervorgekehrt. Die Moral und ihre Werte verlieren quasi ihre Szene, werden der Tendenz nach „obszön."[13]

Handlungsraumes darstellt, vielleicht bildet die Pädagogik des problematisierenden Vernunftgebrauchs die obere Grenze? Aber es dürfte klar sein: Eine derartige Frage stellt sich nur in Konsequenz der bisherigen Überlegungen dieses eher soziologisierend angelegten Textes, nicht im Horizont der systematisch-antithetischen Überlegungen Ruhloffs. Ebenso ließe sich zur Zeitstruktur pädagogischer Praktiken eines problematisierenden Vernunftgebrauchs sagen: Weder ist hier ein deutlicher Vergangenheitsaspekt ausmachbar, noch sieht man den sattsam bekannten des pro futuro. Das Präsens vergegenwärtigter Probleme läßt den Zeitaspekt verschwinden.

13 „Wir sind es gewohnt, sie [die Obszönität] hauptsächlich mit der Praktizierung des Sex zu verbinden, aber sie erstreckt sich auf alles, was sichtbar gemacht werden kann – sie wird zur Praktizierung des Sichtbaren selber." So steht es bei Jean Baudrillard, dem Theoretiker der Tranparenz, der Über-Repräsentation, der Obszönität: Baudrillard, Jean (1985): Die fatalen Strategien. München, 69.

In Anlehnung an Baudrillard konnte man also vom Ethikunterricht auch als einer Form des Wertepornos sprechen oder – auch ein Stilmittel Baudrillards – in medizinischen Metaphern: Die Moralpredigt als Optose der Werthaltungen des Erziehers, der Gesellschaft. Wie der menschliche Körper hysterogene Zonen kennt, bei deren Berührungen es zu hysterischen Anfällen kommt, so kennt vielleicht auch

Was es also erlaubt, von der Moralpredigt als der Urform, dem Prototyp pädagogischen Agierens zu sprechen, scheint eben genau dieses zu sein: Als Prototyp (technisch-ästhetische Metapher) enthält sie alle wesentlichen und zunächst noch primitiven Bau- und Funktionselemente des Pädagogischen auf unmittelbar sichtbare Weise. Erst allmählich – durch die Prozeduren technischer Verbesserungsleistungen (Steigerung des Wirkungsgrades der Einzelelemente wie ihres Zusammenhangs) und gleichzeitiger Formgebung im Sinne des Schönen und Gefälligen – werden die einzelnen Funktionselemente wie auch ihr Zusammenhang immer unsichtbarer.

Ein Blick unter die Motorhaube eines besseren Autos von heute zeigt bekanntlich einiges, nur keinen Motor. Und in den Hybridformen der Automobilistik verschwindet sogar das Lenkrad (als Rad).

Man muß sich aber, um die Begrifflichkeit des Urförmigen plausibel zu machen, keineswegs auf seine technisch-ästhetische Variante kaprizieren. In der Metaphorik des Biologischen zeigt sich auch einiges. Botaniker sprechen z. B. von den sogenannten Protophyten als der niedrigsten morphologischen Organisationsstufe der Pflanzen. Sie umfaßt neben den einzelligen Pflanzen die „lockeren Zellverbände", welche noch nicht im Sinne einer Arbeitsteilung differenziert sind, aus welchen sich im Laufe der Stammesgeschichte die vielzelligen Pflanzen entwickeln.

Für die Moralpredigt als Urform pädagogischen Handelns soll das besagen, daß sie – entwicklungsbedingt – immer weniger als solche erscheint. Was die Diskurse über Erziehung anlangt, ergibt sich in wenigen Jahrzehnten eine unglaubliche Komplexitätssteigerung der pädagogischen Semantik, ein ziemlich unübersichtlicher Prozeß der Ausdifferenzierung von pädagogischen Begriffen und Konzepten, bedingt auch durch Anschlüsse an Nachbardisziplinen und gesteigerten Theorieimport. Der Zugriff auf das Pädagogische erfolgt differenzierter, verfeinerter und sprachlich immer komplexer. In der Praxis findet das seine Entsprechungen. Was Foucault für die Wandlungen der Technologien der Disziplinarmacht im großen und ganzen sagt, läßt sich auch für die Pädagogik als ihre avancierteste Form konstatieren. Nach der Art eines Hologramms (mundus in gutta) finden sich in ihr analoge Transformierungen.

---

der Gesellschaftskörper hysterogene Zonen, bei deren Berührung ... Oder: Wie die Simulation die Ekstase des Realen ist, das Modell die Ekstase des Wahren und die Mode die Ekstase des Schönen darstellen („ich bin nicht schön, Ich bin schlimmer ..." zitiert Baudrillard eine gewisse Marie Dorval), so ist der Ethikunterricht die Ekstase der Werte. Er ist erzieherischer als der erziehende Unterricht, eben sein Modell. Modelle sind wahrer als das Wahre.

Die Urform verschwindet mehr und mehr hinter ihren entwickelten Formen, Hybridformen und vielzelligen Varianten, in den Diskursen der Motivationstheorie, der Didaktik u. a. m.; im Grunde auch schon in Herbarts Konzept des erziehenden Unterrichts, demnach gerade dadurch erzogen werden soll, daß nicht erzogen wird, sondern v. a. unterrichtet. In den langen, verschlungenen Wegen der Erziehung durch Unterricht geht es darum, „einen, weiten Gedankenkreis gleichschwebender, vielseitiger Interessen' aufkommen zu lassen, um die ‚innere Freiheit' der Heranwachsenden als eine der Voraussetzungen von Moralität zu gewährleisten."[14] Die Moralitätskomponente ist nicht getilgt, aber weit hinausgeschoben, als Problem aufbewahrt.

Schulpädagogisch-praktisch wurde das Problem des erziehenden Unterrichts für lange Zeit „gelöst" durch einen fachlich gegliederten, wissenschaftsorientierten Unterricht (mit spezifischen Leistungsanforderungen) und einem das „Betragen" sichernden Regelsystem der Schule als Organisation, welches jenem dient. Für die Jugend dieser Schule gab es keine Orientierungsprobleme. Die Moral war „fest". Die „Solidarität" der Gesellschaft war „mechanisch".

Nun allerdings deuten alle Zeichen auf die Wiederkehr der Grundform pädagogischen Handelns. Die Moralkomponente wird wieder sichtbar, geniert sich immer weniger, offen in Erscheinung zu treten. In den Konzepten des fächerübergreifenden Lernens, welche den Gesamtunterricht der zwanziger Jahre imitieren (vielfach ohne ihn zu kennen), wird wesentlich Gesinnung gemacht.[15] Und im Ethikunterricht werden die langen, verschlungen-umständlichen Wege der Erziehung durch Unterricht dramatisch verkürzt. Erziehung und Unterricht werden kurzgeschlossen.

Das Moralisieren stellt eben – so könnte man mit Konrad P. Liessmann formulieren – „eine höchst ökonomische, d. h. effiziente Strategie dar, die dem allgemeinen Willen zur Sparsamkeit entgegenkommt: Ist erst einmal festgelegt [und um Festlegungen geht es], welche Position, Meinung oder Haltung als die böse definiert ist, erspart man sich … jede weitere Denkanstrengung – egal, ob es sich dabei um die Bewältigung der Vergangenheit oder die Integration von Ausländern, um die Errichtung von Mahnmälern oder den Einsatz von

---

14 So die Herbart-Interpretation Jörg Ruhloffs in seinem Text „Über Sinn und Unsinn fächerverbindenden Unterrichts und fächerübergreifender Themen". – In: Fischer, Wolfgang, Ruhloff, Jörg (1993): Skepsis und Widerstreit. – St. Augustin, 154.

15 Siehe dazu Ruhloff, ebd. und: Ganzheitliche Bildung durch Gesamtunterrichtsdidaktik? – In: Ders. (1992): Junge Bitternis. – Wien.

Soldaten, um die Freisetzung von Gen-Mais oder die Klimakatastrophe ... handelt."[16]

4. Wie Ethikunterricht seiner Programmatik gemäß, aber auch der als wahrscheinlich eingeschätzten Ambition seiner Amtswalter nach, direkt auf eine bestimmte Moral zuläuft, also die auch ethikdidaktisch noch unvermeidlichen Inhalte als Vehikel für jene benützt, soll im folgenden demonstriert werden. Wir bedienen uns dazu einer Art Werkstattbericht eines Ethiklehrers/Ethiklehrerin, der schon 1993 in der Süddeutschen Zeitung unter dem Titel „Mit leeren Tüten hausieren gehen – Werte sind Worte – Bedenkliche Gespräche im Ethikunterricht"[17] erschien. Hinzuzufügen ist, daß dieser Text die ethikdidaktische Problematik vielleicht deshalb in besonders scharfen Konturen zeigt, weil die Betroffenen Elfjährige sind: „Aus Gründen des Personenschutzes" erschien dieser Text „ohne Namensnennung". Die hier zitierte, längere Stelle beträgt etwa ein Fünftel des Gesamttextes und stimmt der Stoßrichtung nach mit diesem überein:

> „Während ich mich bemühe, mir Namen und Kindergesichter einzuprägen, sollen sie aufschreiben, was für sie das Wertvollste und Wichtigste im Leben ist. Hierarchie der Werte heißt ein Lernziel. Drei Antworten sind von jedem verlangt. Die meisten haben keinen Augenblick nachgedacht. „Schöne Kleider!" „Gutes Essen!" „Viel Freizeit!" „Genug Taschengeld!" Zwei- bis dreimal waren wenigstens noch „Gesundheit" und „Freunde" dabei. Das Problem, daraus eine Werthierarchie zu erstellen, löst einer im Handstreich: „Es genügt ein einziges Wort: Geld. Das ist das Wichtigste." Ein muslimischer Junge ist empört. „Geld – das Wichtigste!" Es klingt wie: „So seid ihr!" „Was meinst denn du?" Er tut sich schwer mit dem Formulieren: „Daß die Familie zusammenhält, daß Recht geschieht." „Alles dummes Zeug! Mein Vater sagt, mit Geld hat man alles, sonst braucht man nichts!" „Kann man auch Freundschaft kaufen?" gebe ich zu bedenken. „Ja!" „Auch ein gutes Gewissen?" Er versteht mich nicht mehr.
> Ich erzähle von einer Fernsehreportage über zehn- bis vierzehnjährige Flüchtlingskinder im Sudan. Die Reporter haben diese Kinder gefragt, was sie sich am meisten wünschen. „Was meint ihr, haben sie geantwortet?" Keine Ahnung. Sie können sich nicht einfühlen. Früher, vor kurzem noch, hätte eine solche Schilderung in dieser Jahrgangsstufe Mitleid, Solidarität und den Vorschlag, eine Sammlung zu organisieren, ausgelöst. Endlich meldet sich einer: „Mein Vater sagt, denen

---

16 Liessmann, Konrad P. (1999): Angewandte Ethik. Von realer Ohnmacht und imaginierter Freiheit. – In: a.a.O., 122.
17 Süddeutsche Zeitung Nr. 122, 29./30./31. Mai 1993, 137.

kann man nicht helfen, die haben einen zu niedrigen Intelligenzquotient. Nichts zu fressen haben und auch noch Krieg führen ist eben Schwachsinn!" Er zuckt die Achseln. Ich erzähle weiter: Einer der befragten Jungen hatte als einzigen Besitz ein paar Schulhefte in der Tasche, und er sagte, sein größter Wunsch sei, einmal in eine richtige Schule zu gehen (Zwischenruf: „Bescheuert"). Ein anderer Junge bekannte, sein größter Wunsch sei, seine Eltern wiederzufinden, und wenn er sein Leben lang suchen müßte. Das Thema paßt den Herrschaften nicht. „Wenn ohnehin wöchentlich ein Hubschrauber kommt, sollte man die doch einfach wegbringen."

„Wohin denn?"

„In ein Heim für verwahrloste Kinder." „Sie sind doch gar nicht verwahrlost!" „Ja, aber dann wären sie weg."

Die Zeit der Solidarisierer und Demonstrierer scheint vorbei zu sein. Jetzt kommen die Entsorger.

Ich erzähle vom berühmten Experiment Friedrichs II. von Sizilien. Das Problem der Ursprache findet Interesse. „Könnte Latein gewesen sein." „Oder Esperanto." „Nein! Die Kinder lernten gar nicht sprechen. Sie starben alle in den ersten Lebensjahren." „Die Pflegerinnen haben sie nicht ordentlich gefüttert! Haben das Geld unterschlagen?"

„Nein, den Kindern fehlte etwas, ohne das kein Mensch leben kann, menschliche Zuwendung, Liebe." „Also, nein! Das war wohl eher eine ansteckende Krankheit!"

„Stellt euch mal bitte vor, ihr kommt nach Hause, und die Mutter stellt euch einen Teller mit Essen hin und spricht kein Wort mit euch. Wie würdet ihr das finden?" „Kommt darauf an, was auf dem Teller ist!" „Die Leibspeise: Würdet ihr essen wollen?" „Warum nicht?" Unverständnis. Die kleine Türkin nickt und schaut mich an: „Nein, ich kann nicht essen, wenn Mutter nicht spricht."

Jetzt wird es einem offenbar zu bunt. In schneidendem Hochdeutsch legt er los: „Also, jetzt hören sie bitte mal zu, ja! Ich will ihnen mal was sagen, wenn hier schon so viel Unsinn geredet wird. Wenn ich nach Hause komme, nehme ich meinen Teller mit Essen, geh in mein Zimmer und mach mir den Fernseher an. Und mein Vater und meine Mutter, die gehen mit ihrem Teller auch jeder in ein anderes Zimmer zu ihrem Fernseher. Klar! Da wird nicht dumm gequatscht!"

Selbstverständlich ließe sich über diese kleine ethikdidaktische Szenerie wunderbar vernünfteln. Man könnte sie ausdeuten als die Leidensgeschichte eines frustrierten Ethiklehrers, als Sinnbild für die Verdorbenheit schon der Elfjährigen, aber auch umgekehrt als Demonstration des ausgeprägten Wirklichkeitssinns der Kleinen („ansteckende Krankheit"), als versteckten Appell des Autors an die Kultusbürokratie, mit diesem Unsinn endlich Schluß zu machen; sie ließe sich auch interpretieren als (unbeabsichtigte?) Demonstration der moralischen Sensibilität unseres Nachwuchses, die sich z. B. darin zeigt, daß er sich derartige Moralattacken nicht ohne weiteres

gefallen läßt; weiters als Affront der Kinder gegen das didaktische Gesamt-
konzept dieses Unterrichts („da wird nicht dumm gequatscht!"); man könnte
die Geschichte auch kommunikationspsychologisch deuten als großes Mißverständnis: Die Kinder erwarten sich – gut sozialisiert – Unterricht von der
üblichen Sorte, den der Lehrer hier nicht bieten kann (will). Auch die These,
daß dieser Unterricht gerade deswegen funktioniert, weil er nicht funktioniert, hätte einiges für sich. Würden die Kleinen nämlich so reagieren, wie
es der Lehrer sich erhofft (schlüsselreizadäquat), mußte er jeweils vor dem
Läuten schließen.

All diese Deutungen wären möglich, und sie würden unterschiedlich weit
führen. Allesamt aber wären sie unserem Ethiklehrer bei seinem Vorhaben, die
Kinder zu „werteinsichtigem Urteilen und Handeln zu führen" (seinen Text
einleitend zitiert er diese Stelle aus dem BayEUG ausdrücklich), wenig hilfreich. Eine hilfreiche, wenn auch nicht unzynische, Interpretation hingegen
wäre eine solche, welche unsere bisherigen Überlegungen zum Ethikunterricht
als Wiedergänger der Moralpredigt funktionslogisch ernst nimmt, indem sie
sich z. B. der wesentlichen Merkmale der Moralpredigt entsinnt. Dann könnte
man sagen: Die Anlässe für eine ordentliche Moralpredigt sind – wenn auch
arrangiert, wie immer bei Unterricht – da in Überfülle. „Zwanzig zappelige
Elfjährige", die meisten schwer wertabtrünnig, sind also zu werteinsichtigem
Urteilen zu bekehren. Die Atmosphäre in dieser didaktischen Szenerie ist
ziemlich moralgesättigt. Der Lehrer scheint sich auch der zu vermittelnden
Werte sicher zu sein, die nach Enttäuschung klingenden Bemerkungen in diesem Bericht deuten darauf hin. Jetzt aber – jetzt sollte etwas kommen. Nämlich der Predigtteil der ganzen Angelegenheit. Jetzt müßten die Haltungen und
Gesinnungen, die die Kleinen nach Auffassung des Lehrers einzunehmen hätten, expliziert werden. Sie müßten angebunden werden an die ihnen zugrunde
liegenden Werte und exemplarisch verdeutlicht werden an Handlungsweisen
von entsprechenden Vorbildfiguren. Wo also bleibt das rhetorische Feuerwerk
eines Abraham a Sancta Clara? Wo bleibt auch nur die für den üblichen Frontalunterricht nötige Durchschnittsrhetorik des Durchschnittslehrers? Sie bleibt
aus und hinterläßt eine Leerstelle im Funktionszusammenhang der Moralpredigt. Deshalb läuft die Sache nicht.

Der Lehrer möchte zwar den Kindern die üblichen Tugenden, Werte,
„Orientierungen" (Geld ist nicht das Wichtigste, Helfen bei Not, Menschen
brauchen Liebe …) einreden, aber er will sie ihnen nicht *einreden*. Er will
zwar die Kleinen Mores lehren, aber will die Mores nicht *lehren* (predigen).
Er will zwar BayEUG-gemäß zu werteinsichtigem Urteilen führen, aber er
will nicht *führen*. Deshalb will die Angelegenheit nicht von der Stelle. Ein

bedeutender Ethiker des frühen 20. Jahrhunderts, nämlich Max Scheler, hätte dazu schlicht bemerkt, daß eben nur derjenige führen kann, der auch führen will.[18]

Kurz: Wer Ethikunterricht als Werterziehung will, der darf sich für den Gestus der Moralpredigt nicht zu fein sein.

Nachbemerkungen

Aufgrund des in Österreich derzeit gegebenen ziemlich „wilden" Rekrutierungsmodus dieser Spezialtruppe für den Ethikeinsatz – im Vergleich dazu sind die Standards für die Turnlehrer und Zeichenlehrer rigide – ist es nicht auszuschließen, daß auch Leute Ethiklehrer werden, welche ein gebrochendistanziertes Verhältnis zu den sogenannten Werten haben, welche also aus eben diesem Grund die Rolle des Laienpredigers kaum schaffen werden. Ihnen sei an dieser Stelle vorsorglich gesagt, daß sie nicht verzweifeln müssen.

Was kann man in diesem Falle tun? – Eben genau das, was man bisher üblicherweise getan hat, nämlich unterrichten, den Kurzschluß von Unterricht und Erziehung beheben, die Moralperspektive weit hinausschieben, zu tilgen ist sie ohnehin nicht. Man könnte sich beispielsweise der Konzeption des erziehenden Unterrichts à la Johann F. Herbart erinnern, in welcher es – wie gesagt – darum geht, einen weiten Gedankenkreis gleichschwebender, vielseitiger Interessen aufkommen zu lassen, um die innere Freiheit der Heranwachsenden als eine der Voraussetzungen von Moralität zu gewährleisten. Das würde – geradezu umgekehrt zu landläufigen Vorstellungen von gutem Ethikunterricht – bedeuten, durch distanzierende Versachlichung der jeweiligen Thematik die Einfallstore für mögliche Werturteile, Willenskundgebungen, Bekenntnisse eher zu schließen als zu öffnen. Das würde auch bedeuten, gegebene Werturteile eher als Anlaß für Unterricht zu nehmen, weniger als Ziele.

Es bleibe an dieser Stelle unerörtert, ob ein derartiger Unterricht, der mehr an den Problemen und Phänomenen interessiert ist als an abschließenden Antworten, Urteilen und Bekenntnissen, bei den Elf- bis Zwölfjährigen schon möglich ist (wahrscheinlich eher nicht), bei den Fünfzehn- bis Achtzehnjährigen, der Zielgruppe für den Ethikunterricht in Österreich, müßte er möglich sein.

Man könnte sich der Funktion des Moralpredigers weitgehend (!) entschlagen, wenn man beispielsweise beim Thema „Technik" nicht direkt zusteuert auf

---

18   Scheler, Max (1957): Vorbilder und Führer. Schriften aus dem Nachlaß. Bd. 1. – Bern, 255–344.

den sogenannten „rechten Gebrauch" der Dinge (das sattsam bekannte Brotmesserbeispiel im Hinterkopf), sondern innehält in der Analyse der modernen Gerätewelt, beispielsweise anhand der Texte, welche der ohnehin unverbesserliche Moralist Günther Anders[19] zur „Soziologie der Dinge" und „Volksgemeinschaft der Apparate" geliefert hat, also nicht so sehr danach fragt, wie wir mit diesen Dingen umgehen *sollen*, sondern danach, was diese Dinge mit uns machen und schon mit uns gemacht haben (selbstverständlich angereichert um die Dingwelt, welche Anders noch nicht im Auge haben konnte: z. B. das Handy, das Internet u. s. w.). Warum sollte es nicht möglich sein, aus Anlaß des Themas „Krieg" z. B. das erste Kapitel aus Clausewitzens *Vom Kriege* mit den Siebzehnjährigen zu lesen? Das Unternehmen Ethik bekäme dann eher den Charakter von Unterricht als den der Erziehung, während im Ethikunterricht, wie er gegenwärtig konzipiert ist, vermutlich die Videomitschnitte aus Nachrichtensendungen über den Kosovokonflikt die Jugendlichen zu Moralkundgebungen verleiten („schrecklich … warum wird M. nicht einen Kopf kürzer gemacht?" u.a.m). Aus Anlaß des Themas Macht/Gewalt könnten unsere predigtabstinenten Ethiklehrer z. B. Lehrstücke aus Canettis *Masse und Macht* interpretieren, aus Anlaß des Themas Leiblichkeit z. B. die witzig-subtile kleine Philosophie des Bodybuildings, welche Wolfgang Pauser[20] vorgelegt hat. Die Ethiklehrer in diesem Modell bräuchten also v. a. Kenntnisse. Auf „die Moral von der Geschicht'" könnte man weitgehend verzichten.

Selbstverständlich aber wäre das kein „richtiger" Ethikunterricht mehr, denn mit der direkten Wertevermittlung wäre es nichts. (Doch die unter der Ägide der Schulautonomie längst zu Organisationsberatern mutierten Fachinspektoren/ Schulräte würden es kaum bemerken, wie die Jugend wöchentlich ein Stück klüger würde.) Der einzige Wert, zu dem die Schule auf diese Art und Weise direkt erzöge, wäre der Wert des Lernens (v. a. auch im Sinne des Umlernens) und des Wissens. Wie heißt es bei Diogenes von Sinope? – „Wir müssen uns um das Wissen kümmern oder uns einen Strick besorgen." Diogenes grüßt Ambrose Bierce.

---

19   Anders, Günther (1980): Die Antiquiertheit der Maschinen. – In: Ders. (1980): Die Antiquiertheit des Menschen. Bd. 2. – München, 110-127.

20   Pauser, Wolfgang (1992): Der „amerikanische Körper" oder: Die narzißtische Mobilmachung des Erdenrests. – In: Horak, Roman/ Penz, Otto (Hg.) (1992): Sport – Kult – Kommerz. – Wien.

Lernen und Bildung im Übergang von der Disziplinar- zur Kontrollgesellschaft (2004)[1]

Wenn man nicht Spezialist für soziologische Fragen ist, werden einem Begriffe wie „Disziplinargesellschaft" bzw. „Kontrollgesellschaft" wahrscheinlich wenig sagen. Denn: Bestandteil der offiziellen bildungspolitischen Rhetorik sind diese Begriffe nicht. Die offizielle Nomenklatur ist eine andere, eine freundlichere oder – sagen wir – weniger Angst einjagende. In dieser ist nämlich eher die Rede von der Informationsgesellschaft, von der Dienstleistungsgesellschaft, von der postmodernen Gesellschaft oder von der Wissensgesellschaft, der „cognitive society" eben.

Der letztere Ausdruck ist gewissermaßen der hochoffizielle, und als solcher bildet er den Zentralbegriff der europäischen Bildungspolitik. Denn das *Weißbuch* der europäischen Kommission aus dem Jahre 1995 trägt den Titel: *Lehren und Lernen. Auf dem Weg zur kognitiven Gesellschaft*[2]. Das zweite für unser Thema wichtige Vokabel entnehme ich dem sogenannten *Memorandum von Lissabon*[3]: Lebenslanges Lernen.

Ich werde mich zunächst mit diesen offiziellen Papers beschäftigen und dann erst erläutern, was Disziplinar- bzw. Kontrollgesellschaften sind. Zum Schluß werde ich versuchen zu zeigen, inwiefern diese gesellschaftlichen Veränderungen und die damit zusammenhängende Bildungspolitik das Lernen entscheidend verändern, d. h. letztlich den Druck auf das Lernen verstärken werden.

1. Die Wirtschaft ist unser Schicksal

Das eben erwähnte *Weißbuch* spricht diesbezüglich überdeutlich; es heißt hier: „Die Herausforderungen auf dem Weg zur kognitiven Gesellschaft stellen sich in zwei Bereichen. Zunächst in der Wirtschaft. Die EU, der weltweit größte

---

1 Der Titel dieses Textes ist angelehnt an die vorzügliche Diplomarbeit von Agnieszka Dzierzbicka (2001): Pädagogische Ambitionen im Übergang von der Disziplinar- zur Kontrollgesellschaft. – Universität Wien.

2 Weißbuch der Europäischen Kommission (1995): Lehren und Lernen. Auf dem Weg zur kognitiven Gesellschaft. – Luxemburg.

3 bm: bwk (Hg.) (2001): Memorandum über lebenslanges Lernen der Europäischen Kommission. Österreichischer Konsultationsprozeß. Materialien zur Erwachsenenbildung. – Nr. 1/2001.

Exporteur hat sich logischerweise für die Öffnung hin zur Weltwirtschaft entschieden. Daher muß sie ständig ihre wirtschaftliche Wettbewerbsfähigkeit
steigern [...] der größte Trumpf der Union sind die Humanressourcen [das sind
wir bzw. ist unsere Jugend] [...] Der wichtigste Vorteil der EU bei der Verstärkung der Wettbewerbsfähigkeit ihrer Industrien beruht auf der Fähigkeit, dank
der hochqualifizierten Arbeitskräfte Wissen zu schaffen und zu nutzen [...] der
zweite Bereich ist die Gefahr der sozialen Spaltung".[4]

Irgendwie dürften die Autoren des Papers geahnt haben, daß die Betonung
des Konkurrenzprinzips unvermeidlich so etwas wie Gewinner und Verlierer
produziert. Daher plädiert es nachdrücklich für die Überwindung sozialer
Ausgrenzungsprozesse, bei der die Schule eine entscheidende Rolle zu spielen habe. Eine Strategie – so nebenbei gesagt –, die in Sachen Bildungspolitik
immer schon angewendet wurde: Strukturell erzeugte Widersprüche sollen
durch Pädagogik und Pädagogen kaschiert und übertüncht werden. Gleichzeitig wird aber die Rolle des Einzelnen als Hauptakteur dieser Gesellschaft
betont, der „dank Selbständigkeit und Wissensdurst seine Zukunft zu meistern
versteht..."[5], also selber schuld ist, wenn er es nicht schafft.

Unter der Überschrift „Wege in die Zukunft" heißt es: „In einer im ständigen
Wandel begriffenen Wirtschaft treibt das Problem der Beschäftigung die Weiterentwicklung der beruflichen Bildungssysteme voran. Grundanliegen muß
eine berufliche Bildung sein, angepaßt an die Perspektiven des Arbeitsmarktes und der Beschäftigung. Die Notwendigkeit einer solchen Entwicklung ist
mittlerweile ins Bewußtsein gedrungen; bester Beweis dafür ist das Ende der
großen doktrinären Diskussionen über die Bildungsziele."[6]

Die Theoretiker der Bildung (inkl. der Ideologen der Bildung) schweigen
also, hätten demgemäß eingesehen, daß es ist, wie es ist und verzichten dergestalt auf die großen Bildungsdebatten, wie wir sie aus den siebziger und
achtziger Jahren noch in Erinnerung haben. – Was das *Weißbuch* nicht sagt,
ist schlicht, daß in den letzten Jahrzehnten die Bildungstheorie schlicht aus-
getrocknet worden ist, daß der Großteil der frei gewordenen Stellen in diesem
Feld nicht mehr nachbesetzt worden ist und statt dessen forciert Stellen für
„Bildungsforschung" geschaffen worden sind, an denen sich die Profis des Bil-
dungsvergleichs, des Bildungsrankings, die TIMMS- und PISA-Kollegen aus-
toben dürfen. Jedenfalls – so heißt es – müsse das Bildungssystem stärker an

---

4   Weißbuch (1995), a.a.O., 50.
5   Ebd., 51.
6   Ebd., 44.

das Beschäftigungssystem angepaßt werden. „Diese Anpassungsbemühungen werden insbesondere in drei Hauptrichtungen weitergeführt und verstärkt"[7]:

- „Autonomie der Bildungsakteure in der beruflichen Bildung" (mit „Bildungsakteure" dürften hier sowohl die entsprechenden Institutionen wie auch die sich selbständig anpassenden Subjekte der Bildung gemeint sein);
- „Qualitätsbewertung der Bildung" (d. s. die Prozeduren der Evaluation, des Qualitätsmanagements von Schulen und Hoch- schulen, auf internationaler Ebene eben die PISA- und sonstigen Studien);
- „Priorität für benachteiligte Gruppen" (wieso das, was Priorität hat, stets an letzter Stelle genannt wird, darüber darf man lange nachdenken).

Unter der Überschrift „Das Ende der Grundsatzdebatten" wird der „Brückenschlag" zwischen Schule und Betrieb empfohlen und nochmals versichert, daß die traditionelle Trennung von Allgemeinbildung und Berufsbildung heute schlicht obsolet sei. An den entscheidenden Stellen spricht das Papier anstatt von Allgemeinbildung auch konsequenterweise nur mehr von Grundbildung oder Erstausbildung, welche zwar der traditionellen Allgemeinbildung nicht ähnlich sein soll, andererseits aber auch keine schlichte berufliche Spezialbildung sein darf, weil letzteres eines der Hauptanliegen der Kommission konterkarieren würde, nämlich den „Weg zu einer größeren Flexibilität". Dort, wo noch von Allgemeinbildung die Rede ist, heißt es, daß sie entwickelt werden müsse – und zwar so, daß sie eine „Fähigkeit zum Begreifen, zum Verstehen und Beurteilen" ist, wodurch sie „der erste Faktor der Anpassung an die Entwicklung der Wirtschaft und des Arbeitsmarktes" wird.[8]

Man könnte es auch anders sagen: Allgemeinbildung wird verstanden als das Instrumentarium zur permanenten Selbstanpassung.

So wiederholt sich das *Weißbuch* auf rund 100 Seiten in immer anderen Wendungen:

- „Schule und Unternehmen sollen einander angenähert werden".
- „Den Unternehmen kommt im Bildungsbereich eine wachsende Rolle zu. Sie haben zur Verbreitung der aus ihren Erfahrungen gewonnenen neuen Kompetenzen beizutragen".
- „Schule und Unternehmen sind sich [sic?] gegenseitig ergänzende Stätten des Wissenserwerbs, die es einander anzunähern gilt".[9]

---

7   Ebd., 44.
8   Ebd., 27.
9   Ebd., 56, 62.

Eine externe Bewertung der Bildungsangebote, also eine unabhängig – von externen Agenturen also – durchgeführte Evaluation scheint unverzichtbar. „Es soll sich hier um eine einfache Methode handeln, die eindeutige Einstufungen und Vergleiche ermöglicht und die tatsächliche Auswirkung der einzelnen Ausbildungsgänge auf die Eignung zur Erwerbstätigkeit deutlich macht."[10]

In gewisser Weise hat das Paper damit natürlich auch recht. Denn: Nur eine einfache Methode garantiert auch eindeutige Einstufungen und Vergleiche. Kaum beginnt man, komplexere Dinge mitzuberücksichtigen, zusätzliche Faktoren einzubeziehen, gar vielleicht (mit Blick auf die PISA-Studie) die unterschiedlichen Lehrpläne der verglichenen Länder, ihre heterogenen Traditionen und politische Geschichte zu berücksichtigen, geht die Chose nicht mehr so einfach; da es aber gar nicht der Zweck des Unternehmens ist, einen einigermaßen „objektiven" Vergleich zustandezubringen, sondern bloß alle an einem Maßstab auszurichten, erfüllt die Angelegenheit durchaus ihre politische Funktion.

Die Lieblingsvokabeln unseres bildungspolitischen Programmpapiers dürften neben „Wandel" und „Veränderung" v. a. „Entwicklung" und „Anpassung" sein. Nach Uwe Pörksen, einem deutschen Linguisten, handelt es sich dabei um die „Plastikwörter"[11] des späten 20. Jahrhunderts schlechthin. Ihre Herkunft aus der Biologie, speziell der Evolutionslehre, suggeriert Naturnotwendigkeit, Unabänderlichkeit, Naturkausalität. Nimmt man das über allem schwebende Ziel der Konkurrenzfähigkeit dazu, haben wir es mit einer moderneren Variante des „survival of the fittest" zu tun. Fit, schlank, mobil, flexibel sollen die jungen Leute werden, einfach „zukunftsfit" (O-Ton unseres Bildungsministeriums, welches sich „Zukunftsministerium" nennt).

2. Was bedeutet das für Lernen und Bildung konkret?

Unter der Überschrift „Welche Fähigkeiten sind gefordert?" gibt das Papier Antwort auf die Frage nach der „Entwicklung der Eignung zur Beschäftigung und zur Erwerbsfähigkeit". Konkret wird danach gefragt, „wie man die allgemeine und berufliche Bildung zur Schaffung von Arbeitsplätzen und wirtschaftlichen Aktivitäten in den Ländern Europas nutzt."[12] Wahrscheinlich ist es schon ziemlich schwer, Ausbildungsgänge auf bestehende oder in Zukunft erforderliche Tätigkeiten hin abzustimmen? Noch schwerer hingegen dürfte es

---

10 Ebd., 36.
11 Pörksen, Uwe (1988): Plastikwörter. Die Sprache einer internationalen Diktatur. – Stuttgart.
12 Weißbuch (1995), a.a.O., 31.

sein zu bestimmen, wie man Bildung zur Schaffung von Arbeitsplätzen in den
Ländern Europas nutzt. Unser Paper gibt auch keine Antwort auf diese seltsame Frage. Ich weiß auch keine. Statt dessen wird uns eine eigenartige Definition dessen, was Wissen ist bzw. sein soll, vorgeführt: „In der modernen Welt
kann Wissen im weiteren Sinne als eine Kombination von Grundkenntnissen
sowie Fachkenntnissen und sozialen Kompetenzen definiert werden, als eine
ausgewogene Kombination dieser im offiziellen Bildungssystem, in der Familie, im Unternehmen und über verschiedene Informationsnetze erworbenen
Kenntnisse. M.a.W.: Das übertragbare Allgemeinwissen, das für das Berufsleben von größtem Nutzen ist."[13]
     Natürlich kann man Wissen so nicht definieren – auch in der modernen
Welt nicht. Denn: Erstens ist Wissen nicht gleich Kenntnis, und eine soziale
Kompetenz ist sowieso kein Wissen, sondern eben ein Können bzw. eine
Tugend. Zweitens klingt diese Definition wie diejenige, in welcher Tische als
Kombination von Schreibtischen, Küchentischen und Kochkunst bestimmt
werden. Und überdies: Wenn Wissen nichts anderes wäre als das übertragbare
Allgemeinwissen, welches für das Berufsleben von größtem Nutzen ist, dann
wäre ja dasjenige Wissen, dem diese Nützlichkeit nicht anzusehen ist, überhaupt kein Wissen. Jedenfalls: Ob die Autoren dieses Papiers über das Wissen
verfügen, das für ihr Berufsleben von Nutzen sein könnte, scheint zumindest
fraglich. Die Linie aber, die das *Weißbuch* der Bildungspolitik vorgibt, ist trotz
fragwürdiger Logik und sprachlicher Unsensibilität erkennbar: so etwa, wenn
es in Bezug auf die Grundschule heißt, daß „Grundkenntnisse die Basis für die
persönliche Erwerbstätigkeit bilden [...]. In der Grundschulausbildung sollte
das richtige Maß zwischen Wissenserwerb und methodischen Fertigkeiten, die
ein selbständiges Lernen ermöglichen, gefunden werden. Und gerade das muß
heute entwickelt werden. Die europäischen Länder haben sich in den letzten
Jahren dafür entschieden, den Grundstufenunterricht auf das Erlernen des
Lesens, Schreibens und Rechnens zu konzentrieren [...]. Der Bildungsprozeß
setzt immer häufiger zu einem sehr frühen Zeitpunkt, d.h. im Vorschulalter
ein. Es kann beobachtet werden, daß Kinder, die einen Kindergarten besuchen,
ihre Schulzeit erfolgreicher absolvieren, höhere Bildungsabschlüsse erreichen
und sich offenbar leichter eingliedern lassen [...]."[14]
     Egal zu welcher Detailfrage sich unser *Weißbuch* auch äußert, den Tenor
legt es auf die Autonomie, Selbständigkeit im Lernen, die Fähigkeit, sich an

---

13 Ebd., 31.
14 Ebd., 31.

wechselnde Verhältnisse flexibel und rasch anzupassen: „Die Eignung eines Individuums zur Erwerbstätigkeit, seine Selbständigkeit und sein Anpassungsvermögen hängen davon ab, wie es die unterschiedlichen Kenntnisse zu kombinieren vermag. Hier wird der Einzelne zum wichtigsten Akteur und Gestalter seiner Qualifikation [...]."[15]– Der Modellgebildete der Zukunft ist für die Kommission schlicht der sich an wechselnde Erfordernisse „selbst anpassende Lernautomat."[16]

Was uns die Kommission dergestalt vermittelt, ist in etwa folgendes: So wichtig in Zukunft vielleicht auch diverse Bildungsabschlüsse noch sein mögen, sie garantieren nichts, aber auch schon gar nichts. Jede Ausbildung, jeder Abschluß, jeder akademische Grad, jede Zusatzqualifikation sind bloß conditio sine qua non für die „Eignung zur Erwerbstätigkeit", niemals und nimmer aber conditio per quam. Weder erwirbt man ein Anrecht auf einen Posten, eine Funktion oder einen Job, noch ist solches für eine gewisse Zeitspanne sicher. Nie ist man richtig, komplett, immer fehlt etwas. Tendenziell ist man immer mangelhaft, liegt nicht richtig, hat nicht das Gewünschte. Vorbei sind auch die Möglichkeiten, ein bescheidenes, aber beschauliches Leben zu führen. Von der Möglichkeit, sich „auf seinen Lorbeeren auszuruhen", gar nicht zu reden. Denn wie heißt es im *Memorandum von Lissabon*, welches sich – wie auch das *Weißbuch* schon – wie ein Programm zur allgemeinen Mobilmachung liest: „Es müssen sich alle zentralen Akteure ihrer gemeinsamen Verantwortung für lebenslanges Lernen bewußt werden: Mitgliedstaaten, europäische Institutionen, Sozialpartner und Wirtschaft [und?], regionale und kommunale Behörden, die in den verschiedenen Bereichen der [...] Bildung Tätigen, die Organisationen, Vereinigungen und Gruppen der Bürgergesellschaft und – nicht zuletzt – die Bürgerinnen und Bürger selbst."[17]

Einerseits – so das *Memorandum* (lat., also das, was nachdrücklich zu erinnern, einzuprägen und zu merken ist) – muß das Lernen möglichst früh einsetzen, genau genommen kann es gar nicht zu früh einsetzen, andererseits behalten „Wissen, Fähigkeiten und Einsichten, die wir als Kinder und Jugendliche in Familie, Schule, Ausbildung und Studium erwerben, ihre Gültigkeit nicht während des gesamten Lebens. Das Lernen stärker im Erwachsenenleben zu verankern, ist zwar ein ganz wesentlicher Aspekt der praktischen

---

15 Ebd., 32.
16 Ruhloff, Jörg (1997/98): Bildung heute. – In: Pädagogische Korrespondenz. Heft 21. – Wetzlar, 23.
17 bm: bwk (Hg.) (2001): Memorandum, a.a.O., 7.

Implementierung des lebenslangen Lernens, aber eben nur ein Teilaspekt eines größeren Ganzen. Beim lebenslangen Lernen werden sämtliche Lernaktivitäten als ein nahtloses, von der Wiege bis zum Grabe reichendes Kontinuum gesehen […] also muß sicher gestellt sein, daß die jungen Menschen vor allem das Lernen gelernt haben und daß sie eine positive Einstellung gegenüber dem Lernen haben."[18] „Alle in Europa lebenden Menschen – ohne Ausnahme – sollen die Chance haben, sich an den gesellschaftlichen Wandel anzupassen."[19]

Das *Memorandum* ist bezüglich des Warums und Weswegens des lebenslangen Lernens („bis zum Grabe") ein Stück weit offener als das *Weißbuch*. Es gibt nämlich zu, daß es die Bevölkerungsentwicklung und vor allem ökonomische Faktoren sind, die die Umorientierung, ja den Umbau des Bildungssystems erfordern. Wie immer sind es die Umwälzungen in der ökonomischen Basis einer Gesellschaft, welche nicht nur die Bildungssysteme verändern, sondern auch die Theorie der Erziehung und Bildung, also den pädagogisch-theoretischen Überbau. (Das Institut für Erziehungswissenschaft der Universität Wien z. B. ist derzeit mit der Erstellung eines Entwicklungsplanes beschäftigt, der nur Chancen auf Akzeptanz hat, wenn er diesen Umwälzungen Rechnung trägt.)

Die bildungspolitischen Leitlinien, die das *Memorandum* vor- gibt, sind daher – so steht's im *Memorandum* – der „Beschäftigungsstrategie"[20] entnommen, die der europäische Rat in Luxemburg 1997 initiiert hat. Genannt wurden hier folgende (Bildungs-)Ziele: Employability, Unternehmergeist, Anpassungsfähigkeit und Chancengleichheit.

Bei Basil Bernstein, einem britischen Erziehungssoziologen, hieß es schon 1977: „Das 19. Jahrhundert brauchte gehorsame und unflexible [„treue"] Arbeiter, das 20. Jahrhundert braucht flexible und angepaßte."[21] Im 21. Jahrhundert sind wir einen Schritt weiter. Heute braucht es flexible, anpassungsbereite und gleichzeitig engagiert die eigene Anpassung betreibende, unternehmerisch denkende Mitarbeiter, sofern die Menschen nicht überhaupt in der Mehrzahl sich als „Arbeitskraftunternehmer" verstehen werden müssen, welche als Werkvertragsnehmer an wechselnden Projekten arbeiten werden.

---

18 Ebd., 9.
19 Ebd., 3.
20 Ebd., Fußnote auf S. 3.
21 Bernstein, Basil (1977): Beiträge zu einer Theorie des pädagogischen Prozesses. – Frankfurt, 156.

3. Schule als lernende Organisation – Schule als Unternehmen. Oder: Den Lehrern werden wir Beine machen!

Wer bisher vielleicht gemeint hat, daß sich aufgrund derartiger Papiere („Papier ist geduldig") nicht allzu viel ändern wird am schulischen Betrieb, dürfte sich meiner Einschätzung nach geirrt haben. Es mag zwar sein, daß in den unmittelbar nächsten Jahren v. a. noch an den Lehrplänen herumgebastelt werden wird (von der modulartig zusammengesetzten Oberstufe bis hin zu Curricula, die der amerikanischen High-School abgeschaut sein werden), aber diese Art der Systemsteuerung (der politischen Lenkung des Bildungswesens durch Inputs) ist im Grunde von gestern.

Das *Weißbuch zur Qualitätsentwicklung und Qualitätssicherung im österreichischen Schulwesen*[22], entwickelt vermutlich von irgendeiner Zukunftskommission, weiß es nämlich schon besser. Man wird von der Input-Steuerung des Bildungssystems übergehen zur Output-Steuerung. Die Input-Steuerung war die Art, das Bildungssystem über Verordnungen, Erlässe, auch Lehrpläne z. B. zu steuern, also ein Top-down-Verfahren. Dieses Verfahren wurde – ich erinnere an vergangene Zeiten – von sich als links und fortschrittlich verstehenden Pädagogen immer kritisiert als undemokratisch, als ein Verfahren, das die Bedürfnisse der Betroffenen nicht berücksichtige, welches außerdem die Kompetenzen der an der Basis Arbeitenden nicht zum Tragen kommen lasse.

Wenn man jetzt zum Bottom-up-Verfahren übergeht (die Fortschrittspädagogen werden sich noch wundern, wie Fortschritt wirklich geht), dann nicht, weil das demokratischer wäre und die Bedürfnisse der Basis berücksichtigt, sondern schlicht, weil es das für heute effektivere Verfahren der Systemsteuerung ist. Das alte und traditionelle Systemsteuerungsverfahren greift nämlich nicht mehr. Es greift deswegen nicht mehr, weil seine Funktionsbedingungen nicht mehr gegeben sind: z. B. die Autoritätshörigkeit gegenüber dem streng hierarchisch geordneten Instanzenzug vom Minister über die Landesschulräte zu den Inspektoren, Direktoren und Lehrern als den Exekutoren des entsprechenden Herrschaftswillens.

Diese Ordnung funktionierte noch wunderbar in den Fünfzigern und Sechzigern, die dazu nötigen Autoritätsverhältnisse waren noch funktionsfähig, sie wurde brüchig in den Siebzigern und Achtzigern, und seit fünfzehn Jahren etwa suchte man nach neuen Verfahren der Systemsteuerung. Was liegt näher,

---

22   bm: bwk (Hg.) (2003): Weißbuch Qualitätsentwicklung und Qualitätssicherung im österreichischen Schulsystem. – Wien.

als (jungen) Leuten, die nicht (mehr) gehorchen wollen, zu sagen: *„Gut, du willst also nicht hören – also mach, was du willst... Du wirst schon sehen, wohin dich das führt!"* Was liegt näher, als Schulen, welche die jeweiligen Erlässe etc. nicht umsetzen, zu sagen: *„Gut, ihr seid jetzt autonom. Ihr werdet schon sehen, ob ihr als gute Schulen nachgefragt seid. Ihr seid jetzt autonom, ihr gebt euch selber ein Schulleitbild, macht euch selber euer Schulprogramm und überprüft im Zuge der Selbstevaluation eure Leistungen, d. h. kontrolliert selbst, ob ihr die Ziele, die ihr euch selbst gesetzt habt, auch erreicht habt. Ihr werdet an eurem Output gemessen und von uns einer abschließenden Metaevaluation unterzogen."*

Während das selbstentwickelte Schulleitbild noch relativ plakativ gehalten sein kann, aber doch so etwas wie ein erkennbares mission statement enthalten muß, ist das Schulprogramm detaillierter. Erst recht der daran anschließende Entwicklungsplan, der operationalisierte Zielsetzungen enthalten muß und insofern dann den Soll-Ist-Vergleich ermöglicht. (Pädagogisch-theoretisch erinnert die Chose an die Versuche in den Siebzigern, Erziehung und auch die Bildungspolitik kybernetisch organisieren zu wollen.)

Die „Selbstevaluation" – so heißt es – „ist eine nötige Konsequenz der größeren Selbständigkeit und Eigenverantwortlichkeit der einzelnen Schule im Zuge der Autonomisierung."[23] „Die laufende Verbesserung der eigenen Arbeit wird zum ureigenen Anliegen der Schule selbst und nicht bloß zum Wunsch oder Diktat der Aufsichtsbehörde." Das ist im Grunde die Pointe dieses neuen Steuerungsmodells. Man könnte auch mit Michel Foucault sagen: Das ist der neue Geist des Regierens, die neueste Variante der „Gouvernementalität"[24]. Die Steuerungsarbeit wird damit, zumindest teilweise, vom Steuermann bzw. Kapitän an die Ruderer abgegeben, die im Zuge der Autonomisierung jetzt nicht mehr nur rudern, sondern auch steuern dürfen (müssen), selbstredend nur, wenn sie das im Sinne des Kapitäns bzw. Schiffseigentümers tun.

Das *Weißbuch* ist diesbezüglich unmißverständlich, z. B. an der Stelle, an der es heißt: „Dennoch ist eine externe Überprüfung der Qualität der Selbstevaluation notwendig. Diese soll im Rahmen der Metaevaluation durch die Schulaufsicht erfolgen. In den meisten Fällen wird die Überprüfung auf der Grundlage des Schulprogramms ausreichen, um die Schulen zu einer kontinuierlichen Qualitätssicherung zu veranlassen. Nur wenn Zweifel an der Glaubwürdigkeit

---

23 Ebd., 18 f.
24 Foucault, Michel (2000): Die Gouvernementalität. – In: Bröckling, Ulrich et al. (Hg): Gouvernementalität der Gegenwart. Studien zur Ökonomisierung des Sozialen. – Frankfurt, 47–61.

eines Schulprogramms bestehen oder wiederholt Klagen über eine Schule vorgetragen werden, sollen auf der Grundlage einer gründlichen Inspektion der
Arbeit der Schule entsprechende Vorgaben erfolgen."[25]

Natürlich wissen die Autoren dieses Papiers sehr gut, daß die Implementierung derartiger Verfahren zur Qualitätssicherung unter derzeit noch bestehenden Bedingungen eine harte Nuß ist. Deshalb ist auch von notwendigen
Anpassungen im Dienstrecht die Rede. Gemeint sind v.a. die Einführung neuer
Arbeitszeitregelungen und eine deutliche Verschiebung im Aufgabenprofil von
Lehrern. Wörtlich heißt es: „Die neuen Anforderungen wie Zusammenarbeit
im Team, Übernahme von organisatorisch - betrieblicher Aufgaben in autono-
men Schulen, Entwicklung und Evaluation im Rahmen des Schulprogramms
erfordern sowohl Arbeitszeit als auch einen Arbeitsplatz an der Schule, der für
Lehrende heute kaum vorhanden ist. Unter Fachleuten, die mit der jetzigen
Organisation der Schulentwicklung befasst sind, besteht darum Einigkeit, dass
Anpassungen im Dienstrecht [...] nötig sind."[26]

Ins Auge gefaßt werden v. a. die „Überwindung des Prinzips der offiziellen Gleichheit aller Lehrerinnen und Lehrer sowie der Lehrerautonomie im
Klassenzimmer", innerschulische Aufstiegsmöglichkeiten für Lehrer in eine
Art mittleren Managements. Dafür sollen Schulen auch (ihren Größen entsprechend) spezielle Ressourcen erhalten. Auf längere Sicht geht es natürlich
darum, das bestehende Gehaltsschema aufzubrechen und Leistungslöhne inkl.
diverser Incentivesysteme einzuführen.

Der Schulverwaltung selber verbleibt – wie schon gesagt – die Kontrolle des
Outputs, denn auch „bei größerer Selbständigkeit der einzelnen Schulen" kann
die „Systemebene nicht auf Möglichkeiten der Steuerung verzichten." Dafür
stehen der Kapitänsebene eine Reihe von Strategien zur Verfügung. Das *Weißbuch* nennt – auf entwaffnende Art offenherzig – „Vertrag" und „Evaluation".[27]
Schulen werden sich also zukünftig sogenannten „Akkreditierungsverfahren"
unterziehen müssen, und „ihre Finanzierung wird von der Erbringung defi-
nierter Leistungen abhängig gemacht" werden. „Die Umsetzung des Vertrags-
gedankens wird auch" – so heißt es abschließend – „zahlreiche Fragen über
Sanktionen und Eingriffsmöglichkeiten aufwerfen."[28] Wie wahr, wie wahr!

---

25   bm: bwk (Hg.) (2003): Weißbuch, a.a.O., 19.
26   Ebd.
27   Ebd., 41.
28   Ebd., 42

4. Von der Disziplinargesellschaft zur Kontrollgesellschaft

Die Disziplinargesellschaften – so Gilles Deleuze – werden von Foucault dem 18. und 19. Jahrhundert zugerechnet, mit einem Höhepunkt zu Beginn des 20. Jahrhunderts. „In ihnen werden die großen Einschließungsmilieus organisiert. Das Individuum wechselt immer wieder von einem geschlossenen Milieu zum nächsten über, jedes mit eigenen Gesetzen: zuerst die Familie, dann die Schule (du bist hier nicht zuhause), dann die Kaserne (du bist hier nicht in der Schule), dann die Fabrik, zwischen- durch die Klinik, möglicherweise das Gefängnis, das Einschließungsmilieu schlechthin...". Heute „befinden wir uns in einer allgemeinen Krise aller Einschließungsmilieus [...]. Eine Reform nach der anderen wird von den zuständigen Ministern für notwendig erklärt: Schulreform, Industriereform, Krankenhausreform, Armeereform, Gefängnisreform [man möchte hinzufügen: Universitätsreform, Lehrerbildungsreform usw..]. Aber jeder weiß, daß diese Institutionen über kurz oder lang am Ende sind." Die neuen Kräfte werden diese bis zur Unkenntlichkeit verändern bzw. sind schon am Werk. „Die Kontrollgesellschaften sind dabei, die Disziplinargesellschaften abzulösen. [...] Während man in den Disziplinargesellschaften nie aufhörte, mit etwas anzufangen, wird man in den Kontrollgesellschaften nie mit etwas fertig: Unternehmen, Weiterbildung, Dienstleistung sind metastabile und koexistierende Zustände ein und derselben Modulation, die einem universellen Verzerrer gleicht."[29]

Und während der (scheinbare) Freispruch zwischen zwei Einsperrungen die Disziplinargesellschaften kennzeichnete und lebbar machte, ist die Lebensform der Kontrollgesellschaft der unbegrenzte Aufschub. Was das *Weißbuch* bzw. *Memorandum* fordern und Deleuze schon vor Jahren (auf franz. erschien der Text bereits 1990) beschrieben hat, ist im Begriffe einzutreten: z. B. die Annäherung von Schule und Betrieb, das lebenslange Lernen und anderes mehr. Nicht nur, daß sich die Unternehmen selber als Wissensproduzenten verstehen (in der Wissensgesellschaft) und daß sich Schulen unternehmensförmig organisieren, sollen die Erfahrungen der Unternehmen auch als Ziele und Inhalte in die Schulen kommen (Projektarbeit, Teamarbeit, Flexibilität und Mobilität, entrepreneurship als Bildungsziel etc.). Den Freispruch (Schulabschluß, Matura, Abrüsten, Magistergrad) kennt die Kontrollgesellschaft nicht mehr bzw. nur mehr als Jobverlust, Projektende bzw. als kurzfristige Erholungsphase mit eingebauten Weiterbildungsaktivitäten.

---

29 Deleuze, Gilles (1993): Postskriptum über die Kontrollgesellschaften. – In: Ders.: Unterhandlungen 1972–1990. – Frankfurt, 255 f.

„Die Fabrik war ein Körper, der seine inneren Kräfte an einen Punkt des Gleichgewichts brachte, mit einem möglichst hohen Niveau für die Produktion, einem möglichst tiefen für die Löhne; in einer Kontrollgesellschaft tritt jedoch an die Stelle der Fabrik das Unternehmen, und dieses ist kein Körper, sondern eine Seele, ein Gas. Gewiß war auch schon in der Fabrik das System der Prämien bekannt, aber das Unternehmen setzt eine viel tiefgreifendere Modulation jedes Lohns durch, in Verhältnissen permanenter Metastabilität, zu denen äußerst komische Titelkämpfe, Ausleseverfahren und Unterredungen gehören. Die idiotischsten Spiele im Fernsehen sind nicht zuletzt deshalb so erfolgreich, weil sie die Unternehmenssituation adäquat zum Ausdruck bringen [man assoziiere dazu „Big brother", „Starmania" u. ä.]. Die Fabrik setzte die Individuen zu einem Körper zusammen, zum zweifachen Vorteil des Patronats, das jedes Element in der Masse überwachte, und der Gewerkschaften, die eine Widerstandsmasse mobilisierten; das Unternehmen jedoch verbreitet ständig eine unhintergehbare Rivalität als heilsamen Wettbewerb und ausgezeichnete Motivation, die die Individuen zueinander in Gegensatz bringt [...]. Das modulatorische Prinzip des Lohns nach Verdienst verführt sogar die staatlichen Bildungseinrichtungen: Denn wie das Unternehmen die Fabrik ablöst, löst die permanente Weiterbildung tendenziell die Schule ab und die kontinuierliche Kontrolle das Examen. Das ist der sicherste Weg, die Schule dem Unternehmen auszuliefern."[30]

Unsere Wiener Universität hat das alles schon. Sie versteht sich als Unternehmen, das mit anderen derartigen Unternehmen konkurriert. Sie kennt Rektoren nur mehr nominell, denn diese verstehen sich als Manager und werden auch entsprechend honoriert. Die Dekane und Studienprogrammleiter sind gewissermaßen das „middle management". Die Studienpläne müssen angepaßt werden an die aktuellen Trends und gesellschaftlichen Entwicklungen (die Pädagogik überlegt gerade, ob sie nicht Altenbetreuung als Studienschwerpunkt lancieren soll, denn dafür gäbe es sowohl Stellen als auch Gelder; einen Schwerpunkt Medienpädagogik inkl. E-learning-Forschung haben wir gerade bekommen; die Schulpädagogik wird mit Bildungsforschung nachbesetzt etc.). Die Entwicklungspläne, anhand derer dann die Leistungsverträge entworfen werden, auf welche hin man dann evaluiert, akkreditiert oder nicht akkreditiert wird, sind eben im Entstehen. Die neuen Professoren sind Professoren auf Zeit (im Angestelltenverhältnis mit befristetem Dienstvertrag), detto die

---

30   Ebd., 256 f.

Mitarbeiter dieser Professoren. Das Fortbildungsangebot der Universität (für Professoren und Assistenten) liest sich wie das eines größeren Unternehmens. Das alles wird durchschlagen bis in die Schulen. Mit der gewerkschaftlichen Geschlossenheit der Lehrerschaft wird es dann ein Ende haben. Statt dessen wird man sich bemühen, zumindest Qualitätsmanager an seiner Schule zu werden und demgemäß die Kollegen kontrollieren. Die Schulen werden in Konkurrenz zueinander geraten (z. T. sind sie es jetzt schon), die Lehrer detto, warum nicht auch die Kinder. In diesem Betrieb ist die Personalhoheit der Direktoren nur mehr konsequent. Der Manager einer Fußballmannschaft läßt sich das Personal auch nicht von außen vorgeben.

Wir wissen, daß dieser Geist des Wettbewerbs, des messenden Evaluierens und Rangreihens („Ranking") längst auch – über die ebenso verantwortungsvolle wie ehrgeizige Elternschaft – die Kinder erfaßt. Ein lange Zeit tabuisierter Teil der conditio humana („der Mensch als konkurrierendes Wesen" – selbst das Team macht nur Sinn als Element der Konkurrenz) wird wieder sichtbar.

Bildungslügen
Über pädagogische Illusionen (2005)

Vorbemerkungen

Einige von Ihnen werden das 2004 erschienene Buch von Werner Fuld *Die Bildungslüge. Warum wir weniger wissen und mehr verstehen müssen*[1] gelesen haben. Ihnen sei vorweg gesagt, daß der Titel meines Vortrages vor dem Erscheinen dieses Buches vereinbart wurde. Er ist also nicht geklaut. An einer Stelle werde ich mir eine Bezugnahme auf Werner Fuld erlauben. Es wird deutlich werden, daß ich mit ihm nicht konform gehe, sondern die Angelegenheit ziemlich gegenteilig beurteile.

Der Titel meines Vortrages „Bildungslügen. Über pädagogische Illusionen" soll nicht sagen, daß Lügen dasselbe wie Illusionen seien. Selbst unser Alltagsbewußtsein weiß nämlich um diese Differenz. Wenn wir z. B. jemandem vorhalten, daß in seinen Ansichten oder Urteilen wohl eher der Wunsch der Vater des Gedankens gewesen sei, haben wir zugegeben, daß keine Täuschungsabsicht vorgelegen hat, sondern daß ihm seine Wünsche, Hoffnungen oder Ambitionen die Sicht getrübt haben. Der Pädagogik als wissenschaftlicher Disziplin dürfte diese Neigung zur Selbsttäuschung von Anbeginn an innewohnen. Pädagogen hoffen immer, erwarten sich etwas, machen mitunter sogar das Hoffen nicht nur zum innersten Prinzip ihrer Praxis (wo es unvermeidlich sein dürfte), sondern auch der Theorie. Der pädagogische Diskurs des 20. Jahrhunderts erweist sich bei genauerem Hinsehen als eine gigantische Illusionsmaschine. Ich sage ausdrücklich Illusionsmaschine und eben nicht Lügenmaschine, da es nicht immer leicht ist festzustellen, ob das, was da so produziert wird, geradewegs als Lüge bezeichnet werden kann oder ob die Akteure in diesem Diskurs – Wissenschaftler, Politiker, Praktiker – selber an das glauben, was sie sagen.

Es kommt mir also im folgenden nicht darauf an, bestimmte pädagogische Denkfiguren als Lügen zu entlarven und damit diejenigen, deren Ansichten von diesen Denkfiguren geprägt sind, als Lügner und amoralische Zeitgenossen hinzustellen, sondern eher darauf, den Täuschungscharakter dieser Ansichten und Topoi zu markieren, ganz egal, ob diese täuschender Absicht entstammen oder Produkt von Selbsttäuschung sind.

---

1 Fuld, Werner (2004): Die Bildungslüge. Warum wir weniger wissen und mehr verstehen müssen. – Berlin.

Dabei werde ich mich zunächst den ebenso ubiquitären wie quotidianen Täuschungen zuwenden – konkret und erstens der Partnerschaftslüge und ebenso konkret wie zweitens der Lüge von der Bedeutungslosigkeit des Wissens. In einem all zu kurzen dritten Abschnitt werde ich die Frage zu beantworten versuchen, ob die Pädagogik (und mit ihr das Bildungswesen) gänzlich ohne Täuschungen auszukommen vermag oder ob es hier nicht auch „notwendige Illusionen" gibt bzw. geben muß. Mit letzterem begibt man sich ein bißchen aufs Glatteis. Denn wenn man es schon mit notwendigen Illusionen zu tun hat, könnte es ja besser sein, dieses Geheimnis für sich zu behalten. Ich beruhige mich aber, indem ich mir sage, daß ich dieses Geheimnis nur für Sie lüfte und bitte Sie gleichzeitig, nichts davon weiter zu erzählen. So ähnlich hat es ja auch schon Friedrich Nietzsche im ersten seiner fünf Basler Vorträge mit diesem Problem gehalten. Es heißt hier: „Es würde kein Mensch nach Bildung streben, wenn er wüßte, wie unglaublich klein die Zahl der wirklich Gebildeten zuletzt ist und überhaupt sein kann. Und trotzdem (ist) auch diese kleine Anzahl von wahrhaft Gebildeten nicht einmal möglich, wenn nicht eine große Masse, im Grunde gegen ihre Natur, und nur durch eine verlockende Täuschung bestimmt, sich mit der Bildung einläßt. Man darf deshalb von jener lächerlichen Improportionalität zwischen der Zahl der wahrhaft Gebildeten und dem ungeheuer großen Bildungsapparat nichts öffentlich verraten. Hier steckt das eigentliche Bildungsgeheimnis: daß nämlich zahllose Menschen scheinbar für sich, im Grunde nur, um einige wenige Menschen möglich zu machen, nach Bildung ringen, für die Bildung arbeiten."[2]

1. Die Partnerschaftslüge bzw. die Illusion vom demokratischen Erziehungsstil

Sie dominierte wohl gut dreißig Jahre weite Strecken des pädagogischen Diskurses, war markanter Teil der Curricula für die Lehrer- und Erzieherausbildung, fand wohl auch über populärwissenschaftliche Zeitschriften und die die Pädagogik begleitende Ratgeberliteratur Eingang in das Bewußtsein pädagogisch interessierter Eltern. Im Schlepptau der Kulturrevolution der späten sechziger Jahre war es zunächst Alexander S. Neill (1969) und sein epochemachendes Büchlein *Theorie und Praxis der antiautoritären Erziehung*[3] und dann

---

2   Nietzsche, Friedrich (1999): Ueber die Zukunft unserer Bildungsanstalten. Sechs öffentliche Vorträge. – In: Ders. (1999): Friedrich Nietzsche: Die Geburt der Tragödie. Unzeitgemäße Betrachtungen I–IV. Nachgelassene Schriften 1870–1873. KSA, Bd. 1. – München, 665.

3   Neill, Alexander S. (1969): Theorie und Praxis der antiautoritären Erziehung. – Reinbek.

das Ehepaar Tausch mit seiner *Erziehungspsychologie*[4], die das Bewußtsein einer ganzen Pädagogengeneration mit der Idee infiltrierten, daß wahrhaft menschengemäße Erziehung nur partnerschaftlich sein könne und daß Partnerschaft auch die der Demokratie gemäße Lebensform sei und zu sein habe. Der partnerschaftlich-demokratische Erziehungsstil war geboren, wie überhaupt alles ab den Siebzigern, jedes Segment des gesellschaftlichen Lebens, sich abmühte, die bisher gepflegten Verhaltensformen, zumindest aber die damit zusammenhängende Rhetorik den neuen Reglements zu unterstellen.

Nicht nur die Lehrer hatten sich ab nun als Partner der Kinder im Erziehungsprozeß zu verstehen, auch die Eltern verstanden sich nicht mehr so sehr als Väter und Mütter, sondern als Partner ihrer Kinder, manche Mütter gar als Freundinnen ihrer Töchter. Alsbald wurden sie auch – im Rahmen der Schulpartnerschaft – zu Partnern der Lehrer, und auch die Schulinspektoren befleißigten sich eines partnerschaftlichen Führungsstils. Der berühmte Sexualerziehungserlaß von damals war übertitelt mit *Liebe – Partnerschaft mit Verantwortung*. Es wimmelte damals nur so von Partnern. Es gab demnach die Sexualpartner. Die legendären Sozialpartner waren zwar eigentlich Gegner, aber da man sich nach einigen Kämpfen und Krämpfen sowieso einigte, fiel das nicht weiter auf. Auf den Autobahnbrücken hingen weiße Transparente mit der Aufschrift „Verkehr ist mehr... Herzchen... Partnerschaft". Der mich rechts überholende Porschefahrer war ab nun mein Partner. Und da der Geschlechtsverkehr ab nun sich partnerschaftlich zu vollziehen hatte, der Orgasmus gewissermaßen demokratisch-kooperativ erarbeitet werden mußte, keiner mehr den anderen als Lustobjekt gebrauchen durfte, wurde die Angelegenheit auch ziemlich öde. Selbst im Sport, wo ja bekanntlich Krieg und Kampf ihre scheinbar friedliche Fortsetzung finden, war die Partnerrhetorik ubiqitär. Mit dem Tennispartner war nämlich nicht nur mein Mitspieler im Doppel gemeint, sondern auch mein Gegner im Einzel. Aber man durfte zumindest hoffen, daß der Sparringpartner im Boxen – eine Art beweglicher Sandsack – für diese doppelte Schmach, Haue zu bekommen und gleichzeitig als Partner angesprochen zu werden, wenigstens gut bezahlt wird.

Warum also ist die Partnerschaftsrhetorik/Demokratierhetorik innerhalb der Pädagogik verlogen, illusionär bzw. ideologisch (von Ideologien sprechen wir ja bekanntlich, wenn die Täuschungen epidemisch werden)? Inwiefern handelt sich dabei um eine Täuschung?

---

4   Tausch, Reinhard und Annemarie (1971): Erziehungspsychologie. – Göttingen.

Die Partnerschaftsrhetorik – so meine These – im Rahmen der Erziehung ist
insofern „verlogen", als damit den Erziehern und Lehrern vorgegaukelt wird,
daß Erziehung etwas sei, was sie irgendwie gemeinsam *mit* den Zöglingen zu
vollbringen hätten und nicht vielmehr an ihnen. Partner sind – so die etymo-
logische Herkunft des Wortes aus dem Lateinischen „pars, partis" bzw. aus dem
englischen „part" – Teilnehmer, Teilhaber. Da das Wort aus dem Geschäfts-
leben (Geschäftspartner) eingewandert ist, scheint mir Teilhaber präziser zu
sein. Partner arbeiten miteinander an einem Werk, Vorhaben, Projekt, aus
dessen Gelingen dann beide Nutzen ziehen. Nicht notwendig ist es dabei, daß
die Beteiligten irgendwie dasselbe tun, das ganze kann auch arbeitsteilig vor
sich gehen und tut es in der Regel auch. Die Partner eines Softwaregeschäf-
tes z. B. teilen sich die Arbeit und den Gewinn. Der eine entwickelt die Programme und adaptiert sie an die Kundenwünsche, der andere übernimmt den
kaufmännischen Anteil am Geschäft oder wie auch immer. Das Vorhaben, das
Projekt ist dabei das maßgebliche Dritte im Bunde, welches das Engagement
der beteiligten Partner steuert und bündelt. Eben dieses Dritte fehlt im Fall der
Erziehung. Der Erzieher kann nicht sagen: „Komm, Zögling! Sei mein Partner.
Du stellst deine unendliche Bildsamkeit und Lernfähigkeit zur Verfügung. Ich
steuere mein pädagogisches Know-how bei, die Erziehungsziele und die Methoden. Gemeinsam machen *wir* aus *dir* einen gebildeten Menschen." Würde er so
reden, bekäme er wahrscheinlich (hoffentlich) zur Antwort: „Lieber Erzieher,
such dir einen anderen Partner für deine Ziele und Methoden und laß mich
aus deinem pädagogischen Kraut! Übrigens ist meine Bildsamkeit ziemlich
begrenzt, z. B. durch meinen Willen."

Anders ausgedrückt: Erzieher verfolgen Erziehungsziele, Zöglinge nicht.
Der Lehrer kennt das Ziel des zu initiierenden Lernprozesses, der Schüler nicht.
Noch einmal und etwas anders: Der Zögling ist das Objekt der Erziehung, auch
wenn er Subjekt ist. Sein Subjektcharakter macht ihn noch nicht zum Partner.
Sollten die beiden wahrhaft und wirklich als Partner agieren, bräuchte ja nicht
nur der Erzieher eine Ausbildung in Sachen Erziehungsstiltheorie und partnerschaftlicher Pädagogik, sondern auch der Zögling. Die Sechsjährigen müßten also, bevor sie lesen und schreiben lernen, zunächst Pädagogik studieren.
Genug der Absurditäten!

Geleugnet bzw. verleugnet wird mittels der pädagogischen Partnerschafts-
ideologie eine Eigenschaft des pädagogischen Verhältnisses, welche auch
anderen Führungsverhältnissen zukommt, nämlich daß Erziehung wie Menschenführung insgesamt ohne Macht nicht zu haben ist. Bemerken hätte man
das können z. B. mit einem Blick auf die Dinge, die üblicherweise als Erziehungsmittel bekannt sind: Lob und Tadel, Lohn und Strafe, Drohung und Anreiz etc.

bis hin zur sogenannten Motivation, hinter welcher sich zumeist nichts anderes verbirgt als das Insgesamt der zuvor genannten Mittel. Man hat es aber nicht bemerkt, hat es gar nicht bemerken können, weil man mit der Erziehungstheorie als einer Theorie der Führung auch die Erziehungsmitteltheorie verabschiedete und an deren Stelle die Theorie der Erziehungsstile setzte, in welcher diese „Erziehungsmittel" genannten Mittel der Macht nicht mehr vorkamen. Daß diese Mittel (Lob, Tadel etc.) Mittel der Macht sind, erhellt sich übrigens schon daraus, daß sie in der Regel nur von oben nach unten funktionieren, anders ausgedrückt: in Verhältnissen, die durch ein Autoritätsgefälle geprägt sind, in asymmetrischen Verhältnissen also. In symmetrischen mag es so etwas geben wie Komplimente und kollegiale Anerkennung, aber kein Lob. Und von unten nach oben nennt man das üblicherweise Schmeichelei, eine Form des Sich-Andienens von „Mitarbeiter" genannten Untergebenen, welche von wirklichen Autoritäten nicht geschätzt wird. Im Grunde ist das Lob von unten nach oben eine Anmaßung, wenn es denn richtig ist, daß der, der lobt, notwendigerweise sich zum „Interpreten der geltenden Werte macht"[5] sich als Hüter der Norm und der Standards inthronisiert. So richtig funktioniert das Lob denn auch nur, wenn es von einer anerkannten Autorität (nicht anerkannte Autoritäten gibt es gar nicht) an einen Mindermächtigen bzw. Minderkompetenten adressiert ist. (Ich habe hier als Exempel ausdrücklich das Lob gewählt. Drohung, Tadel, Strafe u. a. sind ohnehin offensichtliche Mittel der Macht.)

Man hätte auf den Sachverhalt, daß Erziehung ohne Macht nicht zu haben ist, daß es sie ohne diese gar nicht gibt, auch aufmerksam werden können, wenn man Max Weber, einen Ahnherrn der deutschen Soziologie, gelesen hätte. Bei ihm heißt es nämlich: „Macht bedeutet jede Chance, innerhalb einer sozialen Beziehung den eigenen Willen auch gegen Widerstreben durchzusetzen, gleichviel worauf diese Chance beruht."[6] Vor allem den letzten Halbsatz hätte man genauer lesen und damit bemerken können, daß Macht gar nicht unbedingt etwas Brutales, Grausames, jedenfalls der Kinderseele Unangemessenes sein muß. „Gleichviel worauf diese Chance beruht" heißt dann eben, daß diese Chance z. B. auch auf Respekt, Achtung (Hochachtung), Bewunderung, Liebe bzw. auf dem Charisma des Erziehers beruhen kann. Den pädagogisch typischen Reflex, beim Wörtchen „Macht" immer gleich an Gewalt, Prügelstrafe und Schwarze Pädagogik zu denken, hätte man sich ersparen können. Aber ich gebe zu: Es ist der erste Teil der weberschen Machtformel, die sie

---

5   Paris, Rainer (1998): Stachel und Speer. Machtstudien. – Frankfurt.
6   Weber, Max [1921] (1984): Soziologische Grundbegriffe. – Stuttgart.

für Pädagogen so abseitig macht: „seinen Willen durchzusetzen, auch gegen Widerstreben".

Dagegen sträubt sich die Pädagogenseele, v. a. das pädagogische Gefühl der Theoretiker der Erziehung, weniger das der Praktiker. Dagegen steht die ganze pädagogische Semantik des Helfens, des Förderns (wer wollte schon etwas fordern?), Begleitens bzw. der Erziehung als Hilfe zur Selbstverwirklichung, obwohl die Erziehung de facto und realiter nichts anderes leisten kann als die Formung der nachwachsenden Generation „nach unserem Bilde", nach unseren Vorstellungen. Im Prozeß der Erziehung werden der Jugend die Ordnungsmuster und Lebensformmuster der bestehenden Gesellschaft eingezogen. Dabei ist es vielleicht sogar hilfreich, wenn man dieses Geschäft im (trügerischen) Bewußtsein einer höheren Sendung, der Selbstverwirklichung der jungen Menschen z. B. oder ihrer Emanzipation verrichtet. Die Werte, nach denen sich die Jugend richten soll, die Tugenden, die sie praktizieren soll, die Kompetenzen, die sie haben soll, sind in eher ruhigen Zeiten schlicht die Werte, Tugenden und Kompetenzen der Erwachsenengeneration. Aber auch in unruhigen Zeiten, sogenannten Umbruchszeiten (wie der unsrigen) entspringen sie als neue doch auch nur den Köpfen und Bäuchen der Erwachsenen. Genau genommen sind selbst die neuen Tugenden („Kompetenzen") etwa der Flexibilität, der Mobilität und der Frustrationstoleranz, also der Bereitschaft, jede Zurücksetzung und Kränkung (z. B. bei Arbeitsplatzverlust) als „Herausforderung" anzunehmen, so neu ja nun auch wiederum nicht. Sie werden ja auch den Erwachsenen schon abverlangt. Sonst wüßten wir ja gar nicht, woher wir sie genommen hätten.

2. Die Lüge von der zunehmenden Irrelevanz des Wissens, seiner sogenannten „Halbwertszeit"

Das eingangs erwähnte Buch von Werner Fuld *Die Bildungslüge* trägt den Untertitel *Warum wir weniger wissen müssen und mehr verstehen müssen*. Fuld bedient damit die heute ohnehin herrschende Ideologie von der Bedeutungslosigkeit des Wissens, bedient auch die mittlerweile schon etwas antiquierte Vorstellung davon, daß die Schüler in Deutschland und Österreich mit sinnlosem Fakten- und Datenwissen traktiert würden, daß die Armen nach dem Abitur zwar unheimlich viel wüßten, aber sich in der Welt nicht auskennen würden. Sicherlich: Er macht das um vieles charmanter als so manche Vertreter der Bildungspolitik, v. a. um vieles gelehrter und gebildeter als die Vertreter der Zunft, der auch ich angehöre. Aber Täuschung bleibt Täuschung, ob sie auf gelehrte Art inszeniert wird oder plump.

Die Antwort auf die Frage, wie wir denn mehr verstehen könnten, wenn wir weniger wüßten, eigentlich: wie uns das Weniger-Wissen dazu verhelfen sollte, mehr zu verstehen, bleibt uns Fuld aber schuldig. Der Hinweis – z. B. im vierten Kapitel –, daß man in Afrika in den letzten Jahrzehnten eher Anschluß an die Bevölkerung fand, wenn man etwas über Franz Beckenbauer zu erzählen hatte als über die politische Geschichte Deutschlands, gibt darauf keine Antwort. Vor allem aber scheint mir dieser mittlerweile auch schon historische Sachverhalt kein Argument – und darauf zielt Fuld ab – gegen die Beschäftigung der Schülerschaft mit Alexander dem Großen abzugeben. Der Beckenbauer-Mythos – so Fuld – hätte nämlich heute den Alexander-Mythos abgelöst. Und zur Teilhabe an der weltumspannenden Kommunikation sei das Wissen über Alexander, welches Fuld subtil aufbereitet, leider heute nicht mehr brauchbar. Egal, welches Kapitel aus diesem Buch man sich zu Gemüte führt, man ist immer wieder erstaunt über Fulds subtile Kenntnis politisch-historischer wie auch literaturhistorischer Details, am Ende aber doch verstimmt über den argumentativen Saltomortale, den er uns vorführt, indem er dieses Wissen dazu nützt, um uns Zlatko T. als den Modellgebildeten der Gegenwart zu offerieren. (Der sympathische junge Mann wurde für kurze Zeit berühmt, weil er im Fernsehen offen bekannte, den Namen Shakespeare noch nie gehört zu haben.)

Jedenfalls: Das Verhältnis von Wissen und Verstehen scheint mir so nicht bestimmbar. Üblicherweise ist es nämlich ein Wissen, welches uns fehlt, um eine Sache, die wir nicht verstehen, dann doch zu verstehen. Zug um Zug z. B. verstehen wir besser, warum die armen Kerle von amerikanischen Soldaten den Irak zu überfallen hatten. Nicht weil Bush so dumm gewesen wäre, den Irak tatsächlich für einen Teil der Achse des Bösen zu halten, gab er den Angriffsbefehl, sondern weil unmittelbare ökonomische – d. h. nicht bloß amerikanisch-nationale, sondern auch private – Interessen im Spiel gewesen sein dürften.

Das gilt selbstverständlich nicht nur für das Feld der Historie, sondern auch für das der Natur und der Naturwissenschaften. Wer nicht versteht, warum der Mond seine Gestalten wechselt – Sichelgestalt, Halbmond, Vollmond –, also sich wundert, warum das so ist (die wenigsten Menschen allerdings wundern sich, sondern erklären sich diesen Sachverhalt mit dem Erdschatten, der angeblich auf den Mond fiele, einem Ereignis, das es zwar auch gibt, aber nicht tagtäglich), dem fehlt ein Wissen, welches er unschwer haben könnte, wenn er nachschauen würde. Ich meine: nicht im Internet, auch nicht im Lexikon, sondern in der Wirklichkeit. Wer nicht versteht, warum 1l Wasser genau 1 kg wiegt und sich über diesen Zufall der Natur wundert, dem fehlt ein Wissen, nämlich jenes über das Zustandekommen von Maßeinheiten. Wer nicht versteht, warum der sogenannten humanistischen Bildung heute kaum mehr Platz eingeräumt wird, sollte sich um Einsicht in den Zusammenhang von Gesellschaftsstruktur und Bildungsideologie bemühen. Und wer nicht versteht, warum erst heute von Schulevaluation und Schulrankings die Rede ist und solches nicht schon in den Siebzigern praktiziert wurde, wo es doch das unausgereifte empirische Instrumentarium, welches man dafür braucht, auch schon gegeben hat, müßte sich darüber informieren, wie moderne Massengesellschaften ihre Gleichheitsgebote mit dem diesen widersprechenden Bedürfnis nach Unterschieden harmonisieren. Schließlich: Wer die Welt nicht mehr versteht, weil er am österreichischen Bildungswesen einen in seinen Augen verhängnisvollen Trend zur Privatisierung bemerkt, dem könnte vielleicht mit der Lektüre des EU-Weißbuches *Auf dem Weg zur kognitiven Gesellschaft* und einem Hinweis auf das GATS-Abkommen gedient sein.

Wie gesagt, Werner Fuld hat ein gebildetes Buch geschrieben, jedenfalls zeugt es von staunenswerter Belesenheit, wenn auch nicht von der Art von Belesenheit, die es bräuchte, wenn man ein Buch über Bildung schreibt. Diese Art von Unterstützung hat der verlogene Zeitgeist auch gar nicht nötig. Dazu ist er viel zu mächtig.

Um auch die etwas plumpere Variante der Lüge von der Bedeutungslosigkeit des Wissens zum Zuge kommen zu lassen, will ich – ein letztes Mal – aus einer Broschüre unseres lieben Ministeriums zitieren. (Ich sage „ein letztes Mal", weil ich das schon zweimal öffentlich gemacht habe und mich dann ein Anruf vom Minoritenplatz erreicht hat, in welchem mich eine hochrangige Beamtin gebeten hat, davon nichts mehr zu erzählen. Diese Broschüre – so sagte sie – sei 1996 schwer mißglückt und die dafür zuständige Projektmitarbeiterin auch schon entlassen.)

Hier also in dieser Broschüre mit dem Titel *Bildung, Arbeit, Lebenszeit. Lebensbegleitendes Lernen im 21. Jahrhundert*, entstanden aus Anlaß des europäischen Jahres des lebensbegleitenden Lernens, spaziert bzw. hinkt unsere Lüge folgendermaßen daher: „Ein Lernen auf Konserve ist immer weniger gefragt, weil die Welt sich rascher ändert als Lehrpläne erstellt oder Schulbücher gedruckt werden können. Erworbenes Wissen und Fähigkeiten haben heute eine geringe Haltbarkeit – auch Bildungsinhalte tragen ein Ablaufdatum. Wir halten heute bei folgenden Halbwertszeiten des Wissens: Schulwissen 20 Jahre; Hochschulwissen 10 Jahre; berufliches Fachwissen 5 Jahre; EDV- Fachwissen 1

Jahr. Konkret: Was vor einigen Jahren in Geographie über Mitteleuropa gelernt wurde, ist heute Makulatur [...]."[7]

Die gute Frau hat keine Ahnung, wie schnell heutzutage Lehrpläne gebastelt werden. Aber ich gebe zu: von der Warte des Alten Testaments aus gesehen (die Autorin ist Theologin von der Ausbildung her, Schwerpunkt AT) hat sich die Welt ziemlich rasant entwickelt. Natürlich wird hier kein Wort darüber verloren, wie man diese Halbwertszeiten gemessen hat. Und davon einmal abgesehen: Wieso eigentlich „Halbwertszeit"? Handelt es sich vielleicht gar um strahlendes Material, ist Wissen nicht nur von begrenzter zeitlicher Bedeutung, sondern womöglich auch noch gefährlich? So mancher Schüler tröstet sich ja mittlerweile dabei, daß es – auch das hat man ihm eingeredet – ziemlich strahlungssicher in den Speichern und Datenbanken ruhe, aber jederzeit aufgerufen werden könne, wenn man das Risiko schon eingehen wolle.

Schulwissen – das wird hier unabsichtlich zugegeben – rangiert zwar ganz oben im Haltbarkeitsranking, gleichwohl wird konstatiert, daß wer 1988 mitteleuropäische Geographie gelernt hat, diese umsonst gelernt hat, weil sie ja ab 1989 sich ganz anders präsentierte. Auf Geschichte als Bildungsfach könnte man unter Anlegung dieses Denkmusters gleich ganz verzichten, weil ja alles schon vorbei ist. Alles Makulatur. Das kann man sich unter die Tapete kleben.

Stattdessen plädiert unsere innovationsversessene Autorin für „Lernen als Vorbereitung auf neue Situationen". Unter Rückgriff auf Schriften des Club of Rome definiert sie Lernen als „innovatives Lernen". „Lernen", so heißt es weiter, „bedeutet hier weniger die Mitteilung von Information oder die Aneignung von Wissen, sondern eher Hilfen, mit dieser Flut an Informationen sinnvoll, d. h. auch innovativ umzugehen." Kein Gedanke wird hier an die Möglichkeit verschwendet, daß man auf „neue" Situationen gar nicht vorbereiten kann, daß eine neue Situation vielleicht deswegen neue genannt wird, weil wir auf sie nicht vorbereitet sind. Vor neuen Situationen stehen wir viel- leicht immer wie die sprichwörtliche „Kuh vor'm neuen Tor". Lernen läßt sich prinzipiell nur das bereits Bekannte. Wir können Englisch nur lernen, weil es diese Sprache gibt, die Rentenrechnung nur, weil es sie bereits gibt, das Archimedische Gesetz nur, weil Archimedes es vor 2000 Jahren entdeckt hat. Lernen hat seinen Bezugspunkt immer im grundsätzlich schon Bekannten. Sein Bezugspunkt ist die Tradition. Lehrpläne zu erstellen, heißt daher immer auszuwählen aus dem

---

7   bm: bwk (1996): Bildung – Arbeit – Lebenszeit. Lebensbegleitendes Lernen im 21. Jahrhundert. –Wien, 37.

Fundus der Tradition, ist Auswahl dessen, was eine Kulturgemeinschaft für aufbewahrenswert hält.

Als Hilfsargument für die lügenhaft-täuschende These von der abnehmenden Bedeutung des Wissens wird dann zumeist auch noch der Kalauer von der Wissensexplosion angeführt. Das Wort allerdings – so wird man zugeben müssen – ist geschickt gewählt. Vor Explosionen nämlich sollte man sich in der Tat in Sicherheit bringen. Nur: In Wahrheit explodiert hier gar nichts. Viele der sogenannten neuen Erkenntnisse sind durchaus strittig. Nicht alles, was in neuen Publikationen steht, ist eine Erkenntnis, schon gar nicht eine bahnbrechende. Explodieren tut nicht das Wissen. Was hier explodiert, ist die Zahl der Publikationen. Und die sattsam bekannte Behauptung, daß sich alle drei Jahre das Wissen vervielfache, ist schlicht dem Sachverhalt geschuldet, daß man die Bestände der National Library of Congress gezählt hat. Wissen kann man überhaupt nicht zählen. Zählen kann man Stückzahlen, und die haben wir hier nicht. Was wir hier allenfalls vorfinden, wenn wir nachdenken, ist die Einsicht in die „Stückwerkhaftigkeit des Wissens" (so der spätmittelalterliche Philosoph Nikolaus v. Kues).

Aus diesem Amalgam von Halbwahrheiten, Selbsttäuschungen und Fälschungen werden aber in der Regel auch noch Schlüsse gezogen und pädagogisch-praktische Konsequenzen. Was verschlägt's, wenn schon die Prämissen nicht stimmen. Eine dieser Konsequenzen ist das nur allzu bekannte „Lernen des Lernens". Wissenexplosion einerseits, geringe Halbwertszeit des Wissens andererseits ergeben als Konsequenz einen Relevanzverlust und eine Bedeutungssteigerung des Lernens gleichzeitig, wobei dieser Widerspruch in der Formel vom „Lernen des Lernens" glatt gebügelt wird. Es komme eben – so heißt es dann – nicht mehr so sehr auf die Inhalte an, sondern darauf, daß man das Lernen gelernt habe. Indes – wenn ich mich nicht täusche – kann man das Lernen gar nicht lernen. Man kann zwar vieles lernen, man kann Dividieren lernen, die richtige Übersetzung des Ablativus absolutus im Lateinischen, man kann Rückenschwimmen lernen und den Fosbury-Flop, Radfahren und Klavierspielen, nur das Lernen kann man nicht lernen, weil das Lernen kein Inhalt ist, sondern sich auf Inhalte richtet, genau genommen eine Tätigkeit ist, welche sich *nach* Inhalten richtet, welche als solche primär eine Eigenschaft haben, nämlich heterogen zu sein.

Gleichwohl erfüllt die Rede vom Lernen des Lernens eine wichtige (ideologische) Funktion im bildungspolitischen Zusammenhang. Erst unter dieser Voraussetzung macht nämlich das bildungspolitische Großprogramm vom lebenslangen Lernen so richtig Sinn. Lifelong learning ist nämlich – so steht es in der schon erwähnten Broschüre – nicht identisch mit lifelong education,

einer lebenslangen pädagogischen Betreuung. Das wäre – ich zitiere – „absurd".
Das „wäre nämlich schlicht unfinanzierbar", und überdies lauere im Konzept
der lifelong education die Gefahr der Entmündigung und Bevormundung.
(Also zuerst kommen die Finanzen und dann die Mündigkeit.) Im Konzept des
lifelong learning hingegen sei die Mündigkeit gewahrt, der lebenslang lernende
Mensch finanziert sich seine „Anpassung an den gesellschaftlichen Wandel"[8]
selbst, wie ja übrigens die bildungspolitische „Entwicklung", eines der vielen
Plastikwörter[9] und Lügenvokabel, insgesamt darauf verweist, daß staatliche
Großinvestitionen auf Dauer rückläufig sein werden, weil nicht rentabel.

Ich zitiere in diesem Zusammenhang gerne Heinz-Joachim Heydorn, einen
christlich-marxistisch-humanistischen Bildungsphilosophen des vergangenen
Jahrhunderts. Bei ihm heißt es in seiner Schrift *Neufassung des Bildungsbegriffs*
aus dem Jahre 1972: „Es wird jedoch deutlich, daß die ökonomische Relevanz
institutionalisierter Bildung überschätzt worden ist, daß sich Investitionen in
das historische Gefüge nicht unmittelbar in Rendite übersetzen lassen. Wesentliche Aufgaben der Ausbildung und der Forschung können vom Monopolka-
pitalismus unmittelbar und durchaus rationeller übernommen werden. Damit
wird eine neue Tendenz erkennbar, mit der die Institution entleert, von ihrer
traditionellen Form entlastet wird [...]. Von daher gesehen ist eine Neuver-
teilung des Sozialprodukts zugunsten der Bildungsinstitutionen nicht mehr
von gleicher Aktualität. Wird die Schule auf allgemeine Konditionierungs-
maßnahmen, Vermittlung von Zivilisationstechniken, Therapie und Selek-
tion beschränkt unter weitergehender Abstrahierung von Inhalten, dann ist
damit auch die Grenze ihrer qualitativen Expansion vorgezeichnet. Während
ihre überlieferte Bedeutung zurücktritt, wird eine andere in den Vordergrund
rücken [...]. Jugend und Alter dehnen sich aus. Die Notwendigkeit einer überdimensionalen Bewahranstalt tritt hervor, in welcher die audio-visuellen Debi-
len zwar immer noch produktionsfit gemacht werden, aber zugleich über lange
Frist mit etwas beschäftigt werden, was sie vom Denken abhält."[10]

---

8   bm: bwk (2001): Memorandum über Lebenslanges Lernen der Europäischen Kom-
     mission. Österreichischer Konsultationsprozeß. Materialien zur Erwachsenenbil-
     dung. Nr. 1/2001. – Wien, 3.
9   Pörksen, Uwe (1988): Plastikwörter. Die Sprache einer internationalen Diktatur. –
     Stuttgart.
10   Heydorn, Heinz-Joachim [1972] (1980): Zu einer Neufassung des Bildungsbegriffs. –
     In: Ders. (1980): Ungleichheit für alle. Zur Neufassung des Bildungsbegriffs. Bil-
     dungstheoretische Schriften. Bd. 3. – Frankfurt, 150 f.

Daß Heydorn 1972 nicht verstanden wurde, muß vielleicht nicht eigens
erwähnt werden. Wer zu spät kommt, so wissen wir, den bestraft die
Geschichte. Wer zu früh kommt, den bestraft die Zeitgenossenschaft: durch
Ignoranz. Man muß an diesen Sentenzen nur wenig korrigieren, damit klar
wird, daß unsere heutige Situation beschrieben wird. Auch an der Notwendigkeit der Schule als Bewahranstalt wird nämlich mittlerweile schon gerüttelt.
Auch die Zeiten der Spaßschule, der sogenannten Humanisierung der Schule,
der aktiven Schule, der bewegten Schule, der Lebensschule, in welcher sozial
gelernt wurde, in welcher sich die Subjekte öffneten, von sich sprachen und
ihrer Betroffenheit, scheinen sich ihrem Ende zuzuneigen. Der sozialdemokra-
tischen Gutmütigkeit dürfte in den letzten Jahrzehnten des 20. Jahrhunderts
einiges aus dem Ruder gelaufen sein. Aber: Der reformpädagogisch inspirierten Verachtung des Wissens und der Bildung, die sich v. a. als Humanisierung
der Schule und des Lernens ausgab, weicht heute einer neuen, nämlich der
ökonomistisch-utilitaristischen. Während die Neoreformpädagogik der Achtziger und Neunziger Bildung und Wissen gegen die Kindlichkeit des Kindes,
sein Leben und seine lebendigen Interessen, seine Bedürfnisse und Erfahrungen ausspielte, spielt das anhebende 21. Jahrhundert Wissen und Bildung gegen
die Erfordernisse der Ökonomie aus. Und während man in jenen Jahren im
Namen des Kindes, seiner lebendigen Erfahrungen und Erfahrungsmöglichkeiten distinktem Wissen die kalte Schulter zeigen konnte, kann man das heute
mit der schlichten Frage: „Wozu brauch' ma' das?" Während der romantisch-
kinderfreundliche, an irrationale Hoffnungen bezüglich der Natur des Kindes
gebundene Reformdiskurs ja einige Schwierigkeiten hatte, in der Praxis Fuß
zu fassen, wird der Reformdiskurs von heute kaum Probleme haben. Er appel-
liert nämlich schlicht an Denkmuster, denen ohnehin keiner entkommt. Der
Reformdiskurs von heute entstammt nämlich dem Regelsystem des ökonomischen Diskurses und als solcher wird er von allen verstanden. „Das Idiom der
Welt [...] spricht Geschwindigkeit, Genuß, Narzißmus, Konkurrenz, Erfolg,
Wunscherfüllung."[11] In diesem Sprachspiel ist „Wissensballast" kein faux pas
und „Lehrplanentrümpelung" kein dirty word. Ballast ist eben das, was aufhält,
die Geschwindigkeit und Flexibilität reduziert, Gerümpel detto das, was im
Wege ist und unsere Mobilität beeinträchtigt. Daher nur das Notwendige, eben
die „Grundbildung". Sie besteht laut Memorandum von Lissabon aus Leben,
Schreiben, Rechnen, den IT-Fertigkeiten und zwei EU-Sprachen zur Förderung der Flexibilität (und nicht wie bei Humboldt als Lernen von Weltsichten).

---

11   Lyotard, Jean-François (1985): Grabmal des Intellektuellen. – Wien 49.

Ansonsten gibt es nur mehr lebenslanges Lernen zur Erhaltung der „Employability", der Beschäftigungsfähigkeit. Niederschwellige Grundbildung hat zudem die nützliche Eigenschaft, die Individuen bescheiden zu stimmen und allfällige Ansprüche zu reduzieren. Man ist nie richtig, immer fehlt etwas, immer kann man das Falsche, nie das, was jetzt und eigentlich gebraucht wird.

Einst war Wissen die Dienerin der Weisheit. Die antiken mathematikoi und physikoi verstanden sich als Liebhaber der Weisheit, dann war es Instrument der Macht („Wissen ist Macht"), heute ist es weitgehend unnötig, belastet nur, ist nicht ökonomisch, macht unflexibel und womöglich auch noch anspruchsvoll, verhindert Kommunikation, Kooperation und reduziert die Teamfähigkeit. Daher wird die Überproduktion von Wissen als Bildung zurückgenommen. So viele Gebildete braucht man gar nicht, um den Betrieb in Gang zu halten, schon gar nicht dieses Wissen von der Sorte „Wissen als Macht". Die Überproduktion von Wissen als Weisheit war sowieso noch nie eine Gefahr.

3. Ich komme zum Schluß und damit zu einigen abschließenden Bemerkungen

Die Partnerschaftslüge bzw. die pädagogische Demokratieillusion will ich rückblickend gerne als eine notwendige Illusion bezeichnen. Sie hat zwar auch einigen pädagogischen Praktikern, nämlich denen, die die Rede von der Partnerschaft in der Erziehung wörtlich genommen haben, das Leben schwer gemacht. Sie hat aber auch – obwohl bzw. weil eine Täuschung – mitgeholfen, den Erziehungsstil und Unterrichtsstil entscheidend zu modifizieren. Wenn man bedenkt, daß in den Sechzigern noch ziemlich bedenkenlos gestraft, eingesperrt und geohrfeigt wurde, kann man den pädagogischen Partnerschaftsdiskurs durchaus als einen Beitrag zur Entbarbarisierung betrachten.

Die Lüge von der zunehmenden Bedeutungslosigkeit des Wissens hingegen halte ich für fatal. In ihr und mittels ihrer wird die nachkommende Generation unmittelbar betrogen. Jungen Leuten, die vielleicht ohnehin dazu neigen, vor der Sperrigkeit komplexer Sachlagen und inhaltlicher Probleme (z. B. in der Mathematik, in literarischen Texten oder den Naturwissenschaften) zurückzuweichen, zu sagen, daß das alles sowieso in kürzester Zeit überholt sein werde und seine Bedeutung nur mehr für die Schule habe, halte ich für pädagogisch verantwortungslose Schmeichelei. – Es war übrigens Peter Sloterdijk, der zwischen den Schmeichlern und den Beleidigern unterschieden hat, wobei die Beleidiger diejenigen sind, die der Jugend zu erkennen geben, daß sie noch nicht ist, was sie sein könnte[12] – Anders ausgedrückt: Der berühmte Roman von Ray Bradbury *Fahrenheit 451* (im Film mit den Hauptdarstellern Oskar Werner und Julie Christie) ist heute restlos antiquiert. Denn so brachial braucht man nicht mehr gegen Bildung vorzugehen. Dazu genügen einige Schmeichelsätze und ihre wirksame Verbreitung unter Bildungsfunktionären, sprich: Bildungsmanagern. Ich bleibe bei der zumindest zweihundert Jahre alten pädagogischen Illusion von Bildung als Aufklärung, sonst wäre mein Job nicht möglich, und ich müßte Qualitätsmanager oder Organisationsberater werden. Täuschungen zu ent-täuschen gehört zwar seit jeher zum Geschäft des Aufklärers, aber ganz ohne Illusionen kommt auch der nicht aus.

---

12 Sloterdijk, Peter (2000): Die Verachtung der Massen. Versuch über Kulturkämpfe in der modernen Gesellschaft. – Frankfurt.

Bildung im „Industriefaschismus" (2009)

1

Erst vor Abschluss meines Studiums (1976) fiel mir Heydorns „Über den Widerspruch von Bildung und Herrschaft" in die Hände. Einer der führenden Köpfe unserer linken Studentengruppe (MG) – ich war allerdings nicht dabei – meinte, ich solle das lesen. Ich las bzw. versuchte zu lesen. Sprache und theoretischer Gestus des Werks waren mir völlig fremd. Was sollte auch ein Hauptschullehrer, der eben dabei war, seine Doktorarbeit zum Theorie-Praxis-Verhältnis in der Didaktik abzuschließen, mit einem Opus anfangen, das mit Sätzen wie diesen beginnt? – „Ohne Anstrengung des Begriffs lässt uns das Handeln allein, findet es keinen Ausgang. Es bleibt auf dem Jahrmarkt und wird dort ausgeboten."

Nun gut, das ging ja gerade noch. Aber einige Zeilen weiter hieß es: „Der frühe Begriff ist erratisch, nackt, findet sich in der Landschaft ursprünglicher Ängste. Der Mythos kämpft seinen Todeskampf; Ikarus stürzt, die Leber des Prometheus wird zerfressen. Will man das Verhältnis von Bildung und Herrschaft über die Elemente des Gerüstes fassen..."[1] Welches Gerüstes? Wie – bitte – ist der frühe Begriff? Erratisch? Und wo findet er sich? In der Landschaft...?

Damit konnte man als jemand, der Pädagogik einerseits nach transzendentalkritischem Zuschnitt und andererseits nach empirischem Muster studiert hatte, wenig bis nichts anfangen. Man hatte schon mit diesem Widerspruch genug zu tun. Tröstlich war allerdings, dass mein marxistisch geschulter Kommilitone das Buch auch nicht verstand. Beide fanden wir es allerdings „schön" und lasen daher weiter. „Erziehung ist das uralte Geschäft des Menschen, Vorbereitung auf das, was die Gesellschaft für ihn bestimmt hat, fensterloser Gang. In der Gesellschaft soll der Mensch produzieren, sich dem magischen Ritus unterwerfen... Die Geschichte der Erziehung hält an, die Gesellschaft hat ihren vorrationalen Charakter nicht überwunden, sondern ihn nur den veränderten Bedingungen gemäß modifiziert." Das saß. Erst recht die folgenden Sätze: „Mit dem Begriff der Bildung wird die Antithese zum Erziehungsprozess entworfen; sie bleibt zunächst unvermittelt. Erziehung ist verhängt; der Versuch ihrer anonymen Verhängung weist auf ein entscheidendes Problem der industriekapitalistischen Verfassung. Bildung dagegen begreift sich als entbundene Selbsttätigkeit, als

---

1   Heydorn, Heinz-Joachim: Über den Widerspruch von Bildung und Herrschaft. Studienausgabe Bd. 3, Wetzlar 2004, S. 8.

schon vollzogene Emanzipation. Mit ihr begreift sich der Mensch als eigener Urheber, versteht er, dass ihm die Ketten, die das Fleisch aufschneiden vom Menschen angelegt sind, dass es Aussicht gibt, sie zu zerreißen."[2]

Aber zugegeben: Von „Verstehen" war noch lange keine Rede. Manche Sätze trafen zwar ins Mark, aber die hermeneutische Spirale hatte noch zu viele Knoten und wohl auch Risse. Davon abgesehen, dass man als Didaktiker schon mit dem Begriff der „Selbsttätigkeit" etwas anderes assoziierte als Heydorn meinte, waren weite Strecken des Buches schon deswegen schwer bis nicht verstehbar, weil uns die bildungshistorische Basis fehlte. Was hätte man nicht alles schon gelesen haben müssen, um Passagen wie folgende zu kapieren? – „Die Fichtesche Philosophie geht unter, sie ist schnell vergessen und wird erst vom Imperialismus unter veränderten Akzenten wieder aufgenommen; die Romantik knüpft an Schelling an, soweit sie noch Leben besitzt, die Revolution an Hegel. Als Fichte stirbt, sind noch keine russischen Studenten in Berlin, die das anarchische Element seiner Philosophie hätten aufnehmen und auf eine revolutionäre Basis setzen können."[3]

Sicherlich: Heute ist Heydorns Widerspruchsschrift durchgearbeitet, aber nicht abgearbeitet. Die alte Syndikatausgabe ist über und über mit Anmerkungen versehen, und überhaupt wird sie nur mehr mit Klebestreifen zusammengehalten. Von verständiger Durchsicht im Ganzen kann aber immer noch keine Rede sein. Zu komplex ist das Werk. Ein auf strenge Scheidungen im Sinne der Disziplinengrenzen bedachter Neukantianer zumal hat hier seine Probleme. Gernot Koneffke charakterisiert diese folgendermaßen: „In jedem Fall stellt das Hin- und Herübergreifen der Fragestellungen und Theoreme zwischen einer Mehrzahl von Disziplinen eine charakteristische Schwierigkeit dar: gestattet Heydorns Werk einerseits die Zuordnung der Inhalte zu bestimmten Wissenschaftsfächern, so können andererseits die Gehalte keines dieser Bereiche außerhalb der wechselseitigen Beziehung zu den anderen erschöpft werden. In theoretisch reflektierter politischer Absicht entwickelt Heydorn seine Bildungstheorie, aber weder Politik noch Bildung, noch ihr Verhältnis zueinander, ist ohne Beziehung auf die philosophische Reflexion adäquat zu begreifen. Es ging Heydorn stets ums Ganze." Deshalb sei – so Koneffke – sein Sozialismus auch „ein religiöser Sozialismus, der zwar immer weiter in den Hintergrund tritt, aber nie aufgelöst, im Grunde nicht einmal in Frage gestellt wird."[4]

---

2   a.a.O., S. 9 f.

3   a.a.O., S. 45

4   Koneffke, Gernot: Einleitung. In: Heydorn, H.-J.: Bildungstheoretische und pädagogische Schriften. Studienausgabe Bd. 1, Wetzlar 2004, S. 26.

Das pädagogische Geschäft lebt von der „Verheißung des Exodus".[5] De facto ist es aber, wie jedes andere Geschäft, Dienstleistung und als solche Zurichtung für die Gesellschaft. Dieser Widerspruch ist unaufgehoben. Jeder Versöhnungsversuch wäre schlechthin ideologisch. Aber die Zwangsverhaftung kann durchbrochen werden. Die Sprache Heydorns wird mitunter selber messianisch. Eine Anleitung zur Revolte finden wir nicht. Der Weg soll über die Bildung des Bewusstseins gegangen werden. Genau diese wird aber unter gegebenen Produktionsbedingungen und herrschenden gesellschaftlichen Verhältnissen verhindert. Die Voraussetzung für die Herstellung einer befreiten Gesellschaft steht unter denselben Bedingungen, die die Herrschaft erst ermöglichen. Der vom Untergang bedrohte Mensch soll sich selber an den Schnürsenkeln aus dem Sumpf ziehen.

2

Der merkwürdige Begriff „Industriefaschismus", der diesem Aufsatz den Titel geliefert hat, findet sich gegen Ende der Widerspruchsschrift, im Kapitel „Industrielle Revolution. Ungleichheit für alle." Es heißt dort: „Die Sprache des Neopositivismus ist die Sprache der geistigen Deportation. Mit ihr erst wird der Begriff zum Gespenst. Das progressive Vokabular ist das Vokabular des Industriefaschismus, der Blut und Boden endgültig hinter sich hat, das Vokabular einer empirischen Sozialwissenschaft, die sich zu Recht als Naturwissenschaft versteht, weil sie Ausdruck des Rückfalls aus einer menschlichen Geschichte in die Naturgeschichte des Menschen ist. Die Sprache des Neopositivismus ist die Verkehrssprache des amerikanischen Imperiums, die alle Widersprüche über die Nomenklatur ihres psychotechnischen Instrumentenkoffers hinauseskamotiert und damit stetig neue Irrationalismen akkumulieren muss. Kein Psychiater hilft davon ab und keine Gruppendynamik."[6] Die wenigen Sätze zeigen die Weitgespanntheit und Komplexität des Heydornschen Denkens. Das diagnostische Urteil betrifft die modernen Sozialwissenschaften als positivistisch, die darin steckende verheerende Anthropologie, die Rolle der Psychotherapie in der Gesellschaft; es ist Gesellschaftskritik und Sprachanalyse in einem, betrifft Politik wie Pädagogik. Und: Es ist fast vierzig Jahre alt, gleichwohl handelt es von heute. Die visionäre Kraft der Heydornschen Analysen ist stupend.

Sicher: Niemand spricht heute von Industriefaschismus. Die gängigen Vokabel sind freundlicher, weniger angstmachend. Neoliberalismus klingt hübscher.

---

5   Heydorn, H.-J.: Erziehung. In: Ders.: Studienausgabe Bd. 2, S. 284.
6   Heydorn, H.-J.: Über den Widerspruch von Bildung und Herrschaft, S. 261.

„Globalisierung" hat überhaupt den für viele angenehmen Beigeschmack von
Weltweitheit und Ganzheit. Der Ausdruck hat etwas Katholisches an sich,
klingt auch nach Befriedung und Erlösung. Kein Wunder, dass Heydorn damals
nicht verstanden wurde. Wer zu spät kommt, den bestraft bekanntlich die
Geschichte. Die zu früh Kommenden bestraft die Zeitgenossenschaft, nämlich
durch Ignoranz. Herwig Blankertz hätte ihn damals verstehen müssen. Aber
seine im Ganzen wohlwollende Rezension der Widerspruchsschrift blieb nicht
ohne herablassende Anklänge. Vor allem war das Urteil über Heydorn zwiespältig bis zweideutig: „konservativer Revolutionär".[7] Heydorns Analysen waren
zu dieser Zeit der frühen siebziger Jahre kaum akzeptabel. Der Wohlstand war
vor allem eines, nämlich steigend. In Deutschland regierte Helmuth Schmidt,
in Schweden Olof Palme, in Österreich Bruno Kreisky, in Frankreich machte
sich Francois Mitterand auf den Weg zur Macht. Und ein Pädagogikprofessor
aus Frankfurt erdreistete sich von „Industriefaschismus" zu sprechen. Dieser
unterscheide sich – so Heydorn – vom eben überstandenen dadurch, dass er
Blut und Boden hinter sich habe. Auf solche Geschmacklosigkeiten kann er verzichten, muss er verzichten. Alle Menschen sind gleich, nämlich nutzbar und
ausbeutbar. Jeder ist brauchbar, muss sich als brauchbar erweisen. Das Bildungsproblem ist der Bildungspolitik in erster Linie ein Allozierungsproblem. Wer
soll was, wo, wie und für wie viel Lohn arbeiten? Die traditionelle Segmen-
tierung der Anstalten der Bewußtseinzurichtung ist nicht mehr fungibel im
Sinne der neuen Segmentierungen der Gesellschaft. Die Bildungseliten – so sah
es Heydorn schon damals – werden ersetzt durch die neuen Funktionseliten.
Die Arbeiterschaft damals bereitete sich auf ihre Beförderung in die Angestelltenkaste vor. Das Bestürzende an der zitierten Textstelle ist wohl auch für viele,
dass sie sich inmitten einer Kritik der kommenden Gesamtschule findet. Heydorn versuchte nachzuweisen, dass diese gar keine sozialistische Erfindung ist,
sondern vielmehr der optimale Verteilerschlüssel für die neu zu stratifizierende
Gesellschaft, welche auf mobilitäts- und flexibilitätsbehindernde Bildungsele-
mente Verzicht leisten muss. Daher wird Maß genommen am amerikanischen
bzw. schwedischen Modell. Heute bildet eher Finnland das durch PISA zum
Vorbild gewordene Bildungswunderland. Die pseudosozialistische und pseudo-
grüne Rhetorik für die Gesamtschule heute hat – so würde Heydorn vielleicht
argumentieren – die damals wie heute entscheidende bildungspolitische Prämisse längst akzeptiert und niemals in Frage gestellt. Diejenige nämlich, dass
Schulpolitik Allozierungs- und Lebenschancenverteilungspolitik zu sein hat,

---

7   Stelle unauffindbar.

dass es dabei Gewinner und Verlierer zu geben hat. Die Wettbewerbsgesellschaft sieht sich nur nach neuen Messlatten für den Bildungswettbewerb um. Die traditionelle Schulstruktur hat den gegenwärtigen Befürwortern der Gesamtschule nach nur einen Nachteil, nämlich den, dass die zu verteilenden Lebenschancen nicht „objektiv" vergeben würden. Die so genannten „Begabungen" würden sich mit dem zehnten Lebensjahr noch nicht so recht zu erkennen geben, mit dem 14. oder 15. Lebensjahr - also in der Pubertät - schon. Die Begabungstheorie der Linken ist identisch mit der der Rechten. Dass Begabung Ideologie sein könnte, ist ihr völlig fremd. Der linke Bildungsfunktionär ist stolz darauf, dass er die Karrierechancen objektiver/"gerechter" verteilen will. Dass ihn ein Landeshauptmann aus Kärnten dabei rhetorisch und schulversuchspolitisch unterstützt, gibt ihm nicht zu denken, sondern verwirrt ihn nur. Im übrigen ist er selbstverständlich auch Anhänger des Output-Modells der Wissenschaft und der Outputsteuerung des Bildungssystems. Der Personbegriff ist ihm nur in der Form der Führungspersönlichkeit geläufig. Dass in diesem spezifisch Humanes sich gerade deswegen ausdrückt, weil er religiöse Wurzeln hat, bemerkt er nicht.

Heydorns Analysen - so ist man versucht zu sagen - finden erst heute ihren Gegenstand. Die Reformschriften und Planungsdokumente des Deutschen Ausschusses bzw. des Deutschen Bildungsrates und damit zusammenhängende Schriften, welche er in den frühen Siebzigern einer im Ton sarkastischen und in der Sache vernichtenden Kritik unterzog, blieben nämlich noch weitgehend Papier. Die flächendeckende Einführung der Gesamtschule z. B. fand nicht statt. Vieles von dem, was in diesen Papieren angedacht war, scheint sich erst heute zu realisieren. Der mit dem damals vorherrschenden Jargon verbundene Geist verschwand allerdings nicht. Vielfach wurde er in den Achtzigern und Neunzigern durchsetzt mit einer Sprache, die ihre Wurzeln einerseits in der Reformpädagogik hatte und andererseits im Psychojargon der so genannten Humanistischen Psychologie. Was Österreich anlangt, kam es vor allem zu einer Verwässerung der Lehrpläne und einer Reinigung derselben von distinkten inhaltlichen Ansprüchen. Angesagt waren Schülerorientierung, Erfahrungs- und Bedürfnisorientierung, Projektorientierung, Offener Unterricht und anderes mehr. Die Bildungspolitik setzte auf das, was Heydorn mit Blick auf die Reformpädagogen „menschenfeindliche Kinderfreundlichkeit" nannte, gönnte sich - so sehe ich es von heute aus - eine Art Auszeit und den pädagogischen Praktikern eine Spielwiese für die seltsamsten Experimente.[8] Damit dürfte es vorhanden einmal vorbei sein.

---

8   Siehe dazu vom Verf.: Junge Bitternis. Eine Kritik der Didaktik. Wien 1992.

In einem von Christoph Führ 1970 herausgegebenen Tagungsband, den Heydorn unter anderen zur Analyse sich vornahm, kann man lesen, was heute nur allzu gegenwärtig ist: „Lernziele" – so heißt es dort – „sollten Verhaltensqualitäten bezeichnen, von denen die Gesellschaft wünscht, dass der Lernende sie erwirbt. Die ideale Lernzielangabe bestünde in der präzisen Nennung einer Aufgabe oder Aufgabenkategorie und der Bezeichnung jener Verhaltensweisen des Lernenden, die als manifeste Anzeichen der Lösung gelten sollen." Auch von Erfolgskontrollen ist in diesem Papier schon die Rede. „Ohne diese ist nämlich nicht gesichert, dass Lernziele die von ihnen erwartete normierende Funktion tatsächlich ausüben." Es solle daher „ein vieldimensionales Verfahren messender und bewertender Verfahren entwickelt" werden. Es sei notwendig, dass die Lehrpläne „von einem bloßen Lernzielkatalog zur globalen Steuerungsinstanz all jener Maßnahmen und Mittel entwickelt werden, durch die Lernziele realisiert werden."[9] Im Grunde war 1970 schon alles da, was auch heute pädagogisch-bildungspolitisch state of the art ist. Das begriffliche Instrumentarium war bereits fertig. Was damals noch fehlte, waren die Techniken der Implementierung des Konzepts in die pädagogische Praxis. Die kennt man nun auch. Die „Aufgaben und Aufgabenkategorien", mit welchen die Lernziele beschrieben werden sollen, laufen heute unter „Benchmarks" bzw. „Bildungsstandards". Die Verhaltensweisen des Lernenden, die als manifeste Anzeichen der Lösung gelten sollen, nennt man nun „Kompetenzen". Die Erfolgskontrollen und die messenden bzw. bewertenden Verfahren sind Teil dessen, was sich nun Evaluation oder Qualitätsmanagement nennt. Den Autoren dieses von Führ edierten Bandes schwebte für die Bildung des menschlichen Bewusstseins wohl damals schon eine Art ISO-Zertifizierung vor. Und da die zitierten Stellen sich in einem Teil des Bandes finden, der sich der Politischen Bildung annimmt, konnte Heydorn kritisch interpretierend folgendes anfügen: „Der industrielle Normbegriff wird uneingeschränkt auf den Bildungsprozess übertragen. Technologie und Bildung werden identisch. Beachtenswert ist, dass die Interpretation des Normbegriffs Verhaltens- und Produktionsnorm nahtlos einander zuordnet, Output und Politische Bildung unter den gleichen Normcharakter subsumiert. Quantität meint hier auch Qualität, alle Qualität ist Quantität geworden, der Mensch selbst eine quantité´ negligeable."[10]

Weiters: Im Schatten des pädagogischen Eros. Destruktive Beiträge zur Pädagogik und Bildungspolitik. Wien 1996.

9 Zit. nach Heydorn, H.-J.: Über den Widerspruch, S. 273.
10 Ebd.

Heydorns Urteil ist demgemäß unschwer auch auf das heutige Kompetenz-
gerede zu beziehen, speziell auf den Begriff der so genannten „Sozialkompetenz". Auch diese nämlich muss sich, um überhaupt als Kompetenz auftreten
zu können, einer Normierung unterziehen lassen. Als Kompetenz muss sie
erwerbbar sein, also lernbar. Demgemäß auch lehr- und unterrichtbar. Keine
Rede davon oder auch nur ein Gedanke daran, dass hinter dem, was da als
Sozialkompetenz firmiert, sich Einstellungen zu Welt und Mensch verbergen
könnten, die als solche zwar ethisch reflektierbar sind – auch dies wahrscheinlich nur indirekt -, wohl kaum aber normierbar, lernbar, trainierbar. Jeden Tag
aufs Neue – so könnte man mit Heydorn in religiöser Sprache sagen – sind
wir „bei unserem Namen gerufen". Aber Sozialkompetenz heute soll gelernt
werden können. Deshalb ist das damit Gemeinte auch von jeglichem Wertge-
sichtspunkt gesäubert, tritt als Verhalten auf. Deshalb ist der Kompetenzbegriff
auch der pragmatische Nachfolgekandidat für den Bildungsbegriff, der sich bislang – unter den Auspizien einer Bildungstheorie - der Normierung jedenfalls
verweigert. Wenn ein Jemand einem anderen Jemand „verstehend zuhört", ist
er sozialkompetent. Wenn jemand so tut, als ob er jemand anderem verstehend
zuhören würde, ist er auch sozialkompetent. Wenn ein Manager 300 Leute
„freisetzt" ohne dass sich größere Troubles ergeben, ist er sozialkompetent und
kommunikationskompetent sowieso. Wenn ein Politiker in einer Fernsehde-
batte einen anderen rhetorisch geschickt austrickst, ist er ebenfalls kompetent
auf allen Linien. Der Kompetenzbegriff schickt sich an, das Bildungsproblem
zu lösen, indem er die mit der Bildungsidee gegebene ethische Komponente
zum Verschwinden bringt. Im Grunde zeigt sich Kompetenz als effektives Tun.
Kompetenz ist – Adornos berühmte Formel zum Verhältnis von Bildung und
Kultur paraphrasierend – Funktionsgerechtheit und Effektivität „nach der Seite
ihrer subjektiven Zueignung". Humanität aber, „ihr eigener Sinn kann nicht
getrennt werden von der Einrichtung der menschlichen Dinge. Bildung, welche davon absieht, sich selbst setzt und verabsolutiert, ist schon Halbbildung
geworden."[11] Der Kompetenzbegriff sieht davon ab, ist so konzipiert, dass derlei
gar nicht in den Blick kommt. Der Kompetenz fehlt sogar die falsche Selbst-
genügsamkeit, welche das Verhältnis der Halbbildung zur Kultur auszeichnet.
Ohne Nützlichkeitsgesichtspunkt ist sie gar nicht denkbar.
    Inwiefern selbst Toleranz – ein Begriff, der gerne genannt wird, wenn
man in bildungspolitischen Debatten nach einer genaueren Bestimmung von

---

11   Adorno, Theodor W.: Theorie der Halbbildung. In: Horkheimer, Max/Adorno Th.
     W.: Soziologica II. Frankfurt a. M. 1962, S. 169.

Sozialkompetenz fragt – funktionsgerechtes Tun im gesellschaftlichen Betrieb meint, zeigt Heydorn in seiner Auseinandersetzung mit dem 1969 erschienenen Buch „Die demokratische Leistungsschule" von Sander, Rolff und Winkler. Der Gesamtschule als einer demokratischen Leistungsschule ginge es – so heißt es bei den Genannten – um die „Beherrschung differenzierter Kommunikationsformen, die Fähigkeit zur teamartigen Zusammenarbeit und die Tolerierung andersartiger Meinungen und Überzeugungen …In einer rasch sich wandelnden Welt hat die Erziehung zum mündigen Menschen schließlich noch die Bewältigung der Mobilität zu vermitteln. Sie muss bereits in der Schule auf das Leben in festen Bezugsgruppen, wie der Familie einerseits, und in rasch wechselnden Bezugsgruppen (z. B. Arbeitskollegen, Geschäftspartner, Mitglieder einer Reisegesellschaft) andererseits, vorbereiten."[12] Die Vertreter der Demokratischen Leistungsschule demonstrierten uns damit schon damals, dass unter der Prämisse unbezweifelbarer Produktionsziele und gegebener gesellschaftlicher Ordnungsformen zwar differenzierte Kommunikationsformen notwendig sind (mit Geschäftspartnern kommuniziert man anders als mit den Eltern), andersartige Meinungen und Überzeugungen aber gewissermaßen keine wesentliche Rolle spielen sollen. Der Toleranzbegriff von Sander et al. wie derjenige der Toleranzschwätzer von heute kennt Überzeugungsdifferenzen grundsätzlich nur als vernachlässigbare Akzidenzien von Individuen, deren Substanz in der gemeinsamen irrationalen Anerkennung der kapitalistischen Religion besteht. „Kein Hinweis" – so Heydorn –, „dass Toleranz die Grenze der Selbsterhaltung innerhalb einer geistigen Spannung anzeigt, die den Menschen zum Menschen erhebt." Andersartige Überzeugungen dürfen, nichts anderes besagt das Toleranzgerede auch heute, niemals das gesellschaftliche Handeln als solches betreffen. Anders und im Beispiel gesprochen: Islam ist o.k., wenn er die kapitalistische Ordnung nicht angreift und den Geist des Unternehmens nicht gefährdet. Christentum ist o.k., wenn es die Unternehmenskultur nicht anrührt. Wenn deine religiösen und quasireligiösen Überzeugungen keine andere Funktion haben als die Sprüche auf deinem T-shirt oder das Che Guevara-Poster über deinem Schreibtisch, dann ist eitel-tolerante Wonne angesagt.

Soziale Kompetenz und ihre einzelnen Elemente und Ausprägungsformen – das menschliche Bewusstsein wird ja in den neoliberalistischen Bildungskonzepten grundsätzlich als modulartig kombinierbares Etwas imaginiert – sind von ethischen und Wertgesichtspunkten völlig gesäubert, fungible Elemente, Katalysatoren im Dienste eines Prozesses, der unangerührt bleibt. Dass die Werbung

---

12   Zit. nach Heydorn, a.a.O., S. 276.

bzw. das pseudopädagogische Plädoyer für diese neuen „Tugenden" nach wie vor weitgehend moralisch erfolgt und Teamfähigkeit z. B. als dem Konkurrenzverhalten moralisch überlegen dargestellt wird, passt durchaus ins begriffliche Ensemble und Theoriedesign der Organisationsberater, Coaches und Pädagogen von der Sorte der New Governance. Dass das Team als solches der Konkurrenz dient, bemerken die wenigsten, obwohl es Fußballtrainer wissen. Der Moralbegriff des Industriefaschismus ist derjenige der Fußballtrainer: Kampfmoral.

3

Das begriffliche Instrumentarium für eine neoliberale Schul- und Bildungspolitik war im Grunde schon in den frühen Siebzigern präsent. Der Lernbegriff, in wesentlichen Teilen der behavioristisch-psychologischen Lernforschung entnommen und dergestalt als Anpassungsleistung definiert, und auch der zum Sammelsurium von wünschbaren Eigenschaften und Fähigkeiten devastierte Bildungsbegriff waren prädestiniert für eine Umgestaltung des Bildungssystems, wie wir sie derzeit erleben. Was damals fehlte, waren die Technologien zur Implementierung dieser Konzepte in die Praxis der Lehr-Lern-Institutionen von den Grundschulen bis zu den Universitäten. Gefunden wurden diese dann erst in den neunziger Jahren des vergangenen Jahrhunderts. Ein gewisser Jürgen Klausenitzer weist z. B. darauf hin, dass die neuen Formen der Steuerung des Bildungswesens zuerst vor allem im Rahmen diverser internationaler Agenturen diskutiert worden seien, allen voran im Rahmen der dafür vorgesehenen Departments der OECD, der WTO und EU. Gesucht waren Maßnahmen zur Behebung der Mängel des staatsbürokratischen Bildungswesens, Trägheit und Unlenkbarkeit in erster Linie. Die Rede war auch von „Blockaden". „Zur Beseitigung dieser Blockaden" – schreibt Klausenitzer – „wurden in den 1990er Jahren zunehmend Rezepte diskutiert, die der privatwirtschaftlichen Ökonomie entlehnt waren, nämlich Dezentralisierung, Autonomie und Eigenverantwortung, Wettbewerb (…), manageriale Formen der Lenkung und betriebswirtschaftliche Rechnungslegung."[13] Qualität – so derselbe – solle diesen Agenturen gemäß als Effizienz verstanden werden. Dezentralisierungsmaßnahmen sollten sich wesentlich auf die operativen Ebenen beziehen, auf strategischer Ebene sollten die zentralen Kapazitäten gestärkt werden. Die Umgestaltung der deutschen

---

13   Klausenitzer, Jürgen: Schule der Globalisierung. http://www.labournet.de/diskuss ion/arbeitsalltag/bildung/klausen1.html (Stand 24.9.2004). Zu den einzelnen Elementen der neuen Systemsteuerungsformen siehe auch Agnieszka Dzierzbicka/ Alfred Schirlbauer (Hg.): Pädagogisches Glossar der Gegenwart. Wien 2006.

und österreichischen Universitäten nach diesem Muster scheint weitgehend
abgeschlossen. Bezüglich der Schulen scheint der Prozess – gewerkschaftsbe-
dingt? - länger zu dauern. Die Pläne sind aber weitgehend fertig. Und Direktor
einer österreichischen Schule kann man schon seit einigen Jahren nur mehr werden, wenn man zuvor in Sachen „Schulmanagement" ausgebildet worden ist.

Erst jetzt also – so darf man vielleicht sagen – finden die Zeichen, welche
Heydorn vor beinahe 40 Jahren als Menetekel an die Wand gemalt hatte, ihre
Referenten in der Wirklichkeit. PISA, Bologna, Lissabon u.a.m. stehen dafür
exemplarisch. PISA ist Ausdruck des allgemeinen Normierungs- und ISO-
Zertifizierungswahns, gespeist aus der Angst, dem Standortwettbewerb nicht
gewachsen zu sein. Die Benchmarks und Bildungsstandards müssen sich nicht
pädagogisch legitimieren oder bildungstheoretisch ausweisen. Es genügt, wenn
ihre PISA-Testtauglichkeit nachgewiesen werden kann. Und diese steht sowieso
außer Zweifel, weil die Aufgaben, deren Lösung durch den Lerner als manifeste
Anzeichen der Erreichung der Standards gelten sollen, Doubletten der PISA-
Aufgaben sind. Was Schulen dergestalt demonstrieren müssen, ist PISA-Fitness,
weil PISA-Fitness vor allem „Problemlösungskompetenz" ist und Problemlösungskompetenz Wettbewerbsfähigkeit auf dem Arbeitsmarkt bedeutet. Kein
deutscher Kultusminister oder österreichischer Bildungsminister hätte derartiges von sich aus durchsetzen können. Aber PISA ist eine OECD-Angelegenheit,
und die OECD ist weder ein literarischer Salon noch eine gemütliche Wiener
Ministeriumsabteilung. Und überdies: Berufungen auf Ratschlüsse höherer
Instanzen ersetzen allemal eine Begründung in der Sache. Ob es Zufall war,
dass die Zerstörung der Universität durch den Bologna-Prozess just in der
Stadt ihren Anfang nehmen musste, in welcher die europäische Universitäts-
idee angehoben hatte, Wirklichkeit zu werden, darüber darf gerätselt werden.
Die Einführung modularisierter sechssemestriger Kurzstudien, die damit
angepeilte Vereinheitlichung des europäischen Hochschulraumes, die auch
vor der Vereinheitlichung der Inhalte kaum haltmachen wird, demonstriert
die nämliche Absicht zur Normierung, eröffnet für die Zukunft auch die entsprechenden Kontrollmöglichkeiten. Die Bachelors werden damit – so nebenbei - bescheiden gestimmt und ihre Ansprüche gedämpft. Die Bereitschaft für
lebenslanges Lernen wird somit schon über das Bewusstsein der eigenen Unzu-
länglichkeit vorbereitet. Das Memorandum von Lissabon spricht diesbezüglich
ohnehin Klartext. Hier ist kaum mehr etwas ideologiekritisch zu analysieren.
Das Papier, welches in erster Linie zwar dem Lebenslangen Lernen gilt, ist aber
gleichzeitig auch ein bildungspolitisches Grundsatzpapier. Die Bildungsziele,
die hier genannt werden, sind der Beschäftigungsstrategie des Europäischen
Rats (1997) entnommen und heißen: „Employabilitiy, Unternehmergeist,

Anpassungsfähigkeit und Chancengleichheit." Anvisiert ist der unternehmerisch denkende Mitarbeiter bzw. Projektwerber, der seine Beschäftigbarkeit seinen fortlaufenden Anpassungsleistungen an die Bedürfnisse des Marktes verdankt, der sich als Arbeitskraftunternehmer versteht und dergestalt seine Automodifizierung von einer Humanressource zum Humankapital niemals als beendet versteht. „Wissen, Fähigkeiten und Einsichten, die wir als Kinder und Jugendliche in Familie, Schule, Ausbildung und Studium erwerben, behalten" – so versichert uns das Memorandum treuherzig – „ihre Gültigkeit nicht während des gesamten Lebens. Das Lernen stärker im Erwachsenenleben zu verankern, ist zwar ein ganz wesentlicher Aspekt der praktischen Implementierung des Lebenslangen Lernens, aber eben nur ein Teilaspekt eines größeren Ganzen. Beim lebenslangen Lernen werden sämtliche Lernaktivitäten als ein nahtloses, von der Wiege bis zum Grabe reichendes Kontinuum gesehen (…) also muss sicher gestellt sein, dass die jungen Menschen vor allem das Lernen gelernt haben und dass sie eine positive Einstellung zum Lernen haben."[14] „Alle in Europa lebenden Menschen – ohne Ausnahme – sollen die Chance haben, sich an den gesellschaftlichen Wandel anzupassen."[15] Invariant ist der Wandel, ist die Entwicklung, variabel sind die Subjekte. Der neue Geist, ob wir ihn nun Industriefaschismus, Neoliberalismus oder wie auch immer nennen, macht keine rassischen, religiösen oder sonstigen Unterschiede zwischen den Individuen. Jedes ist eine Humanressource und kann/soll Humankapital werden. Alle in Europa lebenden Menschen können/müssen sich an den Wandel anpassen. Niemand muss sich dafür interessieren, wie und wodurch dieser Wandel zustande gekommen ist oder ob er gar das Ergebnis von Politik ist. Die Sprache des Papiers ist pseudodarwinistisch. Die Entwicklung verlangt. Der Wandel erfordert. Die Lösung des Problems ist Anpassung, von der Wiege bis zum Grabe. Das Konzept ist totalitär. Die Unangepassten fallen heraus aus dem Betrieb, werden „Müll", sind „not successfull".[16] Die „positive Einstellung" gegenüber dem Lernen ist der Angst vor dem Untergang abgetrotzt. Wer früher damit aufhört, stirbt früher. Lernen ist – konsequent neodarwinistisch – eine Überlebensstrategie, mehr nicht. Die EU-Bildungskommission (bei Heydorn „der Bildungsrat") „täuscht eine Determination des gesellschaftlichen Prozesses

---

14 Bm: bwk (Hg.): Memorandum über lebenslanges Lernen der europäischen Kommission. Österreichischer Konsultationsprozess. Materialien zur Erwachsenenbildung. Nr. 1/2001, S. 9.

15 A.a.O., S. 3.

16 Heydorn, Über den Widerspruch, S. 266.

vor, der sich der Mensch blindlings zu unterwerfen hat, wenn er seine eigene Zivilisation nicht zerstören will. Er täuscht einen naturwüchsigen Prozess vor, aus dem kein Entkommen ist. Damit knüpft er an das Gefühl des Ausgeliefertseins an, das die Bewusstseinslage der Zeit weithin kennzeichnet".[17] Überflüssig, daran zu erinnern, dass gegenwärtige Politikerstatements und diverse Medienkommentare permanent diese ohnehin gegebene Gefühlslage rhetorisch bekräftigen. Es gäbe – so heißt es – keine Alternative zur Globalisierung, zur New Economy, zum weltweiten „catch as catch can".

„Die EU, der weltweit größte Exporteur, hat sich" – so die EU-Bildungskommission in dem für sie typischen Stil der platten Formulierungen – „logischerweise für die Öffnung hin zur Weltwirtschaft entschieden. Daher muss sie ständig ihre wirtschaftliche Wettbewerbsfähigkeit steigern (…) der größte Trumpf der Union sind die Humanressourcen (…) Der wichtigste Vorteil der EU bei der Verstärkung der Wettbewerbsfähigkeit ihrer Industrien beruht auf der Fähigkeit, dank der hochqualifizierten Arbeitskräfte Wissen zu schaffen und zu nutzen…".[18] Unter der Überschrift „Wege in die Zukunft" – der Plural ist hier ein schlichtes Täuschungsmanöver, denn in Wahrheit wird nur einer offen gelassen – formuliert die Kommission unverdrossen ihre Dogmen: „In einer im ständigen Wandel begriffenen Wirtschaft treibt das Problem der Beschäftigung die Weiterentwicklung der beruflichen Bildungssysteme voran. Grundanliegen muss eine berufliche Bildung sein, angepasst an die Perspektiven des Arbeitsmarktes und der Beschäftigung. Die Notwendigkeit einer solchen Entwicklung ist mittlerweile ins Bewusstsein gedrungen; bester Beweis dafür ist das Ende der großen doktrinären Diskussionen über die Bildungsziele."[19] In vier Sätzen findet sich hier einmal das Wort „Wandel", zweimal die „Entwicklung", davon einmal als „notwendige" und – kaum zu vermeiden – auch die „Anpassung". Die einmal vorkommende „Diskussion" wird als „doktrinär" attribuiert und damit abgetan. Damit wird der Kern von Demokratie als entwicklungshemmend abqualifiziert. Das Ende der Diskussionen wird schlicht verkündet, noch nicht direkt angeordnet. Unter der Überschrift „Das Ende der Grundsatzdebatten" wird der Brückenschlag zwischen Schule und Betrieb empfohlen und versichert, dass die traditionelle Trennung von Allgemeinbildung und Berufsbildung heute obsolet sei. Dort, wo noch von Allgemeinbildung die Rede ist, heißt es, dass sie als eine „Fähigkeit

---

17   Heydorn, Über den Widerspruch, S. 268.
18   Weißbuch der europäischen Kommission: Lehren und Lernen. Auf dem Weg zur kognitiven Gesellschaft. Luxemburg 1995, S. 50.
19   a.O., S. 44.

zum Begreifen, zum Verstehen und zum Beurteilen" entwickelt werden müsse,
wodurch sie „der erste Faktor der Anpassung an die Entwicklung der Wirtschaft
und des Arbeitsmarkts"[20] werde. Wer – so darf man interpretieren – der Nötigung
zur permanenten Selbstanpassung nachzukommen bereit ist, hat „begriffen",
„verstanden" und darf („be-)urteilen". Der Rest des Programmpapiers, welches
allen in Europa lebenden Menschen vor allem Angst und damit Beine machen
will „auf dem Weg zur kognitiven Gesellschaft", wiederholt auf rund hundert Seiten immer wieder dieselben Parolen: „Schulen und Unternehmen sollen einander angenähert werden." – „Den Unternehmen kommt im Bildungsbereich eine
wachsende Rolle zu. Sie haben zur Verbreitung der aus ihren Erfahrungen gewonnenen Kompetenzen beizutragen." – Schule und Unternehmen sind sich gegenseitig ergänzende Stätten des Wissenserwerbs, die es einander anzunähern gilt."[21]
Die Sprache verrät den Geist ihrer Sprecher. Der Stil ist durchwegs deskriptiv,
der Sinn des Ausgesagten normativ und vorschriftenartig. Schoolsponsoring ist
ebenso angesagt wie die Transformierung von günstigen Mitarbeitereigenschaf-
ten zu schulischen Lernzielen, letzten Endes die Umgestaltung der Schule zum
Unternehmen. Mit Blick auf die schwedische Gesamtschule schreibt Heydorn in
seinem 1972 in seiner „Neufassung des Bildungsbegriffs": „Schulmanagement ist
Beruf wie Industriemanagement, in beiden Sparten wird für kurzfristige, stets
wechselnde Bedürfnisse produziert (...) Die Schule wird dem Industriebetrieb
angeglichen (...) Das System ist äußerst flexibel, darauf gerichtet, sich den technischen Basisprozessen widerspruchslos vermitteln zu können. Es ist absolut
geschlossen, da es bildungstheoretisch den positivistischen Ansatz als Reduktion
aller Qualität auf Quantität absolut zu Ende führt, somit systemimmanent völlig
abgedichtet ist. Der Dienstleistungscharakter des Lehrers ist unzweifelbar festgelegt; es bleiben keine Persönlichkeitsillusionen."[22]

4

Heydorns Bildungskritik ist aktueller denn je. Zumal seine Analysen zur Bildungspolitik der sechziger und siebziger Jahre lesen sich wie eine Kritik der
pädagogischen Gegenwart. Am Ende seiner Abhandlung „Überleben durch
Bildung. Umriss einer Aussicht", erschienen in seinem Todesjahr (1974), heißt
es: „Die Verwertung des ‚Humankapitals' verschleißt unaufhörlich. Mit der

---

20   A.a.O., S. 27.
21   A.a.O., S. 56 u. 62.
22   Heydorn, H.-J.: Zur Neufassung des Bildungsbegriffs. In: Bildungstheoretische und
     pädagogische Schriften. Studienausgabe Bd. 4, Wetzlar 2004, S. 101.

naturwissenschaftlichen Gesellschaft ist ein neuer Mythos entstanden, mit
dem sich die Gesellschaft als unabwendbare Wahrheit über uns verhängt, der
wir ausgeliefert sind. Ihre Entmythologisierung erfordert veränderte, schwierige Denkprozesse. Wir haben nur gelernt, das offen Irrationale zu überführen.
Die Irrationalität, die sich als Ratio ausgibt, hält sich verborgen. Der Kapitalismus ist keineswegs am Ende; er wuchert vielmehr, ist tief verinnerlicht, hält
die Vorstellung besetzt. Nur die alte bürgerliche Klasse als produktives geis-
tiges Phänomen ist untergegangen."[23] Dies in der Tat. Von dieser gab es schon
zur Zeit Heydorns nur mehr einzelne Exemplare. Auch der Entrepreneur im
klassischen Sinne[24] ist verschwunden. An seiner Stelle gibt es die Kreativmana-
ger. Und der Kapitalist ist dem Shareholder gewichen. Seitdem gibt es ja auch
entrepreneurship-education und Unternehmergeist als Bildungsziel für alle.
Überflüssig zu bemerken, dass die selfentrepreneurs, Arbeitskraftunternehmer,
Ich-AGs das mit jedem entrepreneurship verbundene Risiko ganz auf ihrer Seite
haben und nicht um Unternehmensgewinne kämpfen, sondern um ihr Dasein,
mit ihren innovativen Ideen nicht die Produktion beleben oder Arbeitsplätze
schaffen, sondern lediglich ihr eigenes Überleben zu sichern suchen. Lediglich
die Formel von den Wucherungen des Kapitalismus scheint heute etwas antiquiert. Dieser scheint eher zu explodieren. Hier wird auch kaum mehr etwas
verborgen. Der Kapitalismus hält die Vorstellung auch weniger besetzt, er
erschlägt sie vielmehr. Das sozialbehaviouristisch-ökonomistische Vokabular
ist vielmehr schon Alltagssprache geworden. Die Sprache, die jeder versteht,
ist die des ökonomischen Diskurses. „Das Idiom der Welt, und die Welt spricht
Geschwindigkeit, Genuss, Narzissmus, Konkurrenz, Wunscherfüllung."[25]

---

23   A.a.O., S. 272.
24   Siehe dazu Pfeiffle, Horst: Entrepreneurship. In: Dzierzbicka, Agnieszka/Schirl-
     bauer, Alfred (Hg.): Pädagogisches Glossar der Gegenwart. Wien, 2006, S. 97–104.
25   Lyotard, Jean-Francois: Das Grabmal des Intellektuellen. Wien, 1985, S. 49.

Erziehung Macht Disziplin - Bemerkungen zum pädagogischen Machtbegriff ohne ständige Rücksicht auf Foucault (2009)

Im folgenden soll gezeigt werden, dass Erziehung ohne Macht nicht zu haben ist, dass das Erziehungsverhältnis ein Machtverhältnis ist, dass die Rede von der pädagogischen Verantwortung nur unter der Prämisse Sinn macht, dass Pädagogen Macht haben und dass das heimliche/verheimlichte Ziel jeder Erziehung Disziplin ist. Als Plädoyer für mehr Disziplin sind diese Überlegungen allerdings nicht zu verstehen (solches können wir getrost B. Bueb überlassen), auch nicht für weniger Disziplin. Ob, mehr oder weniger' soll uns hier nicht oder nur am Rande interessieren. Das Hauptaugenmerk gilt vielmehr den im Spiel befindlichen Begriffen und ihren Relationen.

Unter Disziplin soll in diesem Zusammenhang schlicht und einfach, ,Ordnung' verstanden werden. So steht's ja auch in unserem (österreichischen) lateinisch- deutschen Schulwörterbuch, dem ,Stowasser'. Folgende Bedeutungen des lateinischen Wortes ,disciplina' werden hier angeführt: Unterweisung, Lehre, Bildung, Zucht, Manneszucht, Methode, Gewohnheit und Ordnung. Dass die ,Manneszucht' in meiner Ausgabe aus dem Jahre 1963 noch genannt wird, nicht mehr aber in den Ausgaben ab 1979 sei nur am Rande vermerkt. Beenden werde ich dann meine Ausführungen mit einem kurzen Ausflug in das Gebiet der Führung, Lenkung und Erziehung Erwachsener, z. B. von Lehrern und Hochschullehrern, in ein Gebiet also, welches man dann üblicherweise nicht mehr Pädagogik, sondern Politik nennt. Wir werden hier sehen, dass wir als Pädagogen nicht nur erziehen, sondern auch erzogen werden.

Als Motto für unsere Überlegungen soll eine Sentenz aus Heydorns Widerspruchsschrift dienen: „Erziehung ist das uralte Geschäft des Menschen, Vorbereitung auf das, was die Gesellschaft für ihn bestimmt hat, fensterloser Gang. In der Gesellschaft soll der Mensch produzieren, sich dem magischen Ritus unterwerfen [...]. Die Geschichte der Erziehung hält an, die Gesellschaft hat ihren vorrationalen Charakter nicht überwunden, sondern ihn nur den veränderten Bedingungen gemäß modifiziert. Mit der Erziehung geht der Mensch seinen Weg durch das Zuchthaus der Geschichte. Er kann ihm nicht erlassen werden. Im Begriff der Erziehung ist die Zucht schon enthalten, sind Einfügung, Unterwerfung, Herrschaft des Menschen über den Menschen eingeschlossen, bewusstloses Erleiden [...]. Mit dem Begriff der Bildung wird die

Antithese zum Erziehungsprozess entworfen; sie bleibt zunächst unvermittelt. Erziehung ist verhängt; der Versuch ihrer anonymen Verhängung weist auf ein entscheidendes Problem der industriekapitalistischen Verfassung. Bildung dagegen begreift sich als entbundene Selbsttätigkeit, als schon vollzogene Emanzipation." (Heydorn 2004, S. 9)

„Sei vernünftig, Kind! Tu, was ich dir sage!" Das ist der Grundgestus des Erziehens: die Aufforderung zum Tun des Vernünftigen, also dem Tun dessen, was dem Erzieher als das Vernünftige, Notwendige, Gesollte, Angebrachte etc. erscheint. „Mach deine Hausaufgaben! Räum dein Zimmer auf! Sei lieb zur Oma! Spiel nicht mit den Schmuddelkindern!" (F.J. Degenhardt) Das Aufwachsen von Kindern ist nicht nur faktisch, sondern – d.i. die These – auch prinzipiell umstellt von Sollensforderungen, Geboten, Verboten, Ratschlägen und anderen so genannten ‚wegweisenden Orientierungen'. Unterstützt und begleitet werden diese Sollens- und Verbotsdiskurse in der Regel mit bzw. von den auch außerhalb der Kinder- und Jugenderziehung üblichen Mitteln der Macht, nämlich dem Lob, dem Tadel, den Versprechungen (incentives) und Drohungen, den Belohnungen (Prämien) und Bestrafungen (Sanktionen).[1]

Man mag sich darüber wundern oder gar mokieren, dass hier auch die Belohnung, das Lob, das in Aussichtsteilen einer Gratifikation als Mittel der Macht bezeichnet werden. Aber: Wer sich darüber wundert, tut das vielleicht deshalb, weil er einem heute ziemlich üblichen Verständnis von Macht als etwas Bösem, Schlechtem, jedenfalls Anrüchigen aufsitzt. Hier soll Macht jedenfalls anders verstanden werden. Vielleicht darf man sagen: ‚wertneutral'. Macht wäre demgemäß weder böse noch gut, sondern wäre schlicht, was sie ist: nämlich das ‚Vermögen', andere dazu zu bringen, das zu tun, von dem ich meine, dass sie es tun sollen. In den klassischen Worten von Max Weber: „Macht bedeutet jede Chance, innerhalb einer sozialen Beziehung den eigenen Willen auch gegen Widerstreben durchzusetzen, gleichviel worauf diese Chance beruht." (Weber 1922, S. 28)

Die entscheidenden Teile dieser Definition sind sicher: erstens jede Chance und zweitens gleichviel, worauf diese Chance beruht. Das heißt m. E.: Diese Chance, den eigenen Willen gegenüber einem anderen Willen durchzusetzen, kann z. B. auch auf Achtung, Respekt, Zuneigung dem Erzieher gegenüber, auf charismatischer Ausstrahlung des Erziehers und diversen Varianten des pädagogischen Eros beruhen. Es muss sich dabei nicht unbedingt um Chancen

---

1 Zur Theorie der Machtmittel siehe insgesamt R. Paris, Stachel und Speer' (1998a). Meine Ausführungen dazu beziehen sich insbesondere auf die Kapitel ‚Drohungen' und ‚Politik des Lobs'.

handeln, die in der körperlichen Überlegenheit, dem größeren Waffenarsenal, der Verfügungsgewalt über Geld und andere Ressourcen wurzeln. Macht in diesem Verständnis ist etwas Universales; d.h. es gibt keine machtfreien Räume und auch keine machtfreien zwischenmenschlichen Verhältnisse. Zumindest im Begriff der Achtung ist die Machtdimension schon inkludiert, zumal wenn Achtung in die Nähe von Hoch-Achtung gerückt ist. Man könnte meinen, die Liebe wäre vielleicht eine machtfreie Angelegenheit. In romantischer Stilisierung sicherlich. Aus der Erfahrung wissen wir es aber auch anders. Auch hier gibt einer der Beteiligten in der Regel den Ton an. Wer mehr liebt (begehrt), ist in der unterlegenen Position. Er wird sich fügen, um die Beziehung nicht aufs Spiel zu setzen. Wir wissen es seit langem: Reduziertes Begehren macht stark (zumindest im Sinne von resistent). Bleiben wir kurz bei den ‚Erziehungsmittel' genannten Machtmitteln des Versprechens, des Belohnens, des Lobens und des Drohens.

Wer einem anderen etwas verspricht, muss dazu in der Lage sein, d.h. in der Lage sein, etwas in Aussicht stellen zu können, was der andere will (begehrt), aber nicht hat und sich nicht selbständig besorgen kann. Wer Belohnungen in Aussicht stellt, muss über die entsprechenden Ressourcen auf glaubwürdige Art verfügen. Versprechen und Belohnen sind zwar unterscheidbare Aktformen, gehören aber zueinander wie Drohung und die Strafe. Das Versprechen erfüllt sich – gegebenenfalls – in der Belohnung, die Drohung – gegebenen falls – in der Strafe.

Anders das Lob. Anders sind hier vor allem die Zeitverhältnisse. Der Zukunftsaspekt beim Lob ist eher schwach ausgeprägt. Das Lob erfolgt ex post facto. Es wird auch nicht angekündigt. Man mag sich ein Lob erhoffen bzw. erwarten. Ob es kommt, liegt im Ermessen der anerkannten Autorität. Einforderbar wie eine in Aussicht gestellte Belohnung ist es nicht. In der Regel wird es daher ‚gespendet'. Nach R. Paris ist es ein subtiles und geschmeidiges Mittel, andere zu führen, zu lenken, bei der Stange zu halten, anzuspornen. Jedes Lob enthält quasi einen indirekten Befehl: Weitermachen! Dass das Lob ein Mittel der Macht ist und so harmlos nicht ist, wie es Pädagogen üblicherweise erscheint, ist unter anderem auch daraus ersichtlich, dass es auf Werte, Normen, Standards rekurriert und dass es normalerweise nur gespendet wird, wenn diesbezügliche Leistungen das Normale und Erwartbare übersteigen. Darüber aber, was das Herausragende ist und ob es das normal Erwartbare übersteigt, entscheidet der Lobende, wenn er lobt. Das heißt: Ob man sich dessen bewusst ist oder nicht, ob man das will oder nicht will - indem man lobt, setzt man sich selber als die Instanz ein, die dazu befugt ist und zu einem der artigen Urteil imstande ist. Der Lobende inthronisiert sich dergestalt als Hüter der Norm und

Inhaber der Werturteilskompetenz bzw. Qualitätsbeurteilungskompetenz. Die Voraussetzung dafür, dass der Lobmechanismus funktioniert, ist also schlicht ein intaktes Autoritätsverhältnis. Damit das Lob erreicht, was es erreichen soll, muss es von einer anerkannten Autorität kommen. So könnte man sagen, wenn es nicht auch die umgekehrten Fälle gäbe, nämlich diejenigen, in denen eine diffuse Macht dadurch, dass sie uns lobt, zur anerkannten Autorität avanciert (z. B. gibt es Hochschullehrer, welche ursprünglich vom weltweiten Shanghai-Ranking wenig bis nichts gehalten haben, nach einer guten Platzierung ihrer Universität dann aber doch).

Jedenfalls und grundsätzlich: Eben dieser Sachverhalt macht ja auch das Loben 'von unten nach oben' so problematisch. Wir sprechen in diesem Falle üblicherweise von Schmeichelei und Schleimerei. R. Paris bedient sich hier eines Sprichwortes: „Manch einer will einem Riesen auf die Schultern klopfen und reicht gerade mal bis zur Wade." Auch der Sachverhalt, dass das Lob unter Gleichgestellten seine Tücken hat, verweist m. E. auf das elementare Bestimmungsmoment des Lobs als eines Mittels der Macht.

Dass Drohung und Strafe Mittel der Macht sind, muss vielleicht nicht näher ausgeführt werden. Die Asymmetrie des Verhältnisses der Beteiligten liegt hier auf der Hand. Dass der, welcher droht, über die überlegenen Machtpotentiale verfügen muss, ist klar. Österreich kann keinen Staat der Welt bedrohen, ob mit oder ohne die eben angeschafften Eurofighter. Und wenn Schüler an der einen oder anderen Schule Lehrer (wirksam) bedrohen, dann stimmt wahrscheinlich etwas grundsätzlich nicht mehr. Zu Zeiten ‚funktionierender Schuldiszi-plin' waren – d.i. nicht wehmütig gemeint – die Schule und die Lehrer schon als solche eine Bedrohung. Solches musste nicht eigens ausgesprochen werden. Die so genannte Lern- und Leistungsmotivation war Ergebnis einer geradezu existenziell bedrohlichen Situation, welche die Institution Schule als solche zur Verfügung stellte.

Ich sagte eingangs, dass das Aufwachsen von Kindern nicht bloß faktisch, sondern prinzipiell von Sollensforderungen, Geboten, Verboten und ähnlichem umstellt sei. Damit – ‚prinzipiell' – ist nicht gemeint, dass tatsächlich – in der ‚Erziehungswirklichkeit' – permanent gelobt, getadelt, gefordert, geboten und verboten wird. Nein, es gibt ja auch solches wie die ‚stille Pädagogik' (ein Aus-druck, den ich von P. Bourdieu übernehme). Man kennt dieses Phänomen viel-leicht weniger vom heutigen Schulleben her, aber doch immerhin aus manchen Berichten der häuslichen bzw. familiären Erziehung: Sohnemann muss manch-mal etwas härter angefasst werden – da setzt es dann zumindest so etwas wie eine deftige Moralpredigt –, und beim Töchterlein ist außer einem Lob ab und an quasi überhaupt keine Erziehung nötig. (Es sollte sich von selbst verstehen, dass damit keine Geschlechtertheorie in punkto Erziehung vertreten wird.) Es gibt sie, die ‚hemeroteroi‘, die leicht Führbaren, und es gab sie schon bei Platon. An der prinzipiellen Struktur des Erziehungsverhältnisses als eines Machtverhältnisses ändert sich deswegen aber nichts. Z.B.: Der Chef bleibt auch dann Chef, wenn er seine ‚Mitarbeiter‘ genannten Untergebenen nicht durch Spezialmaßnahmen unter Druck-oder Sogwirkung setzen muss. Denn er könnte es, wenn es nötig wäre. Das reicht mitunter. Der ‚Druck‘ ist auch dann und mitunter gerade dann wirksam, wenn er auf spezielle Maßnahmen verzichtet.

Und im Übrigen: In der Regel mischt sich ja auch Gewohnheit in das erzieherische Machtverhältnis. Menschen, nicht bloß kleine Menschen, gehorchen ja mitunter auch aus Gewohnheit oder Bequemlichkeit. „Im gewohnheitsmäßigen Gehorsam" – so heißt es bei R. Paris – „sind die Sanktionskalküle in den Hintergrund (des Bewusstseins, A.S.) gerutscht: Selbstentlastung durch Routine. Der Gehorsam gegenüber der Macht verschwindet dann hinter der Macht der Gewohnheit." (Paris 1998b, S. 92) Und wer sich den vorauseilenden Gehorsam zueigen gemacht hat, kann sich bekanntlich sogar einbilden, aus eigenem Antrieb zu handeln und nicht bloß auf Befehl. Mit E. Canetti könnte man auch sagen: Die Identifikation mit dem Mächtigen tilgt den Schmerz, den der ‚Stachel des Befehls‘ zufügt.

Erziehung ist also eine ziemlich machtvolle Angelegenheit. Ohne Macht geht sie nicht. Ohne Macht gibt es sie nicht einmal. Ohne dieses im pädagogischen Diskurs – in der Praxis ja kaum – vielfach verleugnete und geradezu tabuisierte Strukturmoment der Erziehung gäbe es – so sagte ich einleitend – auch keine pädagogische Verantwortung. Damit ist folgendes gemeint: ‚Verantwortlich‘ können grundsätzlich nur soziale Akteure sein, welche mit – so heißt es ja – Handlungsvollmacht und Verfügungsgewalt ausgestattet sind. Wo keine Macht, da auch keine Verantwortung. Prokuristen z.B. haben diese. Ihnen wurde die Prokura übertragen, d.h. die Macht, stellvertretend für den Inhaber der Firma Entscheidungen zu treffen. Der Prokurator war auch der Stellvertreter des römischen Kaisers in Galiläa, Spanien oder sonst wo. Und als solcher hatte er stellvertretend für den Cäsar die entsprechenden Entscheidungen zu treffen. Ohn-Mächtige haben eben keine Verantwortung. Deshalb ist das pädagogische Gesäusel über Verantwortung so öd, wenn nicht gleichzeitig die Machtfragen – vermag ich unter gegebenen Umständen und Bedingungen überhaupt, was ich soll, was mir aufgetragen ist? – mitdiskutiert werden.

Schulpädagogisch gesprochen: Schulen, an denen man nicht ‚durchfallen‘ kann, Lehrer, denen man die Möglichkeit, negative Zensuren zu geben, genommen hat oder nimmt, sind als solche schon nicht mehr bedrohlich - die Voraussetzungen für die pädagogischen Verantwortungsdebatten sind damit weggefallen. Da helfen dann auch die ausgesprochenen Drohungen nicht mehr. Diese sind dann schlicht unglaubwürdig, also: ein schlechter Bluff. Denn: Wie beim Versprechen, so auch bei der Drohung. Beider Wirksamkeit hängt entscheidend an der Bedingung der Glaubwürdigkeit. Die ‚gute' Drohung ist also diejenige, nach welcher man das Angedrohte nicht wahr machen muss. Der Sinn der Drohung ist es geradezu, das Angedrohte nicht durchführen zu müssen. Anders herum: Die Drohung kommt demjenigen, der droht, dann ‚billig', wenn er die angekündigte Sanktion nicht vollziehen muss. Das Versprechen hingegen – wie man weiß – kommt dann billig, wenn der zu Erziehende bzw. zu Führende nicht tut, was er sollte. Teuer wird's, wenn das Versprechen erreicht, was es will. Dann müssen die Eltern den Gebrauchtwagen für die maturierte Tochter kaufen.

Das Ziel der Erziehung ist so offenkundig, dass man sich nachgerade wundert, wie es in der erziehungswissenschaftlichen Diskussion je hat fragwürdig werden können. Selbstverständlich geht es um Mündigkeit – z. B. und wohl in erster Linie um Strafmündigkeit – Selbständigkeit, Autonomie und wie diese Formeln alle heißen. Aber: Die Autonomie bzw. Selbständigkeit ist immer die Autonomie im Tun dessen, was die Erwachsenengeneration für das Vernünftige und Sinnvolle hält. Die Gewährung von Selbständigkeit erfolgt üblicher weise dann, wenn die Gefahr der Devianz gebannt erscheint. Mitunter aber – v. a. in Problemfällen – erreicht die Gewährung von Selbständigkeit erst, was im Modus paternalistisch–schützender Bevormundung unerreichbar schien. Wenn's dem Vater oder der Mutter reicht – was sagen sie dann zu ihrem Nachwuchs? „Gut, du willst also nicht (mehr) hören, gut, dann mach, was du willst! Du wirst schon sehen, wohin dich das führt!" – Und siehe da – auf einmal läuft die Chose schon besser.

Wenn's dem Staat, dem Erhalter der Schulen, reicht - was sagt er dann zu ihnen? „Gut, ihr wollt also auf meine Erlasse und Verordnungen nicht hören (d.h. ihr wollt sie nicht lesen und vor allem die von mir erstellten Lehrpläne nicht zur Kenntnis nehmen), gut, dann entlasse ich euch in die Autonomie. Macht selber, was ihr für gut und richtig haltet, ihr werdet dann schon sehen, ob ihr als ‚gute Schulen' nachgefragt sein werdet. Und überdies werdet ihr euch selber an euren mit mir vereinbarten Zielen überprüfen, evaluieren und gegebenenfalls einer von mir verordneten Metaevaluation unterziehen. Die Vergabe von Mitteln wird den Evaluationsergebnissen entsprechen."

Das in der pädagogischen Literatur weithin verheimlichte bzw. auch übersehene Motto jeder Erziehung lautet also schlicht: „Werdet wie wir, allenfalls ein bisschen tüchtiger!" In der Erziehung reagiert also die Erzeugergeneration auf die ziemlich ärgerliche Tatsache der Entwicklung (S. Bernfeld), d.h. auf die

Tatsache, dass die Kleinen noch nicht sind, was sie werden sollen. Bekanntlich sprechen sie noch nicht, sondern schreien und quengeln. Sie bitten auch nicht, sondern nehmen. Vor allem sprechen sie nicht Hellenisch, sondern Barbarisch. Wie eine Horde von Barbaren – das sind eben diejenigen, die nicht Hellenisch sprechen – fallen sie in unsere wohlgeordnete Polis (bzw. unsere aufgeräumte Wohnung) ein. Zu ihrem Glück sind sie lieb und putzig (man er innere sich an den Topos des Kindchenschemas und K. Lorenz), zu unserem Glück sind sie ‚bildsam' (J. F. Herbart) oder zumindest erziehbar und lernfähig.

Immanuel Kant nannte in seiner berühmt-berüchtigten Vorlesung ‚Über Pädagogik' die einzelnen Momente des Erziehungsgeschäfts noch deutlich bei ihrem Namen: Wartung, Disziplinierung, Zivilisierung, Kultivierung, Moralisierung und Bildung, wobei er der als ‚Austreibung von Wildheit' verstandenen Disziplinierung einen entscheidenden Rang einräumte. „Wildheit" – so Kant – „ist die Unabhängigkeit von Gesetzen. Disziplin unterwirft den Menschen den Gesetzen der Menschheit, und fängt an, ihn den Zwang der Gesetze spüren zu lassen. [...] So schickt man[...] Kinder anfangs in die Schule, nicht schon in der Absicht, damit sie dort etwas lernen sollen, sondern damit sie sich daran gewöhnen mögen, still zu sitzen und pünktlich das zu beobachten, was ihnen vorgeschrieben wird, damit sie nicht in Zukunft jeden ihrer Einfälle wirklich auch und augenblicklich in Ausübung bringen mögen." (Kant 1776/77, S. 10) Keine Rede ist hier von Natürlichkeit, Spontaneität und Authentizität bei Kant. ‚Natürlich' – so darf man vielleicht sagen – ist der Mensch anfangs und zunächst. Das soll er ja nicht bleiben. Disziplinierung, Zivilisierung und Kultivierung müssen folgen. Wir tun das im Rahmen der Erziehung den Kindern an – unvermeidlich. Und – wie wir wissen – das geht nicht immer ohne Tränen. Ein Wiener Psychoanalytiker (Helmut Figdor) sprach in diesem Zusammenhang einmal sehr schön von ‚verantworteter Schuld'.

Vor allem die in den letzten Jahrzehnten viel gepriesene ‚Spontaneität' ist eine ziemlich problematische Angelegenheit, wenn es denn richtig ist, dass, ‚spontan' soviel bedeutet, wie ohne Überlegung einem inneren Impuls zu folgen, also in den Worten von Kant: ‚einen Einfall wirklich auch und augenblicklich in Ausübung (zu) bringen'.

Man könnte es auch zynisch – z.B. in Anknüpfung an A. Gehlen – formulieren und dergestalt sagen: Wer in einer immer komplexer werdenden Welt Natürlichkeit, Spontaneität und Authentizität einfordert, soll gleich zugeben, dass er von ihrem in der Tat außerordentlichen Disziplinierungsdruck überfordert ist und sich insgeheim die Steinzeit zurückwünscht, eine Zeit, in welcher – vielleicht? – den natürlichen Antrieben mehr Raum gegeben war. Alles - so darf man vermuten – durfte man allerdings auch nicht. Vielleicht wirkten die diversen Totems und Tabus sogar direkter?

Ähnlich wie bei Kant klingt es auch bei Hegel, wenn er über den Unterricht folgendes schreibt: „Das originelle, eigentümliche Vorstellen der Jugend über die wesentlichen Gegenstände der Welt ist teils noch ganz dürftig und leer, teils aber in seinem unendlich größeren Teil ist es Meinung, Wahn, Halbheit, Schiefheit, Unbestimmtheit. Durch das Lernen tritt an die Stelle von diesem Wähnen die Wahrheit." Es kommt darauf an, „dass die Unwissenheit verjagt, der leere Kopf mit Gedanken und Gehalt erfüllt und jene natürliche Eigentümlichkeit des Denkens, d.h. die Zufälligkeit, Willkür und Besonderheit des Meinens vertrieben werde." (Hegel 1812, S. 412)

Der Erziehungs- und auch der Bildungsprozess ist bei Hegel gefasst als ein ‚sich der Besonderheit abtun und zum Sinne eines allgemeinen Seins und Handelns zu bilden' (vgl. Hegel 1808/09, S. 81 ff.). Individualität, Eigentümlichkeit und Originalität im Sinne von Ursprünglichkeit sind also keine Zwecke von Erziehung und Unterricht, nach Hegel nicht und auch nicht nach Kant. So etwas passiert manchmal, manchmal auf erfreuliche Art und Weise, manchmal auf unerfreuliche Weise. Wie auch immer.

Weite Strecken des pädagogisch-normativen Diskurses können demgemäß als Problemverschlingungen interpretiert werden, welche aus der Verleugnung bzw. Tilgung der pädagogischen Machtproblematik resultieren. Die Pädagogik des vergangenen Jahrhunderts war vor allem mit einem beschäftigt, nämlich mit der so genannten ‚Humanisierung' des Erziehungsbetriebs: Am Anfang - so könnte man die Geschichte kurz fassen - waren die körperlichen Strafen, Rohrstock und Prügelpädagogik. Dann kam die autoritäre Lehrerpersönlichkeit: Rohrstock und Katheder verschwinden im Körper des Lehrers und er scheinen als ‚Persönlichkeit'. Dazu Th. W. Adorno: „Das Kriterium von Persönlichkeit ist im allgemeinen Gewalt und Macht [...]. Im Stichwort Persönlichkeit ist stillschweigend starke Person mitgedacht." (Adorno 1966, S. 641) Dann folgten die demokratischen Stile, die herrschaftsfrei-kommunizierende Pädagogik, weiters ein ziemlich unausgereiftes Setting von aus diversen Therapieformen kompilierten Psychotechniken (Ersetzung der Erzieherautorität durch eine Art Therapeutenautorität). Dialogische Ansätze wiederum setzten ausschließlich auf die Kraft (Macht) des Arguments und verbannten den Einsatz der schon genannten Machtmittel in den okkulten Raum der so genannten ‚einspringenden' bzw. ‚vorausspringenden Fürsorge'. All das wurde von den Praktikern der Erziehung als weitgehend unbefriedigend empfunden. Manche allerdings machten jede Mode mit. Das ‚Technologiedefizit der Pädagogik' wurde allenthalben kompensiert durch eine Pädagogik, die sich weitgehend als Berufsethik präsentierte.

Richtig daran war ja, dass, wenn Zivilisation und Kultur voranschreiten, die Erziehung nicht so bleiben kann, wie sie im 19. Jahrhundert war. Richtig daran war, dass die Erziehung sich quasi selber mitzivilisierte und immer kultivierter zu erfolgen hatte, selber nicht im Groben und Primitiven verbleiben konnte, sondern sich verfeinern musste. Die Betonung liegt hier aber auf ‚verfeinern‘. Die im Erziehungsverhältnis fungierende Macht musste verfeinert und sublimiert werden. Verschwinden darf sie nicht. Dort, wo sie verschwindet, gibt es Erziehung als Ganzes nicht mehr, oder andere Instanzen bemächtigen sich der Sozialisation des Nachwuchses.

Der letzte Schrei in unserer Branche sind nun bekanntlich die Übergänge vom Anordnen zur Vereinbarung, die so genannten ‚Erziehungsverträge‘, eine Möglichkeit, die B. Bueb in Salem vermutlich verschlafen hat. Aber man kann es auch anders sagen: Möglicherweise haben wir es auch zu weit getrieben mit dem, was sich so ‚Humanisierung‘ des Erziehungsbetriebs nennt und nannte. Teilweise wurde ja auch schon auf Erziehung überhaupt verzichtet, zumindest rhetorisch und literarisch. In manchen didaktischen Konzepten wurde ja auch schon auf Unterricht verzichtet. Man erinnere sich an ‚Schülerorientierung‘, ‚Projektorientierung‘, ‚Erfahrungsorientierung‘, schließlich das grassierende Offenheitssyndrom, an Konzepte, in denen Schüler gehalten sind, zu Autodidakten zu werden. Der Selbständigkeitskult, was die Lernenden anlangt, macht den Lehrer zum Coach, zum Facilitator, zum Berater, Animateur und Betreuer.

Und jetzt kommt der ‚backlash‘. Jetzt kommen die Standards, jetzt kommt die Lernzielorientierung der 70er-Jahre wieder. Jetzt kommen die Lernziele nicht bloß als Orientierungspunkte für Unterricht, sondern als unerlässliches Element neuer Formen der Systemsteuerung, wesentlich als Kontrollinstrument. Jetzt zeigt uns die OECD-gesteuerte Bildungspolitik die Rute. Angesagt sind Qualitätsmanagement, Qualitätsentwicklung und Qualitätssicherung, an gesagt ist unter dem Titel der Autonomie selbstverständlich die Überprüfung, ob die autonomen Schulen auch wirklich autonom machen, was sie machen sollen.

Vertrage „verpflichten nachhaltiger als ein Regime des command and control‘, heißt es bei U. Bröckling (2004, S. 134). Das Autoritätsregime wird abgelöst durch das Vertragsregime. Der Minister schließt mit dem Rektor Ziel- und Leistungsvereinbarungen ab. Der Rektor schließt Ziel- und Leistungsvereinbarungen mit seinen Dekanen ab, diese wiederum mit dem Hochschulpersonal. Die Professoren schließen Betreuungsvereinbarungen mit ihren Diplomanden und Masterstudentinnen ab. „Verträge binden fester als ein Regime des command and control". Die Autorität wird ersetzt durch Selbstbindung. Noch ist nicht klar, ob man nicht auch in diesem Feld einmal auf so etwas stoßen wird, wie die so genannten ‚Knebelungsverträge' bzw. ob diese Verträge nicht sowieso Knebelverträge sind. Schüler(vertreter) schließen mit Lehrern und Eltern – „doppelt genäht hält besser" – Vereinbarungen, in welchen sie sich zur Erfüllung diverser Aufgaben und Einhaltung diverser Auflagen verpflichten. Bei Nichteinhaltung treten die vorsorglich mitvereinbarten Sanktionen quasi automatisch in Kraft und erscheinen – das ist der Vorteil dieser Art der Regierung – nicht mehr als autoritär-monokratische Verfügung.

Auch Schulen schließen mit ihrem Geldgeber (Bund bzw. Land) diesbezügliche Verträge ab, in denen sie sich zur Einhaltung bestimmter Richtlinien und Erfüllung von Vorgaben verpflichten, z. B. die Erreichung der so genannten Standards und noch anderer Dinge, welche z.B. das autonom erstellte Schulprofil ausmachen. Die Vergabe der Mittel erfolgt in Berücksichtigung der entsprechenden Evaluationsergebnisse.

Die Politik erweist sich als große Pädagogin, also als das, was sie schon immer war, als die Kunst der Herdenlenkung. Und sie lenkt uns nicht nur im Rahmen der Bildungspolitik, sondern über ihre Subinstitutionen in allen Bereichen unseres Daseins. Politik ist Pädagogik für Erwachsene, und Pädagogik ist Politik für die Kleinen.

Literatur

Adorno, Theodor W. (1966): Glosse über Persönlichkeit. In: ders.: Gesammelte Schriften. Bd. 10.2. Kulturkritik und Gesellschaft TI. Eingriffe. Stichworte. Anhang (hrsg. von Rolf Tiedemann), Frankfurt a.M. 1977, S. 639–644.

Bröckling, Ulrich: Kontrakt. In: ders./Krasmann, S./Lemke, Th. (Hg.): Glossar der Gegenwart. Frankfurt a.M. 2004, S. 132–138.

Hegel, Georg Wilhelm Friedrich (1808/09): Bewusstseinslehre für die Mittelklasse. In: ders.: Werke. Band 4. Nürnberger und Heidelberger Schriften 1808-1817 (Redaktion Eva Moldenhauer und Karl Markus Michel). Frankfurt a.M. 1970, S. 70–85.

- (1812): Über den Vortrag der Philosophie auf Gymnasien. Privatgutachten für den Königlich Bayrischen Oberschulrat Immanuel Niethammer. In: ders.: Werke. Band 4. Nürnberger und Heidelberger Schriften 1808-1817 (Redaktion Eva Moldenhauer und Karl Markus Michel). Frankfurt a.M. 1970, S. 403–416.

Heydorn, Heinz-Joachim (1970): Über den Widerspruch von Bildung und Herrschaft. In: ders.: Werke. Bd. 3. Studienausgabe (hrsg. v. Irmgard Heydorn u.a.). Wetzlar 2004.

Kant, Immanuel (1776/77): Vorlesung über ‚Pädagogik'. In: ders.: Ausgewählte Schriften zur Pädagogik und ihrer Begründung (besorgt von Hans-
Hermann Groothoff). Paderborn 1963, S. 9–59.

Paris, Rainer: Stachel und Speer. Machtstudien. Frankfurt a.M. 1998a.

Paris, Rainer: Gehorsam. In: Heinrich, P. /Schulz zur Wiesch, J. (Hg.): Wörterbuch zur Mikropolitik. Opladen 1998b, S. 90–93.

Weber, Max (1922): Wirtschaft und Gesellschaft. Grundriss der verstehenden
Soziologie. Tübingen 5. rev. Auflage 1972.

Die Schule des Fortschritts – Ein Essay (2018)

1. Zeitenwandel – Sinneswandel

Die Zeiten der ebenso heftig wie grundsätzlich geführten Schulkritik sind nun wirklich vorbei. Kritisierte die Reformpädagogik der 20er-Jahre die Drillschule, die Schulkaserne und Ellen Key die Allgemeinbildung als „Abplattung der Persönlichkeit", so schlug die kritische Pädagogik der 60er-Jahre, wiewohl verbunden mit den aus der Reformpädagogik stammenden alternativpädagogischen Ansätzen, vor allem einen kapitalismuskritischen Ton an. Waren es in der ersten Hälfte des 20. Jhts. vor allem die Namen Ellen Key, Maria Montessori, Celestin Freinet, welche die schulkritisch interessierten Leser begeisterten, so waren es in der zweiten Hälfte v. a. Hartmut v. Hentig, Paulo Freire, Hans-Jochen Gamm und viele andere auch.

Mit dieser Art von Schulkritik ist es heute nichts mehr, wenn man von einigen Nachzüglern wie Richard D. Precht (D) oder Andreas Salcher (Ö) absieht, welche aber kaum imstande sein dürften, weitere Umwälzungen im Bildungssystem auszulösen. Denn die von den engagierten Schulkritikern und Schulreformern des vergangenen Jahrhunderts propagierten Veränderungen haben gottlob längst gegriffen und die Praxis nachhaltig modernisiert. Niemand erhebt noch seine Stimme für den Frontalunterricht. Kaum gibt es noch Kritik an ihm, denn er ist – zumindest in seinen kruden Varianten – aus der Schulwirklichkeit verschwunden. Auch die traditionelle Kritik an den „übervollen Lehrplänen" ist weitgehend verstummt, auch hier haben mutige Reformen gegriffen. Viel Ballast wurde abgeworfen. Vor allem die neue Kompetenzorientierung, also die Konzentration auf das, was junge Menschen wirklich können sollen, dürfte hier entscheidend gewesen sein. Die Kritik an der geisttötenden Vielwisserei des traditionellen Schulwesens hat sich durchgesetzt. Brauchbare Kenntnisse und Problemlösen sind an seine Stelle getreten. Lehrer verstehen sich demgemäß eher als Coaches und Lernberater, welche den Schülern anregend, motivierend und aufmunternd zur Seite stehen, nicht mehr als Lieferanten des Wissens. Der partnerschaftlich-demokratische Führungsstil entspricht den neuen Unterrichtsformen, welche auf Eigeninitiative, Selberentdecken und Selbermachen setzen. Damit trägt die Schule auch den kreativen Potentialen der Jugend Rechnung, welche wir gar nicht hoch genug einschätzen können. Gerade auch der Sprachunterricht spielt hier eine progressive Rolle, indem er die Kreativität des Ausdrucks fördert, statt ihn durch den lange Zeit üblichen

Rechtschreibund Grammatikdrill zu behindern, durch Dinge also, die in der alltäglichen Kommunikation schlicht entbehrlich sind.

Jedes Kind hat seine Stärken und Schwächen. Darin sind sich die modernen Bildungswissenschaften einig (die Vorreiterrolle der Psychologie soll hier nicht verschwiegen werden). Jedes Kind ist daher primär in seinen Stärken zu fördern. Nur eine Gesellschaft, welche das Prinzip der Diversität, der Unterschiedlichkeit in den individuellen Leistungen, den Lebensentwürfen und Anschauungen hochhält, kann auf Dauer bestehen, wenn sie gleichzeitig das Prinzip der Kooperation beherzigt. Zusammen sind wir stärker, und jeder kann seinen Teil zum gesellschaftlichen Ganzen beitragen.

Leider nicht ganz gelungen ist bisher allerdings ein wichtiger schulorganisatorischer Reformschritt, nämlich die von so ziemlich allen prominenten Schulreformern geforderte Einführung der gemeinsamen Schule für die 10–14-Jährigen, der sogenannten Gesamtschule. Das heißt: Das Gymnasium gibt es immer noch, zumindest in manchen Bundesländern der BRD und in allen Ländern Österreichs, wiewohl keineswegs unumstritten. Da allerdings die im Jahr 2013 beschlossene „Pädagoginnenbildung NEU" (verwirklicht ab 2015) keine Unterschiede in der Ausbildung von Hauptschullehrern (NMS-Lehrern) und Gymnasiallehrern macht und konsequenterweise auch keine, was die dienst- und besoldungsrechtliche Stellung der ehedem unterschiedenen Lehrergruppen anlangt, steht der Einführung der Gesamtschule statt des sich elitär dünkenden Gymnasiums nichts mehr im Wege. Dazu kommt, dass das Gymnasium aufgrund des langsamen, letzten Endes aber deutlichen, Sieges der (neo)reformpädagogischen bzw. alternativpädagogischen und alltagsorientierten Ansätze seine seltsam überzogenen und auch weltfremden Ansprüche schon in Ansätzen aufgegeben hat. Die schulpolitisch-pädagogische Ausrichtung stimmt, eine wahrhaft fortschrittliche Schule wird sich in Zukunft vielleicht noch stärker am gesellschaftlichen Bedarf, den faktischen Anforderungen des Arbeits- und Erwerbslebens und den geltenden Lebens- und Verhaltensformen orientieren müssen. Diese Perspektiven dürfen wir nicht mehr aus den Augen verlieren.

Um die entscheidenden Schritte in dieser Hinsicht einleiten zu können und auch auf Dauer zu stellen, bedurfte es aber auch mancher Reformen auf der Ebene der Pädagogik als Wissenschaft. Auch hier können beachtliche Fortschritte verzeichnet werden. Die Pädagogik hat sich zur Erziehungs- bzw. Bildungswissenschaft gemausert und versteht sich demgemäß in ihren überwiegenden Teilen als empirische Disziplin, welche einer demokratischen Aushandelungspolitik die nötigen Daten ermittelt und übermittelt, damit diese ihre Entscheidungen im bildungspolitischen Bereich evidenzbasiert treffen kann.

Vorbei sind die großen ideologischen Scheingefechte, in welchen sich Pädagogikprofessoren und Philosophen über die wahre Idee der Bildung mittels dicker Bücher und vielseitiger Abhandlungen in den Haaren gelegen haben. Ob jetzt in pädagogischen Fragen eher Humboldt, Hegel oder Kant rechtzugeben, gar inwieweit dabei sogar die 2500 Jahre alte Lehre des Plato zu berücksichtigen wäre, darüber müssen wir heute nicht mehr streiten. Die Pädagogik hat die „realistische Wende" vollzogen und ist eine richtige Wissenschaft geworden. Sie sagt, was Faktum ist und wie sich die Dinge im Bildungsbereich verhalten. Damit arbeitet sie den politischen Instanzen entscheidend zu, indem sie rationale Entscheidungen auf- und vorbereitet.

Dazu brauchte es natürlich eine entsprechende Wissenschaftspolitik und speziell eine adäquate Besetzungspolitik, was die Lehrstühle und Mitarbeiterposten an den Universitäten anlangt. Es gelang zwar anfänglich, durch eine doch ziemlich mutige Streichungspolitik viele Ordinariate für Allgemeine Pädagogik zu beseitigen, auf lange Sicht war es aber notwendig, sorgsamer vorzugehen und z. B. schlicht auf die Ausschreibungstexte für frei werdende Stellen Einfluss zu nehmen. Mittels einfacher Zusätze in den Stellenbeschreibungen, etwa von der Art „Bildungstheorie und Bildungsforschung" oder „Schulpädagogik und Schulforschung" war das möglich. Letztendlich waren es aber auch die durchaus erfolgreichen Evaluierungsmaßnahmen, welche den rege und viel publizierenden Theoretikern der Pädagogik zeigten, worauf es ankommt, nämlich auf empirische Forschung und diesbezüglich vor allem auf Auftragsforschung und Drittmitteleinwerbung. So konnte den Professoren und Mitarbeitern an den Instituten für Pädagogik gezeigt werden, dass einige Buchpublikationen auf dem freien Markt innerhalb eines 5-jährigen Berichtszeitraumes noch keine wissenschaftliche Performance bedeuten. Auch renommierte Lehrstuhlinhaber der Allgemeinen Pädagogik schlossen sich allmählich der Einsicht an, dass die Pädagogik zur Bildungswissenschaft sich wird durchringen müssen, d. h. quantitativ-empirisch, qualitativ-empirisch oder zumindest historisch-empirisch wird arbeiten müssen und daher nicht mehr mit einer als Geistesgeschichte verbrämten Denkmalpflege ihr Auslangen wird finden können. Die Allgemeine Pädagogik wurde als Klassikerexegese und -pflege enttarnt, die sogenannten Klassiker selber endlich als Exponenten des Zeitgeistes vergangener Epochen erkannt.

Diese Umstellung der Pädagogik auf empirische Erziehungs- bzw. Bildungswissenschaft ist mittlerweile zum Großteil gelungen. Kaum gibt es noch Stellenausschreibungen, welche nicht in erster Linie die Kenntnis empirischer Forschungsmethoden verlangen. Auch diverse Fachegoismen konnten erfolgreich eben dadurch bekämpft werden, dass dieses Qualifikationserfordernis primären Status gegenüber dem Studienabschluss erlangte. Denn warum sollte nicht ein Psychologe für einen Lehrstuhl für „Schultheorie und Schulforschung" in Frage kommen, wenn er in Belangen empirischer Forschung besser qualifiziert ist als ein studierter Pädagoge mit dem fragwürdigen Ausweis einer Habilitation für Lehrplantheorie. Die politischen Kraftanstrengungen für diesen Umbau der Pädagogik auf Erziehungswissenschaft bzw. Bildungsforschung waren enorm, aber letzten Endes erfolgreich. In Form bloß kleinteilignationalstaatlicher Aktivitäten wäre dieses Werk wohl nie gelungen. In Form einer überstaatlich-transnationalen Aktion vor allem von Seiten der OECD war es aber schließlich möglich, die wichtigen Industrienationen von Korea bis Kanada, von Finnland bis Neuseeland zu einem einheitlichen pädagogischen Sinnverständnis zu bringen, demnach in allen Mitgliedstaaten unter den ehedem blumigen und vieldeutigen Begriffen wie Erziehung und Unterricht endlich dasselbe verstanden wird, nämlich Kompetenzerwerb, wie ihn Wirtschaft, Industrie und das Leben in demokratischen Marktwirtschaften erfordern.

Selbst die deutschsprachigen Länder – lange Zeit über durch eine spezifische Tradition des Denkens über „Bildung" an diesbezüglichen Fortschritten gehindert – konnten hier zu einem Umdenken bewogen werden.

Dankenswerterweise wurde diese Trendwende im Bildungsbereich von der EU-Bildungskommission auch offiziell bestätigt und den Mitgliedstaaten zur Umsetzung dringend empfohlen. Im Jahre 1996 erschien dann nach entsprechenden Verhandlungen das „Weißbuch zur allgemeinen und beruflichen Bildung. Lehren und Lernen – auf dem Weg zur kognitiven Gesellschaft". Federführende Verantwortliche waren Edith Cresson (Frankreich) und Padraig Flynn (Irland).

2. Bildungspolitische Konkretisierungen

Das Weißbuch lässt keine Zweifel darüber aufkommen, worum es in den Bildungssystemen der Mitgliedstaaten aufgrund der globalen wirtschaftlichen Konkurrenz nach der Öffnung der EU zum Weltmarkt hin geht, und in Zukunft verstärkt gehen muss. Allgemeinbildung und Berufsbildung werden als einander ergänzend definiert.

„In einer im ständigen Wandel begriffenen Wirtschaft treibt das Problem der Beschäftigung die Weiterentwicklung der beruflichen Bildungssysteme voran. Grundanliegen muss eine berufliche Bildung sein, angepasst an die Perspektiven des Arbeitsmarktes und der Beschäftigung. Die Notwendigkeit einer solchen Entwicklung ist mittlerweile ins Bewusstsein gedrungen; bester Beweis dafür ist das Ende der großen doktrinären Diskussionen über die

Bildungsziele." (WB 1996, 44) Die sogenannte Allgemeinbildung wird von der Kommission zwar nicht verabschiedet, aber sinnvoll reduziert. Sie bleibt „die Fähigkeit zum Begreifen, zum Verstehen und zum Beurteilen, der erste Faktor der Anpassung an die Entwicklung der Wirtschaft und des Arbeitsmarktes". (WB, 27) Ihr Nutzen zeigt sich vor allem bei der Umschulung von spezialisiert Beschäftigten auf neue Aufgaben, quasi als „Brücke zur Aneignung neuer technischer Fertigkeiten". Sie liefert die „Basisqualifikationen". So setzt sich „mit Recht der Begriff der Schlüsselqualifikationen immer mehr durch", und die „Trennung zwischen allgemeiner und beruflicher Bildung wird mehr und mehr in Frage gestellt." (WB, 48)

Die Kommission hat mit seltener Klarheit entschieden, dass in einer Zeit der globalen wirtschaftlichen Konkurrenz und einer beschleunigten Dynamik, was die technologischen Entwicklungen anlangt, die Bildungssysteme der Mitgliedstaaten abgestellt werden müssen auf die „Eignung zur Beschäftigung". Employability, die „Beschäftigungsfähigkeit" (klingt besser als die gemeinte Beschäftigbarkeit) aller Bürger der Union, muss das vorrangige Ziel sein. Es ist klar, dass die Erstausbildung dazu keine Garantie mehr bieten kann. Die Veränderungsprozesse in Wirtschaft, Technologie und Gesellschaft erfordern vielmehr Flexibilität, Umstellungsbereitschaft auf ständig neue Situationen und demgemäß ein lebenslanges Lernen im Sinne ständigen Dazulernens, aber auch immer öfter eines Umlernens. Diplome, Abschlüsse als „quasiabsolute Kompetenznachweise" (WB, 7) garantieren diese Employability immer weniger. Ohne sie generell in Frage stellen zu wollen, wird man aber auch sagen müssen, dass der „Arbeitsmarkt immer unflexibler würde", wenn man sich auf diese verlassen wollte. Die Erwachsenenbildungseinrichtungen aller Art werden sich darauf einstellen müssen. Aber auch in den Erstausbildungen, eigentlich schon in den Schulen, wird vor allem auf diese Grundeigenschaft der Flexibilität wert gelegt werden müssen. In der Tat wird das Lernen des Lernens diese basalen Eigenschaften der Flexibilität und der Bereitschaft, sich auf Neues einstellen zu können, ja auch Neues hervorzubringen (Innovationsfähigkeit) begünstigen. Nur wer das Lernen gelernt hat, also diese Schlüsselqualifikation erworben hat, wird den fortschreitenden Entwicklungen und Wandlungen in einer konkurrenzorientierten Wirtschaftsgesellschaft gewachsen sein. Dass dazu natürlich auch gewisse soziale und persönliche Bereitschaften wie Anpassungsfähigkeit, Teamfähigkeit und ganzheitliche Sichtweisen, die dem Wohl des Betriebs und gesellschaftlicher Gruppierungen, ja der Gesellschaft als ganzer gelten, muss nicht eigens betont werden. Auch besondere Eigenschaften wie Führungsqualität und unternehmerische Fähigkeiten werden in Zukunft gefragt werden, auch

wenn der Einzelne nur selten als Unternehmer im eigentlichen Sinne auftreten wird.

Dass die Schule eine Funktion der Gesellschaft ist, wissen wir seit langem.
Wir wissen es aus soziologischen Studien, wir wissen es aus historischen. Die
Schule folgt in ihrer Struktur und ihren Wirkmechanismen der Struktur der
Gesellschaft. Leider wurde mit dieser Erkenntnis kaum je Ernst gemacht, leider
wurden daraus nie die entsprechenden Schlüsse gezogen. So hinkte die Schulentwicklung den jeweiligen gesellschaftlichen Lagen immer hinterher. Der
sogenannte „cultural lag" wurde zwar diagnostiziert, aber zumeist als quasi
naturgegeben hingenommen. Schon in den 60er-Jahren des vergangenen Jahrhunderts wurde beispielsweise in Avantgardebetrieben der partnerschaftliche
Führungsstil implantiert. Erst in den 70ern wurde er im Feld der Pädagogik
erst einmal vorgestellt und leider lange kontrovers diskutiert, bis er endlich
auch praktisch Fuß fassen konnte. Was die neuen Technologien anlangt, dau-
erte es noch länger. Die EDV war in den 70ern schon Standard in Wirtschaft
und Industrie, ihre pädagogische Antwort scheint sie erst heute zu finden.
Heute sehen wir ein, dass es darum geht, den cultural lag nicht nur zu mini-
mieren, sondern ihn überhaupt zum Verschwinden zu bringen. Idealerweise
müssten die Bildungseinrichtungen zum Motor des Fortschritts werden, indem
sie verstärkt Innovationsfähigkeit, Forschergeist und Entdeckerfreude zu ihren
Bildungszielen machen. Erfreulicherweise gibt es solche Schulen auch schon,
Schulen, welche beispielsweise neue Fächer eingeführt haben und mutig Altes
gestrichen oder zumindest reduziert haben, Schulen, welche beispielsweise –
im Zeitalter von Google Maps – die Geographie eliminiert und etwa durch
„Lernen Lernen" ersetzt haben. Warum nicht zwei Wochenstunden Persönlichkeitsbildung, Motivation oder Glücksunterricht (in rund hundert Schulen
der Steiermark gibt es ihn)? Den Geschichtsunterricht kann man ohne weiteres
kürzer halten und exemplarisch vorgehen. Der stundenmäßige Überhang von
Mathematik und Deutsch entbehrt im Zeitalter elektronischer Rechenmaschi-
nen und automatischer Rechtschreibkorrektur jeder Begründung. Es gibt solche
progressive Schulen, aber es gibt sie nicht in genügender Zahl. Zu kompliziert
sind die Modalitäten, die Einreichungs- und Anerkennungsverfahren, welche
Schulen mit Fortschrittsgesinnung durchlaufen müssen, um als derartige Ver-
suchsschulen anerkannt zu werden. Hier bedarf es zweifellos auch eines stärkeren politischen Willens zur Autonomisierung der Bildungseinrichtungen auf
allen Ebenen, letzten Endes wahrscheinlich auch einer speziellen finanziellen
Förderung derartiger Autonomiebestrebungen.

3. Antithesen

Dem aufmerksamen Leser werden vielleicht Zweifel angesichts dieser etwas locker geäußerten Thesen gekommen sein. Das wäre sehr erfreulich. Wenn nicht, dann soll ihm im Folgenden gesagt werden, dass diese Thesen, Sentenzen, Meinungsäußerungen nicht nur eine Ansammlung groben Unsinns darstellen, sondern geradezu das Ende jeder Pädagogik und jedes pädagogisch verantwortbaren Umgangs mit Kindheit und Jugend darstellen. Dies z. B. deshalb, weil hier Schule, Erziehung und Bildung nicht nur als Funktion der Gesellschaft diagnostiziert werden, sondern das derartig Diagnostizierte ins Maßgebliche erhoben wird. Der klassische naturalistische Fehlschluss besteht eben darin, etwas als so oder so Erfahrenes zur Norm und zum Gesollten zu adeln. Wahrscheinlich aber tut man dem in Pkt. 1 und 2 Abgesonderten und damit auch den OECD-Bildungsplanern wie EU-Bildungskommissaren zu viel der Ehre an, wenn wir ihnen hier einen Fehlschluss unterstellen. Fehlschlüsse zieht und logische Fehler begeht bekanntlich nur derjenige, welcher überhaupt denkt und sich den Mühen dieses humanen Vermögens unterzieht. Den diversen Aussendungen der OECD und unserem Weißbuch scheint es aber gelungen zu sein, ohne irgendeinen Gedanken, einen Zweifel, ein „Vielleicht könnte/sollte es anders sein?" an die Öffentlichkeit zu treten: nämlich als pures Dekret und autoritäre Verfügung. Am autoritären Charakter dieser Verfügung ändert sich übrigens auch dann nichts, wenn wir anerkennen, dass das white paper das Ergebnis jahrelanger Konsultationen von Vertretern bzw. Beauftragten der einzelnen Mitgliedstaaten ist. Dass der Wille zur Verfügung über die Bildungssysteme (im Sinne von Vereinheitlichung) und damit der Wille, über die Köpfe der Bürger der Union zu verfügen, jeden aufkeimenden Gedanken eliminiert, merkt man z.B. auch daran, dass die Kommission einen nicht gerade unnoblen Verein namens ERT[1] (European Round Table) bemüht, seine Expertise beizutragen, aber dieselbe – wiewohl zustimmend zitierend – interpretierend in ihr Gegenteil verkehrt. Der ERT sagt (zwar): „Die grundlegende Aufgabe der allgemeinen Bildung ist, jeden einzelnen in die Lage zu versetzen, sein ganzes Potential und eine vollständige Persönlichkeit zu entwickeln, nicht aber ein Werkzeug für die Wirtschaft zu werden ..." (WB, 27) Die Kommission schließt daraus aber, dass die Allgemeinbildung „der erste Faktor der Anpassung an die Entwicklung der Wirtschaft und des Arbeitsmarktes" sei. Die Mitglieder des ERT, vielleicht Absolventen diverser Eliteschulen, können sich

---

1   Der ERT ist eine Versammlung der Eigentümer bzw. CEOs der 50 wichtigsten Unternehmen der Union.

wieder zurückziehen, denn das klang nun doch ein wenig nach alteuropäischer Bildungstheorie, zumindest nach noblesse oblige.

Wir verstehen nun, inwiefern es sinnvoll und zweckmäßig war, das normative Moment aus der Pädagogik zu verdrängen und aus ihr das zu machen, was sich heute Bildungswissenschaft nennt. Wolfgang Brezinka und sein berühmtes Buch „Von der Pädagogik zur Erziehungswissenschaft" (1971) müssen wir dafür nicht verantwortlich machen. Er räumte der Philosophie der Erziehung und Bildung noch einen durchaus gleichberechtigten Status neben der Erziehungswissenschaft und der von ihm sogenannten Praktischen Pädagogik ein.

Es war vielmehr der in der Pädagogik selber verborgene Wille zur Macht bzw. Maßgeblichkeit, der eliminiert werden musste. In den Betrachtungen, Spekulationen, Büchern, Texten und sonstigen medialen Äußerungen der Vertreter der Allgemeinen Pädagogik zu den Auslegungsfragen bezüglich des Sinns von Erziehung und Bildung war die Absicht, diesen bestimmen zu wollen, unüberhörbar. Aber: Wo kämen wir denn hin, wenn irgendwelche Ordinarien, Professoren, Verbeamtete im „geschützten Bereich" („elfenbeinerner Turm"), bestimmen wollten, was der Sinn von Schule, Unterricht und Erziehung sein solle? Von diesen letzten Resten des platonischen Erbes, den Sinn der menschlichen Dinge bestimmen zu wollen bzw. der Attitüde, auf einem Eigensinn der Erziehung als einer gleichberechtigten Praxis neben der Politik bestehen zu wollen, musste das Fach gesäubert werden. Und das wurde es auch erfolgreich, wie oben gezeigt. Zupass kamen diesen Säuberungsbemühungen auch innerhalb der Pädagogik selber schon aktive antinormative Strömungen verschiedenster Art. Jedenfalls galt die Attitüde, sich normativ zu Erziehungsfragen zu äußern, spätestens ab den 80ern des vergangenen Jahrhunderts als unchic, nicht auf der Höhe der Zeit, auf keinen Fall als wissenschaftlich. Die Einfallstore für die Politik bzw. ihre eigentliche Triebkraft Ökonomie waren weit geöffnet. Den Sinn von Erziehung und Bildung bestimmen nun die Bildungsabteilungen der OECD, die Bildungskommissare der EU und ihre Vollzugsbeamten in den Bildungsministerien der Mitgliedstaaten. Die Wissenschaft gereinigt von normativen Ansprüchen – ist zur Magd der Politik geworden, zur Dienerin des politischen Willens, welcher selber, wenn er von einiger Dauer sein will, den Vorgaben der Konzerne und ihren Bildungsabteilungen zu gehorchen hat. So hat sie sich – vermeintlich wertfrei – ganz und gar der Arbeit an denjenigen Daten und Fakten ergeben, an denen die Politik oder politiknahe Stellen ein Interesse bekunden. Unentwegt wird untersucht, erhoben, wenn's hoch kommt: korreliert, wie sich die Schattenbilder in der Immanenz des höhlenartigen Aufenthalts präsentieren und wie sie miteinander zusammenzuhängen scheinen. Da die große Politik nun z. B. dekretiert hat, dass das

Lernen des Lernens eine der Zukunftsaufgaben der Bildungssysteme darstellt, so muss erforscht werden, welche Bedingungen für das Lernen des Lernens günstig wären und wie diese Schlüsselkompetenz aller Schlüsselkompetenzen am sichersten erwerbbar wäre. Ein kritischer Allgemeinpädagoge/Schulpädagoge, der hier die Frage stellte, ob man das Lernen überhaupt lernen könne bzw. müsse (vielleicht haben wir es hier mit einer anthropologischen Grundeigenschaft zu tun?) oder noch penetranter: was man denn genau lernen würde, wenn man das Lernen lernen wollte, würde wahrscheinlich als Ankömmling von einem anderen Stern angesehen bzw. mitleidig belächelt und auf schon vorliegende „Studien" verwiesen werden.

Empirische Studien bewegen sich zumeist – so sagte ich – im Immanenzraum vorgegebener Deutungshorizonte. Die Lagen, Situationen, Gegebenheiten, in denen Praktiker der Erziehung und des Unterrichts ihrer Aufgabe und Verantwortung nachkommen sollen, sind diversen Umständen geschuldet, selbstverständlich der Politik mit ihrer Rahmenkompetenz und auch diversen mehr oder weniger zufälligen, jedenfalls nicht ganz geplanten Gegebenheiten. Als Beispiel wähle ich ein Forschungsprojekt, dessen genauere Modalitäten und Ergebnisse Thema einer Tagung an einer schweizerischen PH vor drei Jahren waren. Es soll hier als pars pro toto für derzeit übliche Forschungen stehen: Eine altersgemischte Grundschulklasse soll von einer Grundschullehrerin und einer Kindergartenpädagogin betreut werden. Das ist die wie auch immer zustande gekommene Situation. Die Unterrichtsforscher untersuchen, „wie Lehrpersonen unter den Voraussetzungen der in der Basisstufe implementierten strukturellen Veränderungen Altersmischung, Teamteaching und Integration von Kindergarten und Schule diese Unterrichtsentwicklungsaufgabe lösen." (zit. aus der entsprechenden Tagungseinladung, genauere Angaben werden hier bewusst vermieden) So geht wertfreie Unterrichtsforschung. Jede mögliche Frage nach Sinn und Zweck von Altersmischung bzw. Teamteaching ist hier ausgeblendet, interessiert die Forschergruppe nicht oder hat sie nicht zu interessieren. Stattdessen wird beschrieben, wie die Lehrpersonen dieses ihnen von irgendwoher vorgegebene Problem, eine „Unterrichtsentwicklungsaufgabe" (!), lösen. Ob wenigstens die Forscher wissen, was hier eine mögliche „Lösung" dieser Aufgabe sein könnte oder ob solches schon eine unzulässige normative Einmischung wäre, sei dahingestellt. Es dürfte sich bei diesem Beispiel keineswegs um ein Kuriosum der speziellen Sorte handeln. Das ist vielmehr das Strukturmuster vieler Diplom- bzw. Masterarbeiten seit der empirischen Wende und dem damit verbundenen Rückzug auf die Bänke vor der Höhlenwand. Stellenbeschreibungen für wissenschaftliche Mitarbeiter an den Unis lesen sich ähnlich. So soll sich beispielsweise ein Bewerber für eine auf 15 Monate befristete

halbe (!) Stelle forschend um die Frage der naturwissenschaftlichen Seite des
Sachunterrichts in der Grundschule unter Berücksichtigung muttersprachhe-
terogener und altersgemischter Schülerinnen kümmern und dabei verschiedene Methodensettings in ihrer Wirksamkeit kontrollieren. Erwünscht sind
ein Abschluss in einem Lehramtsstudium, einem der Erziehungswissenschaft,
der Psychologie oder der Soziologie. Alles egal, Hauptsache der junge Mensch
macht, was erwünscht ist.

Die um jede Sinnfrage gebrachte empirische Forschung interessiert sich im
Grunde nur für eines: Was findet in Unterricht und Erziehung auf welche Art
und Weise statt, eventuell auch noch – wenn's hoch kommt – für die Frage
„Was wirkt wie?". Ob es sich bei dem, was im Unterricht stattfindet, überhaupt
um Unterricht handelt, wäre eine Frage, angesichts derer der durchschnittliche
Unterrichtsforscher wohl nur befremdet reagieren könnte. Für ihn ist Unterricht, was in der Schule stattfindet und Schule das, wo Schule draufsteht. Er
bräuchte, was er nicht hat, nämlich einen Begriff von Unterricht und nicht
bloß eine Wortdefinition. Genaugenommen müsste er eine philosophisch
reflektierte Idee von Lehre und Lernen (vgl. Koch 2015) haben und damit eine
Idee von Didaktik. Weil er das nicht hat und solches auch nicht en vogue ist,
begnügt er sich damit, Wirklichkeit zu beschreiben und irrt gerade darin.[2] Er
beschreibt bloß, was sich dem ebenso begriffsarmen Denken wie dem gerade
zur Verfügung stehenden Methodenarsenal zeigt und kommentiert demgemäß
Schattenbilder. Die begrifflichen Defizite, Mängel und Ungereimtheiten, welche
der Erziehungswissenschaft/Bildungswissenschaft aufgrund ihrer Theorieabs-
tinenz beinahe schon wesenseigentümlich sind, schlagen wahrscheinlich durch
auf die Lehrerbildung, welche fortschrittsgemäß „wissenschaftlich" und deshalb
empirisch zu sein hat. Es gibt in Österreich PHs (ich nenne sie nicht), an denen
im Rahmen von Bachelorarbeiten über die emotionalen Befindlichkeiten von
Lehrern und Schülern „geforscht" wird, welche unter dem pseudotheoretischen
Deckmantel „tiergestützter Pädagogik" einen „Schulhund" im Klassenraum
beherbergen. Wie sagte vor einigen Jahren eine österreichische Bildungsministerin so schön und fortschrittsbetont zu den vor ihr versammelten Schulleite-
rInnen: „Wir können nicht allzu viel aus der Vergangenheit mitnehmen. Wir
müssen gerade *jetzt* (Kursivierung A.S.) im Bildungsbereich Altes loslassen,
damit wir uns auf Neues konzentrieren können." (zit. nach Burchardt, in diesem Band) Angebunden an den Pflock der Gegenwart – wie Nietzsches Schafe

---

2   Eine bemerkenswerte Ausnahme bilden hier die Analysen zum Unterricht von An-
    dreas Gruschka 2008 oder 2013.

in den „Unzeitgemäßen Betrachtungen" – sieht man das so. Angehende LehrerInnen müssen nicht mit Pestalozzi, Herbart, Humboldt und anderen Klassikern behelligt werden. Auch nicht mit denen aus dem 20. Jahrhundert. Diese hätten zwar Theorie zu bieten, die etwas zu sehen gäbe, aber davon gilt es loszulassen, damit wir uns auf Neues konzentrieren können, z. B. auf das doch erheblich fortschrittlichere Kompetenzkonzept, etwa von V. Heyse und J. Erpenbeck. Diesem Konzept/Modell gelang es, selbstverständlich ohne jede alte Theorie, ein Gesamtmodell vollendeten Menschseins auf einem Feld von 8 mal 8 Quadraten zu entwickeln, wobei jedes dieser Quadrate noch vier kleinere enthält (Achtung Multiplikationskompetenz!), u. a. die Kompetenz einer „normativethischen Einstellung", die Humorkompetenz und die des „ganzheitlichen Denkens". Definiert werden diese und die vielen anderen Kompetenzen allgemein folgendermaßen: „Kompetenzen charakterisieren die Fähigkeiten von Menschen, sich in neuen, offenen und unüberschaubaren, in komplexen und dynamischen Situationen selbstorganisiert (aus sich heraus) zurechtzufinden und aktiv zu handeln." (So auf einer Fachdidaktiktagung der FH-Wien, siehe Interaktiver Kompetenzatlas/ www.edidaktik.at) Wir werden zugeben müssen, dass dieses Konzept/Modell in der Tat viel Altes los und fallen lässt, statt dessen Neues produziert, welches das Papier nicht wert ist, auf dem es gedruckt ist. Was hatten sich nicht I. Kant z. B. oder S. Kierkegaard abgemüht um das Ethische! Es wollte bei beiden nicht so recht in einen Kompetenzraster passen. Das Rätsel des Humors, bis heute nicht zufriedenstellend gelöst (wäre auch nicht lustig, wenn das gelänge) – bei Heyse und Erpenbeck kann man einen entsprechenden Kurs buchen und Humorkompetenz trainieren bis einem das Lachen vergeht. Und wenn man alle 4 mal 64 Module durch hat, dann schafft man es wahrscheinlich auch, sich in „unüberschaubaren Situationen" zurechtzufinden und aktiv (!) zu handeln.

4. Keine Synthese – unendlicher Widerstreit

Sollten wir nicht vielmehr heute, wir „Zwerge auf den Schultern von Riesen", uns daran machen, die ungeheuren Kompetenzen unserer Klassiker nach- und mitdenkend zu durchmessen, zunächst einmal schauen, was es schon alles gibt, bevor wir einen scheinbar neuen Einfall zum Konzept erheben und in einen 256 Felder passenden Raster pressen bzw. ausfasern. Einem Pädagogenteam der Innsbrucker Universität gelang vor einigen Jahren die Entwicklung einer „neuen" Art von Unterrichtsvorbereitung, das „rückwärtige Lerndesign", die Planung des Unterrichts vom Ziel her. Von Klafki, Heimann und Schulz etc. noch nie etwas gehört? Von Sokrates wahrscheinlich auch nicht. Sollten wir

nicht all dem, was uns heute von der Politik, den Bildungsexperten von OECD
und EU und anderen mehr als neueste Expertise so zugemutet wird, mit skeptischen Rückfragen begegnen, anstatt es gehorsam zunächst in „Forschung"
und dann auch noch in Praxis *umzusetzen* (gerne verwendeter Ausdruck zur
Bekundung eines falschen Verständnisses vom Verhältnis von Theorie und
Praxis)? Müssen wir wirklich Bildung (nicht nur Berufsbildung) im Sinne der
EU-Norm als „Anpassung an die Entwicklung der Wirtschaft und des Arbeitsmarktes" begreifen? Sollten wir uns nicht (in einer Demokratie müsste das
möglich sein) mit dem Gedanken anfreunden, dass z. B. Bildungspolitiker auch
nur Menschen sind und daher nicht mehr Einblick in die Sache haben als PH
oder Uniprofessoren? Auch Frau Cresson und Herr Flynn sind nur Menschen,
irrtumsgefährdet schon von der conditio humana her und überdies vielleicht
korrumpierbarer als wir Durchschnittspädagogen. Müssen wir die Dinge der
Erziehung und Bildung so denken, wie es uns OECD oder EU meinen vorgeben
zu können? Müssen wir wirklich Schule als Funktion einer anonymen Instanz –
„Gesellschaft" nennen wir sie – auffassen, welche dann – genauer besehen – so
anonym gar nicht ist? „Hat sie nichts anderes zu tun als die soziale Anpassung
an das gesellschaftliche Gefüge zu organisieren und zu lehren?" (Ballauff o. J.,
16) Wollen wir Schule als Anpassungsagentur für zukünftige Arbeitskräfte
und Konsumenten, fragte Theodor Ballauff – schätzungsweise Mitte der 60er-
Jahre – in seiner kleinen und mutigen Schrift „Schule der Zukunft", in welcher
er sehend vorwegnahm, womit wir es heute erst deutlich spürbar zu tun haben.
Das Ensemble von Kompetenzen, welches von einer internationalen Organisation für Wirtschaft und Entwicklung (nicht für Bildung) mittels PISA dem
Nachwuchs als seine Bildung angedient wird, hat den für vorausberechnete
Tätigkeitsund Denkmuster geeigneten und weltanschaulich normierten Bürger
im Sinne (im Auge). Ballauff denkt die Schule als eine eigenständige Einrichtung, in welcher es gerade nicht um Anpassung des Nachwuchses an bestehende oder für die Zukunft imaginierte Verhältnisse geht. Ihre Aufgabe ist es
nicht, „die willige, wendige (heute: flexible, A.S.) Arbeitskraft herzustellen, die
einer von anonymen Verbänden und Managern gesteuerten Gesellschaft zur
Verfügung steht" (a.a.O., 33), sondern – liebe Leser, bitte hinsetzen! – Hinführung zur „Wahrheit" bzw. – wie Ballauff auch gerne sagt – „zur Sachlichkeit
und Mitmenschlichkeit". „Es ist doch merkwürdig: Wir, die wir durch eine
über hundertjährige sozialistische Bewegung hindurchgegangen sind und
die ungeheure Problematik der Arbeit erfahren und zu überwinden versucht
haben, vom Jugendschutz an bis hin zu den großen marxistischen Theorien
und Staatswesen, wissen doch schließlich keine andere Auskunft im Pädagogischen als die ›Einführung des jungen Menschen in die Arbeitswelt‹, die

Auslieferung des Heranwachsenden an sie und die Sicherung ihrer Monokultur. Ein großer Aufwand ist vertan. Die Schule und die Theorie der Erziehung überhaupt müssen sich schon bemühen, etwas tiefer über die Moderne nachzudenken, um dem einzelnen eine Bildung zu vermitteln, die ihn nicht hilflos einer eschatologischen Technokratie preisgibt." (a.a.O., 29) „Wo alles eindeutig und endgültig erscheint, wird der Mensch um sein Bestes betrogen, nämlich ums Denken (…) Hinführung zur Wahrheit kann nur heißen: Eröffnung des Ganzen in seiner Geschichtlichkeit, dem Jugendlichen muss die heute erreichte Weite, Tiefe und Fülle des in Worten und Werken Offenkundigen einsichtig werden, damit aber auch die Widersprüche, der Widerstreit und die Gegensätze im Ganzen." (a.a.O., 31) Daher sieht er die Aufgabe der Schule nicht als „Zubringeranstalt der Gesellschaft", sondern in Bildung als Voraussetzung für mögliche Berufe, auch für solche, die es vielleicht noch gar nicht gibt. Daher – so meint er – muss in ihr so lange wie möglich umfassendes Lernen, gründliches Wissen und Weite des Horizontes gewährleistet sein. Die Schule sei dabei keinen Instanzen – Wirtschaftsverbänden und -organisationen, Parteien, Kirchen, Eltern und Schülerwünschen – verpflichtet. „Ob und wie Mathematik und Biologie, Musik und Geschichte zu unterrichten sind, das bestimmt sich von diesen Gebieten, von ihrem Verhältnis zum Ganzen unserer Kultur, und vom Bildungsstand des Jugendlichen her." (a.a.O., 33)

Es dürfte klar sein, dass die von Ballauff als Stätte der Bildung gedachte Veranstaltung und nicht als Präparandieanstalt für sogenannte gesellschaftliche Notwendigkeiten einer Bildungspolitik bedürfte, die sich selbst negierte. Eine wahnwitzige Idee!? Schule als Veranstaltung des Staates, der sich als Veranstalter und Financier durchstreicht bzw. – wie Jörg Ruhloff mit Blick auf W. v. Humboldt einmal formulierte – sich als „selbstloser Treuhänder (der Bildung, A.S.) des Volkes" (Ruhloff 1997, 24) versteht. Dieser Traum ist nicht nur für Humboldt in wenigen Jahrzehnten zergangen. Eine Bildungspolitik, die den auch ihr wie jeder Politik immanenten Primat nicht ernst nimmt, hat es nie gegeben und wird es vermutlich auch nie geben. Deshalb müssen wir als Pädagogen nicht so sehr auf die Politik setzen, wenn wir den Bildungsgedanken weiter hochhalten, sondern auf den Lehrer, als Person wie auch als Idee, auf den erwachenden Geist der Lernenden und ihre Fragen. Der Bildungsidee – und das macht sie so sperrig und jedwedem Zeitgeist abhold – dürfte ein anarchistisches Moment inhärent sein.

Literatur

Ballauff, Theodor (o. J.): Schule der Zukunft. Bochum. Dieser Schrift verdankt sich auch der vorliegende Beitrag in Aufbau und Anlage. Zu Ballauff siehe auch: Ruhloff, Jörg/Poenitsch, Andreas (Hsg.): Theodor Ballauff – Pädagogik der „selbstlosen Verantwortung der Wahrheit". Weinheim und München 2004.

Gruschka, Andreas (2008): Präsentieren als neue Unterrichtsform. Opladen.

Gruschka, Andreas (2013): Unterrichten – eine pädagogische Theorie auf empirischer Basis. Opladen/Berlin/Toronto.

Koch, Lutz (2015): Lehren und Lernen. Wege zum Wissen. Paderborn. Ruhloff, Jörg (1997): Bildung heute. In: Pädagogische Korrespondenz. Heft 21.

Weißbuch der Europäischen Kommission (WB): Lehren und Lernen. Auf dem Weg zur kognitiven Gesellschaft. Luxemburg 1996.

2 Vom Schwinden zum Verschwinden: Erziehung und Unterricht, Lehren und Verstehen im Fragehorizont pädagogischer Substanz

Begriffe aus dem ultimativen Wörterbuch
Erzählen, Fach, Frage, Frontalunterricht, Inhalte, Lehrer, Methode, zeigen, Präsentieren, selbst, Unterricht

„Begriffe aus dem Ultimativen Wörterbuch der Pädagogik"

erzählen (Verb.) – Hier geht es nicht wie beim Erklären um eine direkte Sache, sondern eher um einen Hergang oder den Verlauf eines Ereignisses, welches zumeist von Menschen in Gang gesetzt wurde – mehr oder weniger absichtlich. Zumeist werden Geschichten, Märchen, Witze oder die Geschichte erzählt. Diese Dinge werden am besten so erzählt, dass die anderen dann glauben, sie hätten sich auch wirklich so zugetragen. Z. B. Hannibal hätte mit 37 Elefanten von Tunesien aus über Spanien die südlichen Alpen überquert und wäre dann – wie man so schön sagt – „ante portas" gestanden (S. 35–36).

Fach (Subst.), das – Gemeint ist hier natürlich nicht das Fach in einem gewöhnlichen Schränkchen, sondern ein Fach im Feld der Wissenschaften. Es gibt hier überall Grenzen: zwischen Wissenschaft und Glauben, oder auch Politik. Aber auch innerhalb des wissenschaftlichen Feldes. Ein Philologe betreibt etwas anderes als ein Mathematiker. Das ist wie beim Handwerk: Ein Installateur kann (hoffentlich) etwas anderes als ein Tischler. Wer Reizhusten hat, geht daher nicht zum Orthopäden, sondern zum Laryngologen. Es könnte aber auch sein, dass der Reizhusten psychosomatischer Natur ist, dann muss man zum Neurologen oder überhaupt gleich in eine Gesprächstherapie.

Fächer sind also irgendwie unvermeidlich, obwohl sie manchmal etwas schnöde als Schubladen des Geistes bezeichnet werden. Aber es können nicht alle alles wissen. Fächer sind ein Produkt der historisch-gesellschaftlichen Arbeitsteilung. Lerne Rechnen, Schreiben und Lesen, Erdkunde und Physik! Und wenn du irgendwie denken kannst, wirst du merken, dass es da Zusammenhänge gibt. Die Welt besteht aus lauter Zusammenhängen, die alle voneinander abhängen.

Was nicht geht, das ist der Versuch, gleich die Zusammenhänge zu lernen, also bevor man weiß, was das Einzelne ist, das mit einem anderen zusammenhängt. Also: Nichts gegen Ganzheit! Aber nicht am Anfang. Es dauert lange, bis man draufkommt, wieso eigentlich überhaupt alles so ist, wie es ist. Und dann kommt noch der Zweifel dazu, der wieder alles in Frage stellt. Also ist die schulpädagogische Begeisterung für den fachübergreifenden Unterricht etwas verfrüht und auch übertrieben. Wenn Physiker philosophieren, ist nichts dagegen einzuwenden. Wenn Philosophen Romane schreiben, na und? Sollen sie, wenn sie es können. Aber zu meinen, man müsse den Kleinen den Kreis beibringen, indem man mit ihnen einen Waldspaziergang macht und ihnen abgeschnittene Bäume zeigt, wo der abgeschnittene Teil ungefähr so ausschaut wie ein Kreis (Beispiel gestohlen von G. W. F. Hegel), ist doch ein ziemlicher Blödsinn. Mathe hat mit Waldspaziergängen ungefähr so viel zu tun wie der Auftrieb (physikalisch) mit dem gesellschaftlichen Aufstieg (S. 39–40).

Frage (Subst.), die – Eigentlich eine Zumutung. Warum schaut der, der sich des Fragens erfrecht, nicht selber nach, z. B. im Internet, in diesem Wörterbuch oder im Atlas? Instinktiv weiß jeder Fragende, dass die Frage eine Art Belästigung ist, und leitet seine Frage daher zumeist mit einer halbseidenen Entschuldigung ein („Entschuldigen Sie bitte, aber könnten Sie mir sagen, …?"). Wer fragt, arrogiert sich das Recht, einen anderen behelligen zu können. In klaren Herrschaftsverhältnissen ist das Fragen kein Problem. Wer herrscht, der fragt. Wer fragt, der herrscht oder maßt sich zumindest eine Herrschaftsposition an. Auf dem Polizeirevier ist das Fragen kein Problem, auch nicht für einen Richter. Der Polizist und der Richter müssen fragen: „Wo waren Sie am 11. September?" oder „Wissen Sie, wie schnell Sie hier im Ortsgebiet gefahren sind?" Rückfragen sind nicht gestattet oder werden abschlägig beantwortet. Es gab und gibt sie in bestimmten Gesellschaften immer noch: die peinliche Befragung. Sie tritt ein, wenn der Befragte nicht antwortet.

Diese Grundstruktur der Frage mag vielleicht auch der Grund dafür sein, dass es in Lehrer-Schüler-Verhältnissen die hochgepriesene Schülerfrage kaum gibt. Schüler fragen selten – bei intakten Autoritätsbeziehungen. Lehrer hingegen fragen permanent. (Nach Untersuchungen von R. und A. Tausch ungefähr 60mal pro Unterrichtsstunde. Da sind aber die Prüfungsfragen noch gar nicht dabei.) Im Grunde ist jede Frage eine Prüfungsfrage, auch dann, wenn sie nicht direkt zu einer Note führt, zu einer indirekten Beurteilung führt sie allemal. Fragen ist nicht nur ein Bedrängnis, sondern ein „Eindringen" (Canetti). Die Frage ist auf Eindringen aus, der Befragte hat sich zu öffnen. Wie schon gesagt: Die beste Waffe gegen die Frage ist die Gegenfrage. Funktioniert aber nur bei Gleichgestellten (S. 43–44).

Frontalunterricht (Subst.), der – Von modernen Pädagogen meist gehasste Unterrichtsform. Dürfte auch damit zusammenhängen, dass man als moderner Pädagoge ungern an der Front steht, sondern sich lieber unter den als gleichgestellt imaginierten unerzogenen und ahnungslosen Jugendlichen bewegt. Man will geliebt werden und nicht zu sehr respektiert. Das führt auch zu gewissen Anpassungsleistungen der Lehrer an den Schülerhabitus – vor allem, was Kleidung und Sprache anbelangt. Das Motto dürfte sein: Wenn ihr mir nichts tut, tue ich euch auch nichts. Noch besser umgekehrt: Damit ihr mir nichts tut, verlange ich auch von euch nichts. Ihr müsst auch nicht aufpassen, denn ich weiß es auch nicht besser. Frontalunterricht wird zumeist mit autoritärem Verhalten assoziiert (Gott Kupfer lauert im Hintergrund). Verwechselt wird hier zumeist sachliche Autorität mit sadistischem Verhalten.

Im Grunde ist aber Frontalunterricht ein ziemlich einfaches und harmloses Ding. Da gibt es einen, der etwas weiß, was der andere nicht weiß. Und weil es Ersterem nicht wurscht ist, dass der andere das nicht weiß, sagt er es ihm. Er zeigt, er erklärt und erzählt. Die Sache hat nur einen Haken: Man muss als Lehrer im Frontalunterricht von der Sache, um die es geht, selber etwas verstehen. Man muss erklären und erzählen können. Da aber viele das nicht können, weichen sie aus auf die schülernahen, offenen, schülerselbstbestimmten Unterrichtsformen. Nach empirischen Untersuchungen ist aber gerade der Frontalunterricht äußerst schülernah. Schüler schätzen den Frontalunterricht und erleben sich dabei als in ihrer Schülerrolle ernst genommen (S. 45–46).

Inhalte (Subst., pl.), die – Für die Schüler das Unangenehme am Unterricht, auch von den Lehrern nicht sehr geschätzt. Man könnte auch von Gegenständen sprechen, ein Ausdruck, der das Sperrige der Inhalte besser zur Geltung bringt. Inhalte könnte man ja in leere Gefäße schlicht einfüllen – größere Köpfe ermöglichen mehr Inhalte. Die Engländer sprechen statt von Inhalten gleich lieber von „subjects" und bekunden damit, dass das Subjekt des Lernens nicht der Schüler ist, sondern der Gegenstand, also Mathe, Geschichte u. s. w., und all das, was diese beinhalten. Manchmal sagen sie auch „content", was so viel wie Zusammenhalt meint und eben nicht Zerstreuung. (Griechisch wären die entsprechenden Vokabeln das Symbolon bzw. das Diabolische. Das Symbol bezeichnet den Zusammenhang, das Diabolische das Auseinandergeworfene.) Momentan haben die Gegenstände, der content, das Symbolische, wenig Anziehungskraft. Hingegen erfreuen sich das Diabolische, das Inkontinente und Zerstreuende großer Beliebtheit. Der Lernende arbeitet sich nicht mehr an Inhalten, am Objektiven (dem Entgegenstehenden) ab, sondern unterwirft diese seinen Unterhaltungs- und Zerstreuungsbedürfnissen. Manche Lernende, die im Unterricht erfahren wollen, wie sich die Sache wirklich verhält, gehen hier leer aus und müssen wohl oder übel selber nachdenken und vielleicht ein Buch lesen (S. 54–55).

Lehrer (Subst.), der – **Lehrerin** (Subst.), die –

allgemein, d. h. gegendert – **Lehr** (Subst.), das – Nicht sonderlich einträglicher Berufszweig, wobei die geringe Einträglichkeit aufgewogen wird durch angeblich mehr Freizeit und die Möglichkeit, die eigenen Weltanschauungen, Vorlieben und Schrullen an mehr oder weniger hilflosen Geschöpfen auszuleben. Damit man ein Lehr werden kann, bedarf es der Ausbildung zum Lehr durch Oberlehrs. Das Lehr ist ein seltsames Geschöpf, entstanden durch die Arbeit von Lehrs. Das Lehr verlässt die Stätte seiner kleinen Freuden und größeren Demütigungen nie. Zuerst wird es belehrt, dann belehrt es andere. Das Lehr ist ein in sich gekrümmtes Wesen wie der in sich gekrümmte Raum. Es bewegt sich zwar, bleibt aber immer bei sich.

In den letzten drei Jahrzehnten hat es das Lehr geschafft, den Kern seiner Aktivität – das Lehren – aufzugeben. Einer der wenigen Berufszweige, die das, was ihre Namen versprechen, nicht tun. Man kann nur hoffen, dass z. B. hier die Ärzte nicht mitziehen. Die demokratischen Politiker haben eine Weile lang mitgezogen und nicht mehr regiert, sondern auf Umfragen reagiert (jetzt haben sie aber damit aufgehört und hören eher auf Brüssel). Das moderne Lehr reagiert quasi auch auf Umfragen, fragt z. B. die Kleinen (Lerns), was sie heute wieder machen wollen, was die wiederum nicht wissen. Dadurch entstehen dann oft Probleme. Manche belehrt werden Sollende wollen nämlich auch belehrt werden und weigern sich zu tun, was sie wollen, wollen vielmehr tun müssen, was sie nicht wollen. Davon lebt ein nicht unbedeutender Zweig der Erziehungswissenschaft, nämlich die Didaktik.

Das Lehr ist primär Opfer seiner Oberlehrs, wobei Letztere sich ziemlich wichtig vorkommen und meinen, mit ihrer Oberlehrkunst die Welt und überhaupt alles, was ist, retten und verbessern zu können. Manche von dieser Sorte wollen aber nur sich selbst retten, was aber für das Ganze eh besser ist.

Historisch gesehen war das Lehr immer Bediensteter, in der Antike sogar Sklave. Das hat sich bis heute gehalten, als eine besondere Art der Devotheit. Lehrs wollen zwar nicht mehr lehren, lassen sich aber gerne in Fortbildungsveranstaltungen belehren von Oberlehrs, die der Meinung sind, man dürfe nicht belehren (S. 68–70).

Methode (Subst.), die – Götzenbild der Bildungsexperten. Der gute Lehrer ist der mit der richtigen, selbstredend modernen, Methode. Ein Ahnherr des Lexikographen meinte vor 70 Jahren noch, Methode sei nichts anderes als „der Gegenstand in der Prozesshaftigkeit seines Erkanntwerdens", mit anderen Worten: die logische Gegliedertheit des Gegenstandes. Demnach sitze das Methodische in den Besonderheiten der Fächer und ihren Einzelgegenständen. Mathematik – so meinte A. Petzelt einmal – sei eine Methode, Physik eine andere. Da dies für viele Pädagogen nicht einsichtig war, so glaubten sie, Methoden erfinden zu müssen, machten die Methodenfrage zu einer Angelegenheit von Phantasie und angeblicher Kreativität. Nur-Pädagogen – also Leuten, die keine Ahnung von den Fächern haben – dürfte auch nichts anderes übrig bleiben. Also erfanden sie alsbald eine Vielzahl von Methoden, die mit dem Lerngegenstand nichts zu tun hatten, aber eben deswegen auf alles anwendbar sein sollten. Mitunter behalf man sich – die Kreativität kennt ja kaum Grenzen – mit Mixturen von Fachaspekten, mischte in der Grundschule z. B. den Schrifterwerb mit Ernährungslehre, indem man das B von Brezel nicht nur schrieb, sondern die Brezel auch aß, man tanzte das Schriftbild von Buchstaben, holte eine Maus in die Klasse, wenn die Schreibung von MAUS dran war, man klatschte rhythmisch das Einmaleins und sang den Pythagoras. Im Philosophieunterricht fingen die Stunden merkwürdigerweise mit einem „brainstorming" nicht nur an, sondern endeten auch damit. Und irgendwann stellte man fest, dass 25 % der Pflichtschulabgänger nicht lesen können und auch sonst nichts, was der Rede wert wäre. Es wird wohl noch einige Zeit dauern, bis man draufkommt, dass man Schreiben nur durch Schreiben lernt und Lesen nur durch Lesen, grammatisch korrektes Schreiben nur durch die Beherrschung der Grammatik, Denken schließlich nur durch Denken und eben nicht durch wildes Assoziieren im brainstorm. Wir dürfen also in aller Kürze definieren: Methode ist der Weg, der nicht zum Ziel führt (S. 74–75).

Präsentieren (Verb), Äußerst beliebte und daher häufig (seit es Wikipedia gibt) eingesetzte neuere Unterrichtsform, mit welcher man meint, tatsächliche oder vermeintliche Klippen herkömmlicher Unterrichtsformen umschiffen zu können: z. B. das Autoritäre des Frontalunterrichts, die Ergebnislosigkeit des Gruppenunterrichts, das dräuende Chaos des Projektunterrichts u. a. m.; eine Gruppe von Lernenden erarbeitet „selbständig" ein Thema, indem sie die dürren Wikipedia-Infos unzureichend auswendiglernt und mithilfe von PowerPoint ihren Mitschülern möglichst sympathisch zur Unterhaltung anbietet. Das Lehr bemerkt nicht oder übersieht großzügig, dass dieser Vorgang nichts anderes darstellt als Frontalunterricht von Schülern für Schüler, also nach gängigem Lehrerselbstverständnis doppelt schlechten Unterricht. Das Ganze kann dann auch noch gesteigert werden, wenn der Lehrer auch auf die Moderation der anschließenden Diskussion verzichtet, indem er diese einer Schülerin überträgt. Er muss dann nur noch darauf achten, dass sich die Beteiligten sozialkompetenter Umgangsformen befleißigen und eine allfällige feedback-Runde anschließen. Angeblich würden dadurch die Lernenden zu „Subjekten ihres eigenen Lernens". Diese „Methode" entspricht dem neuen Lehrerleitbild insofern, als dieser sich vor allem als „facilitator", Coach und Lernbegleiter zu verstehen hat, also einem Rollenbild zu genügen hat, bei dem ein besseres Wissen bezüglich des Themas kontraproduktiv wäre. Der ideale Lernbegleiter geht mit seinen Schülern mit auf ihren subjektiven Lernwegen zu ihm unbekannten Zielen. Er weiß zwar nicht, wo er ankommen wird, aber dafür ist er für seine Schüler ganz da (S. 90).

Schulentwicklung (Subst.), die – Der Wortteil „entwickeln" war ursprünglich transitiv gemeint: ich entwickle z. B. eine Schriftrolle; bekam aber im Zuge der um sich greifenden Evolutionstheorie eine intransitive Bedeutung (Entwicklung des Kindes, des Krokodils, der Wirtschaft etc.). Die Agenten der Bildungspolitik, also die Schulentwickler, entwickeln (transitiv) jetzt wieder die Schule wie eine Schriftrolle, möchten aber auf die angenehmen Konnotationen, welche die intransitive Variante von Entwicklung mit sich führt, nicht verzichten. Der mehr oder minder sanft-gewalttätige Eingriff in das Bildungssystem wird als Entwicklungshilfe euphemisiert und akzeptabel gemacht. Als Werkzeuge dienen dabei Qualitätsmanagement, gruppendynamische Seminare, gefälschte Statistiken der wertfreien Wissenschaft, vor allem aber empirische Erziehungswissenschaftler, die sich vor Lehrern flugs zu normativ-pädagogischen Sinnstiftern mausern (S. 102).

Selbst (Subst.), das – Jolly-Joker für alle Modewörter der heutigen Pädagogik. Kann man fast überall hinzusetzen und sticht immer: Selbstbestimmung, Selbstlernen, Selbstbeurteilung, Selbstkompetenz, Selbstmotivation, das „Selbst sein, das man in Wahrheit ist" u. s. w.; der Autor dieses Wörterbuches ist über 60 Jahre alt und weiß noch immer nicht, was er in Wahrheit selbst ist.

„Ich erforschte mich selbst" – so sagte ein gewisser Heraklit. Das Ergebnis blieb er uns aber schuldig. Vielleicht sind wir wirklich nichts anderes als Konglomerate unserer genetischen Ausstattung, unseres Milieus, unserer Lernerfahrungen, unserer Begegnungen mit anderen, die wir nachgeahmt haben, weil sie irgendwie imponierend waren u. s. w.; wie oft haben wir schon unsere Identität gewechselt und sprechen immer noch von uns als einem „Ich"? Wir sind im Werden, werden anders, aber eine in unserem neuronalen Apparat eingebaute Rückkoppelungsschleife sorgt dafür, dass wir uns am nächsten Morgen immer wieder als „Ich" erleben. Auch mein Reisepass sorgt dafür, dass ich weiß, wer ich bin. Die sich im Laufe eines Lebens angesammelt habenden Dokumente ebenso. Man sollte die Wichtigkeit dieser offiziellen Dokumente nicht unterschätzen. Sie geben Sicherheit, nicht nur den Behörden des Staates, sondern auch uns. Der Spiegel hilft immer weniger, und die Jugendfotos können uns in Zweifel, wenn nicht gar in Verzweiflung bringen. Das soll ich gewesen sein? Das kann doch nie meine Weltanschauung gewesen sein. War es aber. Was soll also die Rede von der Identität und der Bildung zur Identität bedeuten? – Eine Abwehrreaktion gegen die an und für sich normale Neigung des Menschen zur Schizophrenie.

Es gibt allerdings – das muss hinzugefügt werden – Individuen, die tatsächlich ein ganzes Leben lang sie selbst bleiben, was man oft bei Klassentreffen feststellen kann: Der redet immer noch so wie vor 45 Jahren, schaut sich auch noch ähnlich, ist also gegenüber jeder Bildungszumutung standhaft geblieben (S. 103–104).

Unterricht (Subst.), der – An und für sich eine simple Angelegenheit. Jemand, der etwas weiß und kann, zeigt, erklärt, erzählt dieses einem Jemand, der sich nicht auskennt, der also nicht weiß, wie eine Sache aussieht, geht und worin sie besteht. Es gibt Lehrs, die das Zeigen, Erklären und Erzählen beherrschen. Viele beherrschen es nicht, weil sie die Sache, um die es geht, nicht kennen und sie deshalb auch nicht erklären können. Schon vor rund 40 Jahren kam das Unterrichten in Misskredit, weil es etymologisch mit „Richten" und vor allem mit „unter" zu tun hat. Das Unterrichten – so meinten die kritischen Pädagogen – wäre eine Form von Herrschaftsausübung durch Angestellte der herrschenden Klasse, nach welcher die Unterrichteten glauben sollten, dass 3 x 3 = 9 sei und dass Goethe ein bedeutender Schriftsteller gewesen sei. Der Unterricht geriet somit unter Autoritarismusverdacht. Daher musste er „kritisch" werden. Damit er kritisch werden konnte, musste alles „hinterfragt" werden. Lehrer fühlten sich schlecht, wenn Schüler meinten, dass 3 x 3 wirklich 9 ergäbe. Wenn ein Schüler Goethe las und dies auch noch zugab, wurde er gefragt, ob er nicht wüsste, dass der alte Geheimrat ein Vertreter der herrschenden Klasse gewesen sei. Vor allem die Orthographie geriet in ein schiefes Licht, weil „orthos" (griech.) „richtig" heißt, aber eine willkürliche Verordnung von Machthabern wäre. Der Dialekt wurde aufgewertet. Man verwechselte aber den Dialekt, der eine durchaus anspruchsvolle Angelegenheit sein kann, zumeist mit dem Soziolekt. Eine Rechtschreibreform fügte sich – nicht logisch, sondern zeitlich – an die andere. Offene Unterrichtsformen lösten die alte Lernzielorientierung ab (S. 113–114).

zeigen (verb) – Auf etwas hinweisen, von dem man meint, ein anderer sollte das auch bemerken. „An und für sich" (Hegel) ein einfacher Vorgang, bei dem man eigentlich nur einen Zeigefinger braucht. Sehr hilfreich beim Zeigen ist allerdings der Zeigestab. Der zeigt deutlicher. Schon allein deshalb, weil man ihn auch anders verwenden könnte. Der Zeigestab wird heute allerdings abgelöst, und damit auch das ganze Zeigen, durch die sogenannte Powerpoint-Präsentation, bei der man allerdings nach ca. 10 Minuten in einen einstündigen Sekundenschlaf versinkt, was aber auch nicht der Sinn des Unternehmens sein kann. Damit diejenigen, denen etwas gezeigt wird, die Angelegenheit (Sache) aber nicht bloß anglotzen, braucht es auch erzählerische und erklärende Momente im Zeigevorgang, die oftmals ausbleiben (S. 121).

Das Rollenverständnis des Lehrers und der Stellenwert der Inhalte im Unterricht (1981)

„Liest man etwa Heiratsannoncen in den Zeitungen – das ist recht lehrreich –, so betonen die Inserenten, sofern sie Lehrer oder Lehrerinnen sind, sie seien keine Lehrertypen, keine Schulmeister." (Adorno, 1965)

„Es ist überhaupt nicht einzusehen, weshalb derjenige der Lehrer wird und Lehrer ist, nicht auch lehrerhaft sein soll, weshalb er diese Lebensform nicht in den wohlbedachten Grenzen seiner Aufgabe ... ausfüllen soll..." (Prange, 1983)

I. Gegenstandsbegriff und Lehrer-Schüler-Verhältnis: Ein Plädoyer für eine fachlich-genetische Lehrerausbildung

Vom pädagogischen Verhältnis reden heißt von allem gleichzeitig reden, heißt (zumindest) davon reden, was Pädagogik ist, und heißt gleichzeitig einen (wissenschaftstheoretischen) Standpunkt haben, von dem aus die Gliederung des Pädagogischen in seine Grundbegriffe in bestimmter Weise erfolgt.

Je nach wissenschaftstheoretischer Position gewinnen die Begriffe von Unterricht und Erziehung, Inhalt oder Gegenstand, Schule und Familie, Methoden und Ziele, Lehrer und Schüler ihre bestimmte Form.

Man könnte geneigt sein, von den wissenschaftstheoretischen Positionen als Scheinwerfern zu reden, welche je nach Standort einen bestimmten Aspekt der Sache erhellen bzw. verdunkeln, wenn da nicht die Frage nach der richtigen Adjustierung der Beleuchtungskörper wäre.

Jedenfalls - und das wird man zugeben müssen - gerät die pädagogische Aufgabe je eigentümlich, und die Frage nach *der* pädagogischen Aufgabe tritt ins Blickfeld, wenn man nicht „tolerant" oder doch eher unverbindlich (d. h. legitimationsscheu) das große Ganze beschwören will und dabei unversehens eben das totum pädagogisch gemeinter Aussagen als *das* Pädagogische ausgibt. Bei A. Petzelt ist das Problem folgendermaßen formuliert: „Wir haben allen Grund, heute mehr zu tun, als etwa auf sogenannte ‚bewährte' Resultate zurückzugreifen, neue Erfahrungen zu sammeln, der ‚veränderten Lage Rechnung zu tragen' oder gar pädagogische Experimente zu gestatten: Der Sinn des Pädagogischen, also die Grundlagen der Einheit zwischen Erziehung und Unterricht sind fraglich geworden, jene hinter allem Zeitlichen, Kulturellen liegenden Invarianten,

die Ordnung stiftend die Generallinie der pädagogischen Gesamtaufgabe ...
bestimmen."[1]

Und wir dürfen hinzufügen: nicht bloß heute oder bezogen auf den Zeitpunkt der Formulierung dieses Satzes: gestern, sondern zu jeder Zeit. Das
liegt an der Pädagogik, sofern es den von ihr Betroffenen nicht egal sein kann,
wie sich diese versteht. Um die Sinnbestimmung des Pädagogischen ist offenbar nicht herumzukommen, so daß W. Fischer sagen kann: „ ... kein pädagogischer Satz, sei er präskriptiv oder deskriptiv, keine pädagogische Tatsache
verweisen nicht auf sie. Man mag sich nicht sonderlich um sie kümmern und
beispielsweise alle Energie darauf verwenden, empirisch-technologisch gehalt-
volle Befunde über die Erziehungswirklichkeit zu erheben. Sobald jedoch die
Frage auftaucht, woher man denn wisse, daß es sich um die Wirklichkeit der
Erziehung handle, ... kommt man um Rechtfertigungsversuche, um Begrün-
dungssätze, die die, Erfahrung' transzendieren, nicht herum..."[2]

Dort, wo der Theoretiker darauf verzichtet, die Aufgabe der Pädagogik,
ihren Sinn positiv auszusprechen und statt dessen empirisch, historisch herme-
neutisch oder ideologiekritisch-emanzipatorisch die Aufklärung ihrer Wirklichkeit betreibt, hat er eben diesen Sinn längst gesetzt; und wir müssen uns
fragen, ob die Relation von Philosophie und Einzelwissenschaften so bestimmt
werden kann, daß sich die Philosophie explizit um die impliziten Grundlagen
kümmert, welche die Einzelwissenschaften unbekümmert voraussetzen. Wie
tut sie das? Genauer: In welcher Weise kümmert sich die Philosophie (qua Pädagogik) um die Grundlagen der Einzelwissenschaften (qua Erziehungswissenschaften), nachgängig aufklärend, transzendental-analytisch erhellend oder
positiv bestimmend, maßgebend und dabei Metaphysisches nicht peinlich
vermeidend?

Konkret: Woher wissen die Pädagogen um Mündigkeit als den verbindli-
chen Sinn der Erziehung und des Unterrichts? Aus der historisch hermeneuti-
schen Analyse der Texte nicht, denn in seiner Verbindlichkeit gilt er auch ohne
diese. Aus der empirischen Analyse der Erziehungswirklichkeit erst recht nicht,
denn dort ist er – wenn überhaupt gemeint – in einer der möglichen Reduzierungen, meist als kognitive, affektive oder psychomotorische Fähigkeit –

---

1 Alfred Petzelt, Das Problem der Bildung im Hinblick auf die Einzelwissenschaften.
   In: Marian Heitger/Heinz-Jürgen Ipfling (Hg.), Pädagogische Grundprobleme in
   transzendentalkritischer Sicht. Bad Heilbronn 1969, S. 83.
2 Wolfgang Fischer. Transzendentalkritische Pädagogik. In: Klaus Schaller (Hg.),
   Erziehungswissenschaft. Prinzipien und Perspektiven moderner Pädagogik.
   Bochum, 1979, S. 93.

undeutlich enthalten. Seine Geltung ist davon unbetroffen. Und dort, wo von Verzerrungen des Dialogs oder der sachorientierten Kommunikationsstruktur und den Möglichkeiten ihrer Aufhebung die Rede ist, liegt er unverhohlen bis unargumentiert zugrunde; unargumentiert dann nicht mehr, wenn die Berufung auf den Auftrag bzw. das Versprechen der Aufklärung oder auf die Notwendigkeit des „Entschlusses zu bürgerlicher Lebensführung" (K. Schaller) ausreichen sollte. Die Rede vom Entschluß scheint dabei aber doch den Weg zu weisen, zumindest anzudeuten. Denn die mit Blick auf die Legitimationsproblematik vollzogene Fischersehe Sinnbestimmung der Pädagogik als Bildung, und d. h. „das ‚Ersäufen' des Denkens unter gedanklichen ‚Erdichtungen und Blendwerken' ... verhindern zu helfen" und damit als Philosophieren, ist nur dann Implikat der Einsicht in die „Unmöglichkeit absoluter (pädagogischer) Legitimation", wenn ich will oder meine, daß davon niemand ausgeschlossen werden sollte. Das will ich aber nicht deswegen, weil die gesellschaftliche Situation danach ist, oder weil Kant seinen Kategorischen Imperativ formuliert hat, sondern weil ich diesen Imperativ anerkenne – unabhängig von seiner Formulierung durch Kant oder sonst irgend jemand.

Nur indem ich will, daß die Menschen zu kritischer Urteilskraft und zur Selbständigkeit im Denken und Handeln gelangen, bin ich Pädagoge. An diesem Imperativ hängen die Pädagogik und die praktischen Wissenschaften. Sie sind Ausfaltungen des Imperativs, und nur als solche verdient die Pädagogik ihren Namen.

W. Fischer: „Denn w e n n das ‚Wissen' um *die* Unwissenheit in Ansehung des Logos/des Begriffs nicht als Privileg einiger Erwählter, der dogmatisch-metaphysische Schlummer nicht als die Zwangs- und Endverfassung aller übrigen hellseherisch vorwegzunehmen ist, d a n n wird es geradezu der (heute) angebbare Sinn von Bildung sein, das ‚Ersäufen' des Denkens unter gedanklichen, Erdichtungen und Blendwerken' zu verhindern."[3] Der Gedanke ist in die Form einer Wenn-Dann-Relation gebracht. Nun erläutert aber der „Dann-Satz" - aus der Nähe besehen – lediglich den „Wenn-Satz", und es bleibt unerhellt, warum das Wissen des Nichtwissens nicht als Privileg einiger Erwählter (hellseherisch) vorwegzunehmen ist. Daß der dogmatisch-metaphysische Schlummer nicht sein soll, sagt uns nicht schon die Einsicht in die Unwissenheit in Ansehung des Logos, sondern die Einsicht darein, daß nur so Mitmenschlichkeit ist, – anders ist sie nicht.

---

3   Ders., Zur Legitimationsproblematik in der Pädagogik. Sechs Sentenzen. In: Vierteljahresschrift für wissenschaftliche Pädagogik, 3/1979, S. 274.

Diese aber ist nicht zu begründen, besser: nicht abzuleiten oder zu beweisen. Der Imperativ gilt kategorisch. Das ist sein „Dilemma".

Erkenntnis zu ermöglichen, wo Erkenntnis möglich ist, und zu zeigen, wo sie an ihre Grenzen stößt, d. h. wo wir nichts wissen können, das war aber im Grunde immer schon die Aufgabe der Pädagogik. Die sokratische Ironie dürfen wir als Ausdruck einer solchen Absicht zur Bildung deuten. M. Wagenschein spricht didaktisch von der Notwendigkeit des „Frontalangriffs auf das Scheinwissen", und er fragt die Kinder, welche heute von der Erdrotation „wissen": „Wie, ihr glaubt das, wo doch kein ständiger Ostwind weht und die Äpfel nicht, wie sie dann doch müßten, in des übernächsten westlichen Nachbars Garten schwirren?"[4]

Es ist nicht gesagt, daß diese Einsicht und Absicht der Pädagogik in ihren konkreten historischen Gestalten nicht mitunter verlorenging, sie nicht verloren gehen zu lassen, ist ja gerade Aufgabe der pädagogischen Theorie sowie ihrer Praxis; ob sie heute besonders gefährdet ist, vermag ich nicht zu beurteilen. Das ist Thema der Problemgeschichte jüngster Vergangenheit.

Soweit zum Rahmen, in dem das Folgende nun gesehen werden will: Es geht ja laut Thema um das pädagogische Verhältnis, hier um das Verhältnis zwischen Lehrer und Schüler, um die Bestimmung dessen, was das Lehrer sein und damit das Schülersein ausmacht. Dabei ist zu erinnern, daß die pädagogische Aufgabe - transzendentalkritisch gefaßt - „Umwendung ins Philosophieren" bedeutet, daß Erziehung und Unterricht ins Philosophieren als Bildung zu münden haben[5]. Diese von Ruhloff konstatierte „Zweigliedrigkeit" der pädagogischen Aufgabe - erwachsen aus der „konstruktiven Wende" als der Zuwendung zur Legitimationsproblematik - scheint in der Tat geeignet, eine Differenzierung des pädagogischen Problembestandes abzugeben, ähnlich etwa der schon früher vorgenommenen Differenzierungen zwischen Erziehung und Fürsorge oder zwischen Erziehung und Therapie, womit ja auch nicht bloß eine institutionelle Aufgabentrennung gemeint ist und schon gar nicht die nachträgliche Rechtfertigung von allem und jedem als pädagogisch zulässig, sondern auch und vor allem eine legitimierbare Unterscheidung von Aktrichtungen innerhalb dessen, was man diffus Erziehungswirklichkeit nennt, damit man wisse, was zu tun und was unter Umständen zu unterlassen ist.

---

4   Martin Wagenschein: Verstehen lernen. Weinheim 1970, S. 75.
5   Siehe dazu das Kapitel „Die Umwendung der Normproblematik in der transzendentalkritischen Pädagogik" in: Jörg Ruhloff, Das ungelöste Normproblem der Pädagogik. Heidelberg 1979.

Diese Zweigliedrigkeit der pädagogischen Aufgabe in ein erstes und propädeutisches und d. h.– bei Ruhloff – „die ‚Bildsamkeit' anbahnendes" und ein zweites, „Bildung ermöglichendes", d. h. das Fragen ins Philosophieren umwendendes Aufgabenmoment, bedarf zuerst noch kurzer Darstellung, damit dann und im weiteren gefragt werden kann, ob es sich nicht möglicherweise um eine Drei- oder Mehrgliedrigkeit der pädagogischen Aufgabe handelt, ferner: ob und wie diese Momente in Relation zu eine Abfolge von Phasen mit jeweils dominierenden Fragestellungen gehören bzw. ob und wie diesen Momenten praktisch entsprochen werden kann

„Zusammenhang und Unterscheidung zwischen der propädeutischen die Bildungsmöglichkeit anbahnenden Aufgabe von Erziehung und Unterricht einerseits und der Bildung ermöglichenden Umwendung ins Philosophieren andererseits, werden als ein logisches Aufeinanderangewiesensein und ein zeitliches Nichtzugleichseinkönnen gedacht. Man kann das einen logogenetischen Zusammenhang nennen. Philosophieren als anstrengendes gründliches und anhaltendes Fragen ist der Sache nach nur auf dem Boden eines relativ festbegründeten Wissens und Urteilen-Könnens möglich ... "[6]. Das muß der Sache nach nicht unbedingt als neu erscheinen, ist jedenfalls aber wert, erinnert zu werden. Es meint auch keine starre zeitliche Gliederung, wenngleich damit gewissen Dominanten des Fragens im Fortschreiten des einzelnen durch Erziehung und Unterricht zu Philosophie und Bildung das Recht eingeräumt ist.

In diesem Sinn darf wohl auch die von Fischer[7] erhobene Forderung nach einem Fach Philosophie für die in den einzelnen Berufen auszubildenden Fünfzehn- bis Achtzehnjährigen verstanden werden: Die Frag nach dem Sinn des Arbeitens, ob spezialisiert oder eher unspezialisiert ganzheitlich, abhängig oder unabhängig, muß den Jugendlichen aufgegeben werden, damit aus Ausbildung Bildung werden kann. Es ist eben etwas anderes, die Drehbank bedienen und ein gelungenes Werkstück herstellen zu können, etwas anderes ist es, um Struktur und Ordnung des Betriebes zu wissen, und wieder etwas anderes, dem Arbeiten in einem modernen Betrieb mit allen Spezialitäten der Lohnarbeit, schließlich dem Arbeiten überhaupt einen positiven Sinn zu geben oder zu verweigern.

Die entscheidende Frage, welche sich nun auftut, aber muß diejenige sein, ob sich die Struktur des pädagogischen Verhältnisses ändert, je nachdem ob es

---

6 Ebd., S. 182.
7 Wolfgang Fischer, Die berufliche Bildung vor dem Anspruch allgemeiner Menschenbildung. In: Zeitschrift für Pädagogik, 25. Jg., 1979/S. 5.

sich nun sachlich um das Funktionieren eines Schweißapparates, den Beweis
für die Winkelsumme im Dreieck, um den experimentellen Nachweis der Erdrotation, um die adäquate Übersetzung des „non vitae, sed scholae discimus"
handelt oder ob etwa aus der unmittelbar historischen Argumentation im
Geschichtsunterricht ausgestiegen und der Frage nachgegangen wird, ob in der
Geschichte die Frage „was gewesen wäre, wenn ...?" sinnvollerweise gestellt und
beantwortet werden kann, wenn also aus Anlaß des Fachunterrichtes nach den
Grundlagen des Faches - d. i. philosophisch - gefragt wird. Etwa auch: Worin
besteht denn nun der Unterschied zwischen dem mathematischen Beweis eines
Satzes und dem physikalischen Nachweis eines Gesetzes? - Fragen übrigens,
von denen ich zu behaupten wage, daß sie zwar manche Schüler wie schlechtes
Gewissen mit sich herumtragen, die aber nicht zur Sprache kommen, weil das
„Fortschreiten im Stoff" keine Zeit dazu läßt, welche aber auch ob der chroni-
schen Philosophie-Abstinenz der Lehrerausbildung nur von wenigen Lehrern
in ihrer tragenden Funktion bemerkt werden.

Zurück zu unserer Frage: An der Struktur des pädagogischen Verhältnisses
ändert sich offenbar (oder scheinbar?) gar nichts, ob nun fachimmanent argumentiert oder ob - an den Grundlagen zweifelnd - eben philosophiert wird,
d. h. in diesem Fall: nach den erkenntnistheoretischen Voraussetzungen - oder
in der Sprache A. Petzelts: nach den Methoden der Fächer selbst - gefragt wird;
eine Aufgabe übrigens, die A. Petzelt dem Lehrer auferlegt hat, damit er die
Schüler lehrend anhalte, methodisch rein, d. h. auch: ohne ihn, zu argumentieren.

Wir sehen, wir können diese Fragen auch den Schülern nicht ersparen, wenn
der ganze Unterricht nicht Täuschung sein soll, nämlich Täuschung über die gar
nicht so selbstverständlichen Voraussetzungen fachlichen Argumentierens. Und
die Gefahr der Täuschung besteht nicht nur im leidigen Geschichtsunterricht
oder in den Sozialwissenschaften; wenn ich recht sehe, schaut die Lage in der Biologie nicht anders aus, - denken wir nur an den Vitalismus-Mechanismusstreit,
an das Telosproblem, den Animismusstreit und schließlich an das traurige
Bild des Biologen, welcher unbekümmert ob solcher Fragen die Detailfor-
schung weitertreibt und schließlich auf dem „Trümmerhaufen seiner Amino-
säuren sitzt"[8], weil er die organische Sichtweise verlernt hat. Ich fürchte,
daß in unseren Schulen Mechanisten unterrichten, die nicht wissen, daß sie

---

8   Otto Brüggemann, Philosophie im biologischen Unterricht. In: Theodor Ballauff
    (Hg.), Philosophie im mathematischen und naturwissenschaftlichen Unterricht.
    Heidelberg 1958, S. 183.

Mechanisten sind, und Vitalisten, die nicht wissen, daß sie Vitalisten sind. Das Schlimme ist nicht, daß sie sind, was sie sind, sondern daß sie nicht wissen, was und warum sie es sind.

Nochmals: Nichts ändert sich also an der dialogischen Grundstruktur des pädagogischen Verhältnisses, ob nun fachwissenschaftlich ermittelt wird oder ob die Art des Ermittelns selbst zur Debatte steht. Dieser Aspekt der pädagogischen Aufgabengliederung in das von den Grundlagen weg Fortschreiten und in das auf Grundlagen Zurückfragen ergibt offenbar noch keine Gliederung in zwei Wertigkeiten des pädagogischen Bezuges.

Wohl aber ein anderer Aspekt bzw. eine andere Art von logogenetischem Zusammenhang – aber vielleicht überziehe ich hier die Analogie?

Ein Beispiel aus dem Sprachunterricht:

Grammatikunterricht setzt voraus, daß das Sprechen der Kinder bereits grammatikalischen Strukturen folgt. Das Reden von den vier Fällen ist sinnvoll nur möglich, wenn die Kinder bereits in den vier Fällen sprechen. Dabei ist es für diese Art des logogenetischen Zusammenhanges unerheblich, ob regional- oder schichtbedingte dialektale Unschärfen bzw. Reduzierungen der Kasusmannigfaltigkeit bestehen. Grammatik ist die nachträgliche Aufhellung der Struktur, welcher das Sprechen immer schon - unreflektiert - folgt. Wie kommen Kinder dazu, ihr Sprechen grammatischen Strukturen zu unterstellen?

Oder ein Beispiel aus dem mathematischen Anfangsunterricht:

Gerechnet kann erst dann werden, wenn die Zahl als „Eigenschaft von Mengen" erkannt ist und Zahlen samt ihren Symbolen können erst dann zur Sprache kommen, wenn die Menge dem Kind etwas Konstantes geworden ist - also unabhängig ist von Art und Anordnung ihrer Elemente. Mit Argumenten ist da nichts zu wollen, das konnte J. Piaget[9] zeigen. Die Kinder behaupten einigermaßen stur, daß in der vergleichsweise längeren Perlenreihe (mit größeren Abständen!) „mehr" seien. Auch der ebenso widersinnige wie häufig vorgebrachte Einwand, das sei ein sprachliches Problem, die Kinder hätten eben noch Keinen *Begriff* (!) von „mehr" oder „weniger" bestätigt wohl eher Piaget, als daß er ihn widerlegte.

Aufforderung zu „Spiel und Training" sind demgemäß die Art der pädagogischen Zuwendung der Vorschulerzieher und Grundschullehrer. Analog sprechen die Sprachdidaktiker von „Drills".

Damit also die Mathematik möglich wird, muß das Kind die „Zahl als eine Eigenschaft, die Mengen von Dingen eigen ist und nicht den Dingen selbst"

---

9   Jean Piaget, Die Entwicklung des Zahlbegriffes beim Kinde. Stuttgart, 1972.

(Z. P. Dienes)[10] erkannt, besser vielleicht: erlebt haben. Diese Begriffsbestimmung selbst ist aber kein mathematischer Satz, sondern einer der Philosophie der Mathematik, welche eben diese voraussetzt. Als ein solcher erläutert er dem Fünf- oder Sechsjährigen gar nichts.

Kleine Kinder lernen sprechen, größere Kinder lernen Grammatik und Literatur; lernen die Jugendlichen, was Sprache ist und sein könnte? Kann man da noch von „Lernen" sprechen? Aber auch das Sprechenlernen der Kinder ist doch etwas anderes als das Grammatiklernen der Größeren. Liegt hier nicht eine Variation der pädagogischen Aufgabe vor, der auch je spezifische Arten des pädagogischen Verhältnisses entsprechen müssen, zumindest im Sinne von dominanten Aktionsstrukturen? Konditionierung, Drill, Training, Hinweis, Zeigen, Vormachen, Nachmachen einerseits, pädagogische Führung - etwa im Verständnis A. Petzelts auf der nächsten Stufe, schließlich gemeinsames Philosophieren auf der letzten Stufe, ein Dialog, in welchem das „vorausgewußte Ende"[11] von ganz anderer Valenz ist oder - überhaupt ausfällt?

Das muß kein Manko der Philosophie sein. Vielleicht liegt es an der Philosophie insofern, als das Philosophieren mit "Mayer" nicht anders aussieht, als mit Platon oder Wittgenstein? Die historische Nähe oder Ferne ändert hier gar nichts; nicht, weil die ganze Philosophie nur aus Fußnoten zu Platon bestünde, was ja bloß besagen würde, daß *seit* Platon kein Fortschritt im Philosophieren gemacht wäre, sondern weil vielleicht ein Fortschreiten in der Philosophie nicht in dem Sinne möglich ist, wie in den Naturwissenschaften, wo etwa die Physiker der letzten Generation gleichsam „auf den Schultern der vorhergegangenen stehen". Das aber heißt nicht, daß nicht auch die Physiker „von vorne anfangen" müßten, obwohl das „Zeitalter fortgeschritten ist". Das heißt nur, daß die Physiker die ersten Stufen gleichsam im Schnellzugtempo nehmen dürfen und die scholastische Physik überhaupt auslassen dürfen, denn diese war keine. Sie beginnt mit dem Galileo, mit Kepler und Kopernikus.

Ganz anders in der Philosophie: Nichts ist hier im Schnellzugtempo zu nehmen oder gar „pädagogisch durchzunehmen", nichts ist hier auszulassen,

---

10   Zoltan P. Dienes, Moderne Mathematik in der Grundschule. Freiburg i. B. ⁵1971, S. 9.

11   „Der Anfang des Prozesses beim Lehrenden wird vom Ende her regiert. Schon der erste Schritt ist auf ein festes, fixiert gewußtes Ziel gerichtet. Jeder andere nicht minder. Der Lehrende muß dieses Ende von jedem Punkte seines Prozesses sehen können und darf diese Sicht nicht verlieren." So heißt es bei Alfred Petzelt: Grundzüge systematischer Pädagogik. Freiburg i. B. 1964, S. 174.

weder Epikur noch der Positivismus, schon gar nicht beginnt sie mit Kant oder endet mit Hegel!

Das pädagogische Verhältnis scheint also doch einer Variation ausgesetzt zu sein, und zwar in dem Maße, in welchem die pädagogische Aufgabe - repräsentiert in bestimmten, logogenetisch zusammenhängenden Fragen und Antworten - wechselt; im Grundriß:

- das vorwissenschaftliche, nicht notwendig deshalb vorpädagogisch zu nennende Einführen in Sprache und Lebenskreis,
- das an der Norm der Wissenschaft - und das ist ihre Methode - orientierte, aspekthafte Aufklären der Welt, eine Einführung in die Möglichkeiten des Denkens und Urteilens,
- schließlich das all das auf seine Voraussetzungen hin bedenkende, prüfende, manchmal relativierende Philosophieren, welches dann vielleicht entdeckt, daß die Wissenschaften nicht *die Welt* erklären, weil sie Urteilsstränge sind, die in vorausgesetzten Urteilen konstituiert sind und unsere Lebensprobleme vielleicht nicht einmal berühren.

Wenn nun „das Wissen bemühte Lernen und Lehren im Unterricht und die um ‚Ortsfindung' und ‚Verhaltenheit in der Menschenwelt' bemühte Erziehung dem Philosophieren als bildende Umwendung in das Voraussetzungen ermittelnde Fragen ... vorangehen und in diesem Voran gehen mitbedingen, wie reich oder wie armselig das philosophische Fragen und die aus ihm erwachsene Besonnenheit"[12] ausfällt, dann kann die Frage nicht ausbleiben, wie Lernen und Lehren bzw. Erziehen „auszusehen" haben, damit Bildung möglich wird. Bezogen auf den Unterricht, welcher nunmehr als eine der Möglichkeitsbedingungen für Bildung zu sehen ist und demgemäß unter diesem Maß zu messen, d. i. zu beurteilen ist, heißt das: Damit die Reflexion auf die Bedingungen der Möglichkeit gegenständlicher Erkenntnis, um welche ja Unterricht besorgt ist, möglich ist und etwas zutage fördert, muß etwas zugrunde gelegen sein. Es ist das diejenige Bedingung, welche Kenntnissen die Qualität von *Erkenntnissen* verleiht, welche es ausmacht, daß Sätze begründbar sind. Es sind das die Konstitutiva der Einzeldisziplinen, welche deren Ordnung, Unterscheidbarkeit und Zusammenhang ausmachen. Konkret:

Es muß für die in den einzelnen Fragerichtungen zu unterrichtenden Schüler „erlebbar" sein, daß etwa die Mathematik ihre Sätze anders begründet als die ihr scheinbar so nahe „verwandte" Physik. Es müßte dann nicht mehr

---

12   Jörg Ruhloff, a.a.O., S. 186.

vorkommen, daß Menschen, welche die Schule verlassen haben, die Mathematik unbefangen als Naturwissenschaft klassifizieren.

Die Empfänglichkeit für solche Fragen muß bereits der Unterricht anbahnen, indem er nämlich methodisch korrekt vorgeht; dazu muß er noch gar nicht philosophisch aussteigen und ausholen. Die Philosophie zeigt dann „lediglich", worin denn nun dieser Unterschied begründet liegt, eine Ahnung davon läßt sich aber bereits unterrichtlich vermitteln: Die Mathematik interessiert sich nämlich gar nicht für Naturphänomene, ihre Sätze gelten auch ohne diese, sie gelten nämlich per definitionem und nicht erst post experimentum; und dort, wo Schüler im Mathematikunterricht (experimentell) nachprüfen, etwa ob die Winkelsumme im Dreieck auch beim nächsten und übernächsten Dreieck noch 180 Grad beträgt, betreiben sie eben gar nicht Mathematik, sondern Naturwissenschaften, weil sie sich für die Phänomene interessieren. Sie halten dann vielleicht, analog dem Satz von den Schwänen, welche alle weiß sind, die Hypothese vom 180gradigen Dreieck für „bewährt", solange kein anderes auftaucht. Man wende hier nicht ein, daß etwa zwölfjährige Hauptschüler für mathematische Beweise nicht zugänglich seien; warum sollten sie für das naturwissenschaftliche Nachprüfen zugänglicher sein? Ist Physik oder Biologie „leichter" als Mathematik?

Heidi Gidion erinnert sich ihrer Mathematikerfahrungen: „ ... gibt es auch einen Kreis, der nicht 360 Grad hat? Ist das vielleicht nur eine Verabredung? Weil es praktisch zum Rechnen ist? Ich hätte es so gerne erfahren - aber Mathematik, das hatte ich nun endgültig begriffen, das kann man oder man kann es nicht, und wer es nicht kann, der fragt. Ich wollte es wissen, und deshalb fragte ich nicht. Das Hantieren mit dem Winkelmesser und Zirkel war mir eine stille Lust, das streng gehandhabte Ritual von Zeichnen und Rede schnurrte ich ab, die Kongruenzsätze konnte man im Schlaf. Die raschesten, erbarmungslosesten Schulstunden, ohne je ein Vielleicht oder ein: es könnte auch anders sein, oder ein: wir wollen es mal probieren. Mit Logarithmentafeln ging es noch flinker - nie, nie habe ich begriffen, nie wurde es auch nur andeutungsweise erklärt, weshalb wir mit ihnen rechnen mußten. Es ging halt einfacher und schneller – das sah doch jedes Kind. Es wurde immer hexenähnlicher, dieses Hantieren – und wenn meine Mutter mir zu Hause über die Schultern guckte, dann ‚erklärte‘ ich so, wie Ingenieure den Rechenschieber zu erklären pflegen: also, wenn ich das hierherziehe, und das dahinschiebe, dann ist das da das Ergebnis"[13].

---

13 Heidi Gidion, Geheimwissenschaft Mathematik? In: Horst Rumpf (Hg.), Schulwissen. Probleme der Analyse von Unterrichtsinhalten. Göttingen 1971, S. 113 f.

Aber im übrigen dürfte für die eigenartige Auffassung von der Mathematik als einer Naturwissenschaft wohl eher ein mangelhafter Physikunterricht verantwortlich zu machen sein; ein Physikunterricht, welcher auf die Phänomene vergessen hat, wie sie unsere Umwelt zur Erkenntnis immer schon parat hält. Statt aufzumerken und verständig und manchmal auch geduldig hinzuschauen, nimmt er den direkten Weg zu Formel und Übungsbeispielen. In Wahrheit ist methodenkritisch - Wagenschein würde sagen: genetisch - gesehen vorderhand einmal gar nichts zu rechnen und zu üben. Denn zuerst sind die Phänomene, dann die Fragen und mögliche Erklärungsversuche, dann erst kommen Versuch, Experiment und Mathematik.

G. Ch. Lichtenberg, der ja auch Physiker war, meinte:

„... zu glauben, daß Mathematik zur Physik absolut notwendig ist, ist Torheit; denn wo dieses wirklich stattfindet, hat der Mensch schon *das Beste* gefunden. Es dahin zu bringen, daß er es dem Mathematiker übergeben kann, das ist die Sache... "[14].

Die hier gemeinten Stufen physikalischen Vorgehens sind nun nicht vielleicht eine Neuauflage der Herbartschen Formalstufen, welche nun fachspezifisch umgedeutet den Weg zu Schematismen des Unterrichts bahnen sollen, was ja auch Herbart nicht wollte. Es handelt sich um logogenetische Zusammenhänge, welche aus dem Fach machen, was es ist, denen entsprochen werden muß, wenn Unterricht Erkenntnisse ermöglichen soll.

M. Wagenschein verdeutlicht das in seiner Rede von der „verfremdenden Apparatur" des Unterrichts. „Verfremdend"' ist sie eben genau dann, wenn man nicht mehr weiß, wozu sie gut ist, wenn man annimmt, das Prisma diene zur Lichtzerlegung und gleichzeitig nicht weiß, warum Schnee weiß ist, wo er doch aus durchsichtigen „Kristallen" besteht.

„Es gibt ‚Lichtwellen'. Eine fundamentale Entdeckung, auch sie. Ein Laie, der von ihnen ‚weiß', könnte sich fragen: *woher* weiß ich das eigentlich? Es wird ihm dann meist der sogenannte ‚Fresnelsche Spiegelversuch' einfallen, eine nicht gerade komplizierte, aber doch recht raffinierte Versuchsanordnung. Dieses Experiment ist völlig überzeugend. Aber mancher Überzeugte fragt sich dennoch (oft insgeheim, weil eingeschüchtert): Woher konnte denn Fresnel diese Idee kommen? Zweifellos mußte er vorher doch schon recht viel von diesen Wellen wissen. Offenbar wollte er sie nur auf elegante Weise, rein und meßbar, dingfest machen"[15].

---

14   Zit. nach Martin Wagenschein, Die Pädagogische Dimension der Physik. Braunschweig ³1971, S. 178.

15   Ders., Verstehen lehren. S. 47.

Der Physikunterricht scheint manchmal allzu eilig mit all den Apparaten und Versuchsordnungen aus dem physikalischen Kabinett bei der Hand, und die Schüler kommen erst gar nicht dazu, was Lichtenberg "das Beste" nennt, nämlich die zündende Idee, die Hypothese, welche das Experimentieren, das Isolieren von Phänomenteilen durch die Apparate erst möglich, dann allerdings auch notwendig, macht.

So ist vielen von unseren Schülern gar nicht bewußt, daß Physik mit den Phänomenen zu tun hat, wie sie die uns umgebende „Wirklichkeit" in sich birgt.

Der Physiklehrer wird zum „Zauberer" und der Ausdruck „physikalisches Kabinett" kriegt eine ganz eigenartige, unheimliche Bedeutung. Die Sache wird okkult und die Physik als das Vorbild wissenschaftlicher Ratio, was sie bei nüchterner methodenkritischer Betrachtung natürlich nicht sein kann, gerät in die Nähe von Astrologie und Handauflegerei: Es ist eine Art Entfremdung von der Natur, welche hier statt hat.

Es sollte uns nachdenklich stimmen, wenn wir nicht angeben können, wieso die These von der Drehung der Erde um die eigene Achse für die Erklärung der Tageszeiten „mehr" hergibt als die These von der Drehung der Sonne um die Erde.

Genug der Beispiele. Systematisch gesehen geht es um die Reklamation der Methode als Regulativ für Unterricht, um die Reklamation des Logischen für das Dialogische. „Methode gilt für das Verhältnis zwischen Lehrer und Schüler, nicht für einen von beiden" - sagt A. Petzelt. „Sie ist nicht die Art, wie es der Lehrende macht, sondern die Norm, die der Gegenstand vorschreibt"[16] .

Und zur Physik - in Abhebung von der Mathematik - meint er: Sie „bestimmt naturhaftes Hintereinander notwendig und nennt das Verhältnis zweier ich-unabhängiger Zeitpunkte im Geschehen kausal. Das fehlt der Mathematik. Der physikalischen Aufgabe gehört die Fülle kausaler Verhältnisse, aber nicht die Kausalität. Diese letztere ist vielmehr erkenntniskritisches Prinzip, …"[17].

Es muß daher fremd anmuten, und „gefällt schon den Kindern nicht, wenn sie es auf S. 1 des Physikbuches lesen: Gegenstand der Physik sei die ‚unbelebte' oder gar ‚tote' Natur. Richtig ist, daß die Methode, mit denen der Mensch als Physiker die Natur umstellt und siebt, auf alles in Raum und Zeit Existierende, sogar auf seinen eigenen ‚Körper' anwendbar sind"[18]. So korrigiert M. Wagenschein und man darf begründend hinzufügen: Von tot oder lebendig weiß die

---

16   Alfred Petzelt, Grundzüge systematischer Pädagogik, S. 80.
17   Ders., Das Problem der Bildung im Hinblick auf die Einzelwissenschaften. S. 90.
18   Martin Wagenschein, Die Pädagogische Dimension …, S. 24.

Physik gar nichts. Leben ist keine physikalische Kategorie ist vielmehr erkenntnistheoretisches Prinzip, welches aus der Biologie eine eigene Disziplin innerhalb der Naturwissenschaften macht.

Es ist der philosophisch unbehelligte Physiker und Lehrbuchautor, der solch wacklige Definitionen seines eigenen Faches produziert und nicht die Physik; abgesehen davon, daß diese Definition falsch ist, fragt man sich, was sie seit eh und je zu Beginn des Unterrichts verloren hat. Denn mit Verstand wird man das Fach definieren, wenn man einigermaßen heimisch in ihm geworden ist.

Es ist klar, daß sich die bildende Umwendung ins Philosophieren nicht darin erschöpft, die transzendentalkonstitutiven Bedingungen der Sachlichkeit einer Sache zu ermitteln, ebensowenig wie sich Philosophie in Erkenntnistheorie erschöpft. Gezeigt werden sollte, inwiefern Bildung Unterricht einer bestimmten Qualität voraussetzt und sofern eben mit Philosophieren erkenntnistheoretisches Fragen gemeint ist, die vorgängige, an der Norm der Wissenschaft (d. i. die Methode) orientierte Unterrichtung impliziert ist; und das ist kein Plädoyer für ein neues Lernverfahren, etwa als „learning by discovering", womöglich neben anderen „Methoden", welche sich dann vor allem hinsichtlich ihrer Effektivität in Richtung wünschbarer Verhaltensänderungen unterschieden; das besagt, daß der Versuch zu philosophieren als Grundlagen-Ermitteln auf nichts stößt und ins Meinen abgleitet, wo schon der Unterricht nichts als Meinungen produziert hat. Und Meinungen produziert er überall dort, man muß das nicht im Detail ausführen -, wo enzyklopädische Vielwisserei dominiert, wo Antworten und Ergebnisse das Fragen ruinieren, aber auch dort, wo inhaltlose Zusammenhänge gewußt werden und der Überblick geübt wird, der nichts mehr überblickt. „Der Vielwisser ist oft müde von dem Vielen, was er wieder nicht zu denken hatte." (K. Kraus)

Methode ist also der Garant des Dialogischen im Unterricht, eine Explikation des Logischen im Dialog und keine Verfahrensweise, bestenfalls ein Verfahren des Denkens gemäß seiner Möglichkeiten, wie sie die Kritik der Vernunft erhellt.

Wir dürfen daraus folgen: Wo das Methodische ausfällt, nicht zum Zuge kommt, übernehmen andere Momente die ihm zugedachte Funktion und gestalten das pädagogische Verhältnis nach spezifischen, jedenfalls erkenntnisfremden Motiven. Diese ermöglichen dann gerade nicht aufgeklärte Sachverständigkeit, sondern kultivieren ein den unmittelbaren Lebenszusammenhängen verhaftetes Bewußtsein, welches aus Kategorien lebt, die nicht in der Vernunft wurzeln, sondern in Befangenheit. Hier kriegt das Reden vom „heimlichen Lehrplan" seinen tieferen und umfassenden Sinn.

Es wäre lohnend, diese Theorie einmal auf „Schülerorientierte Didaktik" zu beziehen und zu fragen, wo der legitime Sinn des Plädoyers von den „Lernenden" liegt, welche „wichtiger als die Lehre" sein sollen.

S. Vierzig: „... aber auch emanzipiertes Verhalten muß gelernt werden" ... dieses „muß planvoll in Gang gesetzt werden, Emanzipation und geplanter Unterricht sind keine Gegensätze. Das Problem besteht darin: Der Schüler muß zum Mit- und Selbstgestalter seines Unterrichts werden. Das entbindet den Lehrer nicht davon, ein qualifiziertes Lernangebot einzubringen, aber dies soll so beschaffen sein, daß die Schülergruppe es nach ihren eigenen Bedürfnissen verändern bzw. umgestalten kann..."[19].

Der Ausfall des Methodischen als Regulativ für Unterricht ermöglicht dann die Deformierung der im Unterricht zur Sprache zu bringenden Gedanklichkeit zu Ware und Angebot, zu Stoff und Materie und damit die Deformierung des Lehrer-Schüler-Verhältnisses; selbst die Rede von Inhalt und Lehrgut sollte uns zu denken geben. Man mag einwenden, daß es an unserer Sprache liegt, daß wir das Gemeinte nicht anders auszudrücken vermögen als mit - den Gedanken verstellenden - immer schon dem Räumlichen entlehnten Kategorien und daß daher die Kritik nichts weiter ist als sprachpuristische Spitzfindigkeit oder einfallslose Beckmesserei. Die Indizien sprechen allerdings manchmal zu deutlich: „In einer Untersuchung (Düker, Tausch 1957) wurden 110 Schüler des 10. bis 12. Lebensjahres gruppenweise verbaler Lernstoff über Aussehen und Lebensgewohnheiten von zwei Insekten vom Tonband dargeboten. Die Hälfte der Schüler erhielt zusätzlich während der Tonbanddarbietung je zwei präparierte Insekten als Anschauungsmaterial in die Hand. Mit Hilfe eines Fragebogens wurde festgestellt, daß das Ausmaß des behaltenen Lernstoffes bei denjenigen Schülern um 33 Prozent höher war, denen während der Darbietung zusätzliches Anschauungsmaterial geboten wurde"[20].

Dort, wo vom Stoff die Rede ist, wird er von den Didaktikern präpariert, gelichtet und gesichtet, entrümpelt und modernisiert, annehmbar und genießbar gemacht, von der Schülern wird er allemal behalten, angeeignet, einverleibt, verändert und umgestaltet und manchmal auch in bestimmten Ausmaßen - mit Verlusten muß gerechnet werden - wiedergegeben. Demokratische Stile

---

19 Siegfried Vierzig, Der Schüler im Unterricht. Thesen zu einer schülerorientierten Didaktik am Beispiel des Religionsunterrichts. In: Hubertus Halbfas/Friedemann Maurer/Walter Popp (Hg.), Neuorientierung des Primarbereichs. Bd. 2. Lernen und soziale Erfahrung. Stuttgart 1974, S. 179.

20 Reinhard und Annemarie Tausch, Erziehungspsychologie. Göttingen ⁶1971, S. 414.

und emanzipatorische Lernziele vermögen die solcherart produzierte „Bildungsfinsternis" nicht zu erhellen.

Was also hat der Lehrer zu tun, damit Erkenntnisse werden können? M. Wagenschein formuliert zum Thema Mengenlehre: „Er hat ein Fragen und auch Begriffe provozierendes ursprüngliches Material (also Körper, Figuren, Mengen) zu exponieren und möglichst wenig zu sagen"[21]. Das nicht wegen der Schülerorientiertheit des Unterrichts, von dieser Alternative „Sache oder Schüler" hält er nämlich nichts. „Kinder" - so sagt er -„denken, sich selbst überlassen, immer von der Sache aus, ihrer Sache, der Sache, die sie ‚antreibt'. Und nicht von jener anderen, sekundären, die Generationen von Fachleuten daraus gemacht haben"[22]. Er wird aber auch manchmal mit Fragen und provokativen, d. h. hervorrufenden, Behauptungen nachhelfen, damit das Denken nicht im Vorläufigen und Offenkundigen sich bequem einrichtet, wozu das Denken „unverbildete Kinder" auch gar nicht neigt.

Dazu bedarf es allerdings einiger Voraussetzungen:

Wenn oben zum eigentümlichen Charakter des Fortschritts gesagt worden ist, der Physiker dürfe die ersten Stufen gleichsam im Sprunge nehmen, dann gilt das nicht für den Lehrer dieser Disziplin. Er bedarf ihrer als einer werdenden. Ihre *Genese* - und diese ist nicht identisch mit ihrer Geschichte - ist für ihn interessant, weil sie auf die „pädagogische Dimension" des Faches verweist. Die Frage nach der Genese fachspezifischer Erkenntnisse formuliert O. Toeplitz (1926): „Alle diese Gegenstände, die heute als kanonisierte Requisiten gelehrt werden, und bei denen nirgends die Frage berührt wird: Warum so? Wie kommt man zu ihnen? ... müssen doch ein mal Objekte eines spannenden Suchens, einer aufregenden Handlung gewesen sein, nämlich damals, als sie geschaffen wurden. Wenn man an diese Wurzel der Begriffe zurückginge, würde der Staub der Zeiten ... von ihnen abfallen, und sie würden wieder als lebensvolle Wesen vor uns entstehen.[23]"

Fachstudium und methodische Reflexion aus Anlaß besonderer Fälle fachspezifischer Erkenntnisse - d. i. das Genetische - sind demgemäß die Voraussetzungen für ein „die Bildungsmöglichkeit anbahnendes" Lehren, welches wir dialogisch nennen.

---

21   Martin Wagenschein, Verstehen lernen. S. 85.
22   Martin Wagenschein/Agnes Banholzer/Siegfried Thiel, Kinder auf dem Weg zur Physik. Stuttgart 1973, S. 11.
23   Zit. nach Martin Wagenschein, Verstehen lernen. S. 82.

Der redende Lehrer – He'll never come back (1988)

1. Zum pädagogischen Zeitgeist

Seit Adorno[1] wissen wir es: Es gehört zur Pathologie des Lehrers, daß er nicht lehrerhaft sein will. Keinem Anwalt oder Richter fiele es ein. sein Anwalt- oder Richtersein zu verleugnen oder zu kaschieren. Keinem Arzt käme es in den Sinn, den Habitus des Mediziners zu vertuschen. Auch der Ingenieur hat mit seiner Berufsrolle kaum nennenswerte Probleme.

Der Lehrer schon. Vor allem möchte er nicht lehrerhaft erscheinen. Nicht in der Öffentlichkeit, aber – und das macht stutzig – auch nicht am Ort seiner Profession.

Zumal der moderne Lehrer ist nicht lehrerhaft, er lehrt nicht. Was tut er also? Er arrangiert Lernprozesse. Den Schülern gegenüber ist er grundsätzlich partnerschaftlich bis freundschaftlich gesinnt (auch wenn mancher Schüler sich hartnäckig seine Freunde und Partner unter Gleichaltrigen sucht), gleichwohl ist er Fachmann für Kommunikation, Interaktion und sogenanntes „Durchschauen". Inhaltlich weiß er auch nicht mehr als seine Schüler, falls doch, verbirgt er diesen Wissensvorsprung und organisiert spontane und selbstgesteuerte Gruppenlernprozesse. Als moderner Lehrer ist er umso besser, je automatischer diese Lernprozesse ablaufen, je weniger er selber dazu tut. Am Ende ist der beste Lehrer derjenige, welcher einen „stummen Impuls" setzt und weiter nicht zum Unterricht erscheint.

Das ist natürlich eine grobe Übertreibung. Übertrieben ist dabei aber lediglich der Sachverhalt, daß die Sozialform bzw. Methode „Gruppenunterricht" seit gut zwanzig Jahren als pädagogisch gilt, der sogenannte „Frontalunterricht" (= Klassenunterricht, Lehrer-Schüler-Gespräch, Lehrervortrag bzw. -monolog) als unpädagogisch, autoritär bis despotisch[2].

„Über einen Lehrer, in dessen Klasse die Tische nicht zu Gruppen zusammengestellt sind, weiß ich alles ...". So eine Wiener VS-Direktorin mit unfehlbarer pädagogischer Urteilskraft – ganz partnerschaftlich und ex cathedra – vor kurzem.

---

1 Theodor W. Adorno, Tabus über dem Lehrberuf. In: Ders., Erziehung zur Mündigkeit Frankfurt/M. 1970.

2 Vermutlich dürften nicht wenige Lehrer auf die Frage, was sie denn mit dem Begriff Frontalunterricht verbinden, mit den Assoziationen „Kathedermentalität", Torbergs „Schüler Gerber" u. ä. antworten.

Die weithin übliche Sitzordnung ist daher gegenwärtig die Gruppensitzordnung, was nicht heißt, daß ständig Gruppenunterricht praktiziert wird. So mancher Schüler soll sich bei dem akrobatischen Versuch, trotz Nasenrichtung gen hintere Klassenecke die Orientierung am Lehrer nicht aufzugeben, schon den Hals verrenkt haben. Und just in dieser Zeit, nachdem also auch der Lehrer in der hintersten Dorfschule des Zillertales es „internalisiert" bat, daß guter Unterricht Gruppenunterricht ist und der beste Unterricht Projektunterricht, scheint sich die Gunst mancher Pädagogiker wieder ein bißchen mehr dem redenden und erklärenden Lehrer zuzuwenden als dem schweigenden, bloß Impulse setzenden oder die Arbeit der Gruppe freundlich überwachenden Lernprozeßanimator.

Ich rede dabei von den Didaktikern, d. h. denjenigen Erziehungswissenschaftern, welche sich mit dem Unterricht befassen und z. B. auch Lehrer ausbilden, nicht von der Praxis des Unterrichtens. Hier wird es wohl noch einige Jahre dauern, bis sich Lehrer wieder guten Gewissens (die Betonung liegt auf „gut", denn mit schlechtem Gewissen tun sie's ja doch) vor die Klasse zu stellen getrauen (frontal!) und sagen: „Nun paßt mal genau auf, ich beweise euch jetzt, wieso die Winkelsumme im Dreieck 180° sein muß!" Oder: „Nun spitzt einmal die Ohren, ich erzähle euch jetzt, wie es zum Anschluß Österreichs an Deutschland gekommen ist. (Ich tue das u. a. deswegen, weil ich diesen Teil der Geschichte kenne und ihr nicht)!" Diesen Klammersatz kann er natürlich weglassen, denn die didaktische Begründung seines Tuns ist vielleicht vor dem Schulinspektor angebracht oder auch im Gespräch mit Kollegen, nicht unbedingt muß er aber meines Erachtens mit den Schülern darüber diskutieren, welche ja im Geschichtsunterricht Geschichte lernen sollen, und nicht Didaktik der Geschichte. Aber selbst diese Trivialität dürfte so selbstverständlich in praxi nicht sein, wenn es stimmt, daß so mancher Lehrer seine Schüler fragt, wie sie denn ihren Unterricht gerne hätten, ob sie beispielsweise nicht wieder einmal Lust auf ein Friedens-Projekt hätten.

Jedenfalls – wie auch immer in der vielgestaltigen Praxis – es sind zwei Bücher zum Frontalunterricht erschienen, das erste und nicht ganz so wohlwollende von Ernst Meyer und Wincenty Okon, das zweite und entschiedenere von Karl Aschersleben[3]. Völlig undenkbar war dies in den Sechzigern und Siebzigern. Damals gab es vor allem Bücher zum Gruppenunterricht, d. h. Plädoyers

---

3 Ernst Meyer/Wincenty Okon, „Frontalunterricht". Scriptor Ratgeber Schule Bd. 13. Frankfurt/M. 1983. Karl Aschersleben, Moderner Frontalunterricht. Neubegründung einer umstrittenen Unterrichtsmethode. Frankfurt/M. 1985.

für den Gruppenunterricht. Es gab auch sogenannte wissenschaftliche Untersuchungen, welche nachwiesen, daß der Gruppenunterricht effektiver wäre als der Frontalunterricht, in bezug auf den behaltenen Lernstoff zumindest nicht weniger effektiv und in bezug auf das dabei erworbene Sozialverhalten signifikant überlegen. Über die fragwürdigen Prämissen solcher Untersuchungen, z. B. die unvermeidlich vorausgesetzte Bestimmung dessen, was Sozialität ist, muß hier nicht gerichtet werden.

Nun also – so scheint es – darf man wieder, wenn auch ein bißchen verschämt, darüber sprechen, daß es bei manchen Unterrichtsaufgaben ganz unvermeidlich ist, daß der Lehrer etwas erklärt und die Schüler „aufpassen", auch daß es nicht sündhaft ist, wenn der Lehrer einmal erzählt, falls er das überhaupt noch kann und dem Jargon der Szene nicht schon ganz verfallen ist, sodaß er bloß radebrecht: „Also, ich für mich, sehe das so. Wie seht ihr das für euch, von euch her?" Oder elaborierter: „Meine ganz subjektive Sichtweise in bezug auf... ist diese, daß ich für mich nur sagen kann, daß ich es furchtbar finde, wenn ... Ich finde, jeder sollte hier, von sich her, zu seiner ganz persönlichen Meinung finden, ... Sigrid, vielleicht sagst du uns einmal von deiner ganz persönlichen Erfahrung her, wie du das siehst ... Ich meine, wir sollten hier zu uns selber ganz ehrlich sein und uns nicht von irgendwelchen Autoritäten beeinflussen lassen ..."

Also ich sagte – man darf wieder, wenn auch mit aller gebotenen Vorsicht.

2. Meyer/Okon und der Stellenwert des Frontalunterrichts im didaktischen Gesamtgefüge

Bei Ernst Meyer zeigt sich diese Vorsicht folgendermaßen: „In zahlreichen Diskussionen mit praktizierenden Lehrern, in denen es um den «Gruppenunterricht» ging, ist mir immer wieder gesagt worden: Ich kann das nicht verstehen, warum Sie den Unterricht «Gruppenunterricht» nennen, da er in reiner Form gar nicht auftreten kann. Immer wird er mit «Frontalunterricht» gekoppelt sein. In den Diskussionen habe ich mich gewehrt und mein Verständnis vom «Gruppenunterricht» dagegengesetzt: Daß es doch darum gehe, die «Klasse» als «Masse» in eine «Gruppe» zu verwandeln, also den «Klassen Unterricht» in einen «Gruppen-Unterricht», in dem jeder einzelne die für seine Ich-Findung erforderlichen hohen Interaktionschancen erhält. Die wird er erhalten, wenn er zum Beispiel Aufgaben und Probleme nicht nur allein, sondern auch in Kleingruppen lösen, wenn er im Gespräch in der Großgruppe an Planungs- und Auswertungsprozessen mitbeteiligt werden kann. Natürlich – so entgegnete ich den Diskutanten – gehört zur Entwicklung und Organisation solcher

Prozesse auch das Initiieren, das Informieren, Regulieren, Werten und Stimu-
lieren durch einen Dominanten in der Gruppe, durch den Lehrer, durch einen
Schüler oder durch die Medien, so wie ich es selbst in zahlreichen Studien mit
Beispielen aus der eigenen Praxis zu belegen versuchte.

Also doch Frontalunterricht? Ich muß zugeben: Nein zu sagen ist hier sicher
falsch. Irgendwie bleibt aber Irritation." (S. 9) Also schrieb er – gemeinsam mit
Wincenty Okon – ein Buch über Frontalunterricht. Vor allem für diejenigen,
welche meinen, guter Unterricht sei jedenfalls Gruppenunterricht und welchen daher in Situationen, welche eine längere Lehrererklärung erfordern, die
Spucke wegbleibt, aber auch für jene, welche bisher nur frontal unterrichteten,
damit sie einsehen, „daß dies (auch) nicht der richtige Weg ist" (S. 10).

Keinesfalls wollte er damit – und daher die Vorsicht – in einer Zeit, in welcher sich alles wendet, auch eine didaktisch-methodische Wende einleiten.
Also keine Verabschiedung des demokratischen Gruppenunterrichts zugunsten einer Reinstallierung des Königs Frontalunterricht. Schon daraus wird klar,
welche Form des Unterrichtens für den Lehrerbildner Meyer die Idealform
des Unterrichtens darstellt: eine Art Mischform von Gruppenarbeit, frontaler
Arbeit, Einzelarbeit - Stillarbeit, Partnerarbeit, Projektarbeit. Die Gruppenarbeit differenziert er noch in Großgruppenarbeit und Kleingruppenarbeit. All
diese Sozialformen, welche sich in der Geschichte der Didaktik/ Methodik her-
ausgebildet haben, haben ihren Stellenwert in der Unterrichtspraxis.

Es wäre aber nicht Ernst Meyer, wenn nicht bei aller gebotenen methodischen Vielfalt der Hauptakzent weiterhin auf dem Gruppenunterricht zu liegen
käme, auf dem Gruppenunterricht, „in welchem" – wie bereits betont – „jeder
einzelne die für seine Ich-Findung erforderlichen hohen Interaktionschancen
erhält". Die indirekt vorgeschlagene Methodenkombinatorik läßt sich also folgendermaßen interpretieren: Soviel Gruppenunterricht wie möglich und soviel
Frontalunterricht wie nötig. Die Präferenz für den Gruppenunterricht schimmert jedenfalls deutlich durch die Fülle von konkreten Unterrichtsbeispielen
und skizzierten Verläufen, aus welchen dieses Buch im wesentlichen besteht.
Grob gruppiert werden die präsentierten Unterrichtsskizzen durch die Kapitel
„Eigenständiger Frontalunterricht" und „Integrierter Frontalunterricht".

Eingestreut sind Protokolle von Diskussionen von und mit Lehrern. „Ich
konnte" – so schreibt Meyer – „auf langjährige eigene Praxiserfahrung, auf Beobachtungen und Untersuchungen, auf Diskussionen mit Lehrern und Kollegen
zurückgreifen, um die gesamte Problematik transparent zu machen" (S. 10).

Darin liegt die Stärke des Buches, aber zugleich auch seine Schwäche.
Denn eine einigermaßen – auch nur über einige Seiten hinweg – anhal-
tende theoretische Erörterung des in Frage stehenden Problems – ob eher

systematisch-pädagogisch, historisch oder empirisch – sucht man vergeblich. Der Begriff des Frontalunterrichts soll offenbar vom Leser aus der Vielzahl der präsentierten Unterrichtsbeispiele, welche eines gemeinsam haben, nämlich Frontalunterricht zu sein, irgendwie induktiv erschlossen werden.

Die wenigen Andeutungen zu Sinn und Begriff von Gruppenunterricht bzw. Frontalunterricht, wie z. B. diejenige, daß Gruppenunterricht die Ich-Findung fördert (der Frontalunterricht also nicht), befriedigen den theoretisch interessierten Leser wenig; macht diese doch nicht einmal deutlich, was denn das ist, diese Ich-Findung. So manch einer suchte bekanntlich schon sein „Ich", sein „Selbst" oder „wahres Wesen", indem er auf jede Interaktionchance verzichtete und sich jeder Geselligkeit entzog. Und wer vermag schon zu sagen, daß das, was er in der Gruppenarbeit, im Wochenend-Encounter, bei der monatelangen Lektüre der „Kritik der reinen Vernunft" oder auf einer einsamen Insel findet, sein „Ich" ist? Im Unterkapitel „Exponieren von Werten als übergreifende Handlungskategorie" (im Frontalunterricht) kommen Meyer/Okon selber Zweifel über eine diesbezügliche Bedeutung von Gruppenarbeit und andere „symmetrisch-interaktiven Methoden" für das Ziel der Selbstverwirklichung: „… haben wir uns zu fragen, ob die Forderung nach einer völligen Symmetrie in der unterrichtlichen Kommunikationsstruktur dieser schwierigen Situation (nämlich der Wertevermittlung angesichts des sozialpathologischen Zustandes der Schule) gerecht werden kann, ob nicht vielmehr zur «Selbstfindung» auch An- und Einweisung durch solche gehören, die dafür kompetent sind, kompetent durch einen Wissensvorsprung, der menschlich und sachlich verpflichtet." Zumeist werde – so Meyer – in der Rede von der Selbstverwirklichung überhaupt der normative Aspekt der Erziehung übersehen. Illustriert wird die These von der manchmal notwendigen (frontalen) „An- und Einweisung" ins Wertgefüge durch die Schilderung eines Ereignisses, welches Meyer als Gastlehrer widerfuhr: Nach Beendigung des Unterrichts – so die Geschichte – stürmten plötzlich acht Jungen einer 6. Klasse ins Klassenzimmer, jeder eine Spielzeugpistole in der Hand, laut schreiend: „Päng, päng - wo ist der Lehrer Meyer?" Meyer nahm dies als Anlaß für eine medienunterstützte (Filme), frontalunterrichtliche Antikriegsstunde.

Meines Erachtens eine für Pädagogen vielleicht sogar typische professionelle Überreaktion. Vermutlich – aber wer weiß das schon, außer den Buben selbst – hatten die Übeltäter auch gar nichts Kriegerisches im Sinne, sondern lediglich „Die Straßen von San Francisco" im televisionären Halbbewußtsein? Aber darum geht es hier nicht, sondern um die Legitimation des Frontalunterrichts als eines „eigenständigen", und Meyer weist darauf hin, daß Frontalunterrichtsstunden, welche diese „An- und Einweisung" (hier in den Wert der

Friedfertigkeit) leisten, nur gerechtfertigt sind, „wenn sie im Verhältnis zu den anderen Unterrichtsformen nur einen Teil des gesamten Unterrichts ausmachen".

Damit wird der Frontalunterricht auf das Ausmaß des unbedingt Nötigen zurecht gestutzt (die Einschätzungen des Nötigen als nötig durch Pädagogen dürfte nicht zuletzt aus Gründen unterschiedlicher didaktischer Konzepte ziemlich differieren). Jedenfalls – dominant darf er nicht werden. Als „eigenständiger Frontalunterricht" ist er bei Meyer eingebettet in den Gesamtmethodenverbund (unter Dominanz des Gruppenunterrichts), als „integrierter" ist er sowieso nur Element einer Unterrichtsstunde, tritt auf beispielsweise als Exposition eines Problems, welches die Schüler im weiteren Verlauf in der Gruppe bearbeiten.

Diese das ganze Konzept gliedernden Begriffe „eigenständiger FU" und „integrierter FU" haben also ziemlich unscharfe Ränder. Ihre Unterscheidung bleibt merkwürdig künstlich, hat jedenfalls keinerlei systematische Bedeutung, allenfalls einen zeitlichen Aspekt: die „eigenständige" Version dauert – so der Eindruck – länger als die „integrierte".

Der Frontalunterricht erlebt bei Meyer/Okon keine Wiederbelebung, sondern erhält eine den anderen Methoden abhängig zugeordnete Funktion. Seine Bedeutung ist bloß subsidiär. Dann und wann – in schwierigen Situationen, z. B. der Wertevermittlung – darf er sich kurz selbständig machen, um aber sogleich wieder abzutreten. Die eigentliche Hauptrolle auf der Bühne des Unterrichts spielt weiterhin der Gruppenunterricht. Ein wirkliches „Comeback" des lehrenden (d.h. erklärenden, erzählenden, zeigenden) Lehrers findet nicht statt. Wie schreibt Karl Aschersleben?

„Ernst Meyer galt jahrzehntelang als einer der konsequentesten und prominentesten Programmatiker des Gruppenunterrichts, jener Unterrichtsmethode, die in der didaktischen Theorie als die «beste» Unterrichtsmethode galt und weiterhin gilt. Seine Wende zu einem Didaktiker, der sich mit dem umstrittenen Frontalunterricht beschäftigt, konnte deshalb auch nur mit halbem Herzen vollzogen werden." (S. 9)

3. Ascherslebens Neubegründung des Frontalunterrichts

Zum Behufe einer Neubegründung muß man natürlich anders ansetzen. Aschersleben verzichtet weitgehend auf die mitunter ermüdend wirkende Aneinanderreihung von Unterrichtsskizzen, welche bei Meyer/Okon dominiert.

Statt dessen greift er zunächst kurz historisch aus und verweist auf die Wurzeln des FUs als eines didaktischen Konzepts bei Herbart und Nachfolgern, skizziert die Kritik der Reformpädagogen am Lektionismus der Herbartianer und widmet sich schließlich dem „Für und Wider" um den FU in der gegenwärtigen Diskussion; speziell gilt seine Aufmerksamkeit dabei der zumeist ideologisch motivierten Ablehnung des FUs in der Didaktik.

„Wie zur Zeit der kämpferischen Veröffentlichungen eines Hugo Gaudig, eines Berthold Otto oder eines Fritz Gansberg, so verhalten sich die meisten Didaktiker dem FU gegenüber reserviert bis ablehnend. Diese Einstellung wäre allerdings nur dann verständlich, wenn ihr auch überzeugende Argumente entsprächen und mehr als die Irrationalität der reformpädagogischen Eiferer in die Begründungen eingige." (S. 29) Diese Diskussion des „Für und Wider" führt er – einerseits und formal – anhand der typischen Erscheinungsformen des FUs, dem Vortrag und dem Frageunterricht, andererseits und inhaltlich als Auseinandersetzung mit den gängigsten Vorwürfen an den FU, wie z. B. dem Autokratievorwurf, dem Vorwurf der Gleichschaltung und des Nicht-Individualisierens oder dem Vorwurf der Spontaneitätsverhinderung. Dabei rückt er – um nur ein Beispiel für die inhaltliche Stoßrichtung seines Konzeptes zu nennen – auch die „Erziehungspsychologie" von Reinhard und Annemarie Tausch ins richtige Licht. Diese dürfte wohl in den beiden letzten Jahrzehnten entscheidend mit dazu beigetragen haben, den FU als autoritär-despotisch zu denunzieren.

„So lebt seit Jahrzehnten eine Forschungsrichtung der pädagogischen Psychologie von dem Mißverständnis, Frontalunterricht sei zwangsläufig mit autoritärem Lehrerverhalten verknüpft: die Unterrichts- und Führungsstilforschung von Tausch und Mitarbeitern. In seiner «Erziehungspsychologe» (1973: 7. Auflage) charakterisiert das Ehepaar Reinhard und Annemarie Tausch den «autokratischen Typus» – identisch mit dem autoritären – durch die Verhaltensmerkmale: Verärgerung, Befehlen, Unfreundlichkeit, Verständnislosigkeit, Erregung und Unhöflichkeit.

Dem autokratischen steht der sozialintegrative Lehrertypus nach Tausch und Tausch gegenüber, dem wiederum der demokratische nach Lewin entspricht. Wichtig ist zunächst, daß jeder Typus durch zwei Merkmalsdimensionen näher beschrieben wird: durch die Dimension Lenkung und durch die Dimension Emotionalität. Der autokratisch-autoritäre Lehrertypus lenkt sehr stark und zeigt geringe emotionale Zuwendung, eher Geringschätzung. Soweit sind diese Untersuchungsergebnisse annehmbar. Doch an anderer Stelle wird die Lehreraktivität beim Fragestellen zum Indikator für autokratisches Lehrerverhalten erhoben. Damit gilt für Tausch die Annahme: Je stärker ein Lehrer den Unterrichtsverlauf durch Fragen lenkt, um so autokratischer ist er. Damit wird die Zwangsläufigkeit des Zusammenhanges zwischen Lehrerfrage und autoritärem, also «undemokratischem» Verhalten hergestellt. Streng genommen ergibt sich für den Didaktiker aus den Untersuchungen von Tausch und Mitarbeitern eine viel bescheidenere Konsequenz, nämlich die, daß die Lehrerfrage und damit der Frageunterricht bis zur Gegenwart in unseren Schulen eine dominante Rolle spielt, mehr nicht." (S. 30 f)

In diesem Zusammenhang darf darauf hingewiesen werden, daß die in der Erziehungspsychologie von Tausch/Tausch gelungene Identifizierung des vielredenden Lehrers mit dem autokratischen Führungstypus durchschlägt bis in neuere Lehrpläne hinein. (Im AHS-Lehrplan empfiehlt man beispielsweise unter der Überschrift „Sozialformen des Lehrens und Lernens, Merkmale richtigen Lehrerverhaltens" ein „ausgewogenes Verhältnis zwischen Lehrer und Schüleräußerungen"[4]).

Der didaktischen Selbstverständlichkeitsüberzeugung „Wenn alles schläft und einer spricht, so ist das Unterricht" entzieht Aschersleben gekonnt den Boden. Daß der FU - etwa als Lehrervortrag - für die Schüler langweilig ist, das gilt eben gerade nicht. Dazu präsentiert er eine eigene und andere empirische Untersuchungen, welche mit dem Vorurteil vom langweiligen, weil redenden Lehrer aufräumen. Aschersleben gelingen in diesem Bändchen für die didaktische Diskussion und die Lehrerbildung entscheidende Hinweise.

Man könnte natürlich einwenden, daß diese Hinweise trivial seien. Denn: Wie konnte man nur auf die Idee kommen, daß der FU notwendig autoritär, antidemokratisch und der diesbezüglichen Definition gemäß unfreundlich und unhöflich sei? Noch nie einen freundlichen Despoten gesehen? Von der Frage, warum das Lehrer-Schüler-Verhältnis, welches wesentlich durch die Verantwortung des Lehrers für die Bildung seiner Schüler gekennzeichnet ist - eine umgekehrte Verantwortung besteht hier nicht, demokratisch sein muß -, sei hier einmal ganz abgesehen.

Wie konnte man nur auf die Idee kommen, daß Vorträge die Zuhörer langweilen und daß das Gruppengetratsche, denn mehr ist es oftmals nicht, spannend sei? Noch nie einen spannenden Vortrag gehört? Noch nie eine langweilige Gruppendiskussion erlebt? Wie konnte man nur auf die Idee kommen, der FU individualisiere nicht, d. h. der Lehrermonolog sei nicht auf die Schüler als Individuen abgestimmt, die Lehrerargumente im Lehrer-Schüler-Gespräch seien nicht auf die einzelnen Schülerstatements bezogen, hingegen werde die Arbeit in leistungshomogenen Gruppen (!) dem Individualisierungsprinzip

---

4 Lehrplan der allgemeinbildenden höheren Schulen. Vollständige Ausgabe 1. Wien 1985, S. 24.

gerecht? Welcher Begriff von Individualität liegt hier zugrunde? Wie konnte man nur auf die Idee kommen, der einem Lehrervortrag aufmerksam folgende Schiller sei „bloß rezeptiv" (so z. B. Tausch/Tausch), der gemeinsam mit anderen (Gruppe!) im Lexikon nachschlagende Schüler hingegen sei spontan und aktiv? Welche seltsame, gleichwohl nicht seltene Vorstellung von Spontaneität leitet solche Behauptungen? Noch nie aktiv einen Vortrag gehört?

Wahrscheinlich sind die Hinweise und Argumente Ascherslebens auch trivial. Aber das spricht gerade nicht gegen Aschersleben, sondern gegen die Unterrichtsmethodik der letzten Jahrzehnte. An diesen ebendort verkündeten Dogmen, gelebten Tabus (z. B. der sachkundig erklärende Lehrer als Schreckgespenst) und neuen Mythen (z. B. die Gruppenarbeit mache die Menschen uneigennützig, solidarisch und wahrhaft menschlich) kratzt Aschersleben.

4. Abschließend – ein Verdacht

Bei beharrlichem weiteren Kratzen an der verkrusteten Haut der Unterrichtsmethodik könnte etwas Erstaunliches zum Vorschein kommen: Es könnte sein - dies als abschließende Hypothese -, daß sich hinter dem vielschichtigen Methodengerede der Didaktik nichts verbirgt als heiße Luft oder gar das Vakuum. Aber nicht einmal diese Entdeckung wäre originell. Solches wurde schon in den Fünfzigern von einem gewissen Alfred Petzelt behauptet. In seiner „Systematischen Pädagogik" - das Wort Didaktik war ihm nicht einmal gut genug für eine Kapitelüberschrift - rät er, den Begriff der Methode rückzubinden an die Methode (Struktur) des Faches. Nur ein Unterricht, welcher sich streng an die Sache, in welche er einführt, anschließe, und die daraus erwachsenden Lehraufgaben zugleich begrenze an der Individuallage der Lernenden, bleibe vom ideologisch motivierten „Hü und Hott" der sogenannten Unterrichtsmethodik unberührt.

„Es gibt ... grundsätzlich keine bloße Methode des Lehrenden", welche er wählen könnte wie ein Werkzeug. „Methode ist nicht die Art, wie es der Lehrende macht [also gruppenunterrichtlich, frontal oder projektanalog oder wie auch immer], sondern die Art, wie er es machen muß, wie ihm das Lehrgut die Innehaltung einer Ordnung (der Argumente) vorschreibt ... Wir brauchen die Krämerei in vermeintlichen Methoden nicht."[5]

Das klingt manchem vielleicht etwas schroff in den Ohren, vielleicht gar „theoretisch". In Wirklichkeit ist das ungemein praktisch, weil ordentlich

---

5   Alfred Petzelt, Grundzüge systematischer Pädagogik. Freiburg 1964, S. 77.

theoretisch. Sache und Schüler habe ich als Lehrer vor mir. Beispielsweise das Phänomen des Auftriebs (Archimedisches Gesetz) und Dreizehnjährige, welche ohnehin alles aus dem Fernsehen „wissen". Der Auftrieb soll also für die Schüler so zum (physikalischen) Problem werden, daß sie am Ende des Unterrichtsverlaufs (eines Gedankenganges) das physikalische Gesetz gleichsam selber formulieren können.

Was mache ich da als Lehrer mit der Alternative „Gruppenunterricht oder Frontalunterricht"? Wohl gar nichts.

Die sich so praktisch gebärdende Trivialdidaktik, welche die Methoden zu einem inhaltsneutralen Handwerkzeug des Lehrers modelt, fein sortiert verpackt und mit einem ideologischen Mascherl versehen „der Praxis zur Verfügung gestellt", ist praktisch wertlos, weil theoretisch nicht durchdacht, gleichwohl nicht ohne praktische Folgen.

Angesichts unseres Exempels wird der gute Lehrer, der sich auf die Sache versteht und „seine Pappenheimer kennt", vielleicht vorgehen wie Martin Wagenschein[6]. Er braucht diesen Methodenkram nicht, mit welchem sich die Didaktik wichtig macht. Der Unterricht wird dann vielleicht manchmal aussehen wie Frontalunterricht, manchmal wie Gruppenarbeit, streckenweise vielleicht die Gestalt eines Projekts annehmen, aber nur für denjenigen Unterrichtsbeobachter, welcher ohne diese kategorialen Brillen nichts mehr sieht.

Vielleicht aber wird ein derartiger Unterrichtsbeobachter nach einigen Augenübungen (ein)sehen, daß es am Ende nur Einzelarbeit gibt: Jeder denkt selber. Ob er sich dabei mit anderen bespricht und wie oft, einen Vortrag hört, auf eine These antwortet oder wie auch immer, wird sekundär, wenn er nur überhaupt denkt.

Noch eine letzte Anmerkung - sie ist auch trivial: Weder führt das Hören von Vorträgen zu Hörigkeit und Untertanengesinnung, noch geht aus der Gruppenarbeit der zivilcouragierte-solidarische Demokrat hervor. So manch einer erliegt dem (Un)geist der Gruppe, so manch eines Burschen oder Mädchens Verstand erwachte erst einmal aus Anlaß eines längeren Vortrages.

Und es dürfte auch bekannt sein, daß Vortragenden widersprochen werden kann. Ich bin mir nicht einmal sicher, ob das im Plenum notwendigerweise schwerer fällt als in der Gruppe. Es kommt auf die Gruppe an, es kommt auf den Vortragenden an, es kommt auf mich an. Das ist das Fatale an der Methodik: Es

---

6   Siehe dazu: Martin Wagenschein, Die pädagogische Dimension der Physik. Braun-
      schweig ⁴1976. Oder: Wagenschein/Banholzer/Thiel, Kinder auf dem Weg zur Physik.
      Stuttgart 1973.

kommt auf so vieles an, wofür sie kein Auge hat. Am allerwenigsten vielleicht auf die sogenannten Methoden, welche sich einer wählt, obwohl sie keine sind.

Nachbemerkung

Der vorliegende Text wurde 1987 der österreichischen Zeitschrift „Erziehung und Unterricht" angeboten, aber nicht angenommen. Abgelehnt wurde der Aufsatz mit dem Argument, „Lehrer könnten sich durch ihn in ihrer frontal-unterrichtlichen Praxis bestätigt fühlen".

Von der „Vierteljahrsschrift für wissenschaftliche Pädagogik" wurde er prompt akzeptiert. Der kleine Wermutstropfen dabei: Der Autor war Mitglied der Redaktion.

Von Klempnern, Schwätzern, Kurpfuschern und Animateuren. Der Lehrer und sein wandlungsfähiges Selbstverständnis (1989)

1. Merkwürdigkeiten

Ich beginne mit einigen karikierenden Momentaufnahmen aus meinem pädagogischen Fotoalbum der letzten zwanzig Jahre:

- 1969 halte ich während der pädagogischen Konferenz an einer Volksschule ein Referat zum Konzept des Gruppenunterrichts und stoße damit auf völliges Unverständnis in der um etwa zehn bis zwanzig Jahre älteren Kollegenschaft.
- 1987 behauptet eine Volksschuldirektorin im Gespräch über die Problematik der Dienstbeschreibungen von Lehrern folgendes: „Über eine Kollegin, in deren Klasse die Bänke nicht in Gruppensitzordnung stehen, weiß ich schon alles!"
- 1969 fasle ich im Gespräch mit dem Bezirksschulinspektor etwas von „hierarchischer Struktur" im Schulsystem und von der Notwendigkeit eines „demokratischen Führungsstils", sowohl was die Lehrer als auch ihre Vorgesetzten angeht. Ich erhalte die Antwort: „In der Schule gibt es keine Demokratie, Herr Kollege, merken Sie sich das!"
- Zwanzig Jahre später versteht sich der Lehrer als Partner[1] seiner Schüler und als Freund, auch wenn so mancher Schüler sich hartnäckig seine Freunde und Partner unter Gleichaltrigen sucht. Er ist nunmehr auch der Partner der Eltern, und auch der Inspektor befleißigt sich eines partnerschaftlichen Führungsstils, versteht sich vor allem als Berater.

  Es gibt nur mehr Partner. Mittlerweile ist alles so demokratisch geworden, daß sogar schon die Wählbarkeit der Direktoren ernsthaft diskutiert wird, und in der auf Wahlpflichtfächer hin reformierten gymnasialen Oberstufe wählen sich die Schüler ihre Lehrer.

- 1970 Lehrerfortbildung/Pflichtschule: 500 Lehrer versammeln sich – nett, aber unauffällig gekleidet – im barocken Herrensaal des niederösterreichischen Landhauses und hören vier Stunden lang drei Vorträge, wobei sich

---

1 Vgl. Kap. B, Partnerschaft zwischen Ungleichen? Argumente gegen die Vorstellung, das pädagogische Verhältnis könne partnerschaftlich sein.

vom ersten bis zum dritten Vortrag die Bankreihen merklich lichten und der Bezirksschulinspektor vor dem Ausgang Posten bezieht. Zwischen den Vorträgen gibt es Ehrungen, Ernennungen zum Regierungsrat und langatmige Begrüßungsreden von Leuten aus der obersten Etage der Schulhierarchie, welche kein anwesender Lehrer kennt u.ä.

- Spätestens seit 1985 geht man als engagierter, weiterbildungsbeflissener Jungpädagoge in ein körperbetontes Rollenspielseminar, eine Psychodramagruppe, Balintgruppe oder Encountergruppe – mitzubringen sind nicht Bücher und Schreibzeug, sondern bequeme Kleidung und warme Decken. Man redet von seinen Problemen und mehr oder weniger bedeutsamen Wallungen, wird vom Trainer akzeptiert, bringt sich ein, schickt Ich-Botschaften, läßt sich diese spiegeln. Manche gehen ganz tief in sich, machen eine Analyse, zumindest ein Gruppendynamikseminar. So etwas – so sagte mir ein teilnehmender Lehrer – sei von „schauriger Schönheit".

- 1986 erhält ein Buch[2], welches die Ergebnisse einer gruppendynamischen Organisationsberatung an einer Schule dokumentiert, einen Preis des Unterrichtsministeriums. Als Erfolg dieses Seminars verbucht ein Lehrer bei sich einen Gesinnungswandel, welcher folgendermaßen aussieht: „… ich gehe jetzt mit einer anderen Einstellung an den Unterricht heran: ich finde den Stoff immer unwichtiger, zumindest eine Menge. Das bringt Vorteile, man macht sich frei für manche Dinge, man redet … übrigens versuche ich, ihre (der Schüler) Situation zu begreifen …". Ein anderer Lehrer bemerkt an sich eine ähnliche Veränderung: „Ich versuche nun, in die Schüler hineinzuhorchen. Ich verbinde das Soziale mit dem Lernen … ". Die Schüler geben dem Lehrer nun „feedback" und manche Lehrer – so die Autorin – „besprechen mit den Schülern nun sogar die Lehrplangestaltung durch".

- Ein Mathematiklehrer an einer BHS, von mir ins Gespräch über seine Mathematikdidaktik verwickelt, sagt mir vor zwei Jahren, er mache jetzt überhaupt weniger Mathematik in seinen Stunden, er lege jetzt mehr Wert auf das soziale Lernen und die Selbstfindung der Schüler in der Gruppe.

- Zur selben Zeit erscheint (in Deutschland) eine wirkliche Neuerscheinung: Ernst Meyer[3] (der „Gruppenmeyer") publiziert ein Buch mit dem Titel

---

2 Gemeint ist das Buch von Gertraud Diem-Wille, Zusammenarbeit im Lehrkörper - Modellstudie einer Organisationsberatung an einer Mittelschule. Wien/Köln/Graz 1986. - Siehe dazu auch meine Kritik: Vom Pauker zum Animateur. In: Pädagogische Impulse 2/1987.

3 Ernst Meyer/Wincenty Okon, Frontalunterricht. Frankfurt 1983.

„Frontalunterricht". Er geht darin zwar nicht ab von seiner Präferenz für den Gruppenunterricht, behauptet aber, nur Gruppenunterricht treibe die Schule in einen sozialpathologischen Zustand. Ein Jahr später erscheint noch ein Buch, diesmal wirklich eine Lanze für den Frontalunterricht von Karl Aschersleben[4]. Er bemüht sich darin zu zeigen, daß es nicht unpädagogisch ist, wenn ein Lehrer etwas weiß und kann und dieses Wissen und Können seinen Schülern erklärend, demonstrierend, erzählend, redend beibringt. Überdies präsentiert er eine empirische Untersuchung, welche beweist, daß Schüler den Frontalunterricht gar nicht langweilig finden.

2. Ein bißchen Ordnung und Übersicht

Ich versuche, diese Merkwürdigkeiten zu interpretieren und ein bißchen Ordnung hineinzubringen:

Der Lehrer der fünfziger Jahre bis in die sechziger Jahre hinein war als Pflichtschullehrer eine Art sachkundiger Handwerker, der wußte, wie man eine Kreide anfaßt und damit an der Tafel schreibt, so daß sie nicht quietscht, der wußte, wie man mit Kindern spricht, der die Orthographie beherrschte und sie seinen Kindern beibrachte, der im Deutschunterricht die Grammatik so gründlich behandelte, daß die ins Gymnasium übertretenden Schüler mit der lateinischen keine Probleme hatten.

Ein Handwerker, der auf Disziplin achtete, weil sie ihm als unerläßlich für schulisches Lernen schien, der die Kinder Gedichte auswendig lernen ließ, weil er noch nichts wußte von der Ideologie biedermeierlicher Wildgansgedichte und nichts vom repressiven Charakter des Auswendiglernens.

Der Gymnasiallehrer damals verstand sich als verhinderter Philologe, Naturwissenschaftler, sein Interesse galt seinen jeweiligen Fächern, eine pädagogische Ausbildung hatte er nicht, und diesen Mangel merkte er auch kaum. Die Auslese an einem solchen Gymnasium war hart. Von den wenigen, die die Matura schafften, studierten auch einige Soziologie, Politik, Pädagogik und Lehrerei. Man gründete „Kapitalarbeitskreise", demonstrierte, befleißigte sich der konkreten Negation, leitete aus den Klassenwidersprüchen ab, „teachte in", vor allem hinterfragte man, verdächtigte jedermann, der (den Professor) schlicht fragte, des „falschen Bewußtseins" und Renegatentums, man theoretisierte „auf Teufel komm raus". Selbst die Lehrerstudenten lasen nicht Pestalozzi, schon gar nicht Humboldt, sondern sie lasen Habermas, Lenin, vor

---

4   Karl Aschersleben, Moderner Frontalunterricht. Neubegründung einer umstrittenen Unterrichtsmethode. Frankfurt 1985.

allem Mao-Tse-Tung und zeitgenössische Abhandlungen über das bürgerliche Leistungsprinzip.

In der BRD wurde in dieser Zeit des heftigen Hinterfragens die Lehrerausbildung integriert und erfolgte nunmehr für alle hochschulmäßig. (Ein gewisser) J. Henningsen konstatierte, der Weg des Lehrers ginge „vom Klempner zum Schwätzer"[5].

Hierzulande gab es damals für die Gymnasiallehrer keine nennenswerte pädagogische Ausbildung, das Schwätzertum hielt sich in Grenzen. Dafür feierten an den neu gegründeten Pädagogischen Akademien Psychologie und Soziologie eine Elefantenhochzeit. So begann ein unermüdliches Psychologisieren und Soziologisieren. Der Unterricht wurde lerntheoretisch emanzipatorisch aufgezäumt, die Erziehung sozialisationstheoretisch-manipulatorisch, vor allem wurde ständig die nicht vorhandene Chancengleichheit nachgewiesen. Jedenfalls fand die Gesellschaftskritik der angehenden Lehrer hierzulande eher an den pädagogischen Akademien statt als an der Universität – wie gesagt – denn die Gymnasiallehrer blieben der Pädagogik „als Sozialwissenschaft" weitgehend fern. Da es aber die Pädagogischen Akademien schon von ihrem Auftrag her theoretisch nicht gar so toll treiben, fiel sie dort auch etwas kurzatmig aus. Die universitär ausgebildeten Schwätzer, die Soziologen vor allem, machten den „langen Marsch durch die Institutionen". Dort angekommen fanden sie an den Privilegien, die sie zuvor so heftig kritisierten, plötzlich weniger auszusetzen. Jedenfalls – die Revolution blieb aus, die Verhältnisse erwiesen sich als hartnäckiger als gedacht und schließlich als gar nicht so schlimm.

Was machten aber – und das ist wichtig für das Folgende – die enttäuschten Gesellschaftskritiker, denen der Marsch durch die Institutionen nicht gelang? Ihr Weg war vom Neomarxismus her vorgezeichnet, er hatte der Kritischen Theorie sei Dank – einen Abzweiger, den zur Psychoanalyse.[6] Von D. Cohn-Bendit stammt der Buchtitel „Wir liebten sie so sehr die Revolution". Nun hatte man eine neue Liebe: „Psychoanalyse mon amour".

Galt vordem alles Interesse den objektiven Verhaltnissen und denen, die ein Interesse an deren Verschleierung hatten, so galt nunmehr alles Interesse den subjektiven Verhältnissen. Hatten die Menschen keine seelischen Krankheiten,

---

5   Jürgen Henningsen, Vom Klempner zum Schwätzer, Voraussagen zur Lehrerbildung. In: W. Fischer/D. Löwisch/J. Ruhloff (Hg.), Die Angst des Lehrers vor der Erziehung. Duisburg 1980.

6   Siehe z. B. Jürgen Habermas, Erkenntnis und Interesse. In: Ders., Technik und Wissenschaft als ‚Ideologie'. Frankfurt ⁵1971.

so redete man ihnen welche ein. Nun ist es geradezu chic, als Entschuldigungsgrund für einen versäumten Termin die wöchentliche Analyse vorzuschützen oder irgendwelche Seelentroubles. Ja – ein intelligenter Mensch, Lehrer z. B., darf heute sogar auf den Vorwurf hin, warum denn seine Dissertation so lange auf sich warten läßt, sagen, er sei jetzt so mit sich beschäftigt, die Analyse mache ihm zu schaffen, er beschäftige sich jetzt mit seinen Beziehungen, der Geschichte seiner Beziehungen. Es ist die Zeit der Beziehungskisten und der Sexkoffer.

Ich sagte also: Es dreht sich alles plötzlich um das Subjektive, ums Subjekt, aber nicht um das transzendentale Subjekt des Herrn Kant, denn der alte Knabe war ziemlich kopflastig, sondern um mein eigenes subjektives Selbst, um meine Selbstverwirklichung. „Werde der, der du bist"! Da aber – und das ist hier wichtig – die Pforte in das Allerheiligste der Psychoanalyse, nämlich die Lehranalyse eng ist, der Weg zum Ich steinig, will sagen teuer, gab es da bald die ganze Bandbreite von Billigvarianten der Selbstfindung. Freud ist eben teuer und kompliziert, C. Rogers, R. Cohn, F. Perls u. a. sind billiger und wohl auch intellektuell weniger aufwendig. Zumal, da es für diese keine anerkannte Vereinigung gab, war das zu Anfang interessant. Man wurde Gruppentherapeut durch Selbsternennung und hatte ein weites Betätigungsfeld: Zielgruppe sind die pädagogischen Berufe bis heute, und der Markt ist längst nicht erschöpft. Konnte J. Henningsen 1979 für die BRD den Weg des Lehrers als einen Weg vom „Klempner zum Schwätzer" beschreiben, so läßt sich die Fortsetzung dieses Weges als ein Weg vom Schwätzer zum psychotherapeutischen Kurpfuscher und Animateur bezeichnen.

Allerdings – und hier liegt eine Schwierigkeit – handelt es sich dabei bloß um Habitusangebote, Angebote für ein neues Lehrerselbstverständnis, welche der gesellschaftliche Entwicklungsprozeß (ich weiß: dieser Terminus ist dunkel, aber ich habe im Augenblick keinen helleren) zunächst einmal unabhängig vom Konsumenten hervorbringt.

3. Lehrertraumata

Merkwürdig und aufhellensbedürftig ist, warum diese Produkte beim Lehrer so reißenden Absatz gefunden haben, so als hätte er darauf gewartet und würde ständig auf neue Habitusangebote warten. Beiden Varianten – so meine These – dem psychotherapeutischen Kurpfuscher und dem Animateur ist eben ein entscheidendes Moment gemeinsam – wie übrigens auch dem Schwätzer. Sie gestatten dem Lehrer eben, den schäbigen Rock des Paukers und Zensors, des kleinen Schulmeisterleins abzulegen, endlich den Verdacht des Sadismus, der kleinlichen Pedanterie und der herrschsüchtigen Schülerquälereien loszuwerden, einen Verdacht, der sich zäh erhält, obwohl ihm die Wirklichkeit längst den Boden entzogen hat.

Wenn man den massenmedial inszenierten Schulkritiken folgt, gewinnt man tatsächlich den Eindruck, das österreichische Schulwesen sei durchwegs mit Lehrern vom Schlage eines Arthur Kupfer bestückt und die gesamtösterreichische Schülerschaft verzehre sich in den Seelenqualen des „Schülers Gerber". Die Imago des prügelnden Lehrers, jedenfalls des Stärkeren, der sich am Schwächeren vergreift, ist zwar in tiefere Schichten des Bewußtseins der Gesellschaft abgesunken, wirkt aber dort noch nach, kommt jedenfalls immer wieder dann hoch, wenn die Zeugnistermine herannahen.

Es ist ein pädagogisches Urtrauma des Lehrers, daß ihm die Macht, welche an ihn delegiert ist, nämlich z. B. Noten zu geben, Schüler zu selegieren und zu allozieren, also über ihre Zukunft zu entscheiden, zugleich verübelt wird. Er tut, was gesellschaftlich notwendig ist, ohne das man nicht auskommt, während man sich selber zu gut dazu ist. Ganz allgemein: Die gesellschaftlich notwendige zivilisatorische Gewalt, welche die Schule den kleinen Barbaren antut, damit sie zivilisierte Erwachsene werden, wird mit Verachtung gestraft: die pädagogische Variante des sattsam bekannten Sündenbocksyndroms.

Der Lehrer muß prüfen und beurteilen, diese pädagogischen Widerwärtigkeiten durchführen, aber man bindet ihm dabei die Hände. Die eigenen wäscht man in Unschuld und sagt, man hätte alles getan, um Übergriffe zu verhindern. Man mißtraut ihm in der Ausführung jener (ambivalenten) Tätigkeiten, die man ihm zuschiebt und für welche er da ist.

Man verpflichtet ihn beispielsweise zur Sexualerziehung, aber die Durchführung muß in partnerschaftlicher Absprache mit den Vormündern der Unmündigen, also eigentlich mit der Zustimmung der Betroffenen selber erfolgen. Als Exekutor - gestatten Sie mir diesen Ausdruck, aber Beamte haben nun einmal Vorschriften zu exekutieren, das ist ihr Job - des staatlichen Erziehungswillens ist er gleichzeitig gehalten, die von seinen Amtshandlungen Betroffenen als Partner zu akzeptieren und ihre Einwendungen ernst zu nehmen. Das ist schlicht widersprüchlich und wäre in vergleichbaren Organisationen der Verwaltung undenkbar. Stellen Sie sich beispielsweise einen Finanzbeamten vor, dessen Aufgabe es ist, eben Steuern einzutreiben und zwar nach Maßgabe der geltenden Gesetze und Vorschriften. Und stellen Sie sich vor, dieser müßte mit den Steuerpflichtigen einen Steuergemeinschaftsausschuß bilden und Steuergemeinschaftsabende abhalten, wäre den Steuerpflichtigen partnerschaftlich verbunden und müßte deren Einwendungen ernst nehmen und sie von den guten Gründen des Gesetzgebers für die jeweilige Steuer überzeugen.

Zu diesem Trauma des Lehrers, eine Macht ausüben zu müssen, die man ihm gleichzeitig verübelt, kommen noch Facetten in der Lehrerimago, in welchen er zusätzlich zu den latenten Anfeindungen auch gleichzeitig belächelt wird: eine nicht ganz ernstzunehmende Figur. Ich nenne diese Dinge in aller Kürze und nur andeutungsweise: Da ist seine Beamtenstellung, um welche man ihn beneidet, gleichzeitig aber in seiner Eingespanntheit in Apparat und Besoldungsschema belächelt. Es fehlt ihm gleichsam das Flair von Selbständigkeit im Vergleich zu anderen akademischen Berufen, die Aura des Mutes und der Risikofreudigkeit, schlicht die Möglichkeit von Erfolg und Scheitern. Ein Mensch mit langer Ausbildungszeit und weiß mit seinem Talent nicht besser zu wuchern als anderer Leute Kinder zu erziehen.

Da ist auch noch das Odium der Weltfremdheit, des welt- und lebensfremden Idealisten, der sich ein ganzes Leben mit Kindern beschäftigt, eingespannt ist in eine Kinderwelt, dabei mitunter selber kindliche Züge annimmt (was übrigens Pestalozzi für unabdingbar gehalten hat), der von Amerika reden muß, während man selber dort Geschäfte macht oder den Urlaub verbringt, der von Gerechtigkeit nicht nur reden muß, sondern sie auch verkörpern soll, während man als erwachsener Nichtlehrer sein Hirnschmalz darauf verwendet, wie man die zur Gewährleistung von Gerechtigkeit gegebenen Gesetze umgehen kann. Er muß von guter Literatur reden, vom rechten Umgang mit der Natur, von guter Musik und wahrer Kunst, während sich die Schüler wie die Erwachsenen zur schwachsinnigen Verehrung von Pop- und Fernsehserienstars entschließen.

All diese Dinge – und bei Adorno kann man sich über weitere Facetten[7] des Lehrertraumas erkundigen – mögen (so meine These) dazu beitragen, daß bei Lehranfängern (nicht nur bei ihnen, aber bei ihnen besonders drastisch) eine gewisse Idiosynkrasie gegen ihren gewählten Beruf festzustellen ist und damit eine spontane Bereitschaft, neue Rollenangebote unbesehen zu akzeptieren. Sie beginnen ihren Beruf mit einem institutionenkritischen Selbstverständnis und mit einem Idealbild vom Lehrer, welches eigentlich ein Antilehrerbild ist.[8]

Das Lehrerhafte liegt ihnen nicht. Sie wollen es ganz anders machen, wissen aber nicht wie, jedenfalls nicht lehrerhaft; sie identifizieren sich eher mit den Interessen ihrer Schüler als mit denen ihrer Kollegen, kurz: definieren – wenn auch ungenau – ihre Berufsrolle, welche – wie eben geschildert – ihre Tücken

---

7 Die genannten habe ich von ihm: Theodor W. Adorno, Tabus über dem Lehrberuf. In: Ders., Erziehung zur Mündigkeit. Frankfurt ⁵1977.

8 So sieht es Klaus Prange, Bauformen des Unterrichts. Bad Heilbrunn/Obb. 1983, S. 16.

hat, explizit gegen die Institution, sind z. B. auf jeden Fall Feinde des Frontalunterrichts (Schlagwort: „Beschallung"), der unnachlaßlichen Schuldisziplin
abhold (Schlagwort: „Arbeitslärm").

Daran ist die theoretische Pädagogik nicht unschuldig. „Wenn beispielsweise
J. Grell sagt, er habe nicht Schüler vor sich, sondern Menschen, so hört sich das
zwar gut an, wenn auch nicht sonderlich originell"[9], allerdings kann man sich
mit derartigen Menschheitsattitüden, vor allem wenn sie weltanschaulich naiv
aufgeladen sind, die Möglichkeit von Unterricht ganz schön vermasseln; zumal
wenn man sich diese Menschen, wie es zum Repertoire üblicher Schulkritik
gehört, als immer schon von Schule und Elternhaus, Welt und Umwelt defor-
miert, seelisch kränklich, sozial beschränkt und antriebsgelähmt vorstellt. In
diese intellektuelle Marktlücke dringen dann die neuen Habitusangebote wie
von selber ein, ein neues didaktisches Selbstverständnis macht sich breit.

Ich nannte den Habitus des Quasitherapeuten und Kurpfuschers und den des
Animateurs. In der Praxis sind diese nicht zu unterscheiden, hier verschmelzen
beide zu einem ideologisch gleichsinnigen Berufsfeld, zu einem Tätigkeitsbild,
in welchem z. B. Leistungsbeurteilung unmöglich wird, weil auch nichts gelehrt
und gelernt wird, was einer solchen Beurteilung zugänglich wäre. Den Habitus
des psychologischen Kurpfuschers, bzw. (weniger respektlos formuliert) Quasitherapeuten entlehne ich der didaktischen Modevariante des „erfahrungsorientierten, erfahrungsoffenen, schülerorientierten Unterrichts". Den Habitus
des „Animateurs" entnehme ich dem Konzept des Projektunterrichts und dem
Rollenbild des Projektpädagogen.[10] Die erfahrungsorientierte Didaktik geht
wirkungsgeschichtlich auf die Konzepte der sogenannten „humanistischen
Psychologie" (also auf Rogers, Cohn, Perls u. a.) zurück, welche ja bekanntlich
nicht zu verwechseln ist mit dem, was in der europäischen Tradition Humanis-
mus oder humanistisches Gymnasium heißt. Das Projektkonzept geht zurück
auf die Philosophie und Pädagogik des amerikanischen Pragmatismus, also auf
J. Dewey, W. H. Kilpatrick u. a.

4.1 Der Quasitherapeut

Ingo Scheller z.B. versteht den „erfahrungsbezogenen Unterricht als einen vom
einzelnen Lehrer immer wieder zu leistenden Versuch, Schülern auch unter den
einschränkenden Bedingungen der Institution Schule bei ihren identitätsbezogenen Suchbewegungen zu helfen. Dazu müssen Situationen geschaffen werden,

---

9   Ebd.
10 Vgl. vom Verfasser, Streifzug durch die Projektpädagogik. In: Kap. C.

in denen Erlebnisse, Erfahrungen, Phantasien und Haltungen thematisiert und ihre Widersprüchlichkeit bearbeitet werden können, so daß die Schüler lernen können, mit den Brüchen in der Kontinuität der Selbst- und Welterfahrung zu leben und etwas damit anzufangen (Rumpf)".[11]

Diese „identitätsbezogenen Suchbewegungen" entstehen primär dadurch, daß keine Identitätsmuster zur Verfügung stehen und sekundär durch den „Widerspruch zwischen dem gesellschaftlich produzierten Verlangen nach Glückserfüllung, nach intensiven emotionalen Beziehungen, nach Sinnlichkeit und Körpererfahrungen, nach Unmittelbarkeit, Betroffenheit und Selbstbestätigung durch andere und einer Umwelt, die ihnen immer weniger Chancen eröffnet, diese Bedürfnisse zu befriedigen". Solcher Unterricht, also der erfahrungsbezogene, „kann interessant sein und Spaß machen, wenn er nicht unterdrückt, was Schüler und Lehrer an Erfahrungen, Phantasien, Gefühlen und Körperlichkeit einbringen wollen." Eben das leistet er, „wenn er den Jugendlichen die Möglichkeit gibt, sich selbst, die eigenen Erlebnisse, Phantasien, Erfahrungen, Haltungen in der Auseinandersetzung mit den verschiedenen Unterrichtsinhalten darzustellen, zusammen mit anderen zu interpretieren und neu zu sehen."

Der Lehrer muß demgemäß „mehr einbringen, als Wissen und Methoden und Autorität. Er muß die Schüler und ihre Aktionen und Interaktionen wahrnehmen können, Frustrationen ertragen, mit den eigenen Ängsten, Liebeswünschen oder Aggressionen fertig werden. Er muß vor allem zuhören können ...", zuhören können, wenn die Kinder und Jugendlichen in der Auseinandersetzung mit den verschiedenen Unterrichtsinhalten sich selbst, die eigenen Erlebnisse usw. darstellen und zusammen mit anderen interpretieren.

Denn der Lehrer ist in diesem Prozeß – ich zitiere einen weiteren Gewährsmann der „erfahrungsoffenen Didaktik", nämlich N. Groddeck – „nicht diejenige Person, die eine richtigere Sichtweise von der Lage der Dinge vermittelt, sondern eine Person, die sich bemüht, den inneren Erlebnis und Erfahrungsprozeß des Lernenden aus dessen Perspektive verstehend nachzuvollziehen und die durch diese hermeneutisch-emphatische Fähigkeit den Prozeß lebendigen Lernens (Ruth Cohn) anregt."[12]

---

11   Diese und die folgenden Zitierungen Ingo Schellers entstammen dem Einleitungskapitel seines Buches, Erfahrungsorientierter Unterricht. Königstein/Ts. 1981.

12   Norbert Groddeck, Aspekte zu einer Theorie erfahrungsoffenen Lernens. In: Ariane Garlichs und Norbert Groddeck (Hg.), Erfahrungsoffener Unterricht. Beispiele zur Überwindung der lebensfremden Schule. Freiburg i. B. 1978, S. 114.

„Erfahrungsoffenes Lernen" – so Groddeck – „kann nur dann stattfinden, wenn es dem Lernenden gestattet ist, sich mit seiner Subjektivität – d. h. in radikaler Weise mit seinen individuellen leib-seelischen Besonderheiten – mit dem Lerngegenstand selbständig in Beziehung zu bringen."[13] Die Trennlinie, welche erfahrungsoffene Didaktik gegenüber denkbaren anderen Didaktiken zieht, ist damit deutlich.

Als „offene" grenzt sie sich nicht nur gegen den weithin üblichen und nahezu als einziges Feindbild genannten Frontalunterricht ab, sondern im Grunde gegen jedwede Unterrichtsform, in welcher die Inhalte das objektive Zentrum des Unterrichtsgeschehens bilden, die Sachen und Gegenständlichkeiten, angesichts derer das lernende Subjekt traditionell Askese in bezug auf seine Subjektivität zu üben hatte. Erfahrungsoffen inszenierter Unterricht verzichtet aber nicht nur auf die subjektiven Verzichtsleistungen des im Unterricht auf seine Identitätsgewinnung zustrebenden Subjekts, läßt also das – mit welchem Thema auch immer aufkommende – subjektiv Bedeutsame auf der Seite der Schüler nicht bloß zu, sondern erhebt es – und darin besteht das entscheidend Neue dieser Didaktik – zum Zentrum und Worumwillen des Unterrichts überhaupt.

D. Larcher[14] beispielsweise erläutert das Konzept an Beispielen aus dem Sprachunterricht, zeigt programmatisch und exemplarisch, wie ein Unterricht aussehen kann, der sich ausdrücklich als „Arbeit am Subjekt" versteht, welcher – „unabhängig von den Fachinhalten" – den Versuch macht, Probleme der Identitätsbildung und -Stabilisierung zum Lerngegenstand zu machen. Für solchen – von Larcher „fortschrittlich" genannten – Unterricht sind individual- und gruppentherapeutische Erfahrungen beim Lehrer ebenso unverzichtbar wie seine Thematik – wir haben es eben gelesen – „unabhängig" von den Fachinhalten ist.

Sprachunterrichtliche „Arbeit am Subjekt" wird etwa aus Anlaß der Beobachtung von Vorkommnissen von Freundschaft zwischen Jungen und Mädchen in der Klasse nicht – wie vielleicht weithin in Schulen üblich – mit Augenzwinkern darüber hinwegsehen, sondern wird dieses „Vorkommnis" unterrichtlich thematisch werden lassen.

Der von Larcher favorisierte Unterricht wird sich dieses Ereignisses didaktisch z.B. so annehmen, wie dies im Unterricht des Lehrers R. geschehen ist, welchen Larcher uns als didaktisch vorbildhaft schildert: Lehrer R. drehte

---

13 A.a.O., S. 128
14 Dietmar Larcher, Therapeutische Elemente im Schulunterricht. In: A. Garlichs/N. Groddeck, s. Anm. 126.

einen Film „Freundschaft zwischen Jungen und Mädchen", in welchem die Hauptbetroffenen auch die Hauptdarsteller waren.

„Wir haben" – so R. im Bericht Larchers – „ihre Probleme dadurch aufzuarbeiten versucht, daß wir ein Drehbuch daraus machten und Lösungsmöglichkeiten suchten … Die Diskussionen, welche bei der Arbeit am Drehbuch entstanden, drehten sich um Fragen wie,Müssen wir uns schämen, wenn wir uns gern sehen? Wie können wir uns unsere Zuneigung zeigen?' … die Normen der Erwachsenenwelt tauchten darin unvermeidlich auf."[15]

Am Ende – man ist versucht zu sagen: wie nicht anders zu erwarten – blieb der Film „offen", er „bot keine Lösungsmöglichkeiten an, regte aber zum weiteren Nachdenken an."[16]

Lehrer R., dessen Verhältnis zur vorgesetzten Behörde nicht das beste ist und der sich von Eltern schon mehrfach zur Rechenschaft ziehen lassen mußte, weil er angeblich in seinem Unterricht Grammatik und Orthographie vernachlässigte, macht aber in seinem Unterricht, für welchen ihm „ausgesprochen pädagogische Bücher wenig hilfreich sind", auch „autogenes Training".

„R.s ambitioniertester Versuch ist es" – so Larcher –, „die Grenzen der Wahrnehmungsfähigkeit seiner Schüler für ihre innere Natur mit Hilfe von autogenem Training zu steigern. Er weiß selbst, daß dies viel erzieherische Verantwortung braucht. Seine größte Sorge entstand gerade daraus, daß er zu großen Erfolg mit dieser Methode hatte. Die Schüler produzierten so viel Material aus dem Unbewußten, daß sein Problem darin bestand, es nicht mehr aufarbeiten zu können. Er selbst drückte seine Schwierigkeiten so aus:

R: Ich glaube, daß die Therapeutenrolle, direkt und gezielt Konflikte aufzuarbeiten, sich nicht ganz mit meiner Lehrerrolle verbinden läßt. Meine Bedenken sind einerseits, daß sich der Konflikt mit den Eltern dann eventuell so verschärft, daß das Kind daran leidet bis zum Nichtmehrkönnen - oder wieder mit Überanpassung an die Eltern reagiert, daß also dann neue Verdrängungsmechanismen auftauchen."[17]

Larcher in seinem Plädoyer für „Therapeutische Elemente im Unterricht": „R. hat zurückgesteckt. Er hat Angst davor, die Abwehr der Schüler einzureißen…"[18]

Larchers Urteil – so interpretiere ich – ist zwiespältig. Er hat Verständnis für das „Zurückstecken" von R., Verständnis für seine Angst. Aber schön wäre es

---

15 A.a.O., S. 86.
16 A.a.O., S. 86 f.
17 A.a.O., S. 88.
18 Ebd.

schon, wenn dem „Arbeit am Subjekt" genannten Unterricht keine gesellschaft-lichen oder sonstige Grenzen gesteckt wären.

Jedenfalls konnte R. seine persönlich-professionellen Zweifel und inneren Krisen weitgehend überwinden. Die theoretische Auseinandersetzung mit Freud, Erikson, Zullinger, aber auch mit Watzlawick und Rogers, das positive Feedback aus einer gruppendynamisch orientierten Erwachsenenbildungs-gruppe, in welcher R. nebenberuflich tätig war, schließlich „ein begleitendes Studium an der Universität Innsbruck halfen ihm dabei", obwohl „die Schwie-rigkeiten mit der Umwelt" (Eltern, Vorgesetzte, mangelnder Kontakt zu Kolle-gen) blieben.

Daß diese Schwierigkeiten weiter nicht verwunderlich sind, wird unmit-telbar klar, wenn man bedenkt, daß Lehrer R. diesen seinen pädagogisch-progressiven erfahrungsoffenen Unterricht in einer „Zwergschule" auf 1500 m Seehöhe, in einer Bergbauerngegend erteilte, in welcher zwar die Welt nicht unbedingt heil sein muß, aber durchaus traditionelle Vorstellungen von dem herrschen, was Lehrer zu tun und zu leisten haben.

Mag sein, daß R. in innerstädtischer Umgebung weniger Probleme gehabt hätte, ganz reibungslos aber hätte sich sein Unterricht vermutlich auch dort nicht in die Vorstellungen von Eltern und Vorgesetzten gefügt. Aber auch unab-hängig davon, ob Vorgesetzten und Eltern dieser Unterricht paßt, schmeckt bzw. ihrer Erwartungshaltung entgegenkommt, ist *es* meines Erachtens pädagogisch-theoretisch - und d. h. um einer rechtfertigbaren Praxis willen - ein Problem, ob diese Praxis gut daran tut, sich von einer zugegebenermaßen vielfach über die Köpfe der Schüler und deren Verständnishorizont hinweg geübten Instruktionsroutine zu einem Tun zu wandeln, welches von dem in gruppendynamischen Senings praktizierten Selbstergründungsversuchen kaum mehr zu unterscheiden ist.

Man muß dabei ja nicht gerade das harsche Urteil - etwa H. Gieseckes - teilen, welcher in seiner Kritik an der Psychologisierung der Pädagogik und der Pädagogisierung der Gesellschaft meint, daß „weder das Seelenleben des Kindes, noch der Kern seiner Persönlichkeit den Lehrer etwas (angingen), da er nicht Mitglied der Familie des Kindes (wäre) und infolge dessen weder das Recht noch die Pflicht (hätte), die ganze Persönlichkeit seiner Schüler in den Griff zu nehmen"[19], – also man muß hier nicht unbedingt auf Rechte und Pflichten einer erziehungsträgerschaftsbezüglich ausdifferenzierten Gesell-schaft rekurrieren (obwohl dieses aufklärerische Argument schon einiges für

---

19   Hermann Giesecke, Das Ende der Erziehung. Stuttgart [4]1988, S. 117.

sich hat), um dem Konzept eines therapeutisch umfunktionalisierten Unterrichts mit Skepsis zu begegnen.

Man kann auch auf das zugegebenermaßen nicht gerade starke Argument vom „pädagogischen Takt" verweisen. Man kann aber auch das vielleicht schon gewichtigere, aber immer noch nicht pädagogisch entscheidende Argument von den unnachlaßlichen Qualifikationsaufgaben der Schule anführen, welch letzteres aber vermutlich am gesellschaftstheoretisch-schulkritischen Potential dieser Didaktik abprallen dürfte.

Man könnte in diesem Zusammenhang auch fragen, wie der erfahrungsoffen unterrichtende und damit der Persönlichkeit des Kindes in intimer Weise nahe Lehrer diese Nähe noch mit seiner Beurteilungs- und Selektionsaufgabe vereinbaren kann. Aber diese Frage wäre natürlich ebenfalls mit dem Hinweis auf die diesem Konzept immanente Selektionsabstinenz abgeschmettert.

Man könnte aber auch die vielleicht schon triftigere Frage stellen, ob denn die für Therapien a la Freud, Erikson, Zulliger, Watzlawick und Rogers entscheidende Voraussetzung der freiwilligen Übernahme der Klientenrolle bei Schülern gegeben ist oder ob nicht der Lehrer-Therapeut die Schulpflicht und Unterrichtspflicht der Schüler in der Staatsschule der Leistungsgesellschaft hier unter der Hand zu einer Therapie- und Selbsterfahrungspflicht modelt, d. h. letztlich unter dem Schutzmantel seines Beamtentums sich der privaten Mission in Weltanschauungsangelegenheiten hingibt, dabei z. B. eine Weltanschauung favorisiert, der gemäß ein Mensch nur dann wahrhaft Mensch, mit sich identisch, authentisch usw. ist, wenn er semper et ubique sich, seine Vorstellungen, Phantasien und Gefühle publiziert.

Man könnte weiters auch fragen, von welchem Zuschnitt die Erfahrungsoffenheit dieses Konzeptes eigentlich ist, wenn man nicht gerade behaupten will, daß in ihm mehr als nur ein Aspekt bzw. eine Facette dessen, was man unter Erfahrung und Offenheit sich vorstellen kann, zum Tragen kommt. Denn in gewisser Aspektuierung ist auch der „nicht-erfahrungsoffene", sach- und gegenstandsorientierte Unterricht „erfahrungsoffen". Er ist offen für die Erfahrungen der Kinder und Jugendlichen mit den Sachen und Problemen, die Gegenstand des Unterrichts sind; genauer: er ist offen für diejenigen Schülererfahrungen, die sich zumindest schon in der Spur dessen bewegen, was Sacherschließung im Unterricht heißt. Diese Erfahrungen greift er auf, knüpft an sie an und führt sie in Richtung Gegenstandskenntnis weiter. Andere Erfahrungen blendet er aus.

Ohne Ausblendungen und Reduktionsleistungen wäre das Ereignis, das wir Unterricht nennen (übrigens auch andere Formen der zwischenmenschlichen Kommunikation) der Kontingenz des überhaupt Erfahrungsmöglichen, zumindest aber des aktual erfahrungshaft präsenten und ungeordneten Materials ausgeliefert und dräute dem didaktischen Kollaps entgegen.

Das heißt aber, daß auch der erfahrungsoffene Unterricht von Ausblendungen und Reduktionen auf einen bestimmten Ausschnitt des Erfahrungsmöglichen hin lebt. Anders ausgedrückt: Er lebt schlicht davon, daß seine Offenheit eine halbierte Offenheit darstellt, daß der Lehrer-Therapeut den „offenen Unterrichtsprozeß" kraft seiner Autorität als Person und Amtsinhaber steuert – hier eben in Richtung Selbsterfahrung. Darauf hin sind seine Arrangements gerichtet, in diese Richtung lenken seine Arbeitsaufträge, Fragen und Stimuli, nicht ist er schlechthin offen für alles, was vonseiten der Schüler kommt oder kommen könnte.

Konkret und im hier angeführten Beispiel verbleibend: Welchen Zuschnitt erführe die Offenheit des Lehrers R. bzw. die seines Mentors L., kämen ihnen Hans und Grete, deren „Gspusi" hier zum Gegenstand erfahrungsorientierter Problemaufarbeitung gemacht werden soll, mit dem das Projekt sabotierenden Einwand, daß dieses sogenannte „Vorkommnis" ihre Privatsache wäre, daß auch Kinder und Jugendliche ein Recht auf Unantastbarkeit der Person, ein Recht auf Intimität, Privatheit und deren Schutz hätten? Könnte Lehrer R. dies schlicht akzeptieren? Oder würde er die Gelegenheit zu einer etwas abstrakteren Diskussion in Sachen Ethik aufgreifen? Oder wäre dieser Einwand für ihn bloß ein Zeichen sogenannter „Abwehr", welche es dann „einzureißen" gelte?

Man könnte aber auch - dies als letzter skeptischer Einwurf - fragen, ob das Konzept seinen eigenen Intentionen gerecht wird, ob hier Verfahren und Intentionen stimmig bleiben bzw. sind. Konkret: Woher wissen die Protagonisten erfahrungsoffen-selbsterfahrungsgerichteten Unterrichts eigentlich, daß (nur) auf dem Wege gruppendynamisch angeleiteter Introspektion und der damit verbundenen Inextensopublikation des Inspizierten am Ende dasjenige Subjekt wie der Phoenix der Asche entsteigt, welches eine „starke Identität", eine „stabile Persönlichkeit" oder ähnlich schöne Eigenschaften aufweist?

Könnte es nicht auch sein, daß ich mich gerade dann am sichersten verfehle, wenn ich mich suche? Und überdies: Wer sagt denn eigentlich wo und mit mehr als bloß zeitgeisthaft plausibel erscheinenden Gründen, daß „starke Identitäten" und „stabile Persönlichkeiten" die längst fällige Wahrheit der Bildung ausmachen?

Davon - und dies als letztes postscriptum - daß dieser von Larcher so eindrucksvoll geschilderte „Sprachunterricht" nicht mehr mit Sprache zu tun hat als jeder andere Unterricht auch, der sich sprachlich vermittelt, können wir hier schweigen.

4.2 Der Animateur

Auch dem primär Selbsttätigkeit anregenden, Schüleraktivitäten provozierenden Projektanimateur ist es eigen, daß er keine bestimmte Sache vertritt und repräsentiert, sondern vielmehr sein fachliches Expertentum zugunsten eben jener Tätigkeiten des Anregens und Animierens zurückstellt.

Wie heißt es in einer Broschüre des Stadtschulrats für Wien[20], welche den Projektunterricht als eine Unterrichtsform anpreist, welcher „ein Lernbegriff entspricht, der gegenüber einseitiger Kopflastigkeit auf ganzheitliches Lernen abzielt und den Erwerb von Handlungskompetenz betont"? – „Die Schüler finden möglichst selbständig ein Thema, das sie bearbeiten oder ein Problem, das sie gemeinsam lösen wollen … Ausgangspunkt sind Schülerinteressen … Die Schüler organisieren ihre Arbeit möglichst selbst: Sie stellen einen Zeitplan auf, bilden Arbeitsgruppen, verteilen und koordinieren die Arbeit und bringen sie rechtzeitig zu einem befriedigenden Abschluß … Die Lehrerin/der Lehrer wird zum koordinierenden Berater und Helfer: sie/er zieht sich weitgehend von der Leitung des Unterrichtsgeschehens zurück, steht aber den Schülern jederzeit zur Verfügung. Stockt der Arbeitsprozeß, so springt die Lehrerin/der Lehrer helfend ein."

Da sich „vor allem bei jüngeren Schülern die Vorschläge (oder Fragen) vielleicht in sehr engen Grenzen halten (weil sie noch keinen Überblick[21] über die Möglichkeiten haben, die das Thema bietet)", wird ihnen die Lehrerin/ der Lehrer „mit eigenen Vorschlägen und Wahlmöglichkeiten unter die Arme greifen, eine Wahlliste anbieten oder einen Film einsetzen, der das Interesse der Schüler auf einen bestimmten Themenbereich hinlenkt". In Klammer beeilen sich die Autoren hinzuzusetzen: „… aber nicht mehr!" Die pädagogisch-positiven Eigenschaften, mit denen die Projektpädagogen für ihr Konzept landauf-landab werben, seien kurz genannt. Es handelt sich um genau jene Termini, die der Pädagogik seit rund achtzig Jahren lieb und teuer sind und mitunter geradezu wie Beschwörungsformeln andächtig bis fanatisch deklamiert werden; Projektunterricht ist lebensnah-lebendig, wirklichkeitsbezogen, praxisnah, die projektartig lernenden Kinder sind motiviert, aktiv, gesellig-solidarisch, selbsttätig und produktiv.

Er hat also alle diejenigen Eigenschaften, welche dem herkömmlichen Unterricht angeblich abgehen. Denn dieser ist - man muß nur die jeweiligen

---

20   Stadtschulrat für Wien, Projektzentrum - Projektunterricht, o. J.
21   An dieser Stelle hätten die Autoren dieser Broschüre etwas bemerken können, nämlich daß dies einer der Gründe dafür ist, daß es Unterricht gibt.

gegenteilig gemeinten Vokabeln einsetzen – lebensfern und unlebendig, praxisfern-kopflastig, unproduktiv und ohne Wirklichkeitsbezug, im traditionell kognitiv orientierten Unterricht sind Schüler unmotiviert, passiv-rezeptiv, vereinzelt und konkurrenzorientiert.

Lehrer, welche pädagogisch etwas auf sich halten, werden also Abstand nehmen von den traditionellen Tätigkeiten ihres Berufes und Verzicht leisten auf all das, was ihnen professionell-habituell geworden ist. Der redende Lehrer[22], d. h. der erklärende, erzählende, hinweisende, zeigende, vormachende, argumentierende, beweisführende Lehrer „ist out". „In" ist der Animateur. Sein Qualifikationsprofil ist schnell gezeichnet. Im wesentlichen wird er anregen, die (scheintote) Schülerschaft zu lebensvoller, produktiver Tätigkeit (re)animieren und in Bewegung bringen („motivieren"). Sein Programm ist die Analogisierung des Schullebens gemäß der Typik „wertvollen Lebens", und „wertvolles Leben" ist nichts anderes als „planvolles Tun von ganzem Herzen" (Kilpatrick)[23]: Leben wie sich's der amerikanische Pragmatismus vorstellt. Die „Schüler" der Projektpädagogen werden demgemäß vor allem handeln – in der zweifachen Bedeutung des Wortes: etwas herstellen – einen Schulgarten, ein Biotop, eine Aids-Informationsbroschüre, eine Ausstellung („200 Jahre USA") oder sie werden handeln, d. h. aktiv in einem quasi-politischen Sinne[24]. Ihre Tätigkeit ähnelt dann eher den Aktivitäten von basisdemokratischen

---

22 Vgl. meinen Artikel: Comeback des redenden Lehrers? In: Vierteljahresschrift für wissenschaftliche Pädagogik 3/1988.

23 William H. Kilpatrick, die Projekt-Methode. In: Hermann Röhrs, Die Reformpädagogik des Auslandes. Düsseldorf 1965.

24 Dafür plädiert z. B. Oskar Achs im Vorwort zu Jürgen Zimmer, Schule als sozialer Workshop. In: Freie Lehrerstimme. September 1978.- Es heißt hier werbend für die Community-School-Bewegung: „Ihr Ziel ist es, Schule und Wohngemeinde zusammenzubringen. Das Lernen soll in lokale Entwicklungen und Ereignisse integriert werden ... Neben ihrer (der Lehrer, A. S.) Aufgabe, junge Menschen zu qualifizieren, tritt die Entwicklung von sozialintegrativen Tätigkeiten für die Nachbarschaft ... Der Schulunterricht soll Eltern und andere Experten für bestimmte Gebiete integrieren und das Gemeindeleben zum übergreifenden Lernfeld machen ... (S. 18). Und Jürgen Zimmer schreibt: „Da ist eine Pädagogik am Platz, die dieses Leben (der Gemeinde und der Region, A. S.) kaum filtert, sondern sich darauf einläßt: Schule als Lebensraum und- mindestens so wichtig - als Ort für Politik, in der die gesellschaftlichen Konflikte und Bewegungen nicht ausgeblendet, sondern so, wie sie sich in der Gemeinde widerspiegeln, ausgetragen werden. Schüler und Lehrer als Kommunalpolitiker" (S. 20) ... „Der Akzent liegt auf Projekten (S. 19).

Gemeinwesenarbeitern und Bürgerinitiativen. Das Ganze wird ohne Reibe-
reien und Schwierigkeiten nicht abgehen.

Der Projektlehrer wird eine weitere Qualifikation aufweisen müssen: angesichts von „troubles" im motivationspsychologisch losgetretenen Selbsttätigkeitsrummel, wenn's also Tränen gibt, ein blaues Auge oder bloß gekränkte
Eitelkeiten oder althergebrachte Renommiersüchte anstatt der angestrebten
Uneigennützigkeit, Kooperationsbereitschaft und Gruppensolidarität, dann
wird der Lehrer wieder aktiv: beratend, die Aussprache befördernd oder sonstwie gruppendynamisch kurpfuschend.[25]

Im wesentlichen erfüllt er drei Funktionen: Animation, Koordination und
Affektkalmierung (also Aussprachebeförderung und Streitbeilegung). Als
Experte eines Faches tritt er nicht in Erscheinung. Die fachliche Gliederung
tritt ohnehin zurück zugunsten der lebensvoll-ganzheitlich imaginierten Problemstellungen: Projektunterricht ist „fachübergreifend". Als Fachmann für
Didaktik, im Sinne der Kunst, das meisterhaft Beherrschte auch zu lehren, auch
nicht - es sei denn die Lehrkunst besteht gerade darin nicht (explizit) zu lehren.
So sieht es die Projektpädagogik: Im Projektunterricht lernen die Schüler auto-
didaktisch en passant und nebenbei, eben indem sie bei ihren Tätigkeiten auf
Schwierigkeiten stoßen und dabei ihre Erfahrungen selber machen. Dann und
wann wird vielleicht ein Tip nicht zu vermeiden sein. Als Projektlehrer wird
man aber nicht gleich mit der ganzen Wahrheit herausrücken. Es genügt ein
Hinweis, wo man nachschauen und sich informieren kann.[26]

Kurz: Der pädagogischen Zurückhaltung des Animateurs in bezug
auf das, was Lehren heißt, entspricht die pädagogische Anmaßung,
den Subjekten Leben und Bewegung allererst „einhauchen" zu müssen,
zumindest die Anmaßung, der kindlichen „anima"[27] förderlich nahe zu

---

25   Die didaktischen Orte dafür heißen projektpädagogisch. „Fixpunkt" bzw. "Meta-
      interaktion".

26   Wenn auch der Lehrer nicht mehr weiter weiß, hilft - zumindest in Wien - das
      Projektzentrum und besorgt z. B. zum Zwecke eines Umweltprojekts "Informa-
      tionsbroschüren des Umweltministeriums in Klassenstärke". Vgl. Anm. 134. Das
      ist zwar eigentlich projektpädagogisch kontraindiziert, aber was soll ein derartiger
      Einwand angesichts der allgemeinen Euphorie?

27   Der des Lateinischen Kundige wird übrigens die „anima, ae f." vom „animus, i
      m." zu unterscheiden wissen. Meint anima, ae den „physiologischen Teil der
      Seele", das „Prinzip der tierischen Existenz", die Antriebskraft u.ä., so animus, i
      den „vernünftigen Teil der Seele", den „Inbegriff aller geistigen Fähigkeiten." Den
      beiden „Seelenteilen" entsprechen dann natürlich auch verschiedene Zuwendungs-
      modi: der vernünftige Seelenteil wird „belebt" durch Gedanken, der tierische durch

sein: Akkomodation an die kindliche Bedürfnisstruktur und Motivationslage. Für diese ist der Projektpädagoge Experte, der Fachmann für das Kind und seine Handlungsziele: der Nur-Pädagoge, der Pädagoge „vom Kinde aus" und zu ihm hin.

Positiv gewendet: Er gleicht daher dem Führer einer außerschulischen Jugendgruppe, dem Erzieher in einem Ferienheim bzw. - auf die Erwachsenenwelt übertragen - dem Koordinator einer Bürgerinitiative. Gegen diese Tätigkeiten ist nichts einzuwenden. Nur: warum diese Art der Jugendarbeit gerade in der Schule stattfinden soll, das non-plus-ultra der Schulpädagogik sein soll, wird mir wohl noch länger schleierhaft bleiben.

Anders gewendet: Wie schlecht und für die Kinder unzuträglich muß herkömmlicher (Fach)unterricht eigentlich sein, daß man meint, ihn nicht didaktisch verbessern zu können, sondern ihn ersetzen zu müssen: durch etwas, was nicht Unterricht ist? Wie wenig Zutrauen in die eigene Fachkompetenz und die didaktische Kunst, eine Sache verständlich darzustellen, muß ein Lehrer eigentlich haben, daß er diese Qualifikation lieber verleugnet als hervorhebt?

Wie auch immer die Antworten hier aussehen mögen, einstweilen – und d. h. bis mich jemand eines Besseren belehrt – bleibe ich dabei: Zur zentralen Aufgabe des Lehrers gehört es, den Schülern gegenüber eine Sache in ihrer fachlichen Differenziertheit zu vertreten. Das dafür nötige Handwerk (fachliche und fachdidaktische Kompetenz und eine mittlere Kommunikationsfähigkeit) sollte er möglichst gut beherrschen. Fernsehen, Bravo, Gruppentherapeuten oder Animateure braucht er nicht zu imitieren. „Eine Schule, die dies aus dem Blick verliert und stattdessen die Kinder verwickelt läßt in ihrem gewohnten Reden, Meinen und Handeln, ja dieses geradezu befördert und hervorbringt, enthält ihnen einen Anspruch vor, der sie ein Stück weit erwachsen machen könnte"[28].

Klaus Prange formuliert in seinen „Bauformen des Unterrichts" in die nämliche Richtung. Er sagt: „Es ist überhaupt nicht einzusehen, weshalb derjenige, der Lehrer wird und Lehrer ist, nicht auch lehrerhaft sein soll, weshalb er diese Lebensform nicht in den wohlbedachten Grenzen seiner Aufgabe und mit den

---

Auslöser, Schlüsselreize, Bedürfnisse u. ä. Es ist klar: auf die Differenz kommt es hier an, nicht auf die Etikettierung des Unterschiedenen als weiblich oder männlich.
28   So Giesecke im letzten Kapitel seines Buches, Das Ende..., S. 120.

Kunstregeln des Unterrichts ausfüllen soll, gewiß ohne gravitätische Indolenz und ohne prätentiöse Aufdringlichkeit, aber doch mit dem Nachdruck und der Geradheit, die auch anderen zeigt, daß Unterricht und Lehre eine wichtige und ernstzunehmende Sache sind".[29]

---

29   Bauformen ..., S. 17. man kann durchaus mit Prange sagen: „mit allen Regeln der
     Kunst". Über diese "Regeln der Kunst des Unterrichtens mit allen Regeln „Regeln
     der Kunst des Unterrichtens" informiert er in diesem Buch ausführlich.

Im Schatten des pädagogischen Eros (1994)

Ent-täuschende Bemerkungen über die Kunst, Schüler in der Schule bei der Stange des Lernens zu halten

Den Anlaß zu den nachstehenden Überlegungen bilden jüngere und jüngste Meldungen über zunehmende aggressive Handlungen im Alltag des Schullebens. Nach den bereits bekannten Horrormeldungen aus den USA und nicht minder betrüblichen aus Deutschland[1] mehren sich nun auch Klagen hierzulande. Die Lehrer seien:– so heißt es – am Rande ihrer Kräfte, schaffen es kaum, „über die Runden" zu kommen (die Redewendung aus der Boxersprache ist nicht zufällig). Zumal in der *Pflichtschule* (speziell natürlich in der Hauptschule) finde man zunehmend Schüler mit mangelnder Konzentration, starker Motorik, fehlender psychischer Stabilität, Verweigerungshaltung und Aggressionen.

Auffällig an derartigen Meldungen scheint mir zunächst das distanziert-analytisch gehaltene, vielfach psychologisch getönte Vokabular im Reden über eben diese Phänomene.

Nicht länger handelt es sich bei den quantitativ zunehmenden Problemschülern um Lausbuben, Frechdachse, Faulpelze, Bengel, Flegel u. ä., vielmehr ist von verhaltensauffälligen, psychisch mehr oder minder gestörten Kindern und Jugendlichen die Rede.[2]

Die massenmedial geführten Diskussionen enden zumeist mit dem Ruf nach besserer pädagogisch-psychologischer Ausbildung des Lehrers, mit der Forderung, den in Ansätzen bereits bestehenden Stab von Beratungslehrern, Lehrerbetreuern, Supervisoren etc. auszubauen, letztlich der Forderung nach mehr (finanziellen) Mitteln.

Dabei scheint die Auffassung vorzuherrschen, die Schule als solche sei in Ordnung, auch die Lehrerschaft als solche sei im Prinzip ohne Fehl und Tadel (mit der Einschränkung eben, sie bräuchte mehr von dem, was sie in Ansätzen bereits hat), bloß die Schüler seien gestört und radikal verändert, es gäbe keine

---

1   Vgl. die Story im *Spiegel* „Gestört und seelisch tot" (11. April 1988). In Österreich nahm sich die *Argumente*-Redaktion des ORF der Sache an (Juni und Juli 1991).

2   Dem trägt übrigens auch die im SCHUG geregelte Beurteilung des früher „Betragen" genannten „Verhaltens" der Schüler Rechnung. Damit wurde nicht bloß ein antiquiert klingendes Vokabel durch ein modernes ersetzt. „Verhalten" meint auch anderes als „Betragen".

richtigen Schüler mehr. Unausgesprochen mitgeführt in solchen Diskussionen wird dabei die Meinung, früher sei es anders gewesen, die Zahl der „gestörten" Kinder sei geringer gewesen oder solche hätte es überhaupt nicht gegeben. Historisch stimmt das natürlich nicht. Daran ist allenfalls eines richtig, nämlich, daß das heute übliche psychologische Vokabular und Interpretationsmuster gefehlt bat.

Genau insofern wird man in der diesbezüglich älteren Literatur – und diese gibt es zuhauf – zur Schulzucht, zur Schuldisziplin, zum Problem des Gehorsams, der Ordnung in Schule und Unterricht nichts finden, was nach psychischen Störungen, Aggressionen, Verhaltensauffälligkeiten u. ä. klingt.

Das Problem, das es durchaus gab, wurde so nicht gesehen und beschrieben. Auch der Umgang mit dem Problem war demgemäß ein anderer. Es war kein Gegenstand psychologischer Analysen und entsprechender Taktiken. Vielmehr war es Gegenstand herrschaftlich-machtmäßiger, gewaltförmiger Bewältigung, wurde bekämpft mit mehr oder minder ausgeklügelten Strafpraktiken und -ritualen, Belohnungssystemen und -ritualen. Kurz: Die Tatsache, daß Schüler in der Regel nicht freiwillig sich am Ort des Geschehens aufhalten, daß sie noch weniger freiwillig ihre Zustimmung zu dem geben, was hier mit ihnen geschehen soll, war nicht didaktifiziert[3], psychologisiert, auch nicht pathologisiert, sondern „lediglich" ein Problem effektiver Herrschaft und Machtausübung.

1. Lehr-Herrschaft

So jedenfalls sieht es – und dieser „Point of view" scheint mir einen weiten schulkritischen Horizont zu eröffnen – Friedrich Thiemann, wenn er schreibt: „Die Schulen sind (zwar) keine düsteren Strafanstalten mehr. Schulherrschaft erscheint kaum noch in Form von Bestrafungen. Das bedeutet jedoch nicht, daß sie aufgehoben ist - sie nimmt nur andere Formen an. Denn im Alltag der Schule bleibt das grundlegende Problem bestehen, daß die Schüler der Schullehre freiwillig ihre Zustimmung nicht geben. Ihre folgsame Zustimmung muß immer erst herbeigeführt werden."[4]

Und an anderer Stelle formuliert er: „Was sich im Verlauf des 19. und mehr noch des 20. Jahrhunderts ändert, ist der Repressionsmechanismus. Die Instrumentarien der direkten Gewalt, welche die Schule zur Befriedung ihrer

---

3　… wenn die Didaktik nichts anderes ist als die Kunstlehre davon, wie man Schüler dazu bringt zu lernen, was sie sollen.

4　Friedrich Thiemann, Schulszenen - Vom Leiden und vom Herrschen. Frankfurt/M. 1985, S. 1.

Zöglinge zur Verfügung stellte, werden sozusagen versachlicht und transformieren sich in Apparate und Regelsysteme ... An die Stelle sichtbarer autoritärer Gewaltherrschaft tritt immer mehr eine Art psychotechnologischen Managements, das den Schulunterricht derart zu steuern versucht, daß strukturell erzeugte Konfliktpotentiale durch technische Mittel für die Dauer einer Schulstunde beruhigt werden. Das Problem ist, daß der Übergang von der autoritären Schulanstalt, in der die Lehre durch offensichtlich gewaltförmige Instrumentarien gesichert war, zu einem Typus technologischer Schul-Herrschaft noch nicht glückt."[5]

Nach wie vor geht es darum, die Loyalität der Lernenden her - und sicherzustellen, nicht länger mehr aber dürfen Lehrer sich der traditionell üblichen Mittel bedienen. Die liberalisierten Schulverfassungen verbieten solches, die Wellen der Humanisierung der Schule seit der Reformpädagogik haben den Lehrern alle sichtbaren Gewaltmittel aus den Händen genommen. Was dem Lehrer bleibt, um Macht zu demonstrieren, Souveränität zu suggerieren, ist sein Körper als Lehr-Körper, ist seine Person. Was ihm bleibt, ist die Modulation seiner Person zur Lehr-Person. Rohrstock und Katheder muß er inkorporieren.

Naiv ist es also - wie jüngst geschehen[6] - zu bedauern, daß Lehrer ein Privatgesicht und ein Schulgesicht haben. Denn der schulförmige Modus der Herstellung des Zusammenhangs von Lehren und Lernen erfordert gerade dieses.

Thiemann analysiert in dem zitierten Bändchen „Schulszenen" daher vor allem die Verwandlung der Stimmen von Lehrern zu Lehr-Stimmen, die Modifikation des Blicks der Augen zum Lehr- und Kontrollblick, schließlich die spezifische Art von Lehrern und Lehrerinnen, sich im Klassenraum zu bewegen.[7] Mit dem Privatgesicht, mit dem Privathabitus, mit dem Privatkörper kann man nicht unterrichten, vor allem aber eines nicht: Die zum Zwecke von Unterricht erforderliche prinzipielle Zustimmung und Loyalität der Lernsubjekte herstellen. Was der Lehrer also braucht, nachdem ihm die äußeren Insignien der Lehr-Gewalt genommen sind, ist nichts Geringeres als „Persönlichkeit", die Aura des Autoritären.[8]

5　Ebd., S. 62.

6　So der Inhalt des freundlichen Statements einer Landesschulratsvizepräsidentin in der Debatte „Argumente/Bürgerforum" vom 3. Juli 1991.

7　Je nach Statur der Lehr-Person, Grundtönung der Stimme und je nach Habitus des individuellen Lehrers ergeben sich nach Thiemann individuelle Möglichkeiten der Metamorphose der Körper zu Lehr-Körpern.

8　Dies übrigens auch und paradoxerweise gerade dann, wenn er sein Verhalten - wie modern erwünscht - demokratisch stilisiert. Denn: Auch Demokratie ist eine

Diese sieht etwa folgendermaßen aus: Die Strahlkraft kann auch geringer ausfallen, fehlen darf sie nicht. Kurt Zeidler schreibt 1926: „Wo er (der Hauptlehrer des Schülers Zeidler) sich sehen ließ, da glättete alle Unruhe sich zu respektvollem Schweigen, und wenn er während der Pause selber die Hofaufsicht führte, mit auf dem Rücken zusammengelegten Händen, die rechte Schulter leicht hängen lassend, und seine Augen uns anblitzten unter den buschigen Brauen hervor oder seine Stimme uns andonnerte, da glaubten wir einen Gewaltigen der Erde zu spüren ..., war er auch die Ursache mancher jungen Bitternis ... im Grunde ließ keiner etwas auf ihn kommen, alle wußten seine harte Pflichttreue und rücksichtslose Gerechtigkeit zu schätzen und gewöhnten sich, die damit verbundene Herbigkeit und Strenge in Kauf zu nehmen ... ein anerkennendes Wort, gar ein Lächeln als karger Ausdruck seines Wohlwollens war höchste Anerkennung ...[9].

2. Persönlichkeit

Auf den Begriff gebracht, heißt dies – bei Adorno etwa – folgendes: „Das Kriterium von Persönlichkeit ist im allgemeinen Gewalt und Macht, Herrschaft über Menschen [...] im Stichwort Persönlichkeit ist stillschweigend starke Person mitgedacht. Aber Stärke als Fähigkeit, andere sich gefügig zu machen, ist gar nicht eins mit der Qualität eines Menschen." Die Kritik an Persönlichkeit als Ideal des 19. Jahrhunderts verschärfend, fährt er fort: „Die als Persönlichkeiten verherrlicht werden, müssen gar nicht bedeutend, reich in sich, differenziert, produktiv, klug oder wahrhaft gütig sein. Solchen, die wirklich etwas sind, fehlt häufig die Beziehung zur Herrschaft über Menschen, die im Begriff der Persönlichkeit anklingt. Oft sind die starken Persönlichkeiten lediglich suggestionsfähig, Leute mit Ellenbogen [...], brutal und manipulativ."[10]

Herrschaftsform. Auch im demokratisch-sozialintegrativen Unterrichtsstil bleibt der Lehrer „Lehr-Herr". - Der Mechanismus wird nur komplizierter, die Schaltstellen werden mehr und rückgekoppelt. Die Verfügungsgewalt, die der demokratische Lehrer (partiell) an die Schüler ab gibt, muß er dergestalt abgeben, daß sie ihm erhalten bleibt und an den entscheidenden Stellen rückgemittelt wird: Delegation auf pädagogisch. Vgl. dazu meine Abhandlung: Partnerschaft zwischen Ungleichen? In: Pädagogische Impulse, Heft 3/1988.

9　So beschreibt Zeidler (Die Wiederentdeckung der Grenze, Jena 1926, S. 3) den Lehrertypus, dem die Reformpädagogik den Garaus zu machen sich anschickte.

10　Theodor W. Adorno, Glosse über Persönlichkeit. In: Ders., Stichworte. Kritische Modelle 2. Frankfurt/M. 1969, S. 53.

Wie wahr! Wie wahr! Gerade Pädagogen wissen dies nur allzu gut. Denn was als pädagogisches Ethos, der neuzeitliche Rest des pädagogischen Eros, firmiert, scheint mir gerade dies zu sein: Machtabstinenz, Verzicht auf die Fähigkeit, andere sich gefügig zu machen, Verzicht auf jeden Anflug von Manipulationsabsicht. „... ist gar nicht eins mit der Qualität eines Menschen", sagt Adorno. „... ist gar nicht eins mit der Qualität eines Lehrers", sagen die Pädagogen und bestimmen die Qualität eines Lehrers entweder euphorisch in der liebevollen Verehrung des Kindes (Ellen Key) oder nüchtern in der Fähigkeit, einen Dialog führen zu können, will heißen, auf nichts anderes zu achten als auf die Wahrheit (Logos) der Sache und die ihr dienenden Argumente und das verstehen wollende Kind. Diese in Variationen (von der Reformpädagogik bis zur Pädagogik des Dialogs und der kommunikativen Didaktik - von den ansonsten bestehenden sachlichen und qualitativen Unterschieden zwischen diesen sei hier abgesehen) weithin geltende Bestimmung der Lehrerpersönlichkeit im Ethos des Machtverzichts und der Manipulationsabstinenz oder gar im Eros des Kindes verbirgt ihre Unwahrheit in der Strahlkraft ihrer idealisierten Wahrheit, das heißt: in der Ausblendung des realen Zusammenhangs herrschaftsmäßig organisierter Erziehung durch die Anstaltsschule des Staates.

Im Ethos des Pädagogen, in der Ethik des Erziehens – „Nur Liebe und Wahrheit erziehen" heißt es bei einem der größten pädagogischen Ethiker, Johann Michael Sailer – ist genau das ausgeklammert, tabuisiert, was die Disziplinarmacht ausmacht: die im Begriff der Persönlichkeit anklingende Beziehung und Inklination zur Herrschaft über Menschen, hier über Kinder und Jugendliche.

Adorno abgewandelt, wird man sagen müssen: Der Lehrer, er mag klug, gütig, humorvoll, zumindest aber gerecht sein, ohne diese Neigung zur Herrschaft (Herbart sprach von „Regierung" der Kinder), ohne diese Aura des Autoritären setzt er seine Arbeit - Unterricht und Erziehung - aufs Spiel, indem er deren Bedingung leugnet: Ohne diese Bedingung als eines Halts, eines Gerüsts, es mag so leicht konstruiert sein, wie nur möglich, gibt es nur zufällig ein pädagogisches Verhältnis.

3. Drei Exkurse

Sokrates

Er gilt mitunter als das leuchtende Vor- und Urbild des Pädagogen, obwohl er mehrmals (zuletzt in seiner Verteidigungsrede) darauf insistiert hatte, nie irgend jemandes Lehrer[11] gewesen zu sein, was auch stimmen dürfte, wenn man Lehrersein durch die Tätigkeit bestimmt, jemandem etwas Nützliches, Brauchbares, Kenntnisse im Sinne der Weltklugheit und gesellschaftlichen Tüchtigkeit beizubringen.

Solches war in der Tat nicht seine Absicht, aber darum geht es hier auch nicht, sondern lediglich um die Art der Beziehung dieses Quasilehrers zu seinen Quasischülern. Eine Inklination zu so etwas wie Herrschaft über Menschen bestand bei Sokrates nicht. Einer solchen bedurften die skeptisch-spitzfindigen und das vermeintliche Wissen seiner Mitunterredner in Ratlosigkeit auflösenden Diskurse auch nicht. Er war nicht nur nicht Lehrer. Er war vor allem nicht Lehrer in einer Schule.

Der Geist geht mit dem Wind, sagte er einmal. Wenn er Lust und Laune hatte, fand er sich zu Gesprächen mit den mehr oder weniger bedeutenden Athener Bürgern ein. Wenn ihn ein Problem reizte oder wenn ihn einer seiner Gesprächspartner reizte, durch Vorwitzigkeit, allzu große Selbstsicherheit, Wißbegier oder bloß durch sein adrettes Äußeres, dann schlug die Stunde der sokratischen Lehr- und Fragekunst.

Unnötig zu erwähnen, daß Schule im modernen Sinne damit allenfalls so viel zu tun hat wie Philosophie mit der Unternehmensphilosophie von Henkel oder Rank-Xerox. Ein Lehrer, der Sokrates sich zum Vorbild seiner pädagogischen Praxis nimmt, ist von vornherein zum Scheitern verurteilt.

Universität

Adorno hat in seinem berühmten – gleichwohl selten von Lehrern gelesenen – Essay „Tabus über dem Lehrberuf"[12], in welchem er wesentlich das gesellschaftlich lädierte Ansehen der Lehrerschaft untersuchte, mehrmals den Vergleich mit dem Universitätsprofessor herangezogen, welch letzterer bekanntlich in der Prestigeskala der Berufe weit oben rangiert, ob wohl der Gehaltsunterschied zum Lehrer nicht allzu gravierend ist. Er verwies dabei auf folgende entscheidende Differenzen: Der Professor gilt als Forscher, lehrt, was er selbst gefunden hat - der Lehrer lehrt aus zweiter und dritter Hand. Der Professor verzichtet (heute zunehmend schon weniger) auf pädagogische Einflußnahme, auf Didaktik, motivierende Maßnahmen, während die pädagogische Präparierung des

---

11 Siehe zu Sokrates: Wolfgang Fischer, In Wahrheit bin ich nie irgend jemandes Lehrer gewesen. In: Ines Breinbauer/Michael Langer (Hg): Gefährdung der Bildung-Gefährdung des Menschen. Wien 1987.

12 Adorno, Tabus über den Lehrberuf. In: Stichworte, a.a.O.

bekannten Wissenswerten und seine motivationale Zubereitung für die Verständnisebene von Kindern zum professionell typischen Tätigkeitsprofil des Lehrers zählt.

Vor allem üben Universitätsprofessoren keine disziplinären Funktionen aus, disziplinieren nicht. Lernverweigerer, Unmotivierte, Störende und Gestörte gehören nicht zu ihrer Klientel. Wer sich für Professor X nicht interessiert, der geht zu Y. Die Universität fällt zwar nicht ganz aus dem Rahmen der „Dispositive der Macht" (Foucault), am Rande ist auch sie ein Teil der gesellschaftlich aufgerichteten Disziplinarmacht.

Das, was hier allein diszipliniert wird, ist der Geist als Verstand, und zwar durch das, was man Fach nennt, Disziplin eben. Verhalten und Körper, Motorik und Emotion sind kein Gegenstand universitärer Zurichtungspraktiken. Studenten mit emotionalen, gar körperlich sichtbaren Anwandlungen, Zornige, Verzweifelte, Wütende (das ist es doch, was man mit „Aggression" mehr als notdürftig auf den ungeeigneten Begriff bringt) disqualifizieren sich von selbst. Wissenschaftlich wird eben nicht geweint, geschimpft (Verbalaggression), beflegelt, sondern sachlich-fachlich, diszipliniert argumentiert. Selbst dann, wenn mit einer Wortmeldung, einem Statement, die Person angesprochen ist, getroffen werden soll, muß der Schein des sachlichen Arguments bei Androhung der akademischen Exkommunikation gewahrt bleiben.

In diesem Telos der Universität, welches auch heute noch gut funktioniert, scheint mir der wesentliche Unterschied zur Schule in bezug auf das hier verhandelte Problem zu liegen. Das heißt aber auch: Universitätsprofessoren dürfen (in Maßen) skurril, schrullig, komisch sein, wenn das, was sie sagen, interessant, richtig, wahr oder wenigstens ein Gegenargument wert ist. Studenten abstrahieren in der Regel das Gesagte von dem, der sagt. Eine gewisse Weltfremdheit ist dem Professor gegönnt, Distanz zur Welt mitunter gar Qualitätskriterium.

Nicht so in der Hauptschule. Hauptschüler abstrahieren in der Regel nicht das Gelehrte vom Lehrenden. Das Medium ist hier die Botschaft (Marshall McLuhan). Weltfremdheit, Versponnenheit gereichen dem Hauptschullehrer nicht zur Ehre. Der Realitätssinn seiner Schüler verlangt – so Adorno – nach einem Lehrer, der zu ihrer Realität(swahrnehmung) gehört. Der Habitus des Fußballtrainers, eines „ganzen Kerls", ist hier günstig. Weltfremdheit im Sinne der Verkündung von Idealen, gar ihre Verkörperung, gehören zwar idealiter und pädagogisch ethisch zur Aufgabe des Pädagogen, nützlich im Sinne des Bestehens im Betrieb sind sie nicht.

Schularten und -stufen

Es ist klar, daß diese Differenzierung noch mehr als grobschlächtig ist. Allein es ist hier nicht der Raum, diese Grobtypisierung weiter nach Altersstufen und Schultypen oder gar historisch-spezifischen Lagen fein zu rastern. Nur so viel sei noch eingeschoben: Allzu verwunderlich ist es nicht, daß die Probleme wesentlich hauptschultypisch sind, das heißt am Ende der Pflicht(!)schulzeit kulminieren.

Die Oberstufe des Gymnasiums scheint zwar nicht gerade verschont zu bleiben, doch sind Probleme der Schulzucht, der Disziplin und Ordnung seltener, vielleicht auch milder in der Erscheinungsform.

Die Oberstufe des Gymnasiums ist eben – und das scheint auch ihren Benutzern zumindest halbbewußt zu sein – immer noch keine Zwangsveranstaltung, allenfalls gesellschaftliches „Muß", eine Art „Sollwert". Ein allzu starkes Widerstandspotential gegen diese Mischform von Freiwilligkeit und Zwang aufzubauen, rentiert sich weder, noch liegt solches im ureigensten Interesse derjenigen, denen die Gratifikation der Matura, um derentwillen sie sich das „antun", in greifbare Nähe gerückt ist.

Der Entfremdungsschock hingegen, welchen die Diszplinierungsinstitution Grundschule in ihrer Klientel auslöst – zugegeben: vielfach schon gemildert durch spezielle Maßnahmen zur Schuleingangsphase und überhaupt durch die kinderfreundliche Topologie der Grundschulpädagogik –, kann von den Siebenjährigen nicht einmal in Ansätzen distanziert werden, trifft sie wie ein Naturereignis. Gegen Naturereignisse (Grundschullehrer) aber rebelliert man nicht, allenfalls psychosomatisch.

4. Zur Zukunft: Vom Repressionsmechanismus zum psychotechnischen Management - Nur noch Schatten

Indes: Die Überlegungen des ersten und zweiten Abschnitts bedürfen bereits der Revision. Die Deskription der Lehrerpersönlichkeit als Aura des Autoritären, die These von der notwendigen Inkorporation der Insignien der Lehr-Gewalt als der Gestaltwerdung des Lehr-Körpers scheint mehr und mehr Geschichtliches zu betreffen, jedenfalls keine zukunftsfähige Gegenwart.

„Die Schulherrschaft des 20. Jahrhunderts ist unter dem Eindruck einer sich als wissenschaftliche Technologie entwickelnden Pädagogik dabei, positiv zu werden. Sie nimmt die Seelen der Schüler als ihren Gegenstand auf, heizt den Diskurs über sie an. Der Diskurs ist das Medium, über das sich gesellschaftliche Normalisierung vermittelt. Die Normalisierungsabsicht ist dominant, nicht das Verbot, die Bestrafung. Auf der Basis einer ihre operative Mechanik ändernden

Schulherrschaft beginnen sich andere Lehr-Lern-Szenarien zu entwickeln ...
Die (z. B.) im gymnasialen Prüfungsritual sich noch mitteilende Herrschaftsmechanik ist ungeeignet. Zu sehr wird sie als Herrschaft sichtbar. Sie erzwingt
die Zustimmung zum Lernen, in dem sie die Gewalt, die sie über die Subjekte
hat, erfahrbar macht ... Wenn aber der Formierungszweck die Subjekte erreichen soll, kann der Schulunterricht nicht als Strafanstalt erscheinen. Vor allem
muß er helfen, trösten, entwickeln. Sonst verschließen sich die Schüler in ihrem
Inneren. Doch ist deren Öffnung Voraussetzung für eine gelingende Kanalisie-
rung ... Technologien zur Öffnung der Subjekte entstehen. Aus ihrem Zusammenhang nimmt die Schullehre Elemente auf. Und kaum gibt es noch Lehrer,
die nicht einen Kurs in Gruppendynamik, Gesprächstherapie, themenzentrier-
ter Interaktion oder in sozialintegrativem Management besucht hätten."[13]

　　Gewiß! – Thiermann übertreibt. Das „kaum" dürfte wohl nicht einmal für
Deutschland zutreffen, schon gar nicht für Österreich, dessen Verhältnisse er
auch nicht im Auge hatte. Doch darauf kommt es hier auch nicht an, die Tendenz hingegen scheint korrekt beschrieben.

　　Man muß sich nur den Stand der gegenwärtigen didaktischen Literatur[14] vor
Augen führen und zusehen, was sich hinter den Markennamen ihrer unter-
richtspraktischen Trendsetter verbirgt. Konkret: Was meint das Konzept
„erfahrungsorientierten Unterrichts", und wie behandelt er die Schülererfahrungen, an denen er sich „orientiert"? Was heißt „Schülerorientierung", und
wie inszeniert sich diese Orientierung am Subjekt des Unterrichts? Was verbirgt sich hinter dem Topos „offener Curricula" und dem ihm gemäßen „offenen Lernen", was wird hier wofür geöffnet?

　　„Die Tendenz geht auf Thematisierung unterdrückter Erfahrungen. Im
unterdrückten Erfahrungszusammenhang liegt der Stoff begraben, der das
subjektive Leben bewegt. Das Unterdrückte wird durch Sprache und Symboli-
sierung überhaupt zugänglich gemacht ... Der Schulunterricht schickt sich an,
durch Diskursivierung des Verheimlichten bis in die noch individuellen Ecken
der Subjekte einzudringen ..."[15].

　　Diese Interpretation ist nachweisbar alles andere als eine Unterstellung. Sie
schließt bis in die konkreten Formulierungen und Satzbauteile hinein an die
Selbstdarstellungen und programmatisch-propagandistischen Texte der Vertreter dieser neuen Didaktiken an. So kann man beispielsweise in Ingo Schellers

---

13　Thiemann, a.a.O., S. 102/103.
14　Siehe dazu Alfred Schirlbauer, Junge Bitternis. Wien 1992.
15　Thiemann, a.a.O.

„Erfahrungsbezogener Unterricht" aus 1981 – einen diesbezüglichen Literaturverweis gibt es bei Thiemann allerdings nicht – lesen, daß der herkömmliche, kognitiv-orientierte Unterricht „unterdrückt, was Schüler und Lehrer an Erfahrungen, Phantasien, Gefühlen und Körperlichkeit einbringen wollen."[16] Eben dieses unterdrückten Potentials nähme sich der erfahrungsorientierte Unterricht an, bringe es zur Sprache, gerade indem er sich über Begriffssprache und Sachdiskurs hinaus anderer „Kommunikations- und Darstellungsmittel" bediene, nämlich „musikalischer, bildender und körperlicher" (Rollen spiel, Psychodramaähnliches usw.). Die Unterrichtsbeispiele, welche Scheller zur Verdeutlichung seiner Programmatik zuhauf liefert, liegen auf der vorgegebenen Linie: Diskursivierung des Privaten, des Heimlichen, Besprech- und Handhabbarmachung des Innenlebens der Schüler. Konzipiert ist wesentlich „Nähe"[17].

Aus Anlaß einer Deutschstunde und einer Erzählung von Calvino mit dem Titel „Arbeiterehe" fragt beispielsweise der im Sinne Schellers unterrichtende Lehrer die Schüler nach der Stelle, welche bei ihnen den „stärksten Eindruck" hinterlassen hätte und forciert dann eine gruppenunterrichtliche Schülerdiskussion über die Gefühle und Phantasien, die der Text in ihnen ausgelöst hat. Dietmar Larcher[18] wiederum favorisiert in einer Abhandlung über „Therapeutische Elemente im Unterricht" einen progressiven Deutschunterricht, der sich aus Anlaß eines juvenilen Flirts in einer Schulklasse ebendesselben annimmt, die Schüler animiert, einen Film über dieses „Vorkommnis" zu drehen, damit die unterdrückten Erfahrungen, welche pubertierende Liebende mit der Erwachsenenwelt machen, diskutierbar gemacht werden können. Die Betroffenen spielen in diesem Film die Hauptrollen.

Halten wir fest: Die unverzichtbare Gewalt des Lehr-Herren, seine Lehr-Herrschaft wandelt sich abermals und erscheint nun mehr in der Gestalt des Therapeuten: helfend, tröstend, entwickelnd, animierend, das Klima präparierend, in welchem sich die Subjekte gleichsam von selber öffnen. Die

---

16   Ingo Scheller, Erfahrungsbezogener Unterricht. Königstein/Ts. 1981, S. 1.
17   Vgl. dazu den vorzüglichen Text von Thomas Ziehe. Nähe oder Intensität? In: WPB, Heft 5/1985, S. 201–204. „Leitende Idee im Konzept Nähe ist es, sich füreinander zu öffnen, Einblicke in das Innenleben zu geben, authentische Gefühle zu zeigen, emotionale Betroffenheit zu teilen", heißt es bei Ziehe.
18   Dietmar Larcher, Therapeutische Elemente im Unterricht. In: Ariane Garlichs/ Norbert Groddeck, Erfahrungsoffener Unterricht. Freiburg i. Br. 1978.
19   Vgl. Alfred Schirlbauer, Von Klempnern, Schwätzern, Kurpfuschern und Animateuren. In: Ders., Lehrersein heute. Innsbruck 1991.

Lehrerpersönlichkeit taucht nun als Therapeutenautorität hinter den Linien der Subjekte auf, und der strategische Rückzug des von der Gewalt des autoritären Lehr-Herrn betroffenen Schülers – bislang allemal das tauglichste aller Schüler-Ausweichmanöver und kunstvoll geübt durch Generationen hindurch – wird unmöglich. Der Herr macht sich plötzlich gemein mit den Seinen, tut sich unter ihnen um; nicht aber um Gleichheit zu gewähren – dieser Schein ist allzu trügerisch–, sondern um eine Position zu besetzen, der gegenüber Renitenz und Widersetzlichkeit schlechthin unangebracht erscheinen.

5. Zusammenfassung - Wackelige Prognose

Die unter den Bedingungen staatlicher Zwangsbeschulung unabdingbare Gewalt des Lehr-Herrn durchläuft mindestens drei Stadien:

a) Prunkvolle Demonstration der Lehr-Herrschaft. Der Lehr-Herr thront auf dem erhöhten Lehr-Podest. Unter ihm die Schülerschaft. Zuchtmittel wie Rohrstock, Karzer, Pranger, Auszeichnungen (Orden) für Untertänigkeit sind direkt dem absolutistischen Staat abgeschaut.

b) Die Macht der Lehr-Herrn versteckt sich, erscheint nicht mehr in den alten Präsentationsformen. Die Zuchtmittel wandern in die Lehr-Körper ein. Im Spiel der Blicke, in der Intonation der Lehr-Stimme, in der Bewegung und der Haltung, Lokomotion und Postierung des Lehrkörpers sind sie aufbewahrt, erscheinen als „Persönlichkeit". Wenn Herr X auf dem Pausenhof erscheint, verlangsamen sich die Schülerbewegungen, erlischt das Geschrei und Geschnatter. Keiner weiß so recht warum. Herr X hat noch keinem etwas getan. Der Lehrertypus der bürgerlichen Gesellschaft ist ihren Repräsentanten abgeschaut. „Persönlichkeit" als Fetisch der „bürgerlichen Erfolgsreligion" (Adorno).

c) Der Typus a) steht bekanntlich im Schulmuseum. Er ist Geschichte. Den Typus b) gibt es bis heute, wenn auch schon bedeutend seltener. Der vorläufig letzte Typus, der Animateur, Helfer und Dramaturg des kindlichen Seelenlebens erscheint nun auf der Schaubühne des Schullebens. Ob er sich durchsetzen wird, ist heute noch nicht prognostizierbar. Das hängt primär ab von seiner Kompatibilität – und um diese geht es, wenn er quantitativ einen bestimmten Grenzwert übersteigt - mit den Strukturen der Leistungsschule des Staates in der Informationsgesellschaft und nicht zuletzt davon, ob diese selber eine Zukunft hat. Es könnte auch sein, daß diese uns vertraute Schule allmählich an ihr Ende kommt und daß der Lehrer-Therapeut bloß der Vorbote dieses Endes ist.

Reinheit und Vermischung (1996)

Kein geringerer als Basil Bernstein, britischer Erziehungssoziologe und kontinentaleuropäisch weithin lediglich durch seine „Theory of Linguistic Codes" bekannt, hat schon Mitte der Siebziger gezeigt, worauf man sich einläßt, wenn man – wie zeitgenössische Pädagogik und Bildungsverwaltung im Schulterschluß hierzulande es durchzusetzen suchen – dem fachlich gegliederten Unterricht zugunsten von fachübergreifenden „Lern- und Erfahrungsbereichen" den Laufpaß gibt, wenn überpädagogische Ideologie das strukturelle Gefälle zwischen Lehrern und Schülern abgeflacht und dergestalt das System der Bewertung (Beurteilung) von Lernleistungen nachhaltig modifiziert wird.

Ich sagte es schon: Bernstein war Professor für Erziehungssoziologie, also zwar Erziehungswissenschafter, aber kein Pädagoge. Seine Schriften sind von wohltuender Nüchternheit. Die Theorien und Theoriegebilde sind durchwegs analytisch, distanziert-deskriptiv und weitgehend von normativen Anwandlungen frei. Einen pädagogisch-bildungspolitischen Standpunkt wird man vergeblich suchen. Dafür ist das analysierte Material reichhaltig, und die theoretischen Gliederungsgesichtspunkte sind von stupender Subtilität bei gleichzeitiger Plausibilität. Er zeigte nur, worauf man sich einläßt, wenn man in Curriculum-Fragen diese oder jene Varianten präferiert. Nicht sagte er, wie ein Curriculum - *eigentlich* pädagogisch! - auszusehen habe, wie das Lehrer-Schüler-Verhältnis, der Unterricht und die Beurteilung von Lernleistungen - *wahrhaft* pädagogisch!- zu gestalten seien. Denn das „wissen" die Pädagogen unter den Erziehungswissenschaftern, aber auch die Bildungspolitiker (Profis in Sachen „Meinungen haben und durchsetzen") und der „gesunde" Alltagsverstand.

Bernstein lieferte zu unserer Problematik nicht – wie vielleicht zu erwarten – empirische Untersuchungen im genuinen Sinne. Eher lesen sich seine diesbezüglichen Studien wie Vorarbeiten zu solchen. Sie konstruieren den kategorialen Raster und die Ordnungsschemata für mögliche, sich anschließende empirische Detailuntersuchungen.

Sein Vorgehen ist eher das einer historisierenden Empirie. Als Ausgangsmaterial dient ihm der Wandlungsprozeß des britischen Erziehungssystems zwischen den Fünfzigern und Siebzigern. Man verschätzt sich wohl nicht, wenn man behauptet, daß eben dieser Wandlungsprozeß derzeit in den deutschsprachigen Ländern Europas nachgeholt wird.

Am Ende seiner kleinen Schrift – „Offene Schulen – offene Gesellschaft?" – schon der Titel könnte Pädagogen hier und heute befremden, gelten doch „offene Schulen" geradezu selbstverständlich als Garanten einer „offenen Gesellschaft" - heißt es bei Bernstein: „Das alles sollte keinesfalls so aufgefaßt werden, als ob früher [in den fifties] alles in Ordnung gewesen sei, während heute alles ständig im Wandel begriffen ist. Es sollte auch nicht als Klage über die Schwächung der Autorität und ihrer sozialen Basis mißverstanden werden. Wir sollten vielmehr bestrebt sein, die Wandlungen in den Formen der sozialen Integration [die Funktion von Schulen] zu untersuchen, um zu einer Überprüfung der Basis der sozialen Kontrolle zu gelangen."[1] Und in einem Text „Über das Curriculum" schreibt er abschließend: „Das britische Erziehungssystem durchläuft einen Wandlungsprozeß, bei dem das Curriculum des Sammlungstyps [Fächertrennung] von einem Curriculum des integrierten Typs abgelöst wird. Die sozialen Folgen dieser Verschiebung werden zu Störungen der traditionellen Autoritätsbeziehungen in den Bildungsinstitutionen führen. Der Übergang vom Sammlungstyp zum integrierten Typ wird Status und Rang der existierenden Inhalte radikal ändern; er wird wahrscheinlich auch eine Veränderung in den Beziehungen zwischen den Lehrern sowie zwischen den Schülern bewirken. In dem Maße, wie vom Sammlungstyp zum Integrationstyp, von geschlossenen zu offenen Schulen übergegangen wird, wird die Außenwelt in neuartigen Weisen in die Schulen eindringen, wird die moralische Basis unserer pädagogischen Entscheidungen explizit werden, müssen wir mit beträchtlichen Wertkonflikten rechnen."[2]

Im folgenden sollen die Grundtypen des Curriculums und die sich daraus ergebenden Konsequenzen für die Interaktionsstruktur der Beteiligten bis hin zu den damit zusammenhängenden Beurteilungsmustern expliziert werden. Ich werde dabei systematisch und auch schematisch vereinfachend vorgehen und auf die bei Bernstein vorfindbaren kulturkomparatistischen Subtilitäten wie auch Feingliederungen innerhalb der Codierungen des Curriculums weitgehend verzichten.

Als vielleicht überraschend wird sich dabei zeigen, daß die Anordnung der Inhalte (der curriculare Code) die Struktur der Beziehungen zwischen den Lehrern und Lernenden (pädagogischer Code) nicht unangetastet läßt, daß es also möglich ist, auch über Lehrplanänderungen z. B. Autoritätsstrukturen auf- oder abzubauen, wiewohl die gesellschaftlichen Verhältnisse (das

---

1 Basil Bernstein, Offene Schulen - Offene Gesellschaft? In: Ders., Beiträge zu einer Theorie des pädagogischen Prozesses. Frankfurt/M. 1977, S. 113f.
2 Bernstein, Über das Curriculum. In: a.a.O.. S. 123 f.

gesellschaftliche Klima) insgesamt danach sein müssen. Willkürlich geht hier
gar nichts.

Die Erörterung erfolgt in zwei Schritten. Im ersten wird der Sammlungstyp
dargestellt, die Ideologie der „Reinheit" des Wissens expliziert und die dabei
sich einstellende Beziehung zwischen den Akteuren als unterkühlt beschrieben. Der zweite Schritt gilt dem „integrierten Lehrplantyp", der Dominanz der
Moral über das Wissen und den überhitzten Beziehungen zwischen den Beteiligten. Abschließend folgt ein Resümee.

1. Sammlungscode - „Reinheit" des Wissens - Cool Relations

Gerade in bezug auf kontinentaleuropäische Lehrpläne (speziell deutsche und
österreichische) von einem eigenen Typ, dem Sammlungstyp eben, zu sprechen, mag zunächst befremden, war doch bis vor wenigen Jahren ein anderer
kaum oder gar nicht vorstellbar.

Ein Lehrplan war nun einmal lange Zeit hindurch derjenige Text, der das zu
erwerbende Wissen zunächst in Fächer gliederte, dann innerhalb der Fächer
die Teilgebiete der Fächer nannte, um welche es gehen sollte, schließlich innerhalb der Teilgebiete die Haupt- und Grundprobleme angab, die zu behandeln
waren. Der Lehrplan nannte also Mathematik, Physik, Biologie usw., innerhalb
der Physik wurde unterteilt in Mechanik, Optik, Wärmelehre usw., innerhalb
der Optik fanden sich die Grundphänomene bzw. -probleme wie Brechung,
Reflexion, Dispersion u. a. m. Man wußte, worum es geht. Was der Lehrplan
clare et distincte nannte, fand sich im Schulbuch als Lehrbuch wieder. Die in
den Stundentafeln den Fächern zugestandene Zeit wurde in den Stundenplä-
nen mehr oder weniger locker über die Woche verteilt: z. B. zwei Stunden Physik, die erste am Montag, 5. Stunde, die zweite am Mittwoch in der 1. Stunde.

Das ganze hatte seine guten Gründe, pragmatische zumal – es garantierte
die Vergleichbarkeit der Niveaus und Abschlüsse –, aber auch erkenntnistheoretische. Physik war eben etwas anderes als Biologie und Biologie etwas anderes als Geschichte. Wohl bei keinem anderen Pädagogen des 20. Jahrhunderts
findet sich eine vergleichbar subtile erkenntnistheoretische und darin auch bildungstheoretische Begründung für einen derartigen Lehrplan wie bei – und
ihm gilt dieser kurze Exkurs – Alfred Petzelt. Er ging sogar so weit, die in den
Fächern („Geltungsgebiete") erkenntnistheoretisch analysierbaren und auf-
findbaren methodologischen Eigen- und Einzelheiten des Erkennens zugleich
als Methoden des Unterrichtens auszuweisen, sodaß er sagen konnte: „Biologie
ist eine Methode. Geschichte eine andere ... *Wir* brauchen die Krämerei in den

vermeintlichen Methoden [die unterrichtsmethodischen Erfindungen der Pädagogen seiner Zeit, v. a. die der Reformpädagogen] nicht."[3]

Die Grenzen zwischen den Fächern waren bei Petzelt zwar nicht als unübersteigbar gedacht, aber wenn sie schon überstiegen werden sollten, dann sollte dieser Überstieg als Überstieg für die Lernenden klar werden. V. a. sollte klar werden, daß jetzt (nach dem Wechsel in ein anderes Erkenntnisrevier) auf einmal anders gedacht, argumentiert und begründet wird, daß der kategoriale Zugriff ein anderer ist. „Bildung wird dann zu echtem Werte", so formulierte er nicht ohne Pathos, „wenn das Fach in seiner Geschlossenheit seine Grenzen [er erkenntnistheoretischen Zuständigkeit] zeigt."[4]

Ich ziehe Petzelt nicht bloß deswegen heran, weil er nahezu der einzige (neben Litt) war, der theoretisch niveauvoll begründete, was ansonsten halbbewußt ohnehin weitgehend praktiziert wurde (natürlich inklusive der praktisch üblichen Simplifizierungen und Verfälschungen), sondern weil sich bei ihm der hier relevante Ausdruck „Reinheit" im normativ emphatischen Sinne findet: eben genau die Form von Reinheit, welche Basil Bernstein erziehungssoziologisch distanziert beschreibt, mitunter auch ironisiert, z. B. wenn er die Verfechter des Prinzips der Fächertrennung „Reinheitswächter" nennt. Das Fach sei – so Alfred Petzelt – „rein" zu halten von fachfremden Einmischungen, Kategorien und Denkweisen. Am Beispiel: Autoritätsbeweise hätten in der Philosophie und Wissenschaft nichts verloren, in der Religion hingegen müßten sie sein. Die Induktion, also der Schluß vom Besonderen und Einzelnen aufs Allgemeine, hätte in der Mathematik nichts zu suchen. In der Biologie kämen wir ohne sie nicht aus. Das „Nachmessen" z. B. der Winkelsummen von beliebigen Dreiecken ergäbe keinen Beweis für den Satz, daß die Winkelsumme im Dreieck 180 Grad sei. Und: Geschichte sei nicht auf die Gegenwart „anzuwenden".

Angewendet würden hingegen naturwissenschaftlich gefundene Gesetzmäßigkeiten auf technische Probleme, also etwa das „Boyle-Mariotte'sche-Gesetz" auf den Druckkochtopf. (Nebenbei erwähnt: Ohne derartige – wie auch immer im Detail gelagerte – Differenzen wäre die Konzeption einer Fach(!)didaktik sinnlos. Die derzeit feststellbare Aufblähung des fachdidaktischen Anteils innerhalb des Lehramtsstudiums ist also kontraproduktiv zu den Absichten, das fachübergreifende Lernen in Bereichen und Feldern zu begünstigen).

---

3 Alfred Petzelt, Grundzüge systematischer Pädagogik. Freiburg i. Br. 1964, S. 77.
4 Siehe dazu: Petzelt, Das Problem der Bildung im Hinblick auf die Einzelwissenschaften. In: Marian Heitger/Heinz-Jürgen lpfling (Hg.), Pädagogische Grundprobleme in transzendentalkritischer Sicht. Bad Heilbrunn 1969.

Die erkenntnistheoretisch-bildungstheoretische Lehrplan- und Wissens-
konzeption zeigte ihre Konsequenzen (Petzelt argumentierte immer konsequent
und systematisch, das heute beliebte „sowohl - als auch", der geistfeindliche
Eklektizismus waren ihm ein Gräuel) in bezug auf die Theorie der Unterrichts-
gestaltung. Unterricht war konzipiert als „Führung". Der Lehrer war wesentlich als Experte gedacht, wiewohl er sich nicht als bloßer „Fachlehrer" verstehen
durfte, einmal aus entwicklungspsychologischen Rücksichten, ein anderes Mal
aus Gründen der „Zusammenhangsbestimmtheit" der differenzierten Fächer.

Er „führt" – so heißt es bei Petzelt – „den Unterrichtsprozeß vom gewußten
Ende her".[5] Der Lehrer kennt also das Ziel des Unterrichtsverlaufs (dies nicht
bloß im großen und ganzen, sondern auch im einzelnen Abschnitt), der Schüler
nicht. Deshalb nennen wir ihn auch „Schüler".

Der Lehrer verhält sich, indem er fachgemäß argumentiert, methodengetreu. Der Schüler soll lernen, sich methodengetreu zu verhalten, soll lernen
„methodisch rein" zu argumentieren. Unterricht erhält dergestalt nach Bernstein den Charakter der schrittweisen „Einweihung in die Geheimnisse eines
Faches"[6], in die ihm gemäße Art zu denken und zu argumentieren. „Disziplin"
ist hier wesentlich als methodisch diszipliniertes Denken gefaßt.

Petzelt begründete also pädagogisch-systematisch – man kann auch sagen: in
normativer Absicht – genau das, was Bernstein als typisch für kontinentaleuropäische Verhältnisse den Sammlungstyp des Curriculums nannte.

Petzelts Bemühungen richteten sich darauf, die Fächer einer „strengen Klassifikation" (Bernstein) zu unterziehen, die „boundary strength" (Grenzstärke)
zwischen den Disziplinen zu erhöhen. (Von der bei Petzelt darüber hinaus
gegebenen Absicht, gerade durch präzise methodologische Verbesonderung der
Disziplinen zu einem wohlgeordneten Zusammenhang derselben aufzusteigen,
darf hier abgesehen werden.)

Im soziologischen Blickwinkel Bernsteins zeigt sich dabei folgendes: Indem
der Unterricht streng klassifiziert nach Fächern geführt wird, gewinnen die
Fächer einen spezifischen Autonomiebereich (Was gehört dazu und was nicht?)
und auch die Lehrer als Experten für ein Fach einen distinkten autonomen
Status.

---

5   Siehe dazu das Kapitel „Der Weg zum Lehrgut" aus: Petzelt, Grundzüge…, a.a.O. Es
    heißt hier auch noch deutlicher: „Der Anfang des Prozesses beim Lehrenden wird
    vom Ende her *regiert*."
6   Bernstein, Über das Curriculum. In: a.a.O., S. 120.

Das Fach selber ist in sich hierarchisch strukturiert, der Weg geht vom Einfachen zum Komplizierten und noch Komplizierteren. Der Unterrichtsgang: eine schritt- und stufenweise „Einweihung". Die „letzten Geheimnisse" des Faches werden erst spät und am Ende eröffnet, wenn also der Einweihungsprozeß bereits abgeschlossen ist. Beim „spezialisierten Sammlungscode", also in einer Form des Lehrplans, in welcher auch die Fächer hierarchisch geordnet sind („Haupt- und Nebenfächer") erfolgt diese Einweihung in die letzten Geheimnisse (salopp formuliert: „Alles wackelt, so sicher ist das alles nicht ...") erst dann, wenn die Identifikation der Novizen mit *dem* Fach (den wichtigen Fächern) schon vollzogen ist, die Loyalität zum Fach und seinen Vertretern bereits gegeben ist, also üblicherweise erst auf Hochschulebene und auch da nicht zu Beginn.

Jedenfalls: Die Autonomisierung des Faches durch Klassifikation (seine interne Disziplinierung und Hierarchisierung), schließlich seine Vermittlung durch ihm zugehörende Experten („Priester"), geben dem Fach als Fach überhaupt erst seine Bedeutung, und umgekehrt gibt dieser Prozeß seinen Vermittlern ihren Status als „Autoritäten".

Das ergibt als Resultat – so Bernstein – „eine sehr wirksame Form der Kontrolle". Die Kontrolle über die Kognitionen – ich extrapoliere – ist nur die Kehrseite der sozialen Kontrolle. „Die Übernahme des Wissens stellt (hier) weniger ein Recht dar als vielmehr etwas, das gewonnen und erworben werden muß. Die pädagogische Beziehung tendiert zur Hierarchisierung und Ritualisierung, in der der Zögling als Unwissender mit einem niedrigen Status und entsprechend geringfügigen Rechten gilt ... Wird das Wissen bei Vorherrschen des Sammlungstyps als etwas Heiliges betrachtet, gewinnt es große Ähnlichkeit mit einem von symbolischen Zäunen umgebenen Privateigentum, und die Personen, die das Wissen besitzen, erscheinen als Monopolisten; Schüler und Studenten werden sorgfältig geprüft, um zu sehen, wer dazugehört und wer nicht."[7] Das Konkurrenzprinzip gehört also dazu. Relativ früh werden in einem derartigen System „die Schafe von den Böcken getrennt."[8]

Die Hierarchie der Stoffe innerhalb des Faches bedinge nämlich auch eine hierarchische Anordnung der Lernenden. Die Prüfungen erfolgen um dieser stratifizierten Anordnung der Schülerschaft willen.

Nicht bloß taugen nicht alle Probleme für alle Lernenden (das wäre die pädagogische Formulierung des Sachverhalts), sondern v. a. taugen nicht alle

---

7   Ebd., S. 120 f.
8   Ebd., S. 121.

Schüler für alle Probleme und Fragestellungen (soziologische Umschrift des Problems). Daß also – Stichwort „Letzte Geheimnisse" – „Wissen etwas Unfertiges und Ungesichertes ist, daß seine Ordnungen provisorisch sind ...", erfahren nur sehr wenige.[9]

Vereinfacht könnte man auch – am Beispiel der Mathematik – sagen: Die eine Schülergruppe lernt eine (fertige) Formel bloß anzuwenden, eine andere lernt auch, wie sie zustandegekommen ist, eben den Beweis, eine dritte wiederum erfährt auch etwas über die Problematik des Beweises, seine Haken und Ösen. Eine derartige Konzeption des Wissens als „heilige Ordnung" (Hierarchie) begünstigt, wenn man sie auf die Schülerschaft umlegt, eine strenge Sortierung der Lernenden, das sogenannte „streaming", eine Hierarchie der Schulen und der Klassenzüge. Die hierzulande sogenannte „innere Differenzierung", also Passung von Problemen und Schülern innerhalb der Lerngruppe, verlagert lediglich das „streaming" mitten in die nach außen als homogen präsentierte Schulklasse. Man muß schon Wissen und damit Lernen entscheidend anders konzipieren, Wissen eben nicht als Hierarchie von Problemen und Lösungen und das Lernen nicht als Aufstieg in der hierarchischen Ordnung des Wissens, damit auf die Sortierung von Schülern – weitgehend – verzichtet werden kann. Man muß im Grunde schon auf eine Klassifikation der Fächer selber verzichten, damit auch die Klassifikation der Schülerschaft entfallen kann. Eigentlich ermöglicht erst die Fächerintegration als Auflösung der Fachdifferenzen die soziale Integration der Individuen. Erst wenn die Ordnung des Wissens Passè ist, ist die Anordnung der Schülerschaft nach kognitiven Niveaus hinfällig. Erst wenn es auf Wissen gar nicht mehr ankommt, kann man die Einheitsschule schaffen, aus welcher sich dann die nach wie vor unverzicht- und unvermeidbaren Eliten selber und naturwüchsig hervorbringen: Sozialintelligent – moralisch berechnend, weil intelligent - politisch mafiös, weil beides.

Aber zunächst zurück zum Sammlungscode: Die Strenge der Ordnung des Wissens innerhalb klassifizierter Fächer/Disziplinen bedingt bzw. begünstigt auch ein bestimmtes Lehrer-Schüler-Verhältnis, begünstigt einen spezifischen „pädagogischen Code" der Vermittlung.

Bernstein beschreibt den „Vermittlungscode" mittels des Begriffs des „Rahmens" (frame), analog zu der „Klassifikation" genannten Ordnung des Wissens. Strenge Klassifikation begünstigt nach Bernstein eben strenge Rahmen (gelockerte Rahmen würden die Klassifikation perforieren).

---

9   Bernstein, Über Klassifikation und Rahmung pädagogisch vermittelten Wissens. In: a.a.O., S. 140.

Eine hohe Grenzstärke in bezug auf den Rahmen der Vermittlung bedeutet also ziemliche Klarheit darüber, was in der pädagogischen Vermittlung auf- und vorkommen kann, welche Fragen (von Schülern) gestellt werden können und welche nicht, welche Umgangsformen einzuhalten und zu pflegen sind. Die Beziehung zwischen Lehrenden und Lernenden ist stark ritualisiert, eben im klassischen Sinne schulförmig. Gewisse Fragen (sogenannte „nicht-hierhergehörende", „dumme" oder „störende" Fragen), aber auch Stücke aus dem Alltagswissen/ den Meinungen usw. tauchen also gar nicht erst auf.

„Je stärker die Klassifikation und der Rahmen, desto hierarchischer und ritualisierter ist die pädagogische Beziehung, und desto mehr erscheint der Schüler als ein Unwissender mit niedrigem Status ... Rechte sind etwas, das man sich wie Sporen verdienen muß. Dadurch soll die Motivation des Schülers geweckt und gestärkt werden. Entsprechend der Strenge der Rahmen wird das Wissen in einem Kontext vermittelt, in dem der Lehrer ... eine maximale Kontroll- oder Überwachungsfunktion hat."[10]

Man kann sich vorstellen, daß diese Art von Unterricht für Lehrer psychohygienisch wenig belastend ist. Die durch Unterricht allenfalls ausgelösten Stressoren betreffen hier allemal mehr die Schüler als die Lehrer, aber auch diese im Fortgang des Einweihungsprozesses (der Sozialisation) immer weniger, sodaß am Ende dieses Prozesses die Rahmen auch gelockert werden können. Die Problematisierung des erworbenen Wissens und seiner Grundlagen („letzte Geheimnisse") begünstigt auch die Lockerung des Rahmens bzw. erfolgt zeitgleich mit jener.

Mitunter schon am Ende der Sekundarstufe II, jedenfalls aber gegen Ende eines akademischen Studiums, nimmt das pädagogische Verhältnis kollegiale, oft auch freundschaftsähnliche Züge an. Zunehmende fachliche Kompetenz, Einsicht in die Strukturen der Disziplin und deren problematische Grundannahmen (auf der Seite der Lernenden) erlauben keine strengen Rahmen mehr. An diesem Punkt geglückter Sozialisation von Lehrerseite aus noch auf ritualisierten Beziehungen zu bestehen, nähme sich ziemlich neurotisch aus.

Diese Art von Unterricht (strenge Klassifikation plus starker Rahmen) gibt dem Lehrer aber auch relativ viel pädagogische Freiheit (natürlich nur im Rahmen gegebener Klassifikation). Die mit der Klassifikationstatsache/dem autonomen Status seines Faches mitgelieferte Unabhängigkeit von anderen Fächern und Fachlehrern gibt ihm einen Autonomiebereich, in dem er in weitem Ausmaß schalten und walten kann, wie er es für angebracht hält („Jetzt ist Latein,

---

10   Ebd., S. 142.

und jetzt bin ich da, und bei mir wird das so gemacht!"). Das System begünstigt individuelle Eigenarten auf der Lehrerseite (habituelle wie auch weltanschaulich-ideologische).

Die Bewertung und Beurteilung von Lernleistungen im Rahmen eines derartigen Systems strenger Klassifikation und strenger Rahmen ist – wie sollte es anders sein – in puncto Wissen und dazugehörenden methodologisch-argumentativen Standards „streng". Das gehört zum Sinn bzw. ist der Sinn des ganzen Unternehmens. Die „Bildungsdropouts" sind – so Bernstein – gewissermaßen miteinkalkuliert. Wer den entsprechenden Standards nicht genügt, fällt raus aus dem System. Ansonsten herrscht hier die Kommismoral: „Wenn der Kerl nur pünktlich seinen Dienst versieht, mag er sich ansonsten vergnügen, wie er will". Die subjektiven Seiten der Lernenden bleiben weitgehend unangetastet. Dadurch, daß „Alltagserfahrungen der Schüler als für den pädagogischen Rahmen irrelevant gelten, werden auch die durch solche Erfahrungen geprägten Aspekte des Selbst als irrelevant aufgefaßt. Derlei Privatbereiche mindern die Penetranz des Sozialisationsprozesses, indem sie es ermöglichen, sich davon zu distanzieren. Dies ändert jedoch nichts daran, daß auch [ein derartiger] Sozialisationsprozeß tiefe Wunden schlagen kann ..."[11] bei denen, die seiner Struktur nicht genügen.

2. Integrierte Codes – „Vermischtes Wissen" – Hot Relations

Das alles soll nun anders werden. Bernstein diagnostizierte erste diesbezügliche Bestrebungen in England bereits Mitte der siebziger Jahre. Hierzulande beginnen solche erst jetzt zu greifen, wiewohl sie seit rund zehn Jahren pädagogisch-ideologisch vorbereitet wurden.

Unangekränkelt von erziehungssoziologischen Diagnosen à la Bernstein z. B., unangerührt von skeptisch-pädagogischen Einwendungen, welche auch vorliegen, wird einfach eine „Neue Lernkultur" verkündet, welche dann – sieht man genauer hin – so „neu" auch wiederum nicht ist. Man wiederentdeckt die Reformpädagogik. Die Tatsache der Herkunft dieser Konzepte aus der theoretisch schwächsten und wohl auch ideologisch fragwürdigsten Phase der Pädagogikgeschichte, zumindest dieses Jahrhunderts, soll hier aber nicht als Gegenargument ins Treffen geführt werden. Wir bleiben - so weit als möglich - analytisch und distanziert bei Bernsteins Diagnosen.

---

11   Ebd., S. 151.

„Die neue Lernkultur"[12] ist einer Arbeitsgruppe des österreichischen „Zentrums für Schulentwicklung" nach „schüler/ innenzentriert", „demokratisch im Schulleben", „offen" im Unterricht, von „Kooperation" und „Kontinuität" geprägt, „ganzheitlich", das Lernen ist dabei „selbstverantwortet, individuell, sinnerfassend, verstehend", obwohl „individuell" gleichzeitig „sozial" und - selbstverständlich - „an Bedürfnissen" (der Lernenden) orientiert.

Die Liste der Schlagwörter (Lehrerfortbildung wird längst als Werbung inszeniert) auf dem Titelblatt eines dicken Papers des „Zentrums" ist einigermaßen vollständig. Was fehlt, ist die „Projektorientierung". Diese kommt dafür im Text umso nachhaltiger. Überdies ist die Projektorientierung samt dem fachübergreifenden Lernen durch die Slogans „Offenheit", „Ganzheitlichkeit" und „Bedürfnisorientierung" ohnehin mitanvisiert.

Bei Bernstein ist die Angelegenheit, um die es geht, im Begriff des „Integrierten Codes" gefaßt. Man braucht die Merkmale des Sammlungscodes nur in ihr Gegenteil verkehren, dann erhält man den Typus des integrierten Codes. Dieser zeichnet sich also zunächst durch schwache Klassifikation der Fächer und Inhalte aus. Die „boundary strength" zwischen den Disziplinen ist gelockert. Ihre Struktur ist porös.

Zum Gegenstand des Unterrichtsgeschehens werden nicht fachlich (methodologisch) abgegrenzte Problemstellungen, fachperspektivische Ausschnitte auf Welt, sondern sogenannte „Themen" lebensweltlicher Art, wie eben im Modus der Themen des fachübergreifenden Unterrichts bzw. eines zwischen mehreren Fächern diffundierenden Unterrichts üblich (Frieden, Aids, Umweltverschmutzung, Faschismus -Antifaschismus, Dritte Welt u. a. m.).

Die Grenzen zwischen Fächern ist dann eben, weil unter der Dominanz lebensweltlich bedrückender Themen eine wissenschaftsmethodologische Klärung der Differenzen und differenten Hinsichten auf Sachverhalte gar nicht mehr in den Sinn und in Frage kommt, permeabel, zumindest semipermeabel. Und der Unterricht bewegt sich – im wesentlichen Einstellungen aufbauend und modifizierend, statt Erkenntnisse und Einsichten ermöglichend – zwischen den Disziplinen, diesseits oder jenseits derselben. Letztere werden dabei sekundär, wenn nicht überhaupt peripher.

Im Wiener Schulversuch „Neue Mittelschule" sind die Fächer weitgehend abgeschafft. Statt derselben gibt es „Lern- und Erfahrungsbereiche", z. B. einen „sprachlich-gesellschaftlichen", welcher die Fächer Deutsch, Geographie und

---

12   Projektgruppe (Gabriele Fenkart, Dietmar Larcher u. a.), Neue Lernkultur. Bericht
     2. Klagenfurt o. J.

Geschichte integriert und einen „naturwissenschaftlich-technischen Bereich", welcher Mathematik, Physik, Chemie, Biologie zusammenfaßt und mischt.

Wörtlich heißt es bei Bernstein dazu: „Wenn zur Grundeinheit des Curriculums ein Thema wird, das über das Fach dominiert und die Beziehungen zwischen den Fächern reguliert, so ergibt sich daraus aller Wahrscheinlichkeit nach eine Reihe von Konsequenzen. Das Fach ist nicht länger dominierend, sondern dem Thema untergeordnet, das eine bestimmte Form der Integration vorschreibt. Wenn das Fach seine beherrschende Stellung verloren hat, könnte das von Einfluß auf die Position des Lehrers als eines Spezialisten sein. Sein Bezugspunkt wird möglicherweise nicht länger sein Fach oder seine Disziplin sein können. Seine Loyalität, sein sozialer Schwerpunkt wird sich möglicherweise von seinem Fach auf den Zusammenhang seines Faches mit dem Thema verlagern, das ihn zu anderen Lehrern in Beziehung (Kooperation!) bringt ... Eine Folge davon ist, daß eine Entwicklung stattfindet von Schulen, an denen die Lehrerrollen isoliert sind und der Lehrer einen zugeschriebenen Autoritäts- und Autonomiebereich hatte, hin zu Sekundarschulen, in denen die Lehrerrolle weniger autonom und statt dessen kooperativ ist. Das heißt: Wir beobachten einen Wandel von einer Lehrerrolle, die sozusagen ‚gegeben‘ ist (im Sinne von festgelegten Pflichten), zu einer Lehrerrolle, die in ständigem Zusammenhang mit anderen Lehrern erworben werden muß ... Der Lehrer steht nun in seinem Unterrichtsalltag in einer komplementären Beziehung zu anderen Lehrern."[13]

Daraus erhellt nebenbei bemerkt, warum sich derzeit auch bereits ein Wandel in der österreichischen Lehrerfortbildung abzuzeichnen beginnt. Zunächst wächst der Anteil der Fortbildungsveranstaltungen, welche sich interdisziplinären Themen widmen („Interdisziplinäre Studien" ist nämlich nichts anderes als der erwachsenen-gemäße und etwas nobler klingendere Ausdruck für „fachübergreifendes Lernen"). Dann könnte der Anteil von fachspezifischen Lehrerfortbildungsveranstaltungen rapide zurückgehen und statt dessen die Lehrerfortbildung überhaupt in „Organisationsberatung" übergeführt werden. Ihr Ziel ist nämlich die Herausbildung von Kooperationsfähigkeit und Teamfähigkeit durch fortentwickelte gruppendynamische Verfahren.

Kurz und bündig: Wenn das Fach seine dominierende Stellung als Fach im Curriculum verliert, verliert auch der Lehrer als Fachlehrer (und Experte) seinen autonomen Status und seine Autorität. Seine Strahlkraft als Meister einer Disziplin wird überflüssig. Unterricht vollzieht sich nicht mehr als schrittweise Einweihung. Das bringt ihn nicht nur mit anderen Lehrern

---

13   Bernstein, Offene Schulen ... In: a.a.O., S. 108 f.

über ein fachübergreifendes Thema in kooperativen Zusammenhang, in welchem die Beiträge der Einzelfächer zum Thema allererst ausgehandelt werden müssen, sondern vermindert entscheidend auch seine Autonomie in der Unterrichtsführung.

„Integrierte Codes werden ... auf der Ebene der Lehrer wahrscheinlich Homogenität in den Lehrmethoden bewirken. Sammlungscodes vergrößern den Entscheidungsspielraum der Lehrer (stets in den Grenzen der vorhandenen Klassifikation und der vorgegebenen Rahmen), während integrierte Codes ihn im direkten Verhältnis zur Codestärke (Anzahl der durch den Code koordinierten Lehrer) verringern. Auf der anderen Seite gilt, daß dem größeren Entscheidungsspielraum der Lehrer bei Sammlungscodes ein verringerter Entscheidungsspielraum der Schüler entspricht, während dem verminderten Entscheidungsspielraum der Lehrer bei integrierten Codes ein vergrößerter bei den Schülern gegenübersteht. Mit anderen Worten: Das Machtverhältnis in der pädagogischen Beziehung zwischen Lehrer und Schüler verändert sich."[14]

Die Rahmen werden gelockert. In der Sprache der pädagogischen Ideologie: Das Verhältnis geht tendenziell in Richtung „Partnerschaft", auch Formen einer stimmungsmäßigen Kumpanei sind nicht auszuschließen. Dies - im Gegensatz zum Sammlungscode - lange vor dem Punkt geglückter Sozialisation.

Das Potential für mögliche Konflikte sinkt dadurch nicht, sondern steigt geradezu an, da gelockerte Rahmen nicht nur Harmonie stiftende Interaktionen zulassen, sondern auch ihr Gegenteil. Nicht-ritualisierte Beziehungen lassen alles mögliche hochkommen, nicht bloß das Wünschenswerte, und gerade in bezug auf das Wünschenswerte können große Differenzen bestehen.

Bernstein ist hier ziemlich unmißverständlich. Integrierte Codes - so meint er - funktionieren nur dort, „wo ein Konsensus, und zwar ein expliziter, im Hinblick auf die integrierende Idee"[15], also im Hinblick auf die dem Thema seine Form gebende weltanschauliche Stoßrichtung besteht. In bezug auf die zu solchen Zwecken kooperierenden Lehrer ist dies geradezu banal, weil eben Kooperation (Zusammenarbeit!) ein gemeinsames Ziel definitorisch schon zur Voraussetzung hat.

Wo ein solches nicht gegeben ist, sind langwierige und konfliktgeladene Vorarbeiten zu erwarten. Aber auch der erreichte Konsens (Kompromiß) dürfte nur höchst selten Zufriedenheit bei allen Beteiligten auslösen.

---

14 Bernstein, Über Klassifikation ... In: a.a.O., S. 145.
15 Ebd., S. 152.

Eine ähnliche Situation ergibt sich natürlich auch auf der Schülerseite: Gelockerte Rahmen bringen es – auch diesseits von möglichen Konfliktlagen – einfach mit sich, daß mehr von den Lernenden in den Unterrichtszusammenhang einfließt: mehr an Alltagswissen und -meinungen, Absichten, Interessen und Strebungen, Dinge also, welche bei strenger Klassifikation und entsprechender Rahmung gar nicht erst auftauchen, hier aber koordiniert, abgesprochen und geklärt werden müssen, sowohl auf Schülerseite als auch im Zusammenhang mit den Lehrenden. Das kann zu Situationen führen, in denen „sowohl den Lehrkräften als auch den Schülern die Orientierung im Hinblick auf Raum, Zeit und Ziel abhanden kommt".[16]

Ein zeitraubendes, umfangreiches wechselseitiges „Counselling" scheint also unumgänglich. Jede Abkürzung derartiger diskursiver Prozesse (von Lehrerseite aus) wäre ja nichts anderes als ein Rückfall in das traditionelle Genre pädagogischer Codierung und würde auf einer Metaebene neue diskursive Prozesse generieren.

Die Beziehungen zwischen den Schülern, zwischen den Lehrern und zwischen beiden Gruppen müssen demnach ständig ausbalanciert werden. Ein Abdriften auch nur von wenigen Beteiligten würde das Unterrichtsgeschehen in Frage stellen, während ein solches im herkömmlichen Unterricht in der Regel nicht einmal bemerkt wird.

Diese Ausbalancierungsarbeit dürfte also (auf Lehrerseite) Fähigkeiten erfordern, welche in Sammlungscodes mit starker Rahmung schlicht unnotwendig sind: Fähigkeiten zur Beziehungsklärung, gruppendynamische und metainteraktive Gesprächskompetenzen. Der Lehrer im integrierten Code mit schwacher Rahmung wird also zum „Beziehungsarbeiter", die Beziehungen sind der Gefahr der Überhitzung ausgesetzt.

Es liegt auf der Hand, daß unter derartigen Prämissen zunächst große Schwierigkeiten für die Beurteilungspraxis (Noten) sich ergeben. Die Beurteilungspraxis muß anders codiert werden, weil schon die Vermittlungspraxis anders codiert ist. Im Grunde verlagern sich die Schwerpunkte der Beurteilung und Notengebung auf andere Dinge und bedürfen wahrscheinlich auch einer anderen Form.

„Im Falle des Sammlungscodes bemißt sich die Bewertung an der Übereinstimmung zwischen einem engen Bereich bestimmter Kompetenzen und Wissensbeständen einerseits und vorweg festgelegten [im Grade der Explizitheit variierenden] Kriterien dafür, was eine angemessene, überzeugende Antwort [auf eine Prüfungsfrage] ausmacht, andererseits. Die vorweg festgelegten

---

16   Bernstein, Über das Curriculum. In: a.a.O., S. 123.

Kriterien generieren zusammen mit dem spezifischen sozialen Kontext der Bewertung ein relativ [!] objektives Verfahren."[17]- Zumindest im Bewußtsein der Beteiligten, was für das Funktionieren dieses Zusammenhangs ja auch vollkommen ausreichend ist.

Im Falle des integrierten Codes hingegen, einer Situation also, in welcher keineswegs vorentschieden ist, welche Wissensbestände und Kompetenzen maßgeblich sind, weil die ihr zugrundeliegende Lerntheorie den Lernprozeß als einen „selbstregulierten" faßt (und nicht als einen didaktisch gesteuerten), entfällt das unter der Signatur der Passung vergleichende Prozedere in bezug auf Schülerwissen und Kriterien (Lernziele).

Bernstein hat hier hellsichtig genau das als unvermeidbar prognostiziert, was gegenwärtig für die Beurteilungsprozeduren auch pädagogisch-politisch eingefordert wird.

Die proklamierte neue Beurteilungsform paßt haargenau zu dem unter Bedingungen integrierter Codes entstehenden neuen Schwerpunkt der Leistungsbeurteilung. Die proklamierte „verbale Beurteilung" ist unter integrierten Code-Bedingungen schlicht notwendig, weil zum neuen Gegenstand der Beurteilung passend.

Beurteilt (im Sinne von leistungsbeurteilt) werden unter Bedingungen integrierter Codes primär Haltungen, Einstellungen im Sinne von für „offene Lernformen" (Projekte, selbstregulatives Lernen ...) günstig oder nicht günstig. Befördert der Schüler durch seine Haltungen, Verhaltensweisen, Einstellungen den Unterrichtsprozeß im Sinne der angestrebten Kooperation? Praktiziert er konsensbegünstigende Interaktionsformen oder nicht? Sind seine Beiträge, Vorschläge, Aktivitäten kreativ, den Prozeß unterstützend (auch im Sinne von „konstruktiver Kritik") oder nicht? Das werden die neuen Kriterien der Beurteilung sein.

Die Bewertungskriterien integrierter Codes mit schwacher Rahmung werden vermutlich – so Bernstein lapidar – „im Hinblick auf kognitive Eigenschaften schwach sein, im Hinblick auf Einstellungen jedoch streng. Im übrigen werden die schwächere Klassifikation und Rahmung Schüler und Studenten dazu anregen, Gedanken, Gefühle und Wertungen mitzuteilen [Prinzip „Offenheit"]. Auf diese Weise wird der Lernende offen der Kontrolle zugänglich, und die Sozialisation kann möglicherweise entsprechend intensiv und total werden."[18]

---

17   Bernstein, Über Klassifikation ... In: a.a.O., S. 154.
18   Ebd.

Maßgebliche Pädagogen und Bildungsfunktionäre wollen es so. Wissen sie, was sie wollen?

Resümee

Vielleicht ist es gar nicht so paradox (wie Bernstein an einer Stelle vermerkt), daß die Entwicklung in Richtung integrierter Codes gerade in Ländern erfolgt, in denen der moralische Konsens brüchig ist. Denn die Intentionalität dieser Codevariante ist wesentlich moralerzieherisch, sozialpädagogisch, konsensherstellend und gerade nicht kognitiv orientiert.

Entwickelt wurde sie übrigens an Schulen, deren Prinzip die soziale Kontrolle abweichenden Verhaltens ist. Wo die Rahmen gelockert werden, „um Alltagsrealitäten einzulassen, dient dies meiner Meinung nach häufig – und manchmal eindeutig – nicht einfach der besseren Vermittlung des Bildungswissens, sondern der sozialen Kontrolle von Formen abweichenden Verhaltens. Derartige Lockerungen des Rahmens erfolgen gewöhnlich für ‚minderbegabte‘ Kinder, deren Erziehung (auf Deutsch: Bildung) aufgegeben wurde".[19] Die Absicht derzeit gilt aber allen Kindern. Den „Bildungsdropouts" der fifties und sixties entsprechen dann vermutlich die „moralischen Dropouts" der nineties.

---

19   Ebd., S. 142.

Die Umerziehung des Lehrkörpers - Von der Lehrerfortbildung zur Organisationsberatung (1996)

1. Bei Basil Bernstein kann man lernen, daß es der curriculare Code ist, der eine bestimmte Codierung der Vermittlung nach sich zieht. Der Sammlungscode mit „strenger Klassifikation" begünstigt demnach über den autonomen Status der Fächer auch eine starke Autonomie der Lehrer (als Fachexperten), also je nach Wertung - ihre Unabhängigkeit voneinander bzw. ihre Abgeriegeltheit gegeneinander. Die strenge Klassifikation begünstigt aber auch stark ritualisierte Formen der Vermittlung, also „starke Rahmen".[1] Dies vermindert den Einfluß der Schüler darauf, *was* in der Vermittlungsform Unterricht und *wie* es zum Zuge kommt.

Die Macht der Lehrer erscheint gesteigert, geradezu ursprünglich. In Wirklichkeit aber ist sie eine abgeleitete, Ausfluß der curricularen Codierung selber, gebunden an den autonomen Status der Inhalte des Curriculums des jeweiligen Faches, als dessen Repräsentant der Lehrer sich versteht. Was unter diesen Bedingungen im Unterricht vermittelt wird, ist also gerade nicht Ausdruck der Willkür des Lehrers, sondern entspringt (objektivistisch formuliert) „dem Fache selber", seinem Aufbau und seiner Anordnung der Probleme, (subjektivistisch) dem Lehrerselbstverständnis als Repräsentant, einem Produkt langer

---

1 Bernstein verweist allerdings darauf, daß dies nicht notwendigerweise so ist. Prinzipiell denkbar sind auch andere Kombinationen, z. B. starke Klassifikation und schwache Rahmen, auf der anderen Seite auch schwache Klassifikation und starke Rahmen. Derlei dürfte allerdings ziemlich selten sein. Auch wenn Bernstein sich dazu nicht näher äußert, so darf doch folgendermaßen extrapoliert werden: Trifft eine schwache Rahmung auf gegebene starke Klassifikation, so ergibt sich daraus ein höchst problematisches pädagogisches Verhältnis, in welchem der Lehrer gezwungen ist, was er durch gelockerte Rahmen freisetzt, immer wieder einzuholen. Der gelockerte Rahmen dürfte dergestalt durchsetzt werden mit einzelnen autoritären Kraftakten, welche bekunden sollen, was hier Sache ist. Sozialpsychologisch führt dies zu schwierigen Situationen, in welchen die Schüler die Kontrolle über das, was hier passiert und passieren wird, zunehmend verlieren (auch das Vertrauen in den Lehrer). Im Falle schwacher Klassifikation mit starken Rahmen muß das Lehrerverhalten von vornherein autoritär sein bzw. den Charakter charismatischer Führung annehmen, weil die starken Rahmen sich auf nichts außerhalb ihrer selbst zu stützen vermögen. Es geschieht zwar, was der Lehrer sagt, aber auch nur darum, weil er es ist, der es sagt: um des Lehrers willen. Das ist z. B. die Situation in der Grundschule.

Sozialisation durch Schule und Hochschule und v. a. eines wesentlich als Fachstudium konzipierten Lehrerstudiums. Kontrolliert wird dieses Repräsentantentum durch entsprechende Instanzen in der Schulbürokratie.

Die Schulaufsicht in der Form der (in Österreich) sogenannten „Fachinspektoren" ergänzt/unterstützt gewissermaßen über ein Stück reale Macht das im Lehrerselbstverständnis internalisierte Kontrollsystem.

Als eine weitere diesbezügliche Ergänzung darf in diesem Zusammenhang die Institution der Lehrerfortbildung gesehen werden. Die für den Sammlungscode des Curriculums typische Lehrerfortbildung ist und war daher inhaltlich im wesentlichen fachspezifisch. Hervorragende Repräsentanten der Fächer (ein ausgesuchter Kreis von Universitätslehrern) sorgten über die Institution der Lehrerfortbildung dafür, daß die Bindung der Lehrer an das Fach nicht abreißt und ihr Selbstverständnis als Fachrepräsentanten nicht brüchig wird. „Kleine Geschenke erhalten die Freundschaft".

Es liegt auf der Hand, daß erst der Übergang von Sammlungscodes zu integrierten Codes eine veränderte Form der Lehrerbildung und auch der Lehrerfortbildung nach sich zieht (einerseits ermöglicht und andererseits auch erforderlich macht). Die derzeitige Situation in Österreich und auch in Deutschland dürfte eine Übergangssituation sein.

Einerseits ist der Lehrplan in wesentlichen Dimensionen noch nach dem Muster europäischer Sammlungscodes (d. h. nach Fächern) strukturiert (der amerikanische Sammlungscode ist nach Kursen sortiert); die Fächer haben noch einen relativ hohen autonomen Status. Andererseits finden sich bereits entscheidende Elemente des integrierten Codes in diesem nach dem Muster strenger Klassifikation aufgebauten Curriculum. Z. B. werden Projekte und fachübergreifendthematisch orientiertes Lernen ausdrücklich empfohlen. „Fachbereichsarbeiten" als Teil der Matura erfreuen sich über den Weg einer entsprechenden Propaganda (für „ganzheitliches, interessegeleitetes … Lernen") zunehmender Beliebtheit.

Einerseits ist zwar zumindest der jüngere Teil der Lehrerschaft schon nach dem Muster integrierter Codes vorsozialisiert. Dafür sorgt v. a. der in letzter Zeit gestiegene Anteil pädagogischer Lehrveranstaltungen im Lehrerstudium, welcher wesentlich eine Einübung in die neue pädagogische Ideologie darstellt. Der ältere Teil der Lehrerschaft hingegen ist noch durch das Sozialisationsmuster des Sammlungscodes geprägt, arbeitet demgemäß noch nach einem traditionellen pädagogischen Aufgabenprofil.

Die sozialen Spannungen im „Lehrkörper" sind also durch die Übergangssituation vorprogrammiert. Der Ideologiestreit ist zumindest latent stetig präsent und lastet – so darf vermutet werden – schulklimatisch schwül bis arktisch auf dem Biorhythmus der Lehrer und ihren Beziehungen zu den Schülern.

Denn je nach pädagogischer Ideologie (normativen Vorstellungen über „das richtige Lehrer-Schüler-Verhältnis") wird die Vermittlung pädagogisch anders codiert. Starke Rahmen wechseln mit schwachen Rahmen. Die „partnerschaftlich-kumpelhaften" Lehrer, Beziehungsprofis und Projektanimateure unterrichten in den selben Klassen wie die traditionellen „Pauker". In „gelockerten" Rahmen kann es dann z. B. vorkommen, daß sich Kinder über Lehrer beklagen, welche nach starken Rahmen arbeiten.

Der gesprächsbereit-„offene" Lehrer hört sich – im besten Falle – kommentarlos die Klage an und verweist die Beschwerdeführer zurück an den betroffenen Lehrer, nicht ohne allerdings mit diesem zuvor ein entsprechendes „offenes Gespräch" geführt zu haben.

2. Eine derartige Situation sozialer Spannungen und schulklimatisch problematischer Verhältnisse dürfte der *Anlaß* für eine der ersten, von Gertraud Diem-Wille geleiteten und gut dokumentierten, schulinternen Lehrerfortbildungsveranstaltungen nach dem neuen Typus der Organisationsberatung schon Mitte der achtziger Jahre gewesen sein.[2] Solch schwierige Situationen gibt es zwar in allen Organisationen, zumal ab einer gewissen Größenordnung, also nicht nur an Schulen, sondern auch an Universitätsinstituten, in Tennisclubs, Klöstern, Betrieben und Krankenhäusern. Wer also an einem besseren Betriebsklima interessiert ist, wird grundsätzlich gut daran tun, Profis zu laden: Professionals für die Verbesserung des sozialen Klimas, Professionals für die Modifikation von Einstellungen und Verhalten von rivalisierenden Gruppen und Individuen. Denn es gibt sie, die Fachleute für das Verstehen und Durchschauen von Gruppenprozessen, welche für ein neues wechselseitiges Verständnis sorgen, indem sie mittels geeigneter Methoden eben diesen ihren Durchblick auch den Beteiligten zugänglich machen.

Das Ziel der an einem Linzer Gymnasium durchgeführten Organisationsberatung – und um diese geht es hier – war es aber nicht bloß, das soziale Klima an dieser Schule entsprechend zu verbessern, also z. B. den „harten Kern", die Clique der Führer und andere Cliquen zu „knacken", Randgruppen und Außenseiter zu integrieren oder Verständnis für die Position des Direktors aufkommen zu lassen.

---

2   Gertraud Diem-Wille, Zusammenarbeit im Lehrkörper. Modellstudie einer Organisationsberatung an einer Mittelschule. Wien-Köln-Graz 1986.

Man wollte mehr: Nicht bloß die Kommunikation der Lehrer untereinander sollte „verbessert" werden, sondern auch deren „Zusammenarbeit", welche als verbesserte und gesteigerte eigentlich zur Arbeit in integrierten Codes gehört. Solche haben bzw. hatten wir damals aber erst in Form von curricularen Elementen. Der (unbewußte?) Versuch dieses Seminars galt also der Implantierung integrierter Codebedingungen über die Modifikation von Rahmung. (Im Sinne Bernsteins fast eine Unmöglichkeit, denn die Relation läuft wesentlich anders herum.) Darüber hinaus sollte auch geprüft werden, „ob und inwieweit sich die" durch die handlungsforschende Intervention des Organisationsberatungsteams „verbesserte Zusammenarbeit der Lehrer auf eine erwünschte Art der Beziehung zu den Schülern auswirkt."[3]

Die „erwünschte Art der Beziehung zu den Schülern" war definiert dadurch, daß „Lehrer stärker auf das soziale Klima der Klasse eingehen", den Schülern „mehr Mitbestimmungsrechte (auch in Fragen der Stoffauswahl!) einräumen und Eigeninitiativen der Schüler fördern" (z. B. Projekte), daß sie „Methoden des sozialen Lernens im Unterricht verwenden" u. a. m.[4] In der theoretischen Nomenklatur Bernsteins heißt diese „erwünschte" Art der Beziehung zu den Schülern eben „lockere Rahmung". In der Sprache des didaktischen Gegenwartsjargons nennt man (und so auch die Autorin der OB-Studie) die Angelegenheit „Schülerorientierung".

Ja, selbst erfahrungsorientiert-gestaltpädagogische bzw. gruppendynamische Momente sollten die erwünschte neue Art des Unterrichtens bereichern. Dazu gehörten etwa „symbolische Arrangements oder nonverbale Übungen, um den emotionalen Gehalt des Stoffes zu veranschaulichen"[5], aber auch „Betroffenheit" und „persönliche Berührtheit" als didaktische Stimulanzien.

Das schulinterne Lehrerfortbildungsseminar neuer Art begnügte sich also keineswegs damit, die Kommunikation amikabler zu machen, die in sich (mehrfach) gespaltene Lehrerschaft zu einem neuen Bewußtsein, einer neuen Praxis von Kollegialität zu animieren. Der handlungsforschende Eingriff des OB-teams intendierte mehr: die Implementation eines neuen pädagogischen Codes. Die gruppendynamische Intervention sollte über die Optimierung der Kommunikation in der Lehrerschaft zur Kooperation derselben führen und über letztere einen neuen Vermittlungscode installieren.

---

3   Ebd., S. 21.
4   Ebd., S. 237.
5   Ebd., S. 240.

Die angestrebte Lehrerkooperation war durch folgende Indikatoren – in aufsteigender Linie – bestimmt: Kollegialer Austausch von Unterrichtsmaterialien, Besprechungen zum Unterricht, gemeinsame Erstellung von Stoffplänen, gemeinsame Unterrichtsplanung durch alle Lehrer eines Faches, fachübergreifende Unterrichtsplanung, gemeinsame Unterrichtsdurchführung, wechselseitige Evaluation von Unterricht (Hospitationen).[6]

Angepeilt war letzten Endes also eine Vision von Gemeinsamkeit, in welcher alle alles gemeinsam machen, in welcher die Partizipateure am Unterricht diesen als ein einziges, kontinuierliches und großes Kooperationsfest feiern. Schule als Organisation ist dabei wesentlich als Organismus imaginiert, die Lehrerschaft eben als „Lehrkörper", dessen einzelne Organe (Lehrer) durch ihr ebenso unendliches wie wechselseitig-harmonisches Zusammenspiel das Telos des Organismus (den Organisationszweck) insofern erfüllen, als sie einen gemeinsamen Unterricht inszenieren, in welchem die Lernenden (ebenso wie die Lehrenden) eigeninitiativ und kooperativ, mitbestimmend und demokratisch, aus Betroffenheit heraus an Themen arbeiten, welche die Fächergliederung übersteigen bzw. hinter sich lassen.

Vieles ist durch diese neue Art der Lehrerfortbildung auch tatsächlich erreicht worden. Diem-Wille berichtet nicht ohne Stolz, „daß sich die Norm, schülerorientiert zu unterrichten, eindeutig durchgesetzt"[7] habe, daß auch emotionale Gehalte der Unterrichtsstoffe auf Grund der neuen nonverbalen Übungen zum Zuge kämen, daß die Schüler den Lehrern nun „feed-back" geben, daß es zwar auch schon vor der Intervention Projekte gegeben habe (z.B. eine „Kulturwoche"), nach dem Seminar – wer hätte es gedacht? – eine „Gemeinschaftswoche". Als Erfolg wird auch verbucht, daß so mancher Lehrer nach dem Seminar den Stoff nun „immer unwichtiger" fände, daß ein anderer jetzt gar versuche, „in die Schüler hineinzuhorchen" und dabei schon mal die eine oder andere Stunde verplaudere.[8] Auch „die Sinnhaftigkeit, fachübergreifend zu planen und den Unterricht durchzuführen", sei „von allen Lehrern klar erkannt und auch am Seminar betont" worden. Sogar „konkrete Vorschläge" dafür seien gemacht worden, etwa derjenige, „im Werkunterricht einen Heißluftballon zu bauen, dessen aerodynamische und physikalische Gesetze vorher im Physikunterricht errechnet worden sind." Ein anderer Vorschlag wäre

---

6   Ebd., S. 229.
7   Ebd., S. 241.
8   Ebd., S. 238.

darauf aus gewesen, „parallel zur Thematik ‚Clown‘ im Zeichenunterricht Clown-Gedichte im Deutschunterricht durchzunehmen."[9]

In die Praxis umgesetzt hätten die Lehrer dann aber keinen von beiden. Die angestrebte Kooperation wäre - so die Autorin der Dokumentation resümierend - auch nach dem Seminar weitgehend auf der technischen Ebene verblieben (Austausch von Unterrichtsmaterialien). Die Anerkennung schülerorientierten und v. a. fachübergreifenden Unterrichts hätte also praktisch nicht in wünschenswerter Weise durchgeschlagen. Zum Zwecke einer über die technische Ebene hinausgehenden Kooperation bedürfe es daher nach Diem-Wille flankierender, äußerer Strukturveränderungen, z. B. rechtlicher und finanzieller Sicherstellungen. Um derartigen kooperativen Unterricht auf Dauer zu stellen, sollte man ihm einen offiziellen Status verleihen. Überdies bräuchten die durch das Seminar erzielten positiven Tendenzen im Lehrkörper zu weitestgehender Kooperation „eine gezielte und längerfristige Betreuung" bis zu ihrer „Habitualisierung".[10]

Diem-Wille hat natürlich recht: So geht es. Wahrscheinlich auch nur so. Dergestalt kann dann eigentlich nichts mehr schiefgehen, denn die entscheidenden Bedingungen sind genannt: Die Zusammenarbeit muß rechtlich fixiert werden (der integrierte Code muß lehrplanmäßig verordnet werden), finanziell abgegolten und, damit das derart Erzwungene auch wunschgemäß funktioniert, bedürfen die (Exekutiv)organe der neuen Pädagogik einer entsprechenden Nachbetreuung bzw. Umerziehung durch weitere Fortbildungsseminare im Sinne der Organisationsberatung.

Ohne derartige (flankierende) Maßnahmen dürfte nämlich z.B. der Glaube an die „Sinnhaftigkeit" der fachübergreifenden Bearbeitung des Themas „Clown" vor Zweifeln nicht verschont bleiben. Ohne derartige Maßnahmen könnten z. B. zumindest dem Physiklehrer Zweifel in bezug auf das Heißluftballonprojekt kommen, Zweifel etwa folgender Art: Die Sache ist zu kompliziert, zu teuer, zu aufwendig, zu zeitraubend, zu gefährlich. Vielleicht braucht man gar einen Führerschein, um ein solches Ding in Betrieb zu nehmen?

3. Kurz und abschließend: Die Chose ist nahezu dieselbe wie im traditionellen Genre des Sammlungscodes. Nur die Vorzeichen sind andere. Auch dort bedarf es der rechtlichen Fixierung der Fächerklassifikation, also eines nach Fächern gegliederten und verordneten Lehrplans, der Ausbildung der Lehrer zu Fachrepräsentanten, einer entsprechenden Kontrolle und Nachbetreuung in

---

9   Ebd., S. 232.
10 Ebd., S. 237.

der Lehrerfortbildung (durch Fachexperten) – „Kleine Geschenke erhalten..."
die Freundschaft, und steter Tropfen höhlt den Stein".

Das von der Bildungsverwaltung eingeleitete und von der Pädagogik betreute
Großprojekt hin zur Arbeit in integrierten Codes bedarf also der „Umerziehung" und Neusozialisation der Lehrkörper. Ohne beträchtliche Wertkonflikte
und noch beträchtlicheren Finanzaufwand wird das nicht abgehen.

Denn die Umstellung auf integrierte Codes braucht – nach Bernstein[11]– eine
explizite Ideologie, während die Sammlungscodes mit einer impliziten auskommen. Und: Daß Organisationsberater teuer sind, dürfte aus Kreisen der
Wirtschaft bekannt sein. Aber vielleicht ist pädagogische Organisationsberatung billiger?

---

11   Basil Bernstein, Beiträge zu einer Theorie des pädagogischen Prozesses. Frank-
     furt/M. 1977, S. 123, S. 155.

Vom Verschwinden des Lehrers und seiner Epiphanie (1998)

1.

Ob die Angelegenheit mit dem zu Ende gehenden Jahrtausend zu tun hat, weiß ich nicht. Plausibel wäre es schon.

Jedenfalls: Die Endediagnosen, Verschwindens- und Todesdiagnosen häufen sich – insbesondere in der Philosophie. Denken Sie z. B. an die Diagnose Michel Foucaults vom Tod des Subjekts und dem Ende des Menschen, denken Sie an Jean-François Lyotards Rede vom Ende der großen Erzählungen oder Francis Fukuyamas These vom Ende der Geschichte. Und Paul Virilio hat seinem (inhaltlich) schönen Buch *Ästhetik des Verschwindens* als Motto einen Satz von Paul Cezanne vorangestellt, der folgendermaßen lautet: „Man muß sich beeilen, wenn man noch etwas sehen will. Alles verschwindet.“[1]

Die Pädagogik blieb davon nicht unberührt. Der Göttinger Ordinarius für Pädagogik Hermann Giesecke publizierte schon 1985 seinen vielbeachteten Essayband *Das Ende der Erziehung*, und das jüngste Buch von Neil Postman heißt bekanntlich *Keine Götter mehr* und im Untertitel ebenfalls *Das Ende der Erziehung*.[2]

Aber auch ich selbst bin diesbezüglich nicht untätig geblieben. Schon vor acht Jahren wußte ich ebenfalls von einem Todesfall zu berichten, nämlich vom Tod des Gymnasiums (in Form organisierter Sterbehilfe). Ich plädierte damals für seine Wiederbelebung, seine Reanimation in der ursprünglichen Form (mit Latein ab der ersten Klasse, Griechisch ab der dritten und Hebräisch ab der fünften). Manche Lateinlehrer applaudierten. Die meisten von ihnen grinsten

---

1 Die hier genannten Lehrstücke sind Lehrstücke von Postmodernität. Denn „modern“ war der Mensch, das Subjekt. Modern waren die „großen Erzählungen“, unter denen sich das Leben, die Politik, die Wissenschaften organisierten. In jenen fanden diese ihre Legitimation. Siehe dazu insgesamt und einführend: Welsch, Wolfgang (1988): Wege aus der Moderne. Schlüsseltexte der Postmodernediskussion. – Weinheim.

2 Was also ebenfalls verschwindet, ist die Originalität von Buchtiteln. Zu Giesecke und Postman läßt sich sagen: „Modern“ war die Erziehung. Ihre Legitimation bezog sie aus den genannten großen Erzählungen. Diese steckten den Sinnhorizont von Erziehung ab. (Mündigkeit, Emanzipation!) Das Schwinden dieses Sinnhorizonts bringt die Pädagogik in eine schwierige Lage.

ungläubig. Die anderen Lehrer hielten mich für verrückt – wie man halt jemanden für verrückt hält, der in einer seriösen Zeitung[3] ernsthaft seine Solidarität mit Wiedergängern und Zombies bekundet, gewissermaßen für die soziale Integration von Vampiren und anderen Untoten eintritt.

Dem offiziellen Organ der österreichischen Staatspädagogik (*Erziehung und Unterricht*) wollte ich damals einen Artikel über das „Comeback des redenden Lehrers" unterjubeln: auch so ein Untoter. Aber das ist mir nicht gelungen. Die Redaktionskamarilla hatte aufgepaßt und die darin enthaltene subtil verschlüsselte Botschaft sofort decodiert. „Das läuft ja auf Lehrerunterricht hinaus." So hieß es, und irgendwie paßte das nicht in die damals schon zart erblühende „Neue Lernkultur", nach welcher Lehrer von Schülern gar nicht mehr zu unterscheiden sein sollen.

Ich zitiere Josef Thonhauser als einen der federführenden Autoren der „neuen Lernkultur", der sich expressis verbis dafür ausspricht, daß im Unterricht „*alle Lehrende sind und alle Lernende*", daß also – näher wird das nicht ausgeführt, aber immerhin soweit – „*Schülerinnen und Schüler ihr Lernen selber organisieren und planmäßig Lehrfunktionen übernehmen*" und sich daher auch selber beurteilen, wodurch sie „*ihre Selbstbeurteilungskompetenz steigern*".[4]

Manche dieser Verschwindens- und Endediagnosen mögen überzogen sein, im großen und ganzen aber – so meine ich – haben diese Theoretiker etwas durchaus Bemerkenswertes gesehen, wobei ich gerne einräume, daß einem „daß etwas nicht mehr da ist" nur auffällt, wenn einem dieses etwas irgendwie wichtig war.

Bevor ich auf die Eigenart des Verschwindens des Pädagogischen eingehe, um dann abschließend noch ein paar Bemerkungen zu seiner Art der Epiphanie (allerdings ganz von selbst wird sich diese nicht ereignen) zu machen, möchte ich die Beobachtungen unserer Verschwindensdiagnostiker noch ein bißchen erläutern und damit die Triftigkeit dieser Thesen auch ein wenig erhärten.

Wenn Foucault vom „Ende des Menschen" spricht, also davon, daß er verschwinden wird wie ein in den Sand des Strandes gezeichnetes Gesicht, dann meint er nicht das Ende der Gattung homo sapiens (etwa im Zuge einer atomaren Auslöschung)[5], sondern das Ende der Idee des Menschen; der Tod des Subjekts meint eine geschichtlich aufgekommene Kategorie, die ihre Glaubwürdigkeit

---

3   Schirlbauer, Alfred: Das Gymnasium „nickt". In: Die Presse/Spectrum, 3. Februar 1990.

4   Thonhauser, Josef: Lebendige Lernkultur – gelebte Lernkultur … – In: Projektgruppe Neue Lernkultur 2, Zentrum für Schulentwicklung Klagenfurt o. J., 21.

5   Siehe dazu: Horstmann, Ulrich (1983): Das Untier. Konturen einer Philosophie der Menschenflucht. – Wien/Berlin.

einbüßt gerade durch die Instanz, welche ihr ihre ursprüngliche Kraft geliefert hat: die moderne Wissenschaft.[6]

Leichter nachvollziehbar ist vielleicht die Diagnose Lyotards vom Ende der großen Erzählungen: der christlichen, der des Sozialismus, der aufklärerischen vom Licht der Vernunft und der Teleologie des Geistes. Sie haben ihre Selbstverständlichkeit eingebüßt, ihre Glaubwürdigkeit verloren. Zuviel Unheil sei in ihrem Namen angerichtet worden.

Besonders plausibel ist die These Virilios vom „Verschwinden der Geographie" als eines Verschwinden des Raumes bzw. der Bedeutung des Raumes durch die modernen Massenkommunikationsmittel.

2.

Ich komme nun zur Eigenart des Verschwindens des Pädagogischen. (Ein paar Andeutungen habe ich ja schon gemacht.)

Wenn ich z.B. vom Verschwinden des Lehrers spreche, dann meine ich nicht, daß seine maskuline Variante zugunsten der femininen verschwindet (d. i. banal, dazu braucht man keine Statistik – das kann man sehen, mit freiem Auge), aber ich meine auch nicht die Zahl der Träger dieser Berufsbezeichnung (denn diese sind ja in den letzten zwanzig Jahren immer mehr geworden), sondern ich meine – durchaus analog zu Foucault – die Idee des Lehrers bzw. nüchterner: seine Funktion.

Wenn Schüler etwa „*planmäßig Lehrfunktionen übernehmen*", dann macht es wenig Sinn, sie als *Schüler* von *Lehrern* zu unterscheiden. Wenn alle Lernende sind, macht es wenig Sinn, die in der Regel älteren unter ihnen zu bezahlen, die anderen nicht. Ich weiß natürlich, daß solche Sentenzen, entsprungen aus den ebenso theorie- wie weltabgewandten Konzeptionen heutiger Reform- bzw. Neoreformpädagogik keineswegs die gängige Praxis beschreiben, sondern bisher wesentlich als Programm fungieren oder – wie Thonhauser selbst sagt – als „motivierende Zukunftsvision". Mir ist auch klar, daß sich Praktiker vor solchen den Hausverstand grob mißachtenden Zumutungen normalerweise durch Ignorieren schützen. Ich frage nur: Wie lange noch? Wie lange wird das noch gehen? Wenn ich recht sehe, verschwinden ja nicht nur die Lehrer, was ihre Funktion anlangt, sondern es verschwinden natürlich auch die Direktoren: Sie werden zu Schulmanagern mit multifunktionalem Aufgabenprofil und Total-Quality-Supervisoren. Und die Schulaufsichtsbeamten werden umfunktioniert

---

6 Speziell die Psychologie, Neurologie, Biowissenschaften, aber auch Varianten der Soziologie.

zu pädagogischen Beratern, zu Autonomie- und Projektberatern, zu Evaluationsmanagern.

„Coaching" und „Controlling" (die deutsche Orthographie wird in der Tat immer überflüssiger) werden ihre Funktionen sein in einem Bildungssystem, das sich was seine Zwecke, Verfahren und Begrifflichkeit anlangt, mehr und mehr dem modernen Wirtschaftsbetrieb angleicht.

Mit Blick auf die schwedische Gesamtschule und beißendem Sarkasmus schreibt Heinz-Joachim Heydorn schon 1972 folgendes: „Schulmanagement[7] ist Beruf wie Industriemanagement, in beiden Sparten wird für kurzfristige wechselnde Bedürfnisse produziert. Der Anfall bestimmter Berufsgruppen wird durch die Schule eingeplant; sie werden ausgestoßen, mobil, austauschbar, wo dies auch immer der Prozeß erfordert. Die Schule wird dem Industriebetrieb angeglichen. Integration und Differenzierung sind auch hier Hauptmomente. Im verstellbaren Betrieb werden gemeinsames Bewußtsein, gemeinsame methodologische Ansätze des Arbeitens ebenso produziert wie qualifizierte Spezialisten mit unterschiedlichen gesellschaftlichen Bewertungsgraden. Allgemeinbildung und Berufsbildung sind somit durchaus interdependent, aber unter den Verwertungsgesichtspunkten einer sozialkapitalistischen Gesellschaft. Der Dienstleistungscharakter des Lehrers ist unzweifelhaft festgelegt, es bleiben keine Persönlichkeitsillusionen."[8] Die Slogans „Schlüsselqualifikation" oder „dynamische Fähigkeiten" im Sinn von „Selbst-, Sozial- und Methodenkompetenz" standen damals noch nicht zur Verfügung.[9]

Sie lösen den Dualismus von Allgemeinbildung und Berufsbildung, der noch eine kritische Spannung enthielt in wohlgefällige Konformität auf und bringen dergestalt auf den Begriff, was damals zeitgeisthaft schon präsent war und eben (für Heydorn) in Schweden schon Wirklichkeit.

„Schlüsselqualifiziert" zu sein bedeutet eben, daß man zwar nichts Besonders kann, aber zu allem fähig ist und bereit; vor allem ist man unglaublich lernbereit im Sinne von umstellungsbereit und anpassungsbereit. Der

---

7   In den frühen Siebzigern hätten Lehrer über einen Ausdruck wie „Schulmanagement" milde gelächelt. „Manager" war damals v. a. in seiner Verbindung mit „Krankheit" üblich: „Managerkrankheit".

8   Heydorn, Heinz-Joachim (1980): Ungleichheit für alle. Zur Neufassung des Bildungsbegriffs. Bildungstheoretische Schriften. Band 3. – Frankfurt, 138.

9   Der Terminus „Schlüsselqualifikation" taucht erstmals auf bei: Mertens, Dieter (1974): Schlüsselqualifikationen. Thesen zur Schulung für eine moderne Gesellschaft. – In: Mitteilungen aus der Arbeitsmarkt- und Berufsforschung, 7. – (o. O.). Die „dynamischen Fähigkeiten" sind Thema des *Weißbuches 1999* des BMUKA.

„Schlüsselqualifizierte", der den Gebildeten heute ersetzen soll, hat vor allem das Lernen gelernt. Die Inhalte spielen kaum noch eine Rolle, fungieren nur noch als Vehikel. Sie sind aufs äußerste reduziert. Angeblich veralten sie sowieso so schnell wie die Mode der letzten Saison. Das einzig Bemerkenswerte an ihnen scheint ihre sich immer mehr verkürzende Halbwertszeit zu sein, sodaß man vor allem bereit sein muß zum „learning on demand", zum Lernen auf An- und Aufforderungen hin.

Pädagogik und Bildungspolitik verschwinden durch strukturelle Anverwandlung. Sie verwandeln sich in ein Amalgam von Volkswirtschaftsstatistik und Sozialintegration.

Einerseits bleibt keine Gelegenheit ungenützt, darauf hinzuweisen, worum es wirklich geht, welches die unverrückbaren Maßstäbe für den Gesamtbetrieb sind, die Ordnungsgesichtspunkte und Superkriterien, nach denen sich alles und alle zu richten hätten, nämlich „die Globalisierung kommt bzw. ist schon da ...", „die Zukunft verlangt ...", „die Wirtschaft erfordert ...". Hier werden lauter Invarianten verkündet. Als variabel sind allein die Subjekte gedacht (die „Unter-worfenen").

Auf der anderen Seite boomt eine überdrehte pädagogische Semantik, die der hochfliegenden und ebenso formalen wie leeren pädagogischen Superbegriffe gar nicht genug kriegen kann. Die pädagogischen Totemwörter wie Autonomie, Selbständigkeit, Spontaneität, Humanität und Kreativität beginnen gewissermaßen zu tanzen. Konkret: Die den anvisierten Lernprozessen affine Begrifflichkeit wird mit Attributen versehen, welche die Angelegenheit akzeptabel machen, indem sie sie euphemisieren, gleichzeitig aber die verschlüsselte Botschaft an das Individuum enthalten, daß es selbst schuld ist, wenn es scheitert.

So spricht z. B. die Denkschrift der Kommission *Zukunft der Bildung – Schule der Zukunft* des Ministerpräsidenten von NRW „zeitgemäß" von Bildung als Anpassung an „Entwicklungstendenzen in Gesellschaft, Politik, Ökonomie und Kultur", aber eben von einer „kreativen Anpassung" an die Erfordernisse dieser Entwicklungen.[10]

Wer in diesem Prozeß permanenter Selbstmodifizierung im Sinne von selbstorganisierten und selbstgesteuerten Lernprozessen nicht kreativ genug ist, hat dann eben Pech gehabt. Die Verantwortung für die angesichts unabsehbarer Lagen und unsicherer Zukünfte fehlschlagenden Lernprozesse übernimmt nicht einmal mehr pro forma eine zentrale staatliche Stelle, sondern wird den autonom

---

10   Hier zit. n. Ruhloff, Jörg (1997/98): Bildung heute. In: Pädagogische Korrespondenz, Nr. 21 (1997/98).

sich profilierenden Schulen zugespielt, den Lehrern, allen „Betroffenen des Standorts" (so die selbstentlarvende Rede des *Weißbuches LP 1999*) und im Sinne sich weiter demokratisierender Lernverhältnisse der „neuen Lernkultur" letztlich der Schülerschaft selber.[11] Selbstorganisierte Lernprozesse sind eben keine didaktisch gesteuerten Lernprozesse. „Pädagogische Führung" verschwindet zugunsten einer pädagogisch - psychologischen „Begleitung". Wenn Lernprozesse nicht mehr an Lernzielen (kulturellen Standards) orientiert sind, sondern am Lernenden selber („Schülerorientierung"), tritt sich der Lehrer als Pädagoge selber auf die Füße.[12]

In seinen *Studien zur Bildungstheorie und Didaktik*, Standardwerk der Lehrerausbildung der siebziger Jahre[13] unterschied Wolfgang Klafki noch die „Didaktik im engeren Sinne" von der „Didaktik im weiteren Sinne". Mit ersterer war die Theorie der Bildungsinhalte und des Lehrplans gemeint, mit der zweiten die sogenannte Methodik. Methodische Überlegungen würden nur Sinn machen, wenn die bildungstheoretischen und lehrplantheoretischen Probleme einigermaßen geklärt wären. So dachte sich das Klafki damals. Die Methodik hätte zwar ein gewisses Eigenrecht, könne aber nicht unabhängig von Lehrplan- und Inhaltsfragen sich entwerfen.

Meinem geistigen Großvater, Alfred Petzelt, wäre das schon viel zu großzügig gedacht gewesen; bei ihm fielen die Inhaltsfragen mit den methodischen überhaupt in eins. Der Inhalt war nichts anderes als die methodische Struktur seines „Erkanntwerdens". Wenn wir wissen, was den Inhalt (Gegenstand) ausmacht, erübrigen sich methodische Fragen – so sagte er und fügte hinzu: „Wir brauchen die Krämerei in den sogenannten Methoden nicht."[14]

Aber – ob Petzelt oder Klafki – eines stand fest: Über die Inhalte entscheidet der Staat bzw. die „Kulturgemeinschaft" (das durfte man so noch sagen), und Methode war Angelegenheit der Lehrer, jedenfalls Angelegenheit der Lehrerausbildung. Der Lehrer war Repräsentant der kulturellen Ansprüche und Standards einer Gesellschaft bzw. staatlichen Gemeinschaft. Seine Aufgabe war es, die kulturellen Ansprüche dieser Gesellschaft gegenüber der nachwachsenden

---

11 Selbstentlarvend ist die Rede von den „Betroffenen des Standortes" (Schulen!) insofern als bisher diese Floskel ausschließlich im Zusammenhang von Kommentaren über diverse Betriebsschließungen gebräuchlich war.

12 Siehe dazu Schirlbauer, Alfred (1996): Im Schatten des pädagogischen Eros. Destruktive Beiträge zur Pädagogik und Bildungspolitik. – Wien.

13 Siehe dazu auch Beckmann, Hans-Karl: Aspekte der geisteswissenschaftlichen Didaktik. – In: Ruprecht, Horst et al. (Hg.) (1972): Modelle grundlegender didaktischer Theorien. – Hannover.

14 Petzelt, Alfred (1964): Grundzüge systematischer Pädagogik. – Freiburg, 77.

Generation zu Geltung zu bringen. Der Lehrer verstand sich – v. a. der Gymnasiallehrer bezog daraus sein Selbstverständnis – als Meister eines Faches, eines oder zweier Kulturgebiete. Denn eines war klar: Man lehrte Schüler, wenn man lehrte, vor allem *etwas*. Um dieses Etwas ging es, und Lehrer wußten, was dieses Etwas war und wie es zu lehren war. Schüler konnten bzw. wußten das, worum es ging, nicht bzw. noch nicht und waren deswegen *Schüler*.

Keine Rede davon, daß miteinander auszuhandeln wäre, was wir denn in der nächsten Woche machen könnten oder daß das irgendwie von irgendjemandes Bedürfnissen abhinge. Sicher: Man konnte das, was Lehrer zu tun hatten, für die Kinder interessanter, verständlicher, spannender machen, oder man konnte es trockener und langweiliger tun. Das galt als eine Frage des pädagogischen Geschicks der einzelnen Lehrer, zwar nicht bei Petzelt oder Klafki, aber im weiten Feld der Schulpraxis. Damit machte man es sich zugegebenermaßen zu leicht.

Was wir derzeit aber erleben, scheint mir folgendes zu sein: Aus der Inhalts- und Bildungsfrage zieht sich der Staat als oberster Lehrplangestalter zurück. Inhalte festzulegen, das sei – so heißt es heute – weder mehr möglich noch wünschenswert.[15]

Dafür weiß er aber auf einmal Bescheid über die richtigen Methoden. Der Staat wird selber Unterrichtsmethodiker. An seiner Statt werden die Schüler (bzw. alle „Betroffenen des Standorts") zu ihren eigenen Lehrplangestaltern. In manchen „didaktischen" Konzepten ist die Inhaltsfrage völlig verschwunden, so etwa im Konzept des „erfahrungsoffenen Lernens". Hier heißt es beispielsweise: „Der Lehrer/Die Lehrerin ist nicht diejenige Person, die eine richtigere Sichtweise von der Lage der Dinge vermittelt, sondern eine Person, die sich bemüht, den inneren Erlebnis- und Erfahrungsprozeß des Lernenden aus dessen Perspektive verstehend nachzuvollziehen und die durch diese hermeneutisch-empathische Fähigkeit den Prozeß des lebendigen Lernens anregt."[16]

---

15 V. a. aber die Theoretiker der Pädagogik üben hier eine Form nobler Zurückhaltung, welche fatale Folgen haben dürfte. Als Indiz dafür werte ich die Titelstory der *Zeit* (Pfingsten 1997), in deren Rahmen eine Reihe von Schriftstellern und *ein* Erziehungswissenschaftler zum Kanonproblem für den Literaturunterricht befragt wurden. Waren sich die Kulturproduzenten weitgehend in dieser Frage einig, so übte sich der Pädagoge (Hartmut von Hentig) in beredter Ratlosigkeit, obwohl er ansonsten (in Schulfragen allgemein und in methodischen speziell) alles andere als skeptische Zurückhaltung zeigt.

16 Groddeck, Norbert (1978): Aspekte zu einer Theorie erfahrungsoffenen Lernens. – In: Garlichs, Ariane/ Groddeck, Norbert (Hg.) (1978): Erfahrungsoffener Unterricht. Beispiele zur Überwindung der lebensfremden Schule. – Freiburg.

Bei Gudjons im *Projektbuch* kann man lesen: „Der Projektunterricht bricht mit der anscheinend zur schulpädagogischen Tradition gehörenden Gering-schätzung der Kompetenz des Schülers."[17] Die projektpädagogische Hochschät-zung der Schülerkompetenz dürfte demnach Unterricht und Lehre überflüssig machen.

Und in einer Wiener Werbebroschüre für den Projektunterricht wird Leh-rersein folgendermaßen definiert: „Die Lehrerin/Der Lehrer wird zum koor-dinierenden Berater und Helfer. Er zieht sich weitgehend von der Leitung des Unterrichtsgeschehens zurück, steht aber den Schülern jederzeit zur Verfü-gung."[18]

Die Ansprüche des Objektiven, des Gegenständlichen und Inhaltlichen – so habe ich den Eindruck – verflüchtigen sich zusehends; statt dessen wird das Subjektive gepflegt und gehätschelt, der Befindlichkeits- und Bedürfnisdiskurs gesteigert.

Es gibt (im Rahmen des Studiums der Pädagogik) universitäre Proseminare, welche drei Viertel der zur Verfügung stehenden Zeit mit der Themenfindung verbringen. Es gibt Diplomprüfungen, in denen der Prüfer die Kandidatin fragt, ob sie denn mal sagen möchte, wie ihr das Buch gefallen habe, welches sie als Prüfungslektüre selbst gewählt hat.

Die Didaktik – nach Josef Derbolav[19] das „Herzstück der Pädagogik" – ist in den tonangebenden Konzepten der „neuen Lernkultur" geradezu von ihrem eigenen Verschwinden besessen. An der frei werdenden Stelle bläht sich das Methodische auf. Das Gesetz vom „horror vacui" gilt nicht nur in der Phy-sik. Das Methodische – in den didaktischen Modellen noch der siebziger Jahre etwas durchaus Sekundäres – wächst und wuchert, hypertrophiert, ja metasta-siert. Reine Einfühlung fordert das erfahrungsoffene Konzept. Es kennt keine richtigere Sichtweise von der Lage der Dinge mehr.

Aus Anlaß eines Symposions treffe ich eine hohe Funktionärin der öster-reichischen Bildungsverwaltung. Sie sagt zu mir: „Sie kenne ich doch. Sie sind doch der, der immer so böse Sachen über uns schreibt." Ich antworte: „Ich bin's, ja ich sehe das als meine Aufgabe an." Sie: „Na, was werden sie denn morgen bei ihrem Vortrag sagen?" Ich: „Bei dem Honorar – nur die Wahrheit!" Sie: „Aber

17   Gudjons, Herbert /Bastian, Johannes (1985): Das Projektbuch. – Braunschweig, 19.
18   Projektzentrum – Projektunterricht. Der Stadtschulrat informiert.
19   Derbolav, Josef (1971): Versuch einer wissenschaftstheoretischen Grundlegung der
       Didaktik. – In: Ders.: Systematische Perspektiven der Pädagogik. – Heidelberg.

gehen's – Wahrheit (?). Wir haben doch alle nur unsere Meinungen. Darüber sollten wir uns einmal unterhalten."

Ich kann nur winzige Ausschnitte aus dem Panorama des neuen Ungeistes präsentieren, aber vielleicht diesen Versuch einer Gesamtinterpretation; ich bediene mich dazu einer Stelle aus Jean Baudrillards *Paradoxe Kommunikation*. Sie handelt vom „Vorrang des Lassens": „Es darf kein Wissen mehr geben außer dem, das aus einem Wissenlassen hervorgeht. Es darf kein Sprechen mehr geben außer dem, das aus einem Sprechenlassen hervorgeht, aus einem Akt der Kommunikation also. Es darf keine Aktion mehr geben außer der, die aus einer konzentrierten Interaktion hervorgeht, bei der Kontrolle und Feedback schon impliziert sind. Denn das, was eine Operation eben von einer Aktion unterscheidet, ist die Tatsache, daß sie kontrolliert ist, *daß sie auf die eine oder andere Weise in ihrer Abwicklung einer Kontrolle untersteht, daß sie sich nicht frei, sozusagen abenteuerlich abspielen kann, sondern daß sie gezwungenermaßen in ihrem Ablauf geregelt ist* .... Dieser Vorrang des Lassens, der Operation über die Qualität der Aktion, der zudem auch den Vorrang der Kommunikation über jede andere Funktion bedeutet, führt sogar zum operationellen Paradox: Nicht nur geht es nicht so sehr um das Gelten, als um das Geltenlassen, aber es ist noch besser, nichts zu gelten, um besser gelten zu lassen; am besten ist es, nicht zu wissen, um besser wissen zu lassen; am besten ist es, nicht zu produzieren, um besser produzieren (arbeiten?) zu lassen; am besten ist es, nichts zu sagen zu haben, um besser zu kommunizieren ... die gute Kommunikation erfolgt über die Vernichtung ihres Inhalts ..."[20]

Ich denke dabei an den Lehrer, welcher Lernprozesse arrangiert, anregt, moderiert, an den Koordinator, Berater, Helfer, an den empathischen Hermeneutiker der jugendlichen Erlebnisse zum Zwecke der Anregung lebendigen Lernens. Er ist es, der Wissen läßt, der Sprechen läßt, der durch sein operationell erzeugtes Lernklimadesign zum Sprechen und Handeln bringt und damit einen Lernprozeß induziert, dessen Ziel im Nirgendwo liegt, weil es gar nicht mehr um Geltung (Wahrheit, Richtigkeit) geht, sondern um Geltenlassen.[21]

Ich denke dabei aber z.B. auch an unsere Bildungsverwaltung, an das *Weißbuch LP-1999*, an einen Lehrplan also, der beinahe ohne Inhalte auskommt; eine Variante des Lehrplans, die sich als Lehrplan selber dementiert, indem sie die

20　Baudrillard, Jean (1988): Paradoxe Kommunikation. – Bern.

21　Vgl. dazu meine Abhandlung: Von Klempnern, Schwätzern, Kurpfuschern und Animateuren. Der Lehrer und sein wandlungsfähiges Selbstverständnis. – In: Schirlbauer, Alfred (1992): Junge Bitternis. Eine Kritik der Didaktik. – Wien.

inhaltliche Planung den autonom seinsollenden Schulen zuspielt; der erste Lehrplan, der sich gar nicht so sehr als Lehrplan versteht, sondern als „Ermöglicher"
von Lehrplänen: Die pädagogische Variante des Reality-TV. Das Publikum ist
sein eigener Hauptdarsteller und sieht sich in seinem Unglück selber zu.

Das Schweizer Lehrerleitbild (LCH), welches gleichzeitig Vorbild für die
österreichischen Bildungsfunktionäre ist, schafft es tatsächlich, ein Lehrerbild
zu entwerfen, welches ohne die Worte „Unterricht" und „Lehre" auskommt,
aber nicht nur ohne diese Worte, sondern auch ohne die damit bezeichneten
Sachverhalte. Demnach müssen Lehrer alles mögliche tun, nur nicht unterrichten oder lehren. Vor allem müssen sie ununterbrochen „fördern": ein „positives
Lernklima", „das Wohlbefinden", die „Leistungsbereitschaft", den „Teamgeist
im Lehrkörper"; „mit den Lernenden müssen Lernziele gefunden werden", aber
auch andere „am Bildungsgeschehen Beteiligte" müssen miteinbezogen werden.
„Lernprozesse fördern" wird definiert als „Lernenden den Zugang zu Wissen zu
erschließen". Wer wird vom Eintreten reden wollen? Lehrer werden definiert als
„Fachleute für Lernen". Wohlgemerkt: Nicht für das Lehren, auch nicht als Fachleute für Mathe, Physik, Latein etc., sondern als Personen, „die den Lernenden
verantwortbare Auseinandersetzung mit sich selbst … ermöglichen." Selbstverständlich muß das günstige Lernklima auch „laufend evaluiert werden."

Jemandem zu zeigen und zu sagen (zu erklären z. B.), wie eine Sache sich
verhält, gilt vermutlich als autoritär, inhuman, berücksichtigt v. a. nicht, daß es
ja nur subjektive Sichtweisen gibt und keine Objektive.

Das ist die Grundannahme der „Antipädagogik".[22] Und als antipädagogisch – zumindest antipädagogisch getönt – können die neuen Lernformen,
neuen Lehrerbilder und neuen Beziehungsstrukturen bezeichnet werden.

3.

Ich komme nun zum Schluß und spitze meine These vom Verschwinden der
Didaktik, der Pädagogik überhaupt und der Idee des Lehrers zu. Als literarischen Anknüpfungspunkt wähle ich wiederum Jean Baudrillard, eine Stelle aus
seinem Buch *Die fatalen Strategien*.[23]

Das Verschwinden des Pädagogischen heute ist nicht von der Art, daß
es sich klein gemacht und irgendwo versteckt hätte. Denn in diesem Falle

---

22   Dazu exemplarisch: Braunmühl, Ekkehard von (1975): Antipädagogik. Studien zur
     Abschaffung der Erziehung. – Weinheim/Basel.
23   Baudrillard, Jean (1985): Die fatalen Strategien. – München, 10–11.

könnte man es *wieder*holen und re-präsentieren. Es ist aber auch nicht einfach überhaupt weg und dergestalt unwiederholbar. Der Vorgang, dem wir beiwohnen ist vielmehr höchst paradox. Die weitverbreitete Antipädagogik ist – und das scheint mir ihr und unser Problem zu sein – pädagogischer als das Pädagogische.

„Die Antipädagogik" – so heißt es bei Baudrillard (übrigens der einzig direkte Satz zu Erziehungsfragen in diesem Werk) – „ist die ekstatische Form der Pädagogik." Analog gilt für ihn: „Die Mode ist die Ekstase des Schönen: Sie ist die reine und leere Form einer um sich selber kreisenden Ästhetik." Dies dadurch, daß sie – ich interpretiere – gewissermaßen auf ihre Funktion als Bekleidung vergessen hat, sich von dieser Funktion losgesagt hat und sich nur mehr auf sich selber bezieht. Analog gilt für ihn auch: „Das Antitheater ist die ekstatische Form des Theaters: keine Bühne, kein Inhalt, Straßentheater, keine Schauspieler, Theater aller für alle, das bis zum äußersten mit dem Ablauf unseres illusionslosen Lebens vermischt ist."

Auch im Modus des Antitheaters hat sich das Theater von seiner Funktion losgesagt, wie übrigens auch moderne (gegenstandslose!) Malerei. Gegenstandslos zirkuliert der Malakt „um sich selber und verschwindet, nicht ohne auf uns eine gewisse Faszination auszuüben." Ekstase ist für Baudrillard „eine Qualität, die jedem Körper eigen ist, der sich bis zur Bewußtlosigkeit um sich selber dreht, um dann in seiner reinen und leeren Form zu erstrahlen."

Faszination ist eine Resultante dieser Übersteigerungsphänomene. Das Modell ist wahrer als das Wahre (da es die Quintessenz der charakteristischen Merkmale einer Situation ist), die Mode schöner als das Schöne, die Simulation (das Fernsehen z. B.) realer als das Reale, die Talkshow gesprächiger als das Gespräch (der Inhalt ist zweitrangig), die Antipädagogik pädagogischer als das Pädagogische, die reine Form der Pädagogik (Lehrer ohne Lehrziele, Ansprüche; Unterricht ohne Inhalte, Kinder ohne Wissensdefizite).

Ganz allgemein heißt es bei Baudrillard: „Die Ungewißheit über die Grundlagen unserer Kultur treibt uns zu einer schwindelerregenden Übersteigerung formaler Qualitäten und somit zur Form der Ekstase."

Ich ergänze: Die Ungewißheit bezüglich der Grundlagen unserer Kultur ist es, die uns drängt, vom „Lernen des Lernens" zu reden statt vom Lernen (von Inhalten); unser eigenes Unwissen, unsere Ahnungslosigkeit ist es, die uns verführt, all unsere Hoffnungen auf die neuen Medien (die Speicher und Datenbanken) zu setzen statt auf einen distinkten Kanon des Lernenswerten. Die Ungewißheit über die Grundlagen unserer Kultur ist es, welche die

Allgemeinbildung verabschiedet und an ihrer statt die leere Formalität der „Schlüsselqualifikation"[24] reüssieren läßt.

Die gegenwärtige Pädagogik und auch die Bildungspolitik sind hypertelisch geworden; über jegliches Ziel ekstatisch hinausgestiegen kreisen sie um sich selbst. Vielleicht ist das mit ein Grund, warum sie auch nicht mehr zu unterscheiden sind. Pädagogen (Erziehungswissenschaftler!) machen heute einfach Bildungspolitik. Ihre Reden und Texte sind von denen der v. a. sich als Pädagogen verstehenden Ministerialräte, Sektionschefs und Minister kaum mehr zu unterscheiden. Eine unendlich weiche (anti)pädagogische Semantik macht sich breit. Eine Reaktion auf die Härte der real wirksamen Maßstäbe der Welt?

In der Sprache Baudrillards: Wie eine Zelle, die sich von ihrer Funktion im Organismus losgesagt hat, d. h. ihre begrenzte Funktion ignoriert und wuchert, zunächst hypertrophiert wird und dann in der leeren Form der Metastase über sich hinausschießt, hat das Pädagogische seine begrenzte Funktion im gesellschaftlichen Zusammenhang vergessen, hat sich losgelöst (emanzipiert?) von seiner sekundären Funktion, die es gewissermaßen nur als Anhang, Zusatz, Ferment – wie auch immer – zu den Inhalten und Grundlagen unserer Kultur auszuüben imstande ist. Unverzichtbar – gewiß! Aber eben nur in der Weise des Sekundären bzw. des Ferments. Verselbständigt von seinen Entstehungsbedingungen, beispielsweise der Tatsache, daß ab einem gewissen Zeitpunkt der Kulturentwicklung (der Komplexität dieser Kultur) nicht mehr garantiert ist, daß Kinder und Jugendliche von selbst in diese hineinwachsen und daher Pädagogik zur Professionswissenschaft von Lehrern wird – also verselbständigt davon, von seinem Zweck, seinem Sinn und seiner Funktion, kreist das Pädagogische ekstatisch um sich selbst.

In endlosen Schleifen wiederholt und reproduziert eine pädagogische Rhetorik ihre ebenso leere wie glänzende Begrifflichkeit: Kompetenz, Selbständigkeit, Autonomie, Offenheit, Kreativität etc.; Termini, welche allenfalls zur Beschreibung für langfristige Ziele taugen könnten, in Wahrheit aber auch hier schwer überspannt sind, werden umgemünzt in Verfahrensbegriffe. „Selbständig" organisieren Kinder ihre Lernprozesse. Die dabei zum Zuge kommende Selbständigkeit überwältigt jeden Lernprozeß, jeden Inhalt, jeden Gültigkeitsanspruch. Ob das stimmt bzw. richtig ist, was am Ende eines Projekts herauskommt, ist völlig egal, wenn die Kinder nur selbständig sind. Der Vorrang der Operation (der Veranlassung von und Anregung zum Tun) vor der Qualität der

---

24   Eine treffende Kritik des Begriffs „Schlüsselqualifikation" findet man bei Ribolits, Erich (1995): Die Arbeit hoch? – München, 161–199.

Aktion (des Projekts z.B.) ist typisch für die neuen Lernformen. Ob die Schülerselbstbeurteilung einigermaßen leistungsadäquat ist, ist völlig egal, wenn sie nur selbständig vollzogen ist. Wer könnte das besser beurteilen als der Lernende selbst, der seine Ziele, Inhalte, Methoden selbstkompetent, sozialkompetent und methodenkompetent selbst gewählt hat?

Das Pädagogische verschwindet nicht in dem Sinne, daß es weniger würde oder daß wir gar nichts mehr von ihm hätten, sondern dadurch, daß es zuviel geworden ist, über sich hinausgewachsen ist und nun nicht mehr als aufklärend-kulturerhellendes Moment wirksam werden kann, weil es alle anderen kulturellen Einzelmomente (Wissenschaften, Künste, Praktiken) überwältigt.

Wiedergewinnen kann man es nur, wenn man es begrenzt, definiert, nicht alles und jedes zu einem pädagogischen Problem erklärt und nicht alle Lebensvollzüge pädagogisiert. In Bezug auf Schule und Lehrer stelle ich mir das folgendermaßen vor: Lehrersein ist ein Beruf: Berufe sind dadurch definiert, daß man etwas Bestimmtes kann und macht. Nicht irgendwie alles, dieses und jenes und überhaupt das Ganze ganzheitlich, sondern Spezifisches, was andere nicht können und machen.

Lehrer sind also Profis, Profis des Lehrens, d. h. des Zeigens, Erklärens und Erzählens. Ihr Geschäft ist Demonstratio, Explikatio und Narratio. Sie machen das Undeutlich deutlich, erklären das Verworrene, zeigen das Sichtbare und versichtbaren das Unsichtbare und Verborgene. Sie beschreiben auch Vorgänge und Ereignisse an denen uns die leibhaftige Teilnahme unmöglich ist. Sie weiten den „Gedankenkreis" und sorgen für die „Vielseitigkeit des Interesses" (Johann F. Herbart). Sie sind Profis der Aufklärung.

Sie wollen, daß der Jugend „ein Licht aufgeht". Deshalb geht es ihnen in Bezug auf die Heranwachsenden darum, daß aus Unkenntnis Kenntnis, aus Ahnungslosigkeit und Vorurteil Erkenntnis wird; aus Unfähigkeit und Unbeholfenheit soll Könnerschaft werden. Lehrer tun das deshalb, damit Jugend fähig wird, in eine hochentwickelte Zivilisation einzutreten und diese gegebenenfalls weiterzuentwickeln. Zu diesem Zweck muß diese Kultur in ihren Grundlagen „verstanden" werden. Lehrpläne haben diese Grundlagen zu formulieren. „Offene Lehrpläne" sind eine contradictio in adjecto. Lehrer sind also Repräsentanten des erreichten Zivilisationsstandes. Als solche sind Lehrer allgemeingebildet und Spezialisten gleichzeitig. D. h.: Etwas davon, was diese Kultur ausmacht, können sie besonders gut; z. B. eine für diese Kultur typische Sprache oder eine der Naturwissenschaften.

Da es auch ein blindes Können und unaufgeklärtes Wissen gibt, z. B. ein Können, dessen Bauprinzipien man nicht kennt, weil es einem lebensgeschichtlich zugewachsen ist (Menschen lernen mitunter auch ohne zu wissen, daß sie lernen), bedarf dieses Können und Wissen einer Aufklärung seiner selbst. Damit Wissen und Können lehrbar wird, bedarf es seiner reflexiven Selbsterhellung.

Lehrer sind also nicht nur Wissende oder Könner, sondern zugleich Wissende ihres Wissens und Könnens. Sie wissen auch, wieso sie das wissen, was sie wissen, wieso die Sache so gemacht wird, wie sie gemacht wird, d. h. sie verstehen sich auf den Weg, der zum Ziel führt, auf eine Art und Weise, die es ihnen ermöglicht, diesen Weg nicht nur selber zu gehen, sondern auch anderen zu weisen.

Ihr Wissen und Können unterscheidet sich von anderen Fachexperten, die nicht Lehrer sind (Wissenschaftler, Künstler, Ingenieure), dadurch, daß es tiefer und bewußter ist. „Mehr" nur in seltenen Ausnahmen.

Wissenschaftler, Künstler und Ingenieure bedürfen der Selbstvergewisserung ihres Wissens und Könnens nur am Rande (wenn sie sich nicht mehr auskennen), bei Lehrern gehört diese zum Kern der Profession, weil sie es mit Menschen zu tun haben, die sich nicht auskennen.

Um das Pädagogische wiederzugewinnen, müßte man es also begrenzen. Um den Lehrer als Lehrer wiederzugewinnen, müßte man detto seine Funktionen begrenzen und eben nicht ausweiten.

Leider geht das nur in Zusammenhang mit anderen Dingen, z.B. einer Rehabilitierung der Kategorie des Wissens, einer Rehabilitierung der Kategorie der Bildung, d. h. auch des Subjekts, welches seine Selbständigkeit gerade durch Wissen, also durch Lehre erwirbt.

Im Grunde wird das erst dann möglich werden, wenn der Euphorie über die neuen Medien die entsprechende Ernüchterung folgt, etwa im Sinne von: Sie ersetzen gar nicht das Lernen, die Speicher ersetzen nicht einmal das Gedächtnis, v. a. ersetzen die Networks nicht das Zusammenhänge erstellende Denken.[25]

                                        Das wird noch einige Zeit dauern.

---

25 Siehe dazu Liessmann, Konrad (1991): Digitalisierte Welt. – In: Strobl, Walter (Hg.)
    (1991): Schule und Zukunft. Jahrbuch der Wiener Gesellschaft für Bildungspolitik
    und Schulmanagement. – Wien, 35– 45.

Disziplin - Bemerkungen zum heimlichen Ziel aller Erziehung (1998)

Die Behauptung, daß Disziplin das heimliche Ziel *aller* Erziehung sei, mag gewagt erscheinen, sowohl für Berufssoldaten, mehr noch für Pädagogen und Erziehungswissenschaftler.

Für Soldaten dann, wenn sie den Begriff „Disziplin" gewissermaßen als Markenzeichen für ihre Tätigkeit zu nehmen sich gewöhnt haben, ihm also im Zuge beruflicher Sozialisation eine entsprechend enge Fassung gegeben haben („Disziplin – das gibt es nur bei uns").

Für Erziehungswissenschaftler, aber auch für pädagogische Praktiker, dann, wenn sie den Gestaltwandel des pädagogischen Diskurses (also die Form des Redens und Schreibens über Erziehung) für einen Aufgabenwechsel der Erziehung überhaupt halten und demgemäß sich der Illusion hingeben, es ginge entweder gar nicht (mehr) um Disziplin oder – wenn schon – um eine von den Zöglingen selbst gewählte.

Als pars pro toto für diesen Gestaltwandel des pädagogischen Diskurses im 20. Jahrhundert möchte ich hier einen berühmten französischen Reformpädagogen der zwanziger Jahre anführen, nämlich: Célestin Freinet. Mit den Reformpädagogen der zwanziger Jahre hat dieser Wandel nämlich eingesetzt. Freinet schreibt 1929 über Disziplin folgendes: „Zunächst einmal muß dem Wort ‚Disziplin‘ ein neuer Sinne gegeben werden. Besser wäre noch, dieses Wort in seiner herkömmlichen Bedeutung verschwände ganz aus unserem pädagogischen Vokabular. Denn: Das Kind, dem man Aktivitäten anbietet, die seinen physischen und psychischen Bedürfnissen entsprechen, ist immer diszipliniert, d. h. es hat weder Regeln noch äußere Verpflichtungen nötig, um allein oder mit anderen auch einer anstrengenden Arbeit nachzugehen [...]. Uns stellt sich das Disziplinproblem so: das Kind, das an einer Aktivität teilhat, die es fesselt, diszipliniert sich selbst. Was uns zu tun bleibt: Wir müssen unseren Schülern jede sinnvolle Aktivität erlauben, die ihren persönlichen Interessen entgegenkommt."[1]

Oberflächlich betrachtet stellt sich das Problem tatsächlich so und ist damit – oberflächlich – auch schon gelöst: Man erlaubt den Heranwachsenden jede sinnvolle Aktivität, die ihren persönlichen Interessen entgegenkommt – und schon

---

1   Freinet, Célestin (1980): Pädagogische Texte. – Reinbek, 46 f.

ist es gelöst. Die jungen Leute arbeiten von selbst diszipliniert. Die Sache hat nur einen Haken. Die Reformpädagogen der zwanziger Jahre und die an diese Epoche anknüpfende Gegenwartspädagogik übersehen ihn notorisch. Freinet übersieht ihn, obwohl er ihn nennt. Logisch korrekt müßte sich seine Erlaubnis nämlich auf alle Aktivitäten beziehen, die den persönlichen Interessen der Kinder entgegenkommen und welche gleichzeitig „sinnvoll" sind. Nicht allzu indirekt wäre dann auch zugegeben, daß es auch Aktivitäten geben kann, die zwar den persönlichen Interessen der zu Erziehenden konvenieren, aber nicht erlaubt werden, weil sie nicht „sinnvoll" sind.

Konsequent wäre damit auch gesagt, daß Erziehung und Unterricht, jedweder Bildungsgang bzw. Ausbildungsgang, nichts anderes darstellen als die Anleitung zu sinnvollen Tätigkeiten, genauer: als die Anleitung zu Aktivitäten, welche von den Erwachsenen/den Verantwortlichen für sinnvoll gehalten werden. Mit dieser Frage, was „sinnvoll" ist (hier und heute und für die Zukunft), beschäftigen sich dann eben Bildungs- und Ausbildungsplanung, Curriculumentwicklung und selbstverständlich – auf höchstem Niveau – die Bildungstheorie. Die pragmatische Bestimmung und Durchsetzung dessen, was für sinnvoll gehalten wird (zumeist ohne Beziehung zu bildungstheoretischen Erwägungen), leistet dann bekanntlich die Bildungspolitik.[2] Könnte man die Auswahl der sogenannten „sinnvollen Aktivitäten" den Kindern, Jugendlichen, Ausbildungswilligen selber überlassen, bräuchte es keine Pädagogik. Man müßte allerdings zum Zwecke der Stimmigkeit (innerer Widerspruchsfreiheit) dieser neuen Sicht von Erziehung (einer Art Antierziehung) eine Zusatzpramisse einführen, von der Art etwa, daß angenommen wird, daß die Jugend quasi von selber – wenn man sie nur läßt – sich durch die Art ihrer selbstgewählten Aktivitäten in einen Zustand hineinbildet, der der Erwachsenengeneration paßt.

Ich gebe zu, daß dieses Konzept eines erziehungsfreien Aufwachsens (d. h. eines disziplinierungsfreien Aufwachsens) so, nämlich lupenrein, kaum irgendwo vertreten wird, es sei denn bei den extremistischen Nachfahren der Reformpädagogik (z. B. Ekkehart v. Braunmühl, Hubertus v. Schönebeck, die Deutsche Kinderrechtsbewegung).

In der Regel behelfen sich Pädagogen derartiger Provenienz heute wie damals mit dem Konzept der „vorbereiteten Umgebung". Weil eben das, was „theoretisch" so hübsch menschenfreundlich konzipiert wird, praktisch nie

---

2 Da diese üblicherweise rasch und ziemlich kurzatmig vorgeht, Bildungstheoretiker aber den langen Atem haben, ergibt sich daraus eine Variante des sogenannten Theorie-Praxis-Problems: die „Kluft" zwischen Theorie und Praxis.

und nirgendwo aufgeht, präparieren Pädagogen des Konzepts der Disziplin-freiheit die Umgebung der Kinder mit Spiel-, Lern- und Arbeitsmitteln so, daß die „selbstgewählten" Beschäftigungen der Aufwachsenden tendenziell sich im Rahmen des von den Erwachsenen Gewünschten bewegen. Das disziplinierende Moment der Erziehung wird also vom Erzieher weg in das Spiel-, Lern- und Arbeitsmaterial – also in die pädagogische Ausstattung – verlagert.[3]

Grundgelegt findet sich diese Idee einer disziplinfreien Erziehung (ohne sichtbare Autorität und hörbare Gehorsamsforderung) natürlich schon bei Jean-Jacques Rousseau. Sein Zögling Emile wird nicht direkt erzogen und systematisch unterrichtet, sondern wächst abseits der gesellschaftlichen Gefährdungen („gemäß der Natur") auf. Berühmt ist Rousseaus Begriff der „negativen Erziehung", nach welchem sich der Erzieher pädagogischer Eingriffe zu enthalten habe, bekannt ist auch sein Konzept der „natürlichen Strafe". Wenn Emile – so Rousseaus Modellzögling – aus Unachtsamkeit oder Mutwillen das Fenster seines Zimmers einschlägt, so friert er halt. Nicht der Erzieher straft, sondern die Natur. – Ein ziemlich halsbrecherisches Konzept, nicht nur, wenn man es im Rahmen militärischer Ausbildung anwenden wollte: Wer die Handgranate zu spät wirft, hat dann eben Pech gehabt. Den bestraft die Technik. Wer wie im Konzept der antiautoritären Erziehung eines Alexander S. Neill[4] nicht lesen und schreiben lernen will und den Unterricht in Summerhill nicht besucht (weil ihm der Unterrichtsbesuch freigestellt ist), hat dann eben später Pech gehabt, wenn er vor seinem neuen PC sitzt und bemerkt, daß auch die neuen Medien nur ein Derivat unserer 2500 Jahre alten europäischen Schriftkultur sind.

Die jungen Leute „Sinnvolles" lernen zu lassen, ist die Funktion jedweder Bildungs- und Ausbildungsstätte. Nicht irgendetwas sollen sie lernen, tun und treiben, sondern das, was wir (die Erwachsenengeneration) für sinnvoll halten. Dabei ist Disziplin weniger bloß eine Vorbedingung des Prozesses, eher schon Methode und Begleitprozedur, vor allem aber das Ergebnis: im Sinne eines disziplinierten Denkens und Handelns.

Ein disziplinierter Mensch wäre also einer, der „an sich halten" kann; der seinen Impulsen und Eingebungen, Einfällen und spontanen Wallungen gerade nicht nachgibt, diese vielmehr zu distanzieren und zu kontrollieren versteht. In der Psychologie spricht man auch von „Trieb- und Affektkontrolle". Im

---

3 Wir finden das bei C. Freinet, bei M. Montessori, im Konzept der Landerziehungs-heime, bei Makarenko. Detto bei den Epigonen heute.

4 Neill, Alexander S. [1960] (1969): Theorie und Praxis der antiautoritären Erziehung. – Reinbek.

Alltagsjargon sagt man auch gern: jemand, der nicht „ausrastet"[5], der sich in der Hand hat, der die Ruhe und Übersicht bewahrt, weil er – in einer Art gedoppelten Existenz – sich ins Verhältnis zur Situation zu setzen vermag, in der er sich befindet; eine Qualität, die man dem stoischen Bewußtsein[6] zurechnet, aber auch – vielleicht fälschlich? – ganzen Kulturen (z. B. den fernöstlichen) und insgeheim bewundert. Der Shaolin-Meister, aber auch der gewöhnliche europäische Karateka: Vielleicht imponieren sie unseren Jugendlichen weniger durch ihre akrobatischen Leistungen, als vielmehr durch eine Art Disziplin, hinter der wir uns zurückgeblieben wähnen?

Wie auch immer: Was den pädagogischen Diskurs des 20. Jahrhunderts anlangt, die Hoffnung des eingangs zitierten Célestin Freinet scheint sich erfüllt zu haben. Dieses Wort „Disziplin", in seiner ursprünglichen Bedeutung (als Unterweisung, Lehre, Bildung, Zucht, Manneszucht, Methode, Gewohnheit, Ordnung – so steht's im *Stowasser*), ist tatsächlich ganz aus unserem pädagogischen Vokabular verschwunden.

Statt dessen ist von Natürlichkeit, Echtheit, Authentizität, Ursprünglichkeit, Individualität die Rede, speziell von „Spontaneität"; alles – so meint man – solle heute hübsch spontan sein. Man hat es sogar geschafft, den Ausdruck „Spontaneität" grammatisch in die Befehlsform zu packen: Sei spontan! Wer die Paradoxie, den diese Aufforderung enthält, auch nicht gleich durchschaut, fühlt – so meine ich – doch zumindest, daß ihm hier Unmögliches zugemutet wird. Denn: Ist man auf Aufforderung hin spontan, ist man ja nicht spontan, weil man es auf Aufforderung hin ist. Folgt man der Forderung nach Spontaneität nicht, ist man sowieso nicht spontan.[7]

Bei sich im stillen Kämmerlein weiß es jeder: Was man allenfalls (als bewußter Mensch) tun kann, ist sich spontan zu geben, so zu tun als ob, das Inszenierte und mehr oder weniger Geplante und Ausgedachte als Originäres erscheinen zu lassen. Kabarettisten leben davon und wissen, wieviel Disziplin die Erarbeitung eines Programms erfordert, erst recht seine Präsentation. Jedes Verziehen

---

5   „Ausrasten" ist ein Element der „Rädchen" – Metaphorik, welche die gesellschaftliche Seite des Dszipliniertseins (im Sinne von Funktionalität) betont.

6   Die Stoa konzipierte Bildung wesentlich als Affektfreiheit, darin speziell als Angstfreiheit. Ein ängstlicher Mensch könne nie das Richtige (moralisch Gesollte) tun. Daher müsse man den Menschen von seinen Ängsten, v. a. aber von seiner Urangst (der Todesangst), befreien. Siehe dazu L.A. Seneca, Epistulae ad Lucilium (Briefe an Lucilius).

7   Eine klassische „Double-bind-Situation". Wie man's macht, macht man's verkehrt.

eines Mundwinkels ist hier einstudiert und vorbereitet. Hier wird nichts dem Zufall überlassen, der momentanen Eingebung.

Die bedeutenden Anthropologen dieses Jahrhunderts formulierten den Grund dafür auch überdeutlich. Das Wesen des Menschen – so heißt es bei Günther Anders – ist seine Wesenlosigkeit, d. h. seine Künstlichkeit.[8]

In einer immer künstlicher, artifizieller werdenden Welt noch die Ursprünglichkeit und Natürlichkeit beschwören zu wollen, ist gewissermaßen reaktionär, allenfalls verstehbar als Zeichen des Überforderungssyndroms, eine Art Selbstschutzmechanismus.

Konkret: Wer heute Natürlichkeit einfordert, Spontaneität und Originalität als Ursprünglichkeit, soll gleich zugeben, daß er von der modernen Welt und ihrem Disziplinierungsdruck überfordert wird, daß er also die Steinzeit rehabilitieren will: eine Zeit, in welcher – vielleicht! – den natürlichen Antrieben mehr Raum gegeben war als heute, alles durfte man vermutlich auch damals nicht. Vielleicht wirkten die Totems und Tabus sogar direkter als heute?

Meine These: Der pädagogische Zeitgeist (eine Variante des Geistes der „political correctness") erlaubt es zwar zu sagen, worum es in der Erziehung früher gegangen ist[9], nämlich um die Disziplinierung (Ordnung/Hierarchisierung) der Individuen. Er erlaubt es aber nicht zu sagen, daß es auch heute deswegen noch darum geht, weil es pädagogisch vielleicht um überhaupt nichts anderes gehen kann, eben weil der Begriff der Erziehung (als Zucht) ohne sein Telos (der Disziplinierung) nicht zu haben ist, sich auflösen würde.

So präsentiert sich nun der pädagogische Diskurs der Gegenwart selber als höchst artifizielles Gedanken- und Sprachgebäude, in welchem von dem der Erziehung innewohnenden Zweck kaum mehr gesprochen wird, zumindest nicht direkt. Aber: So wie der Fotograf bekanntlich nie selber auf dem Bild ist und doch zu sehen ist, nämlich für den schrägen Blick des Theoretikers, so ist der Zweck der Erziehung nur höchst indirekt aus dem pädagogischen Schrifttum und dem Wust der pädagogischen Forschungen zu erschließen. Oder: So wie die „vornehmen Leute" gerade über Geld sprechen, indem sie nicht davon

---

8 Siehe dazu sein Hauptwerk: Anders, Günther (1956, 1980): Die Antiquiertheit des Menschen. Bd. 1 u. 2 – München.

9 Die Geschichte der Erziehung (nicht unbedingt die der pädagogischen Ideen) erweist sich als Geschichte der Verfeinerung der Disziplinartechniken. Grundlegend dazu: Foucault, Michel (1977): Überwachen und Strafen. Die Geburt des Gefängnisses. – Frankfurt.

sprechen, also das, worum es geht, in subtilster Indirektheit thematisieren[10], sprechen und schreiben Erziehungswissenschaftler gerade von Disziplin, wenn und indem sie nicht darüber reden und schreiben.

Anders ausgedrückt: Selbst die liberalste und freizügigste Pädagogik enthält – so möchte ich meine These zuspitzen – in sich ein autoritäres Moment, welches sagt, was zu tun ist und was zu unterlassen ist. Ich zitiere – wiederum pars pro toto – aus der Kampfschrift eines „antiautoritären Kinderladens"[11]. Der Titel der Kampfschrift: *Erziehung zum Ungehorsam*. Man wendet sich folgendermaßen gegen die dem Gehorsam und der Anpassung dienende traditionelle Erziehung: „Zentraler Begriff unserer unautoritären Erziehung ist die Selbstregulierung der Individuen und Gruppen [...]. Das Kind in der Gruppe und die Gruppe durchlaufen konfliktreiche Situationen, die Voraussetzung ihrer Entwicklung sind. Das Sozialverhalten ist für uns sehr viel wichtiger als Vermittlung von Kulturtechniken. Der soziale Konnex muß erfahren und produktiv wirksam werden. Notwendige Teilschritte in diesem Prozeß sind: Überwindung von Isolation und Bewältigung von Aggression, um solidarisierungsfähig zu sein [...]. In den Kindergruppen müssen erst Sozialverhalten und Solidarisierungsfähigkeit entwickelt werden, die notwendige Voraussetzung für den Klassenkampf sind. Klassenkampf ist ein politisch-ökonomischer Begriff, dessen Zusammenhänge von Kindern noch nicht durchschaut werden können. Sie können aber durchaus Teilaspekte der in der kapitalistischen Gesellschaft bestehenden Abhängigkeiten (Autoritäten, Hierarchien, Konkurrenzverhalten, Unterdrückung) erleben und nachvollziehen [...]. Wir gehen z. B. mit den Kindern auf verbotene Rasenflächen [...]. Dabei erfahren sie und wir die Konfrontation mit Autoritäten."

Die Autoritäten sind also hier die anderen: die Polizisten. Die Kinderladenpädagogen sind solches irgendwie nicht. Man könnte hier sehr schön die sozialpsychologische Theorie des „blinden Flecks" in Anwendung bringen, in welchem natürlich nicht bemerkt wird, wie rigide hier im Grunde die Steuerung und Disziplinierung der Jugend als Vorbereitung auf den Klassenkampf betrieben wird. Sarkastisch könnte man sagen, daß in diesem Konzept der

---

10 Was aber nicht heißt, daß sie sich verstellen. In gewisser Weise wissen sie es gar nicht. Es gibt auch Unbewußtes im soziologischen Sinne.

11 Bott, Gerhard (Hg.) (1970): Erziehung zum Ungehorsam. – Frankfurt. Hier zit. n.: Fischer, Wolfgang /Löwisch, Dieter-Jürgen, Ruhloff, Jörg (1975): Arbeitsbuch Pädagogik I. – Düsseldorf, 113 f.

unautoritären Erziehung die 4 bis 6jährigen quasi als Soldaten des vorzubereitenden Klassenkampfes gesehen werden.

„Haben die Kinder" – so heißt es weiter in dieser Theorie der *Erziehung zum Ungehorsam* – „durch Selbstregulierung eine Gruppenkonstellation erlebt, werden sie durch dieses erweiterte Realitätsprinzip stabilisiert." Was aber – so darf man einwenden – ist die „Stabilisierung" des Verhaltens (durch das Realitätsprinzip) anderes als „Disziplin"?

Die politischen Vorzeichen werden hier ausgetauscht. Die Chose aber ist im Grunde immer dieselbe. Es geht um Ordnung, Einstellung, Haltung, prinzipiengemäßes Verhalten, auch wenn die Prinzipien andere werden.

Das also war 1968. Heute sieht die Angelegenheit ein bißchen anders aus. Auch dazu ein Exempel: Pädagogen der neuen Art, die am heftigsten jedwede Disziplinierung der Jugend ablehnen und alles auf die Karten der freien Entwicklung, der Spontaneität und der Bedürfnisse der Jugend setzen und theoretisch als ultima ratio und einzig zulässige pädagogische Intervention das verstehende Gespräch zulassen, selbst in den Unterrichtsfächern (diese heißen ja auch „Disziplinen") unnötigen Autoritarismus wittern, sind aber bekanntlich höchst aufgebracht, wenn die Jugendlichen sich die Köpfe rasieren oder sich Teile ihres Outfits im Military Shop besorgen. Da müssen dann gleich „pädagogische" Maßnahmen her. Wer in diesem Falle für pädagogische Interventionen plädiert, müßte dann m.E. aber auch zugeben, daß eine Erziehung zum Ungehorsam oder eine solche ohne Ordnungsabsicht also ein ziemliches Unding sein dürfte. Ohne diese als „Besserwisserei der Altvorderen" diskriminierte Attitüde der Erziehung – zu sagen, wo's lang geht – gibt es nämlich nur eines: überhaupt keine Erziehung, den Verzicht auf Erziehung und Bildung des Nachwuchses, in praxi wahrscheinlich dessen Exterritorialisierung; da eben ein Nachwuchs, der bloß nachwächst, ohne nachzudenken, was die Alten vorgedacht haben, ohne ansatzweises Nachmachen, was die Alten vorgemacht haben, also ohne jedwede Mimesis der erreichten Kultur, schlechthin unerträglich wäre.

Immanuel Kant nannte das Problem noch beim Namen: Er sprach von „Wildheit" und reihte die „Disziplinierung" (definiert als „Austreibung von Wildheit") ein in die Hauptmomente der Pädagogik: Wartung, Disziplinierung, Unterweisung und Bildung.

Wörtlich heißt es: „Wildheit ist die Unabhängigkeit von Gesetzen. Disziplin unterwirft den Menschen den Gesetzen der Menschheit und fängt an, ihn den Zwang der Gesetze fühlen zu lassen. So schickt man z. B. Kinder anfangs in die Schule, nicht schon in der Absicht, damit sie dort etwas lernen sollen, sondern damit sie sich gewöhnen mögen, still zu sitzen und pünktlich das zu beobachten, was ihnen vorgeschrieben wird, damit sie nicht, in Zukunft, jeden ihrer Einfälle wirklich auch und augenblicklich in Ausübung bringen mögen."[12] Von Spontaneität, Echtheit, Ursprünglichkeit (den Lieblingsbegriffen der Gegenwartspädagogen) im Tun und Denken ist bei Kant nicht viel die Rede, eher vom Gegenteiligen: von der Ordnung der Körper, der Ordnung der Affekte und der Disziplinierung der Einfälle und Gedanken.

Und bei G.W. F. Hegel kann man ähnliches lesen, wenn er über den Unterricht an Gymnasien (beziehbar auch auf andere Bildungsinstitutionen) folgendes schreibt: „Das originelle, eigentümliche Vorstellen der Jugend über die wesentlichen Gegenstände (der Welt) ist teils noch ganz dürftig und leer, teils aber in seinem unendlich größeren Teil Meinung, Wahn, Halbheit, Schiefheit, Unbestimmtheit. Durch das Lernen tritt an die Stelle von diesem Wähnen die Wahrheit [...]." Und weiter heißt es: Es kommt darauf an, „daß die Unwissenheit verjagt, der leere Kopf mit Gedanken und Gehalt erfüllt und jene natürliche Eigentümlichkeit des Denkens, d.h. die Zufälligkeit, Willkür und Besonderheit des Meinens vertrieben werde."[13]

Hegel exponiert in seinen pädagogischen Schriften gewissermaßen eine Art Drei-Sphären-Theorie des bürgerlichen Lebens und Aufwachsens, in welcher die Familie die erste Sphäre bildet, das Leben in Beruf und Staat die dritte und eigentliche, jedwede Bildungs- und Ausbildungsstätte dergestalt zur vermittelnden zweiten Sphäre gehört: „Das Leben in der Familie nämlich ist ein persönliches Verhältnis, ein Verhältnis der Empfindung, der Liebe, des natürlichen Glaubens und Zutrauens [...] das Kind gilt hier darum, weil es das Kind ist; es erfährt ohne Verdienst die Liebe seiner Eltern, so wie es ihren Zorn, ohne ein Recht dagegen zu haben, zu ertragen hat. Dagegen gilt der Mensch in der Welt durch das, was er leistet; er hat den Wert nur, insofern er ihn verdient. Es wird ihm wenig aus Liebe [...] hier gilt die Sache, nicht die Empfindung [...]. Diese Welt macht ein von dem Subjektiven unabhängiges Gemeinwesen aus; der Mensch gilt darin nach Geschicklichkeit und der Brauchbarkeit [...], je mehr er sich der Besonderheit abgetan und zum Sinne eines allgemeinen Seins und Handelns gebildet hat [...]."[14]

---

12 Kant, Immanuel (1977): Über Pädagogik. – In: Ders. (1977): Werkausgabe. Herausgegeben von Weischedel, Wilhelm. Bd. 12. Schriften zur Anthropologie, Geschichtsphilosophie, Politik und Pädagogik 2. – Frankfurt, 698.

13 Hegel, Georg Wilhelm Friedrich (1812): Über den Vortrag der Philosophie auf Gymnasien (23.10.1812). In: Ders. [1986] (1996): Werke in 20 Bänden. Bd. 4. Nürnberger und Heidelberger Schriften 1808–1817. – Frankfurt, 412.

14 Hegels Rede zum Schuljahrabschluß am 2. September 1811. In: Ebd., 348 f.

„Sich der Besonderheit abtun" und „zum Sinne eines allgemeinen Seins und Handelns" zu bilden, umfaßt m. E. auf höchst abstrakte und allgemeine Weise sowohl das, was wir heute als Professionalität bezeichnen, als auch, was einmal Allgemeinbildung war, also das den Bürgern eines Staates und Gemeinwesens trotz aller Differenzen der Profession und des Standes Gemeinsame.

Individualität, Eigentümlichkeit, Originalität (i. S. von Ursprünglichkeit) sind also keine Zwecke von Erziehung und Unterricht (nach Hegel nicht und auch nicht nach Kant)[15], sondern deren Grenze. So etwas – salopp formuliert – passiert manchmal, manchmal auf erfreuliche Art und Weise, manchmal auf unerfreuliche Weise.

Was Hegel, der Philosoph des Allgemeinen und der Ordnung, positiv aus- formuliert, kehrt übrigens auf höchstem Niveau (allerdings negativ kritisch getönt) in der zweiten Hälfte des 20. Jahrhunderts wieder, bei Michel Foucault (*dem* Kritiker der Disziplinarmacht) und seinem Kompagnon Gilles Deleuze, dem Philosophen der Differenz, also bei den kritischen Analytikern der Ord- nung und der Disziplin. Hier ist dann – mit Bezug auf Pädagogik – z. B. zu lesen von „der gemeinen Moral des Denkens, deren Spiel in unserer Gesell- schaft leicht zu entziffern wäre." Nach Foucault/Deleuze geht es im pädago- gischen Denken und Handeln („Herrschaft des pädagogischen Modells") um den „permanenten Ausschluß der Dummheit und um die Unterwerfung unter den gemeinen Menschenverstand". Die Pädagogik wird hier – ich interpre- tiere – gewissermaßen als kriegführende Disziplin verstanden, seit Anbeginn verwickelt in eine Art Zweifrontenkrieg. Die Feinde heißen Dummheit und Anarchie. Die herzustellenden Zustände also: Klugheit, common sense auf der einen Seite, Ordnung, hierarchische (!) Ordnung auf der anderen Seite. Man solle hier nichts schönfärben, eine nicht-hierarchische Ordnung gäbe es näm- lich nicht. Die Alternative wäre nämlich nicht das wundersame Aufsteigen der „Vielfalt der Differenzen", sondern „das Gleichgültige, das Chaos, das Alles- kommt-aufs-selbe-hinaus".[16]

Keine Pädagogik entkommt also – so das Resumee unserer Überlegungen – ihrem strukturell gegebenen Zweck, für Ordnung zu sorgen: für Ordnung im

---

15   Im Grunde auch nicht der neuen Pädagogik. Der Unterschied zwischen den Klas- sikern und den Neophyten ist der, daß die Klassiker dies zugeben und positiv for- mulieren.

16   Zitate aus: Foucault, Michel (1977): Theatrum philosophicum. (Foucault rezensiert hier Deleuze.) – In: Deleuze, Gilles /Foucault, Michel (1977): Der Faden ist geris- sen. – Berlin.

Denken (die Fächer, die Wissenschaften, die „Disziplinen") und für Ordnung in der Praxis (des privaten wie öffentlichen Lebens).

Der „kategorische Imperativ" im Sinne Kants, besser: seine Paradoxie, die darin besteht, daß einerseits die Freiheit des Willens postuliert wird und andererseits genau darin besteht, daß sich der Wille als freier dem Sittengesetz unterwirft, andernfalls er – wenn den Neigungen, Trieben, Affekten gehorchend – kein freier mehr wäre, stellt dergestalt nichts anderes dar, als die auf die subtilste Spitze getriebene Ausfaltung des Disziplinprinzips. Das Einzige, worüber man (sinnvoll) diskutieren kann, sind daher die Formen der Erziehung als Disziplinierung, nicht aber darüber, ob Disziplin überhaupt sein soll oder nicht vielmehr besser nicht sein sollte.

Was die Schule als Disziplinierungsinstitution anlangt, läßt sich zeigen, daß die Methoden der disziplinierenden Herstellung des gewünschten Sozialhabitus (politisch-ökonomisch bedingt) zunehmend „softer" und „lighter" werden (humaner?), aber auch penetranter.[17]

Was das Militär anlangt, läßt sich ähnliches nachweisen, nämlich eine v. a. auch militärtechnologisch bedingte Modifikation des Disziplinararrangements. Die Tätigkeit des modernen Offiziers als Manager und Techniker bringt andere Formen der Disziplin hervor.[18] Die rigiden Formen des traditionellen militärischen Gehorsams wären schlicht dysfunktional.

---

17 Siehe dazu: Schirlbauer, Alfred (1996): Im Schatten des pädagogischen Eros. Destruktive Beiträge zur Pädagogik und Bildungspolitik. – Wien.

18 Siehe dazu v. a.: Bröckling, Ulrich (1998): Disziplin. Soziologie und Geschichte militärischer Gehorsamsproduktion. – München. Wenn man imstande ist, vom antimilitärischen Affekt des Buches zu abstrahieren, wird man es selbst als Angehöriger des Heeres mit Gewinn lesen.

Distanz als didaktische Kategorie
Bemerkungen zum Mußecharakter
von Schule (2000)

Im folgenden fünfzig Minuten geht es um „Distanz" und den Charakter von Schule als Ort der Muße. Im wesentlichen habe ich dabei das Gymnasium im Auge: seine Reanimierung. Ich tue das auf drei Stationen. Zunächst werde ich – themenbedingt: Muße vorgaukelnd – einen Umweg nehmen und über „Nähe" reden, nämlich über „Lebensnähe". Dann werde ich mich dem vergessenen didaktischen Prinzip der Distanz zuwenden und auch einige wortgeschichtliche wie pädagogikgeschichtliche Anmerkungen zur Schule als „scholé" machen. Drittens und zu guter Letzt werde ich versuchen, einige bildungstheoretische Argumente für das Gymnasium[1] ins Treffen zu führen.

1. Nähefaszination

Die gegenwärtige Pädagogik (inkl. Bildungspolitik) hält wenig von Distanz. Im Gegenteil: Ihr Zentralbegriff ist „Nähe". Sie kann sogar – so sehe ich es – von Nähe gar nicht genug bekommen. Die Phase der theoretischen Kritik der lebensfernen Schule, des lebensfernen Lernens scheint abgeschlossen. Schulpädagogik und Didaktik sind im Begriff positiv zu werden. Es geht um die Konstruktion von Nähe. Die „Planungsboys" (Heydorn) der diversen Projektgruppen und Stabsstellen basteln emsig an den Entwürfen von Näheelementen für die schulpädagogische Praxis. Lebensnahe Lernformen haben Konjunktur, die dem Leben nächsten haben Hochkonjunktur.

Sie wissen, was ich meine: das Projekt, das „offene Lernen", der „erfahrungsorientierte Unterricht", die Übungsfirma, die Betroffenheitsdidaktik u. a. m.;[2] betroffenheitsdidaktisch kann es dann schon mal passieren, daß selbst

---

1   Ich beziehe mich dabei auf die bildungstheoretisch gehaltvollste Theorie des Gymnasiums von: Heydorn, Heinz-Joachim (1980): Bildungstheoretische Schriften, 3 Bände. – Frankfurt. Siehe besonders: „Bildungstheorie Hegels" (3. Bd.: Ungleichheit für alle. Zur Neufassung des Bildungsbegriffs) und „Zur Aktualität der klassischen Bildung" (1. Bd.: Zur bürgerlichen Bildung).

2   Eine Kritik dieser Formen des „Neuen Lernens" habe ich vorgelegt in: Schirlbauer, Alfred (1992): Junge Bitternis. Eine Kritik der Didaktik. – Wien. Kritisches zur „Neuen Lernkultur" findet sich auch in meinem Buch (1996): Im Schatten des pädagogischen Eros. Destruktive Beiträge zur Pädagogik und Bildungspolitik. – Wien.

Lateinlehrer den sinnich-haptischen Kontakt mit antiken Grabinschriften für lern-bedeutsam halten und sich vom Betasten alter Gemäuer durch Schüler-hände einen Motivationsschub erwarten.

Das Grundkonzept der Nähedidaktik ist schlicht dieses: Welt und Leben sollen nicht mehr über den Begriff, über distanzierende Theorie und Reflexion erschlossen werden, sondern direkt erfahren, erlebt und eingeübt werden.

Welt, Leben, Wirklichkeit sollen im Unterricht nicht bloß dargestellt werden, logisch-begrifflich strukturiert und didaktisch präpariert zu Gesicht gebracht werden – ein Vorgang, der tatsächlich einer gewissen Entemotionalisierung gleichkommt, mögliches Engagement bremst und allfällige Betroffenheit still-egt; nein – vielmehr soll der Unterricht sich dem Leben in der welthaften Wirk-lichkeit anverwandeln.

Die Vorbereitung auf das Leben durch Unterricht soll also durch die Umge-staltung des Unterrichts gemäß den Kriterien des Lebens erfolgen. Da Leben im Sinne des Pragmatismus durch die Formel „wholehearted purposeful activity" (planvolles Tun von ganzem Herzen) beschrieben wird, kann William H. Kil-patrick (einer der Ahnherren der Projektpädagogik) ausrufen: „Und wenn das planvolle Handeln so aus der Erziehung das Leben selbst macht, könnten wir vorausdenkend erwarten, für das spätere Leben eine bessere Vorbereitung zu finden als die Praxis im gegenwärtigen Leben?"[3]

Die Tendenz dieser Art von Pädagogik ist deutlich. Sie wird durch die Nähe-formel nur mehr unzureichend beschrieben. Anders: Das ist schon mehr als Nähe. Projektpädagogisch z. B. überschreitet Unterricht sich selber auf Lebens-praxis hin, verliert sein proprium, indem er im tätigen Leben aufgeht.

Genau deshalb muß dann (lebensnähepädagogisch allgemein und projekt-pädagogisch speziell) auch auf die Elemente tätigen Lebens als Auslöser und Movens für Unterricht (qua Leben) rekurriert werden. Das sind eben die Inte-ressen, Bedürfnisse, Motive der handelnd Lernenden. Zu seiner Hochform findet das Projekt (übrigens erst in der deutschen Umschrift der ursprüng-lich amerikanischen Form[4]), wenn es aus den Strebungen, Motiven, aus dem Willen der Schüler selber entspringt. Indem also das Projekt bzw. das, was in ihm getrieben wird, den Interessen der Beteiligten entspringt, welche etwas Reales wollen (ein Produkt herstellen, eine Aktion setzen …), vermittelt bzw.

---

3 Kilpatrick, William-H. (1965): Die Projekt-Methode. – In: Röhrs, Hermann (Hg.) (1965): Die Reformpädagogik des Auslands. – Düsseldorf, 91.

4 Siehe Frey, Karl (1984): Die Projektmethode im historischen und konzeptionellen Zusammenhang. – In: Bildung und Erziehung, Heft 1/1984.

durchbricht es die konstitutive Differenz von Lernen (qua Theorie) und Lebens-
praxis der Schüler: learning by doing.

All das, was im traditionellen systematischen Lehrgangsunterricht stillgelegt
ist, kommt lebensnähepädagogisch zu Zug: Subjektive Ambitionen und Optio-
nen, Ängste, Befürchtungen, Zwänge der Lebensnot, die gärenden Umstände
der Welt. Das ganze beginnt zu brodeln. Denn das Projekt trägt – zumindest
tendenziell – den Ernstcharakter, den das Leben trägt.

So könnte man sagen, wenn da nicht noch etwas anderes wäre, was dem derartig auf die Beine gestellten Treiben einen schalen Beigeschmack verleihen und
den Charakter des Unernsten mitten im Lebensernst aufsetzen könnte: Nämlich das mögliche Wissen der Beteiligten, daß es doch nicht ganz ernst ist, daß
das tätige Leben, in welches Schüler sich dergestalt verstricken und verstrickt
werden, doch bloß Schule ist, d. h. inszeniert und eben nicht ernst, zum Zwecke
des Lernens (Erfahrens) erfunden ist, betreut, gelenkt (sanft), also pädagogisch
gesteuert ist, daß also das Projekt, selbst wenn es die Mauern der Schule verläßt,
innerhalb von Schule stattfindet.

Ich gebe zu: Ob das so empfunden wird, hängt von mancherlei Faktoren
ab; zumindest aber von folgenden: von der Intelligenz und Distanzierungs-
fähigkeit der Einzelnen und natürlich vom Charakter des Projektes selber.
Angesichts eines Projekts „Biotop im Schulgarten" mag es einzelnen Schülern
vergleichsweise eher gelingen, das inszenierte Tätigsein im „wirklichen Leben"
als inszeniert zu durchschauen als bei Projekten mit stark moralischem Überhang: z. B. einem Projekt „Altenpflege" oder einem Projekt „school against the
bomb".[5]

Jedenfalls – wie auch immer im Detail – die ganz und gar dem Näheprin-
zip verpflichtete Schule schmeckt nach Kinderarbeit, Kinderpolitik, geht ihres
Schonraumcharakters verlustig.

Drastisch formuliert: Wer die ganz und gar lebensnahe Schule will, soll
gleich zugeben, daß er die Kinder am liebsten in die Fabrik schicken will, daß
er Schule und Lernen abschaffen will. In manchen progressiven Schulversu-
chen und Varianten der Schulautonomie passiert ja solches auch schon. Ich
erwähnte eingangs die Übungsfirma als berufliches Element so mancher Han-
delsakademie. Da aber eine Übungsfirma – wie der Name schon sagt – eben

---

5   Laut einem lobenden Bericht von Jürgen Zimmer über die britischen „community
    schools" gehören derartige Projekte zum Kernbestand dieser Schulen. Im Projekt
    „school against the bomb" hätten Schüler mit ihren Lehrern einen britischen Waffen-
    transport gestoppt. Siehe dazu seinen Artikel in: Freie Lehrerstimme, Heft 3/1987.

keine richtige Firma ist, sondern eine virtuelle Firma, ging man an der einen oder anderen Progressivschule ein Stück weiter: Lehrer taten sich zusammen, kauften ein kleines Hotel, ließen ihre Schüler darin arbeiten. Als Entgelt für die geleistete Arbeit gab es dann Zeugnisse für BWL, Kostenrechnung u. ä.

Ein Bregenzer Gymnasium machte kürzlich „Public Service" zu einem Fach der Oberstufe (statt Physik und Geographie). Hinter der coolen amerikanischen Vokabel verbirgt sich nichts anderes als Altenbetreuung.

2. Distanz

Der Gedanke, daß Schule etwas mit „otium" zu tun haben könnte, will und will sich bei unseren Lebensnähepädagogen nicht einstellen. Daß „otium honestum" sein könnte (zumindest ein Privileg) und „labor improbus" (ein notwendiges Übel, welchem die Jugend fortgeschrittener Gesellschaften für lange Zeit enträt), wird nicht in Erwägung gezogen.

Auch daß die deutsche „Schule" von der lateinischen „schola" sich herleitet (was ja noch keine besondere Erkenntnis wäre) und die lateinische schola von der griechischen „scholé", wird kaum erwogen, obwohl das letztere schon aufhorchen lassen könnte, wenn man scholé mit Muße übersetzt

Der *Gemoll* nennt hier „Ruheplatz", „Muße", „Bank" und (ursprünglich) die „Bank am Rande des Stadions", auf welcher – ich phantasiere jetzt – die Athleten sich räkeln und entspannen, aber auch – und darauf käme es mir in unserem Kontext an – nachdenken, z. B. über Strategie und Taktik. Scholé war also nicht die Rennbahn, der Wettkampf selber, sondern der Ort der Distanznahme zum Geschehen.

Insofern war sie auch der Ort der Zuschauer und Berichterstatter, also der Platz derjenigen, die nicht teilnehmen. Theóros hieß der Berichterstatter, der Kommentator der Olympischen Spiele, Theoría hieß also „Schau", im Sinne von Zuschauen und Berichten, was vor sich geht.

Das kann man nur, wenn man nicht teilnimmt. Als Teilnehmer ist man nämlich nicht ohne Interessen und Begierden. Die conditio sine qua non für objektive Berichterstattung ist also Nichtinvolviertheit, ist Distanz zum Geschehen.

Diese Verortung von Praxis und Theorie (Leben und Lernen) in der Weise der Distanz ist also klassisch. Sie bringt die griechische Philosophie hervor und die Anfänge der Wissenschaften bei Pythagoras, Demokrit, nicht zuletzt beim platonischen Sokrates.

Die griechische Gesellschaft war aber, wie wir wissen, eine zutiefst gespaltene. Im Jargon der 68er-Proseminare könnte man sagen: eine Sklavenhaltergesellschaft. Die Arbeit taten also die anderen, die Sklaven v. a. und die sogenannten

Banausen. Das Tun und Treiben der Banausen war von der Lebensnot diktiert. D. h. nicht, daß die banausische Existenzform ein Hackeln und Malochen von früh bis spät gewesen wäre, daß man sich die Banausen als gestreßt und ausgebeutet vorzustellen hätte, sondern bedeutet lediglich, daß der banausía die scholía fehlte, die distanzierte Reflexion der Welt. Banausisches Reden, Urteilen, Denken über die Welt war ohne Distanz zur Welt, d. h. in der Lebensnot verhaftet. Den freien Bürgern der Polis war diese Distanz gewährt.

„Schule" bedeutet also Muße, Freiraum, Distanz zur Welt (gedankliche Distanz zur Welt). In der Weise der scholía hat der Mensch Gelegenheit, ohne Handlungsdruck (Zwänge der Lebensnot) zu überlegen, was es mit den Dingen, Wesen, Werken und Einrichtungen der Natur und Menschenwelt auf sich hat.

Ohne daß uns die Lebensnot drängt und zwickt, lernen zu können, das nennen wir also „Schule". Die Distanz zum Lebensprobleme gelöst werden wollen und müssen, ist also Definitionsmoment schulischen Lehrens und Lernens.

Demgemäß konnten die Berliner Didaktiker Paul Heimann, Wolfgang Schulz und Gunther Otto in ihrem Buch *Unterricht – Analyse und Planung* 1965 noch schreiben: „Unterricht ist jene Form der Lehre und Belehrung, welche den Lebenszusammenhang, in dem eine Lehrnotwendigkeit auftaucht, verläßt, um das planmäßige Lehren mehrgliedriger Lehrgehalte in voneinander getrennten Zeitabschnitten zu ermöglichen."[6]

Die dazu nötige Organisation wurde Schule genannt. D. h. Schule war für Unterricht da, und Unterricht war zum Lernen da. Und „Lernen" war nicht „Leben", wiewohl man natürlich lebt, wenn man lernt. An dieser Definition von Heimann/Schulz scheinen mir v. a. zwei Momente ausschlaggebend: Unterricht als Form der Lehre, die den Lebenszusammenhang verläßt und der Gesichtspunkt der Planmäßigkeit.

Es leuchtet meines Erachtens unmittelbar ein, daß die beiden Momente zusammengehören, daß also das Verlassen des Lebenszusammenhanges, in dem ein Problem auftaucht (die Abstraktion von den situativen Bedingungen) die Bedingung für die Planmäßigkeit von Lehren und Lernen darstellt. Anders wäre Planmäßigkeit und systematischer Aufbau auch nicht zu erreichen. Man bliebe im situativ Zufälligen der Ereignisse des Lebens stecken und käme gleichsam immer zu spät. Wenn man erst dann Lesen und Schreiben lernen wollte, wenn im Lebenszusammenhang die Notwendigkeit auftaucht, z. B. einen Brief

---

6   Heimann, Paul, Otto, Gunther, Schulz, Wolfgang (1965): Unterricht, Analyse und Planung. – Hannover.

schreiben zu müssen, dürfte es zu spät sein. Wenn man erst dann zu sparen anfangen wollte, wenn im Lebenszusammenhang die Notwendigkeit auftaucht, eine größere Anschaffung tätigen zu müssen, wird es zu spät sein. Wir sorgen also vor. Wir lernen auf Vorrat.

Die von Paulo Freire und seinen europäischen Epigonen heftig kritisierte „Bankiersmethode" des Lernens ist also so absurd nicht, wie sie gerne dargestellt wird. Im Gegenteil: Das aus den Lebenszusammenhängen gelöste, systematisierte und planmäßige Lernen ist auf eine paradoxe Art und Weise höchst lebensdienlich, wenngleich diese seine Lebensdienlichkeit im Moment der lernenden Aneignung nur selten sichtbar ist.

Aber auch die Notwendigkeit der Abstraktheit des zu Lernenden ist m. E. unschwer zu demonstrieren. Wer nur gelernt hat, Äpfel oder Birnen zu multiplizieren, wer also von der konkreten Operation nicht aufgestiegen ist zur formalen Operation des Vervielfachens überhaupt, dürfte nicht „für alle Fälle" gerüstet sein; die Fähigkeit zur formalen Operation hingegen bedeutet, eben diese – im Falle des Falles – auch auf Stunden, Hektoliter, Kilowatt und Prozentsätze beziehen zu können, sich vom sinnlich Gegebenen, von der Situation gelöst zu haben.

Im Grunde kann man sagen: Wer nicht begriffen hat, daß die Zahl überhaupt keine Eigenschaft von konkreten Dingen ist, sondern eine Eigenschaft, die Mengen von Dingen eigen ist, für den bleibt vieles in der Welt undurchschaubar. Der Weg eines emanzipatorischen Lernprozesses ist also allemal einer, der aufsteigt von der sinnlichen Welt der Dinge und Wesen zu den abstrakten Strukturen und Formen, mittels derer jene sich ordnen lassen. Lernen heißt also wesentlich Abstrahieren.

„Lernen lernen" – um eine modische Redewendung aufzugreifen – heißt Abstrahieren lernen.

Das vielgepriesene Lernen in konkreten Lebenszusammenhängen, am konkreten Fall (das sogenannte lebendige Lernen) ist im Grunde vormodern, und das pädagogische Plädoyer für diese Art des Lernens ist reaktionär. Auf dieses unmittelbare und direkt motivierte Lernen in Lebenszusammenhängen können sich nur relativ simpel konstruierte Gesellschaften verlassen. Ich denke dabei z. B. an den Bauernsohn des vorindustriellen Zeitalters, der nicht eigens lernt und zur Schule geht, sondern einfach ein bäuerliches Leben führt und so – einfach nebenher – auch noch alle Qualifikationen erwirbt, welche für die Übernahme des Hofes notwendig sind.

Seit ca. 200 Jahren geht das nicht mehr. Moderne und komplexe Gesellschaften mit schwergewichtiger Tradition können damit nicht operieren. Sie lagern daher das Lernen der Jugend aus in spezielle Subsysteme, ebenso wie sie in einem gesamt- gesellschaftlichen Ausdifferenzierungsprozeß Arbeit und Freizeit trennen, Privatheit und Öffentlichkeit separieren, Religion und Politik scheiden (Religion wird Privatsache) und überhaupt die Gewalten teilen. Vor allem aber trennen sie das Lernen vom Leben. Die Lebensferne der Schule der Moderne ist also eine Errungenschaft, die zu feiern wäre, kein Manko der Schule, sondern ein Zeichen des Fortschritts. Das aus den Lebenszusammenhängen und damit aus der Lebensnot gelöste Lernen war ursprünglich (in der Antike, der ersten Moderne) nur wenigen vorbehalten, den Kindern (Knaben v. a.) der schmalen Schicht der freien Bürger der Polis.

Die Moderne radikalisiert das Konzept, weitet es auf alle aus, aber (!) – und dieses „Aber" macht die Dialektik des Vorganges aus – nützt es damit zugleich zum Zwecke gesellschaftlicher Stratifikation. Das Lernen im Leben (pure Sozialisation) setzt die feudal-ständische Gliederung der Gesellschaft voraus. Die Moderne – zugleich auch Überwindung der ständischen Gesellschaft – führt den Leistungsgesichtspunkt ein. Er dient der Überwindung der ständischen Gliederung und zugleich neuen Formen der Stratifikation.

Aber: Schon der spätromantische-reformpädagogische Blick des frühen 20. Jahrhunderts diagnostiziert nun v.a. eines: „Inhumanität" – Sammelbezeichnung für abstraktes, fachlich separiertes, aus den Lebenszusammenhängen gelöstes und ziffernnotenbeurteiltes Lernen. Man kritisiert die Buchschule, die Lernschule, die Lernfabrik.

Das Lernen gerät also unter die Zwänge des Leistungsprinzips. Es ist zwar nach wie vor Lernen ohne Handlungsdruck, aber mit Leistungsdruck. Und das beschleunigt die Fortschrittsdynamik. (Man könnte die Schulgeschichte auch als Hymnus schreiben: Umfassende Demokratisierung, Technisierung, Verwissenschaftlichung der Welt; die schmerzfreie Zahnbehandlung, arthroskopische Meniskusoperation, Krebsbehandlung, Mondflüge, Atomkraftwerke, Mikrowelle und Dauerwelle, Fitneßstudios: Auslagerung der körperlichen Arbeit in den Freizeitbereich; all das hätte es ohne das Schulsystem nicht gegeben. Feiern wir also Maria Theresia und Josef II.!)

Die Reformpädagogik ist eine zivilisationskritische/zivilisationsfeindliche Bewegung. Sie huldigt dem Leben, der Kraft, der Natur und der Natürlichkeit. Reformkost, Nacktbaden und FKK werden Eigenschaften der Avantgarde; die Jugendbewegung, der Jugendstil gehören dazu.

Die Faszination am Phänomen „Jugend" ist komplementär der Verachtung des Alten, des Establishments. Alles wird als lebensfeindlich diagnostiziert: die Industrie, die Wissenschaft, die Verwaltung. Die Reformzeit ist im Kern eine ziemlich braun-grüne Angelegenheit, ein großangelegter Fluchtversuch aus Zivilisation, Bürokratie und Wissenschaft. Beim Frühstück im Grünen und

Liedgesang, beim Wandern und Naturerfahren (auf den „Hohen Meißner"
z. B.), in den Landerziehungsheimen (abseits der „Inhumanität" der Städte)
soll in natürlichen Situationen gelernt werden: Im Gemüsegarten, in der schul-
eigenen Tischlerei, an konkreten sozialen Konflikten im „Morgenkreis" und in
der Gesprächsrunde des Gesamtunterrichts à la Berthold Otto soll der „neue
Mensch" kreiert werden.

Ludwig Klages schreibt sein Buch *Der Geist als Widersacher der Seele*, Ellen
Key *Das Jahrhundert des Kindes* und Ludwig Gurlitt seine *Erziehung zur Mann-
haftigkeit* (eine einzige Kampfansage gegen das gelehrte Wissen, gegen die
„Professoren" und „Stubengelehrten", gegen die „Rasierten" [...], an einer Stelle
heißt es gar: „Und wenn es diese Stubengelehrten immer noch nicht wissen
sollten, was ein richtiger Mann ist, dann sollen sie ihre Frauen fragen ...").[7]

Wir wissen, wohin diese vom Leben, der Kraft, der Natur, vom Blut, vom
Boden, vom ursprünglichen Gefühl Faszinierten marschiert sind. Dorthin, wo
der Mensch ganz sicher unzivilisiert, unreflektiert, eben Natur sein darf.

3. Gymnasiale Bildung

Daß also Schule nicht mehr Schule ist, wenn sie sich der bloßen (unvermit-
telten) Erfahrung verschreibt, dürfte klar sein. Wäre das ihr Wesen und ihre
wahre Gestalt, müßte sie sich abschaffen, um zu sich selber zu gelangen. „Wäre
Bildung" – wie es sich die Lebensnähepädagogik vorstellt – „Leben im Sinne
des unmittelbaren Lebensvorgangs, so könnte sie dem Leben überlassen bleiben."[8] Wir müßten die Schulen schließen und die Lehrer entlassen. Auf diese
Art und Weise – nämlich mit äußerster Konsequenz – scheint die Sache aber
nirgendwo praktiziert zu werden; nicht einmal in der nicht-virtuellen Übungsfirma (weil echten Firma) unseres HAK-Beispiels, obwohl diese Schule dem
Kippunkt schon ziemlich nahe sein dürfte.

Selbst im echtesten „learning by doing", also in einer Art Anlernprozeß, werden
vermutlich aus dem unmittelbaren Tun herausgenommene, quasi-systematisierte
Anleitungsprozesse – wie kurz ihre Dauer auch sein mag – notwendig sein,

---

7   Zur Geistfeindlichkeit der meisten reformpädagogischen Konzepte siehe: Heydorn,
    Heinz-Joachim (1980): Über den Widerspruch von Bildung und Herrschaft. Bil-
    dungstheoretische Schriften. Bd. 2. – Frankfurt. Speziell das Kapitel: Industrielle
    Revolution. Fluchtversuche, 218 ff.
8   Heydorn, Heinz-Joachim (1980): Zur bürgerlichen Bildung. Anspruch und Wirk-
    lichkeit. Bildungstheoretische Schriften. Bd. 1. – Frankfurt. Siehe insbesondere das
    Kapitel: Zur Aktualität der klassischen Bildung.

schon wegen der notwendigen Schadensvermeidung. Der – übrigens ebenfalls antike – Topos des „páthos máthos" (durch Schaden wird man klug) wird also gerade auch hier in auf unmittelbare Effizienz ausgerichteten Ausbildungsgängen nicht angewendet. Ohne wenigstens rudimentäre Elemente von „Theoría" kommen auch Handwerksberufe nicht aus. Selbst der Maurer, der das Fundament für meinen Terrassenanbau konstruiert, das aber ohne Winkeleisen, antwortet auf meine diesbezügliche ängstliche Frage: „Aber Herr Doktor – Pythagoräischer Lehrsatz … 3-4-5!" Also auch er weiß, daß ein Dreieck mit den Seitenlängen 3-4-5 ein rechtwinkeliges ist. Er weiß zwar nicht, warum das so ist (das wäre schon ein schönes Stück Theorie), aber daß es so ist, das weiß er. Man hat es ihm gesagt (in der Berufsschule), und die Erfahrung hat ihm recht gegeben.

Anders gewendet und etwas allgemeiner formuliert: Je simpler die zukünftigen Aufgaben der jungen Leute, umso eher kann deren Ausbildung der Struktur des learning by doing nachgebildet werden, umso weniger bedarf es der systematisierten Lehre, also des schulischen Unterrichts; umso eher nimmt ein derartiger Ausbildungsgang den Charakter der „Abrichtung" im Hinblick auf fertige Tätigkeitsmuster an. Je komplexer aber die künftigen Aufgaben sein werden, je weniger sie als fixe Muster repräsentierbar und einübbar sind, desto mehr wird sich der Unterricht auf die Seite des Theoretischen und „bloß" Kognitiven begeben und auf der Ebene der Abstraktionen, der Gedanken, der Begriffe, der Strukturen und allgemeinen Verhältnisse und Relationen bewegen müssen, weil es dann wesentlich um die Ausbildung der Urteilskraft der jungen Leute geht, derjenigen Fähigkeit bzw. Komponente unserer Vernunft, die es überhaupt erst erlaubt, ein Etwas als bestimmtes Etwas unter einen allgemeinen Begriff zu subsumieren, einen konkreten Fall als Fall eines Gesetzes oder eines Prinzips aufzufassen. Dieser Jugend – so G. W. F. Hegel über den Philosophieunterricht am Gymnasium – müsse „zuerst das Sehen und Hören vergehen, sie (müsse) in die innere Nacht der Seele zurückgezogen werden, auf diesem Boden sehen, Bestimmungen festhalten und unter-scheiden lernen."[9]

Hegel setzt fort: „Ferner, abstrakt lernt man denken durch abstraktes Denken." Was wie ein Zitat aus dem „learning by doing"-Konzept klingt bzw. als Aufforderung zur Selbsttätigkeit in der „lebendigen" Welt des Denkens, ist dieses mitnichten. Denn das abstrakte Denken, durch welches man lerne, abstrakt

---

9 Über den Vortrag der Philosophie auf Gymnasien (23. Okt. 1812). In: Hegel, Georg Wilhelm Friedrich [1986] (1996): Werke in 20 Bänden. Bd. 4. Nürnberger und Heidelberger Schriften 1808–1817. Frankfurt, 413.

zu denken, ist das durch Lehrer oder Texte abstrakt Vorgedachte. Vom „Selber-
produzieren" der Jugend hielt Hegel nämlich wenig: „Das originelle eigentümliche Vorstellen der Jugend über die wesentlichen Gegenstände ist teils noch
ganz dürftig und leer, teils aber in seinem unendlich größeren Teile Meinung,
Wahn, Halbheit, Schiefheit, Unbestimmtheit. Durch das Lernen tritt an die
Stelle von diesem Wähnen die Wahrheit. Wenn einmal der Kopf voll Gedanken
ist, dann erst hat er die Möglichkeit, selbst die Wissenschaft weiterzubringen.
Darum aber ist es in öffentlichen Unterrichtsanstalten, vollends in Gymnasien
nicht zu tun, sondern das philosophische Studium ist wesentlich auf diesen
Gesichtspunkt zu richten, daß dadurch etwas gelernt, die Unwissenheit verjagt,
der leere Kopf mit Gedanken und Gehalt erfüllt und jene natürliche Eigentümlichkeit des Denkens, d. h. die Zufälligkeit, Willkür, Besonderheit des Meinens
vertrieben werde."[10]

So hart dieses in den Ohren unserer Lebensnähepädagogen auch klingen
mag, im Grunde war damit ein Privileg formuliert, das Privileg der Söhne der
bürgerlichen Creme. Hier ist nichts zu spüren von der Kurzatmigkeit lebens-
naher Anlernvorgänge. Das Bewußtsein der dergestalt Lernenden wird in den
weitesten Horizont gezogen. Das Gymnasium bereitet auf überhaupt keinen
bestimmten Beruf vor, sondern auf die Universität. In ihm soll denken gelernt
werden. Seine Benützer – so formuliert es der Hegelinterpret H.-J. Heydorn –
„treten in eine Schule ein, die in die weiteste Distanz gerückt ist. In ihr werden sie den Widersprüchen [der gesellschaftlichen Welt] auf die mittelbarste
Weise unterworfen, sollen sich an ihnen abarbeiten, an einem kunstvoll in das
Abstrakte gerückten Leben, das sie zugleich züchtigt und hoffnungsvoll macht.
Hier wird die Anstrengung des Begriffs erbracht, Wirklichkeit entsinnlicht,
die Grundlage eines Verhältnisses von Theorie und Praxis geschaffen, das sich
in äußersten Spannungen bewegt."[11] Die „subversive Dimension" dieser Bildung – Heydorn meint v.a. die lateinischen, mehr noch die griechischen Texte –
wird also nur für eine Elite erfahrbar, deren Interessenidentität sichergestellt
erscheint.

Der Modus, in welchem die Humaniora den Menschen mit sich selbst
bekanntmachen – und vielleicht ist das der Sinn der Allgemeinbildung –, ist der
der höchsten ästhetischen Distanzierung. Das Menschlich-Allzumenschliche
springt uns hier nicht ekelhaft ins Gesicht (wie in den in unseren Lehrplänen empfohlenen „Gebrauchstexten"), sondern ist eingehüllt in komplexeste

---

10   Ebd., 412.
11   Heydorn 1980, a.a.O., Bd. 3, 251.

Sprache, wird dergestalt erst analysefähig. Diese Stoffe verlangen – so sieht es Heydorn – schon früh eine höchste Entwicklung der Abstraktionsfähigkeit. Der Latein- und Griechischunterricht übt diese Fähigkeit über die Vielzahl grammatischer Variationen, erzeugt Bewußtsein, indem er es gestattet, Welt durch die Sprache zum Objekt zu machen.

Nur die Abstraktion löst von der Determination, die die reine Anschauung über uns verhängt. Insofern ist sie die Voraussetzung zur Freiheit. Ohne diese Abstraktionsfähigkeit wird der junge Mensch weder – ich zitiere aus dem *Weißbuch LP-99* – „selbstkompetent" noch „methodenkompetent" noch „sozialkompetent". Ohne diese wird er nur betulich, allenfalls flexibel und gerade noch produktionseffizient.

Altsprachliche Bildung gibt uns diejenigen Kategorien zur Hand, die den Schlüssel zur gesellschaftlichen Welt bilden. Alle wesentlichen Begriffe erscheinen hier in ihrer ersten, abstrakten Präzision. „Schlüsselqualifiziertheit" ist vielleicht gar kein so übler Begriff, wenn „Aufschluß des Verhängtseins" (Heydorn) gemeint wäre und nicht bloß universelle Einsatzbereitschaft. Man darf in diesem Zusammenhang vielleicht auch darauf verweisen, daß die bedeutendsten Theorien des 19. und auch des frühen 20. Jahrhunderts ohne die klassische Bildung ihrer Schöpfer kaum möglich gewesen wären.

Das Werk Marxens – so sehen es diverse Interpreten – ist ohne die Vermittlung mit der griechischen Philosophie, insbesondere mit der Demokrits, nicht denkbar. Marx sei ein ausgezeichneter Philologe gewesen, bemerkte Wilhelm Liebknecht, der übrigens auch Philologe war. Und das Werk Sigmund Freuds ist ohne die Vermittlungen mit der griechischen Tragödie, deren souveräner Kenner Freud war, kaum vorstellbar.[12] Aber das gilt natürlich auch von den (post)modernen Theoretikern, die gegenwärtig von sich reden machen. Michel Foucault z. B. lernte eigens noch Griechisch, um seine Erostheorie schreiben zu können. Kurzum: Man stelle sich Karl Marx oder Sigmund Freud als Dreizehnjährige in einer Schule des *Lehrplans 99* vor, die „gerade ihren Standort entwickelt", indem sie „auf die Bedürfnisse der Region eingeht" und ihren Lehrplan entrümpelt. So rechte Freude mag sich dabei nicht einstellen.

---

12   Ebd., Bd. 1., im Kapitel: Zur Aktualität der klassischen Bildung.

37 Elefanten. Oder: Kann man ohne Lerntheorie unterrichten? (2008)

1. Wie „geht" Lernen?

Menschen lernen gehen, sprechen, lesen und schreiben, rechnen und Schach spielen, schwimmen, wie man einen PC bedient und vieles andere mehr. Sie lernen sich zu benehmen, die Regeln der Gastfreundschaft und des höflichen Umgangs einzuhalten, und sie lernen auch, wann diese nicht gelten. Was der Mensch kann, hat er durch Lernen erworben, manchmal mit bewusster pädagogischer Anleitung, manchmal ohne diese. Früh schon hat man ihn aus diesem Grund als „lernendes Wesen" angesprochen. Pädagogische Anthropologien definieren ihn geradezu als das auf Lernen angewiesene Wesen. „Angeboren" sei ihm gewissermaßen einzig die Möglichkeit alles zu lernen.

Die lernpsychologische Forschung in Ehren. Aber über schulisches Lernen, also über das Lernen der so genannten höheren kulturellen Fertigkeiten vermag sie uns wenig zu sagen. Da helfen weder Pawlow noch Thorndike, noch Skinner oder andere. Wie z.B. ein Dreizehnjähriger den Satz von der Winkelsumme im Dreieck oder die richtige Übersetzung des Ablativus absolutus im Lateinischen lernt, können uns die Lernpsychologen nicht sagen. Die Pädagogen wiederum würden auf diese Frage wohl schlicht mit dem Hinweis kommen, dass man derartiges dem Schüler zu zeigen und zu erklären habe, dass er es dadurch lerne, dass es ein anderer ihn lehre. So ist es vielleicht gar nicht so merkwürdig, dass das Thema der Pädagogik das Lehren ist und nicht so sehr das Lernen, dass also die Didaktiken die Frage der richtigen Lehre ins Zentrum ihrer Überlegungen rücken und nicht das Lernen. Pädagogen machen also die Anleitung des Lernens thematisch, ohne zu wissen, „wie Lernen eigentlich geht". Was zunächst wie eine Torheit aussieht, ist das mitnichten. Didaktik ist nämlich eine ziemlich erfolgreiche Angelegenheit, zumindest aus der zivilisationsgeschichtlichen Vogelperspektive, nicht so sehr aus der Binnenperspektive der internationalen Schulleistungsvergleichsstudien oder der eines pädagogischen Praktikers, der es mitunter auch mit einigen „störrischen Eseln" zu tun hat.

Die Bemerkung, dass Pädagogen nicht wüssten, wie Lernen geht, ist natürlich nur halbrichtig. Sie wissen – und so ist dieser Satz gemeint – nicht, wie „Lernen überhaupt" geht. Sehr wohl wissen sie aber in der Regel, wie man lesen, schreiben, rechnen lernt, wie man Schi fahren und schwimmen lernt. Sie wissen, wie man all das lernt, weil sie wissen, wie man all das lehrt. Im Modus der Lehre reflektiert nämlich der Lehrer einer Sache, wie er sie gelernt hat und wieso er kann, was er kann. Er zerlegt ein komplexes Können in seine Bau- und Bestandteile und überlegt, wie sie zueinander gehören und demgemäß montiert werden müssen. Das ist bei einer komplexen Fertigkeit wie dem Schifahren anders als beim Bruchrechnen, bei der Übersetzung des A.a. im Lateinischen anders als beim Transponieren einer Melodie von C-Dur in F-Moll.

Wüssten wir, wie „Lernen überhaupt" geht, könnten wir Pädagogen ja tatsächlich, was uns von ahnungslosen Bildungspolitikern heute angesonnen wird. Wir könnten das Lernen lehren. Und die Schüler könnten dann zunächst das Lernen lernen und weiters alles Einzelne sich mühelos erwerben, weil sie die entscheidende Qualifikation – Lernkompetenz – schon hätten. Wir können aber das Lernen nicht lehren und die Schüler können es nicht lernen, weil wir nicht wissen, wie „Lernen überhaupt" geht. Dies wissen wir deswegen nicht und können es auch nicht wissen, weil nämlich Lernen kein Inhalt, sondern eine (gedankliche)Tätigkeit ist, in welcher wir uns nach Inhalten richten.

Was aber besagt es, dass wir uns nach Inhalten richten? Und was besagt die Rede von den Inhalten? Was sind Inhalte?

2. Lernen ist kein Inhalt, sondern eine Gedankentatigkeit

Inhalte: Das Wort ist in der Tat fatal. Es ist irrefuhrend. Die Korper/Raum-Metaphorik, in welcher das harmlos scheinende Wörtchen zu uns spricht, induziert nämlich Vorstellungen und ganze Vorstellungsketten, Begriffskombinationen und Gedankenkonstruktionen, welche die Didaktik in die Irre führen können und ja auch tatsächlich in die Irre führten. Diese Irrwege sind uns aus der Geschichte nur allzu bekannt. Da man Inhalte in Behälter füllen kann, stellt sich für manche das Lernen als Dosierungsproblem dar. Da man sie verpacken kann, wird Didaktik vielfach als Kunstlehre von der Verpackung sperriger Gegenstände ausgelegt. Da Inhalte auch schwer bzw. leicht sind, handelt man sich in dieser Vorstellungsspur auch die Irrlehre von schweren bzw. leichten Aufgaben ein. Und da man Inhalte auch von A nach B transferieren kann, wird Didaktik mitunter zu einem Transportproblem und die Tätigkeit des Lehrers zu der eines Zwischenhändlers und Agenten der Vermittlung. Der gängigen Erwerbs- und Aneignungsmetapher entkommt sowieso kaum jemand. Was also sind die so genannten Inhalte, um welche es z.B. der Schuldidaktik zu tun ist. Einer dieser Inhalte, welcher vielleicht im heutigen Schulunterricht keine sonderlich prominente Rolle mehr spielt, hieß einmal „Die Punischen Kriege". Diese „hatten wir" – d.h. meine Jahrgangskameraden und ich – vor etwa 46 Jahren im Geschichtsunterricht des Gymnasiums. Die Erinnerung daran ist ziemlich verblasst und wohl auch überlagert von späteren Leseerfahrungen, in welchen diese Kriege - in welcher Form immer - auch vorkamen. Und da es Ende der Sechzigerjahre dazu auch einen Hollywood-Film gab, kann sich ein Vertreter meiner Generation Hannibal kaum anders denn in Gestalt von Victor Mature vorstellen. Heutzutage schlägt man einfach nach, in Wikipedia z.B. und – weil der Bestseller von Dietrich Schwanitz (2002, 75) gerade zur Hand ist – auch in „Bildung. Alles, was man wissen muss". Bei Schwanitz machen die Punischen Kriege gerade mal eine Seite aus. Es ist die Rede von einem ersten und einem zweiten Krieg. Im ersten sei es „um Sizilien gegangen", welches die Römer den Puniern „abnahmen". Der zweite hätte – so Schwanitz – „die Nachwelt gefesselt", was „an der Kühnheit des Hannibal" gelegen haben mag, der „Rom fast vernichtet" hätte und letztlich doch gescheitert wäre. Die Rede ist hier von 100.000 Mann und 37 Elefanten, mit denen Hannibal „unter großen Verlusten" die Alpen überschritten hätte. Dann geht die Geschichte etwas ins Detail (Trasimenischer See, Cannae), Schwanitz berichtet von Fabius Cunctator und seiner Partisanentaktik und so en passant auch von der heute noch existierenden britischen „Fabian Society", welche sich Fabius zum Vorbild genommen hat. Dann kommt Hannibals Niederlage bei Zama und sein Selbstmord. Von einem dritten Krieg ist hier keine Rede. In Wikipedia schon. Auch von Catos „ceterum censeo" ist bei Schwanitz keine Rede, aber bei Wikipedia. Gut, dass es „Wiki" gibt. In meiner Erinnerung habe ich – so merke ich – den Cunctator mit Cato in eins geworfen und bin mir gar nicht sicher, ob das nicht auch schon mein Geschichtslehrer getan hat.

Wie auch immer – wir wissen jetzt einiges. Nicht ganz sicher ist, ob wir das auch wirklich „wissen". Wir „wissen" ja auch, dass Schwanitz' Apotheose bzw. Verkürbissung des abendländischen Bildungskanons nicht ganz vertrauenswürdig ist. Dasselbe wissen wir auch von Wikipedia. Ein Blick in Meyers online-Lexikon ergibt etwas mehr an Information. Wir erfahren unter anderem, dass die Vernichtung Karthagos im 3. Krieg lange nach Hannibals Tod erfolgte. Überdies verweist das Lexikon auch auf eine (wahrscheinlich) seriöse historische Gesamtdarstellung, nämlich auf N. Bagnalls „Rom und Karthago. Der Kampf ums Mittelmeer". Wir müssten uns also dieses Buch besorgen. Wahrscheinlich würden wir auf weitere Fragwürdigkeiten stoßen. Auf der Suche nach „Gewissheit" müssten wir zum Historiker werden. Auch diverse Spekulationen drängen sich in diesem Zusammenhang auf. Was wäre gewesen, wenn Hannibal und seine Karthager gewonnen hätten? Wie wäre es weitergegangen mit dem Römischen Reich? Was wäre mit dem Christentum gewesen, wenn kein römischer Statthalter in Jerusalem residiert hätte?

Abgesehen von diesen zwar die Phantasie beflügelnden, gleichwohl aber historisch unseriösen Fragen, könnten Lernende in einer derartigen Unterrichtseinheit natürlich auch die Frage stellen, woher man denn eigentlich wisse, dass Hannibal mit 37 Elefanten unterwegs war, wie der Nachschub für eine 100.000

Mann starke Armee organisiert worden wäre und ob eine solche nicht eine Spur der Verwüstung hinterlassen hätte. Oder ganz schlicht: Wenn Punier nur das lateinische Wort für Phönizier war, wieso haben sie dann in Nordafrika gelebt, wo man doch ein paar Wochen zuvor gelernt hätte, dass Phönizien der heutige Libanon gewesen sei? Ein Schüler mag vielleicht auch davon berichten, dass er anlässlich eines Badeurlaubs in Tunesien im letzten Sommer die Reste Karthagos gesehen hätte. Und er könnte die Frage stellen, wie man denn auf die Idee kommen könne, die paar Trümmer für Karthago zu halten und nicht für eine andere zerstörte Stadt. Ein anderer Schüler wiederum könnte auf die Auskunft des Lehrers, dass die 37 Elefanten schon bei dem antiken Historienschriftsteller X genannt werden, rückfragen, woher denn X diesbezüglich so sicher sein konnte. War er dabei? Fragen, welche historisch geradezu typisch wären.

Dass einem Lehrer, der sich vorgenommen hat, vielleicht zwei bis drei Geschichtsstunden diesem historischen Ereignis zu widmen, keine psychologischen Lerntheorien – ob behavioristisch oder sozial-kognitivistisch – behilflich sein werden, scheint klar zu sein. Aber vergewissern wir uns dessen wenigstens kurz und machen wir einen Blick in eines der diesbezüglichen Standardwerke. Bei R. Sinz (1976, 23) heißt es: „Lernen ist eine im Dienste der Individual- und Arterhaltung stehende antriebsgesteuerte adaptive Verhaltensänderung als Folge individueller Informationsaufnahme, Informationsverarbeitung und Informationsspeicherung (Erfahrung) auf der Grundlage phylogenetisch vorgebildeter artspezifisch modifizierbarer nervöser Strukturen." Sinz unterscheidet folgende Klassen von Lernvorgängen: „Gewöhnung, Prägungslernen, bedingte Reaktionen, bedingte Aktionen, Lernen durch Beobachtung und Nachahmung, Lernen durch Einsicht." (Sinz 1976, 27). Der Problematik des Lernens durch Einsicht widmet das 250 Seiten starke Werk die letzten 10 Seiten. Diese berichten wesentlich von den Köhler'schen Affenversuchen, welche aber einem Unterricht in Sachen Punische Kriege auch nicht sonderlich auf die Beine helfen dürften. Die Frage ist, ob unser fiktiver Geschichtslehrer irgendeine Lerntheorie benötigt, um diesen „Inhalt" unterrichten zu können. Anders formuliert: Muss man wissen, was Lernen ist, um sich mit 25 Dreizehnjährigen auf dieses Thema einzulassen? Meine Hypothese wäre: Man muss es nicht. Was aber zu diesem Behufe günstig wäre – nichts anderes zeigt unsere kleine Beschäftigung mit den Punischen Kriegen – und sogar unumgänglich, sind Kenntnisse zur Sache, wäre ein sattes Wissen um die Punischen Kriege. Nicht bloß solches, welches man sich zur „Vermittlung" vorgenommen hat, sondern auch solches, mit welchem man auf diverse Schülerfragen zu antworten vermag, beispielsweise auch ein Wissen darum, dass vermutlich niemand wirklich wissen kann, dass es genau 37 Elefanten gewesen sind, die hier über die verschneiten Alpen getrieben wurden. In anderen Nachschlagewerken (bei den Quellen sind wir dabei noch lange nicht) werden auch mitunter andere Zahlen genannt. An einer Stelle ist von 54 die Rede. Von diesen seien aber nur rund 30 Kampfelefanten gewesen. Angeblich wären auch nur die Hälfte überhaupt in Italien angekommen. Auch von den 100.000 Mann – manche Informationsquellen sprechen auch von 120.000 – wären angeblich nur 20.000 auf (heute) italienisches Gebiet gelangt. Manche dürften nicht überlebt haben, andere wiederum – wir spekulieren – dürften desertiert sein und haben vielleicht mit einer hübschen Keltin eine Familie in der Gegend von (heute) Grenoble gegründet. Wer weiß?

Schulisches - und d.h. didaktisch angeleitetes - Lernen, das Lernen der so genannten höheren kulturellen Fertigkeiten und Leistungen ist eben durchwegs von der Struktur des „Lernens durch Einsicht", bei welchem uns zumindest die psychologischen Lerntheorien allein lassen. Von den Neurowissenschaften ist diesbezüglich noch weniger zu erwarten, weil es uns beim Lehren nicht hilft, wenn wir wissen, welche Neuronenareale gerade „feuern", wenn ein Schüler die Frage nach den 37 Elefanten stellt. Je weiter wir in unserem Bildungsgang voranschreiten, umso bedeutender wird die Rolle der Einsichten. Werden auch die Buchstaben des Alphabets wesentlich durch Beobachtung und Nachahmung gelernt, der Unterschied von „das" und „dass" wird nicht mehr über Nachahmung, Gewöhnung oder im Wege einer bedingten Reaktion gelernt, wenn auch für die Geläufigkeit der Handhabung dieser Differenz Gewöhnung und Übung eine Rolle spielen.

Es genügt im schulischen Mathematikunterricht auch nicht, auf den Stimulus „Winkelsumme im Dreieck" mit dem Response „180°" zu reagieren. Es genügt auch nicht, von zwei angegebenen Winkeln auf den dritten schließen zu können. Man sollte schon wissen/eingesehen haben, wieso die Winkelsumme im Dreieck 180° ist/sein muss. Dazu tragen die psychologischen Lerntheorien ganz und gar nichts bei. Zu dieser Einsicht hilfreich ist hier einzig einer der üblichen mathematischen Beweise (Parallelenaxiom inklusive). Die Lehrererklärung für diesen mathematischen Satz ist dann identisch mit dem diesbezüglichen mathematischen Beweis. Pädagogisch/methodisch/psychologisch kommt hier weder etwas hinzu noch wird etwas abgezwackt. „Eingesehen" werden kann dieser formelhafte mathematische Satz nur, wenn der Beweis geführt wird. Von wem, ist dabei ziemlich belanglos. In der Regel wird es der Lehrer sein, der ihn (vor)führt, weil er ja diejenige Instanz ist, die schon Bescheid weiß. Lehrererklärung und Schülereinsicht sind dabei identisch. Man muss sich hier auch gar nicht auf die in manchen Didaktiken üblichen hanebüchenen Bewertungen einlassen, in welchen z.B. behauptet wird, dass die

„selbständig gewonnene Schülereinsicht" oder die selbständige Findung des Beweises der (frontalunterrichtlichen) Lehrererklärung pädagogisch überlegen sei. Das (selbständige) Einsehen bleibt dem Schüler auch nicht erspart, wenn der Lehrer den Beweis führt, also erklärt, warum sich die Sache so und nicht anders verhält. Braucht man dazu eine Theorie des Lernens? Braucht man dazu den Methodenkram, den uns die Didaktik des letzten Jahrhunderts beschert hat? Letzteres wohl nicht. Was also sind die so genannten Inhalte?

In Bezug auf die Lehrpläne bzw. „Curricula" – wie man seit S.B. Robinsohn (1971) zu sagen pflegt – ergibt der Ausdruck einen durchaus plausiblen Sinn. So wie die Kohlen überhaupt erst einen Jutesack zu einem Kohlensack machen, machen didaktisch die Inhalte einen Leerplan zu einem Lehrplan. Inhalte sind also das, was in einem Lehrplan steht. Allzu viel wissen wir aber damit immer noch nicht über das fragliche Ding, wenn wir nur wissen, wo es zu finden ist. Mit Blick auf konkrete Beispiele von Inhalten lässt sich dazu aber doch einiges sagen. Bei den Punischen Kriegen haben wir es mit einem historischen Ereignis bzw. mit dem Zusammenhang einer ganzen Fülle von historischen Ereignissen zu tun, die uns zugänglich sind über diverse Berichte, Erzählungen, zusammenfassende Darstellungen, deren Glaubwürdigkeit wesentlich über den Bezug zu den so genannten Quellen hergestellt wird. Dann – Winkelsumme im Dreieck - haben wir es mit einem mathematischen Satz aus den Anfangsgründen der Geometrie zu tun, der in bestimmter Relation zu anderen mathematischen Sätzen und deren Beweisstruktur steht. Der Unterschied von Gerundiv und Gerundium ist eine Besonderheit der lateinischen Grammatik, welche sich der wörtlichen Übersetzung ins z.B. Deutsche zwar weitgehend versagt, aber per analogiam doch problemlos gelingt. Der Morgenchoral des Mr. Peachum – sofern er im Musikunterricht vorkommt – ist ein frivol-sarkastischer Gesang, der unter anderem auch auf die spezifische Moral von Menschen, die am Rande der Gesellschaft zu existieren gehalten sind, aufmerksam zu machen versteht, also diesseits des Ästhetischen auch soziologische und psychologische Aufschlüsse erlaubt. Und – z.B. Philosophie! – die 11. Feuerbachthese ist eine philosophische These über das Verhältnis von Theorie und Praxis, zu deren Diskussion der historische Zugang nicht ausreicht, ein mathematischer versagt ist und der ästhetische wohl eine Überanstrengung sein dürfte. Als konkrete Inhalte gehören sie in jeweils gesonderte Reviere des Denkens, folgen den Regeln bestimmter Sprachspiele.

Was tun Schüler, wenn sie diese „Inhalte" lernen? Sie folgen z.B. der Erzählung ihres Geschichtelehrers, der seine Erzählung vielleicht auch mit einigen Bildern illustriert, entsprechende historische Landkarten zeigt und möglicherweise einen Ausschnitt aus einem Hannibal-Film. Sie folgen dem Gedankengang eines Experten der Geschichte, der dies und jenes darüber gelesen hat, vielleicht sogar darüber geforscht hat. Und sie stellen vielleicht die oben genannten Fragen und erhalten darauf mehr oder weniger triftige Auskunft. Was tun Schüler, wenn sie den Satz von der Winkelsumme im Dreieck „lernen"? Sie folgen dem Gedankengang ihres Mathelehrers, dem es nicht zu mühsam ist, sie für die Beweisstruktur dieses Satzes zu interessieren. Sie denken seine Gedanken mit. Sie denken sie so mit, als wären es nicht die seinen, weil er schon diese seine Gedanken nicht als die seinen vorträgt, sondern die Sache selber ins Zentrum rückt. Sie sind vielleicht sogar ein wenig verblüfft, wenn ihnen die zur Grundlinie (c) im Eckpunkt C gezogene Parallele zeigt, dass sich dort notwendigerweise die drei Dreieckswinkel zu einem „vollen" Winkel zusammenfinden. Sie denken vielleicht auch darüber nach, was wäre, wenn man das gegebene Dreieck an einer Seitenlänge spiegeln würde, woraus sich ein Viereck (in diesem Falle ein spezielles) ergeben würde, welches dann – logo und claro! – 360° haben muss. Und sie kämen auch auf den Gedanken, dass diese 360° nicht nur für Rhomboiden gelten, sondern für alle Vierecke, da es kein Viereck geben kann, welches nicht in zwei Dreiecke zerlegbar ist.

3. Autonome Subjekte?

Was aber – so war unsere zweite Frage in diesem Zusammenhang – mag esheißen, Lernen wäre eine Tätigkeit, in welcher wir uns nach Inhalten richten? Wo bleibt denn da das autonome Subjekt, wo bleibt denn die viel gepriesene Selbständigkeit, wo die Souveränität des sich die Wirklichkeit autopoietisch konstruierenden Systems? – Weiß der Teufel, wo diese Konstrukte bleiben. Lernen ist eine ziemlich asketische Angelegenheit. Hegel würde von der in Lernprozessen notwendigen „Entfremdung" reden (Hegel, 1996, 321). Unser „liebes Ich" (Petzelt) spielt dabei wenig Rolle. Und wenn es eine spielt, dann im wesentlichen eine störende. Zugegeben: „Sich nach etwas richten", klingt ein bisschen nach Unterwerfung. Und dass das Ich in Lernprozessen eine störende Rolle spielt, irritiert Pädagogen, welche „Betroffenheit" als eine Bedingung für „bedeutsames" Lernen (Combs, 1987, 66 f) zu postulieren geneigt sind und als Ziel von Lernprozessen überhaupt die „ichstarke Persönlichkeit" im Auge haben. Und dennoch dürfte es sich genauso verhalten, wenn wir etwas verstehen, was wir bisher nicht verstanden haben, wenn uns eine Einsicht zuteil wird.

Wahrscheinlich ist es in erster Linie unsere Sprache, welche kaum anders als im Dual von „aktiv" und „passiv" zu operieren vermag und uns dergestalt so manche Scheinprobleme im Zusammenhang von Erziehung und Unterricht beschert. Aber: Ist das Ich, das sich nach Inhalten richtet, ein passives? Kann man das so sagen? Ist der denkende Mensch, dem eine Einsicht zuteil wird, ein passives (beschenktes) Wesen? Taugen diese Vokabeln überhaupt, um so etwas wie Lernen durch Einsicht angemessen zu beschreiben? – Grammatisch gesehen, so dürfen wir hier sagen, handelt es sich sowieso um ein „aktives Ich", wenn „es sich nach Inhalten richtet", denn es selber ist es ja, welches sich …richtet. So gesehen wäre auch derjenige soziale Akteur, der einen Befehl befolgt, aktiv. Er ist es ja, der ihn befolgt. Ein Argument, welches quasi auf die grammatisch-formale Ebene ausweicht, um den sozialen Unterwerfungsakt mit dem Schein selbständiger Leistung zu überblenden: Der gehorchende Befehlsempfänger als autonomes Individuum. Aber lassen wir die sozialen-soziologischen Assoziationen und Vorstellungsbilder beiseite! Denn sie sind es ja hier, die uns die Einsicht in unserer Angelegenheit erschweren.

Wonach richtet sich der Lernende, wenn er sich nach Inhalten richtet? Doch wohl nicht (in erster Linie) nach Personen. Der Schwimmschüler richtet sich zwar auch nach den Tipps seines Schwimmlehrers, aber doch wohl primär (was nicht zeitlich gemeint ist) nach den physikalischen Gegebenheiten, mit denen es (s)ein Körper zu tun hat, dessen spezifisches Gewicht nur wenig über dem des Wassers liegt. Im Grunde kann er genau dann schon schwimmen, wenn er das nötige Zutrauen in die Kraft des Auftriebs gefasst hat. Was dem Schwimmschüler das Schwimmen Lernen erschwert, ist sein Ich, genauer: seine Angst. Vielleicht lernen es Säuglinge genau deswegen so leicht, weil sie diese Angst nicht haben. Wonach richtet sich der Anfänger der Geometrie, wenn ihm die Einsicht zuteil wird, dass „tatsächlich" (unpassendes Vokabel, weil wir es hier nicht mit einer „Tatsache" zu tun haben) jedes Dreieck die WS 180° hat/haben muss? Zunächst (was nicht dasselbe wie primär ist) nach den Hinweisen und Argumenten des Lehrers, die er nach- und mitdenkt und dann wohl nach dem, was im Zeigen und Weisen des Lehrers als Sachstruktur unverstellt zum Ausdruck kommt.

Wonach richtet sich der Lernende, wenn ihm der Lehrer „die punischen Kriege" als wesentliches Element der Entstehungsgeschichte des römischen Imperiums und damit letzten Endes Europas nahe zu bringen sucht? Er „folgt" der Erzählung seines Lehrers, denkt dessen Gedanken (welche sich aus Gedanken diverser Historiker speisen) mit, versetzt sich vielleicht ansatzweise in die Situation eines der Protagonisten des Handlungs- und Ereignisverlaufs. Vor allem aber sucht er des historischen Ereignisses selber ansichtig zu werden, ein Suchen, das sich andeutet in den diversen Rückfragen an den Lehrer, welche ja nicht notwendigerweise die Glaubwürdigkeit des Lehrers als Person in Zweifel ziehen, sondern als historische Fragen an die Glaubwürdigkeit der Quellen gerichtet sind: Woher weiß man, dass es 37 Elefanten waren und nicht 40? Wieso ist man sich so sicher, dass die Stein- und Mauerreste in der Nähe

des tunesischen Badeorts Hammamet die Reste Karthagos sind? Wonach sich
Lernende richten, ist doch wohl dasselbe, wonach sich (hoffentlich) auch der
Lehrer richtet, wenn er lehrt, ist doch wohl auch dasselbe, wonach sich auch der
professionelle Historiker richtet, wenn er forscht.

Ohne die Bezogenheit auf „Wahrheit" und „Richtigkeit" würde es wenig bis
keinen Sinn machen, von Einsicht zu sprechen, von Verstehen oder Erkenntnis. Vom „Lernen" könnte man aber immer noch sprechen, wenn wir es bloß
als Verhaltensänderung eines Organismus infolge bestimmter Antriebe, Reize,
Stimuli etc. bestimmen.

4. Zurück zur Didaktik

Eine (schul)pädagogisch bedeutsame Lerntheorie muss also den Begriff des
sich „auf Wahrheit richtenden Ichs" (Petzelt) einführen, muss von Erkennen
und Irren, von Verstehen und Unverständnis, von Begreifen und Begriffslo-
sigkeit reden. Eine pädagogische Lerntheorie, besser: Lehr- und Lerntheorie,
muss also von den Inhalten des Lehrens und Lernens reden, weil es ohne diese
kein Lernen gibt, weil – zugespitzt formuliert – die „Inhalte" die Gedanken
sind, die zu denken wir lernen, wenn wir lernen. Weiters: Weil die diese Gedanken bezogen, bleiben auf „Gegenständliches", auf ein – zumindest für die
Forschung - fragliches Etwas, von welchem her wir überhaupt erst von Richtigkeit, Angemessenheit, letztlich auch Wahrheit eines Urteils sprechen können.
Grundsätzlich ist, was gelehrt und gelernt werden kann, ein bereits Bekann-
tes und Erkanntes (an der Grenze dessen beginnt, was man Forschung nennt).
Das macht die Rede vom Wissenserwerb ja auch so plausibel. Das zu Lernende
gibt es schon. Die Zinseszinsrechnung gibt es schon, wenn wir sie lernen. Die
englische Sprache können wir nur lernen, weil es sie gibt. Wir lernen die englische Sprache anders als wir die Zinseszinsrechnung lernen. Wir lernen sie
nach ihren Regeln und Üblichkeiten. Wir lernen sie nicht nach Gesetzen des
Lernens, sondern nach ihren eigenen Usancen.

Eine Sache nach ihren eigenen Regeln, Stukureigentümlichkeiten, Gegebenheiten, Usancen zu lernen, das ist es also, was wir meinen, wenn wir sagen,
im Lernen würde man sich nach den Inhalten richten. Was für das Lernen gilt,
gilt auch für die Lehre. Lehrer lehren, wenn sie lehren, eine Sache so, wie sie
ist (zumindest dem Anspruch nach). Man wendet dabei keine Lerngesetze an,
man folgt auch nicht irgendwelchen Methoden des Unterrichtens, sondern man
folgt dem Gedankengang, der die Sache ist, indem er sie zur Sprache bringt.

Im Wesentlichen waren es im 20. Jht. zwei Didaktiken, welche Lernen von
den Inhalten her gedacht und konzipiert hatten. Das war einerseits die des
A. Petzelt und andererseits die Th. Ballauffs. Mit einigen Einschränkungen

könnte man auch die des frühen W. Klafki dazurechnen (Klafki 1963). Die beiden Erstgenannten haben nicht allzu viel Anklang in der Didaktikhochkonjunktur der siebziger Jahre gefunden. In beiden Fällen dürfte es wohl die mangelnde Tauglichkeit des Konzepts für die pragmatische Umsetzung im Sinne der für die Lehrerbildung unumgänglich erscheinenden Unterrichtsplanung gewesen sein, welche ihre Randständigkeit in der damaligen Diskussion und bis heute bedingt haben. Nicht dass es von Petzelt oder Ballauff her nicht möglich gewesen wäre, einen Unterrichtsplan zu erstellen oder eine Unterrichtsvorbereitung zu entwerfen, soll damit ausgedrückt werden. Mangelnde Tauglichkeit für derartige Zwecke besagt vielmehr, dass der für pragmatische Zwecksetzungen dieser Art erforderliche Schematismus nicht zu haben war. Unterrichtsvorbereitung hätte nämlich sowohl für Petzelt als auch für Ballauff bedeutet, dass der Lehrer *sich* vorbereitet und nicht den Unterricht. Ein anderer Grund dürfte vielleicht auch gewesen sein, dass die beiden Didaktiken eingelassen waren in jeweils komplexe pädagogische Systematiken und daher in ihrer Berechtigung und Relevanz für Praxis und praktische Lehrerausbildung nur vom Gesamtentwurf dieser Pädagogiken zu verstehen gewesen wären. Die traditionelle Kurzatmigkeit der pädagogischen Begleitstudien für die Lehrerbildung versagte derartiges schon im Ansatz.

Was die Marketingfragen in der Didaktikbranche anlangt, hatte es da die lehr- bzw. lerntheoretische Didaktik der so genannten Berliner Schule (P. Heimann/ G. Otto/ W. Schulz 1972, 6. Aufl.) leichter. Sie erwuchs ja auch direkt aus den Lehrerausbildungsseminaren von Heimann und Schulz. Der „klappernde Mechanismus" der so genannten 4 „Entscheidungsfelder" (Ziele, Inhalte, Methoden, Medienwahl) und 2 „Bedingungsfelder" (anthropogene und soziokulturelle Bedingungen) empfahl sich ja nachgerade für das Schema einer einheitlichen Unterrichtsvorbereitung für alle Fächer, alle Altersstufen und jeden Schultyp. Dass jeder Unterricht Ziele hat, sich gewisser Inhalte bedient, welche mittels bestimmter Methoden und Medien transportiert werden, das sah auch der intellektuell anspruchsloseste Lehramtskandidat ein. Und dass der Unterricht, vor allem seine Ziele und Inhalte, von anthropogenen und soziokulturellen Bedingungen der Lernklientel her begrenzt werden, war auch noch plausibel. Und dass all diese Dinge, Entscheidungsfelder und Bedingungsfelder in einem „interdependenten Zusammenhang" stehend gedacht werden müssen, wirkte womöglich noch erhebend auf das Gemüt derjenigen, die solches predigten.

Mit einem sich auf Wahrheit richtenden Ich a' la Petzelt war da schon weniger anzufangen. Und mit der These Ballauffs, dass es beim Lehren und Lernen um den „Einbezug ins Denken" ginge, schon gar nichts. Für das pragmatisch-unterrichtsplanerisch ausgerichtete Lehrerbildnerbewußtsein geradezu wahnwitzig muss es sich wohl gelesen haben, wenn es bei Ballauff heißt, dass man denken nicht wollen kann, sondern dass uns das Denken aufnehmen müsse, dass wir von einem Gedankengang erfasst würden, wenn „wir denken".

Zu einem guten Teil war es vielleicht auch die etwas schroffe Sprache Petzelts, welche nicht gerade einlud zu einer intensiveren Beschäftigung mit seiner Pädagogik. Petzelt spricht in seiner Unterrichtstheorie selten und auch nur nebenbei von Inhalten des Unterrichts. Die bevorzugten Vokabeln sind „Gegenstand" und vor allem „Lehrgut". Lehrgut meint damit schlicht die für Unterricht nach Wertgesichtspunkten ausgewählten Inhalte bzw. Gegenständlichkeiten. Das Lehrgut – so heißt es einmal prägnant – „beansprucht das Recht, gelehrt zu werden, wie es seinem Begriffe nach ist. Es ‚ist' aber jeweilig in seiner besonderen Struktur als Glied einer bestimmten Wissenschaft zu sehen. Seine Darstellung, sein Erwerb sind daher notwendig an die ihm innewohnenden Invarianten seines Bereiches gebunden. Der Lehrende hat ihnen zu folgen, wenn er es nicht verfälschen will. Daher wird der Weg zum Lehrgut als Methode spezifisch je nach der Region, der das Lehrgut angehört. Sie (die Methode, A.S.) darf niemals bloß formal sein, das will sagen, man darf nie von einer Methode des Lehrenden sprechen, sondern von einer solchen, die das Lehrgut für Schüler und Lehrer verbindlich vorschreibt" (Petzelt 1964, 3. Aufl., 115).

Sechzig Jahre nach Erscheinen seiner „Grundzüge systematischer Pädagogik", aus welcher diese Sentenz stammt, darf man vielleicht auch ein bisschen historische Nachsicht üben. Wir müssen unseren Blick jetzt nicht auf die bereits oben inkriminierte Rede vom „Erwerb" richten, überhaupt nicht darauf, dass die für Petzelts Didaktik grundlegende „Ich-Gegenstands-Relation" weitgehend in ökonomischer Redeweise auftaucht. Auch dass das Lehrgut „das Recht beansprucht...", möge uns hier nicht allzu sehr irritieren. Das Gemeinte erschließt sich schlagartig, wenn er von „Verfälschung" des Lehrgutes spricht. Nicht bloß bewusste Verfälschungen, etwa im Sinne von politischen Instrumentalisierungen des Lehrgutes sind hier gemeint, obwohl er auch dazu deutliche Worte fand (Petzelt 1969, 82 f) und P. Kauder, einer der besten Petzelt-Kenner der Gegenwart, seine Pädagogik sogar weitgehend als Versuch wertet, politischen Instrumentalisierungen von Erziehung und Unterricht zu wehren (Kauder 2003, 277 f), auch Sorglosigkeit ist gemeint, der so genannte „lockere Umgang" mit der Wahrheit, die Einladung zur Beliebigkeit von Deutungen, etwa im Sinne des (un)heiligen Rechts auf individuelle Meinung oder im Sinne der Anbiederung des Lehrenden an vermeintliche Deutungsbedürfnisse der Lernenden. Wörtlich heißt es: „Pädagogik kann unter keinen Umständen irgendeine Isolierung ihrer Forderungen von der Struktur des Lehrgutes rechtfertigen" (Petzelt 1963, 115). Anders ausgedrückt: Es sind keine pädagogischen Gesichtspunkte denkbar, keine pädagogischen Prinzipien, die es erlauben würden, einen Sachverhalt anders darzustellen, als er ist. Die Didaktik kann sich nicht unabhängig von den Inhalten machen, irgendwie „eigenständig" (zum Eigenständigkeitstheorem siehe Faber, 1973) gebärden, so dass dann die Fachdidaktik als Kompromiss zwischen pädagogischen und fachlichen Ansprüchen erscheinen müsste. (Ein Gutteil der Mentalreservationen der Fachvertreter gegenüber den Pädagogen in der Lehrerausbildung dürfte m.E. auf derartigen, zum Teil berechtigten Befürchtungen der Fachvertreter beruhen). Was den Unterricht, die Auseinandersetzung von Lehrenden und Lernenden leitet (Petzelt sagt „beherrscht"), ist „das Lehrgut, das zwischen beiden steht, um das sich beide mühen (in unterschiedlicher Perspektive, A.S.). Dieses allein liefert die Ordnung aller sachlichen Momente" (Petzelt 1963, 77) und damit der einzelnen Gestaltungsmomente des Unterrichtsverlaufs.

Auch bei Ballauff findet sich keine gesonderte Lerntheorie. Sie müsste erschlossen werden aus dem systematischen Zueinander von didaktisch-lehrtheoretischen Elementen seiner Pädagogik und dem bei ihm immer wiederkehrenden Theorem der Sachgemäßheit des Lernens. „Sachgemäß" wäre eine Einsicht, der es gelingt, das Sein einer Sache als solches – ohne Teleologie, Ideologie, Motivation und Interesse – zur Sprache zu bringen. „Erziehung" – so heißt es in seiner „Systematischen Pädagogik" – „lässt bei der Sache sein, etwa in Gestalt des Unterrichts, und erwartet, dass darin der Zögling sich ganz der Freigabe der Sache auf sie selbst hin überlasse. Sie wünscht nicht, dass er sich die Sache in ihrem Sein aneigne, sondern dass die Sache sich selbst zueigen werde durch einsichtiges Ermessen. Das ist etwa erreicht, wenn ein Text angemessen übersetzt, wenn eine mathematische Aufgabe richtig gelöst wird, wenn es gelingt, in einer Malerei Wesentliches sichtbar zu machen. Es kommt nun alles darauf an, nicht die Sache als verfestigten und in Besitz genommenen Bestand wichtig zu nehmen, sondern an ihr des ‚Seins' inne geworden zu sein [...] also nicht, dass hier Bestände geschaffen, fixiert, tradiert werden, ist das Maßgebliche, sondern das Seinlassen der Sache durch Sachlichkeit [...] Die mit dem Sein der Sache sich identifizierende Sachlichkeit muss man pädagogisch maßgeblich werden lassen [...] (Ballauff 1970, 3. Aufl., 92 f).

Die Maßgabe der Sachlichkeit – vor allem in der Bedeutung von Loslösung aus Ideologie und Teleologie, Motivation und (kollektivem) Interesse - auf unser Unterrichtsbeispiel von den Punischen Kriegen bezogen, würde dann auch besagen, dass zwar die Vernichtung Karthagos die Entstehung des römischen

Weltreiches entscheidend begünstigt und damit über lange Zeit die Formierung Europas ermöglicht hat, dass das aber nicht der Zweck oder geheime Sinn dieser Kriege war und daher auch keinen Anlass hergibt, die Leistungen des Fabius Cunctator irgendwie zu feiern oder zu bejubeln. Man muss aus dieser Geschichte keine Heldengeschichte machen, als deren Erben und Urenkel wir uns dann begreifen und daraus vielleicht gar die Verpflichtung ableiten, uns auch weiterhin als Bewahrer des Abendlands verstehen zu müssen. Catos „ceterum censeo" wird wohl eher als Aufforderung zum Präventivschlag gelesen werden müssen. Die seltsam mystifizierend klingende Formel Ballauffs von der „mit dem Sein der Sache sich identifizierenden Sachlichkeit" kann auch ganz schlicht interpretiert werden: Nicht nur als Abstandnahme von einer Identifikation mit Rom oder Hannibal, sondern auch als Freigabe von sich in diesem Zusammenhang auftuenden Fragen, welche die Sache einer weitergehenden Erschließung zugänglich machen. Wir kommen mit der Auslegung historischer Ereignisse gewissermaßen nie an ein Ende. Auch Petzelts Formel von der beherrschenden Stellung des Lehrguts ist in diesem Sinne gemeint. Dass es als Lehrgut „jeweilig in seiner besonderen Struktur als Glied einer bestimmten Wissenschaft zu sehen ist und dass seine Darstellung an die ihm innewohnenden Invarianten seines Bereichs" gebunden ist, verweist darüber hinaus auf den wohl nur in dieser Pädagogik zu findenden Versuch, nicht nur methodische Eigentümlichkeiten der Fächer, typische Fragestellungen und Argumentationsformen zu identifizieren, sondern diese auch als die methodische Gangstruktur des Unterrichts zu legitimieren (siehe dazu auch Ruhloff 1967).

5. Didaktik als Ort der Lerntheorie

Kann man nun ohne Lerntheorie unterrichten? Das war doch die Frage im Titel. Unsere Antwort wird zwiespältig ausfallen müssen. Eine Lerntheorie, die sich diesseits oder auch jenseits der so genannten Inhalte, des „Lehrgutes", dessen also, was Sache ist, bewegt, scheint in der Tat – zumindest für Unterricht – verzichtbar. Wenn wir allerdings bereit sind, die oben angestellten Überlegungen zumindest schon für einen Anfang in Sachen Lerntheorie zu halten, dann wird man auch zugeben müssen, dass Unterricht gänzlich ohne Lerntheorie nicht wird auskommen können. Eine (schul-)pädagogisch relevante Lerntheorie wird vielmehr innerhalb dessen sich entfalten müssen, was man einmal Didaktik nannte. Sie wird anknüpfen müssen an das, was W. Klafki einmal den „Primat der Didaktik" (vor der Methodik) nannte. Dieser allerdings wäre ernster zu nehmen, als ihn Klafki selber ernst genommen hat. Diesen Primat nämlich mit einer dann doch als irgendwie eigenständig imaginierten „Phantasie" der Methodiker zu kombinieren und damit zu konfrontieren, läuft darauf

hinaus, den Primat der Inhalte durch die „produktiven Einfälle des Metho-
dikers" (Klafki 1973 (1963), 86) zu konterkarieren und damit zu schwächen.
Wenn ich recht sehe, waren die letzten zwanzig und mehr Jahre gerade dadurch
gekennzeichnet. Die Methodik „feierte" und die Inhalte spielten nur mehr eine
marginale Rolle, allenfalls noch die des „Aufhängers". Das „Was" des Lernens
wurde immer sekundärer, wenn nur das „Wie" einer der jeweils neuen pädagogischen „Orientierungen" entsprach. Projektorientierung, Erfahrungsorientierung, Schülerorientierung, Ganzheitliches Lernen, Offenes Lernen und
anderes mehr (vgl. Schirlbauer 1992 und Schirlbauer 1996) waren die Leitbe-
griffe einer Diskussion, die man nur mehr mit Mühe eine didaktische nennen
konnte. Denn von „Inhaltsorientierung" war keine Rede. Möglicherweise hat
sich die Pädagogikbranche das, was heute als neue Systemsteuerung läuft und
sich in Form von Evaluation, Benchmarks, Bildungsstandards, PISA, TIMSS
und DESI konkretisiert, auch selber zugezogen?

Literatur

Ballauff, Theodor (1970, 3. Aufl.): Systematische Pädagogik. Eine Grundlegung. – Heidelberg

Combs, Arthur (1987): Humanistische Pädagogik – zu zart für eine harte Welt.
In: Fatzer, Gerhard: Ganzheitliches Lernen. Humanistische Pädagogik und
Organisationsentwicklung. – Paderborn.

Faber, Werner (1973) (Hg.): Pädagogische Kontroversen 2. – München.

Hegel, Georg Wilhelm Friedrich (1996(1809)): Rede zum Schuljahrabschluss
am 29. Sept. 1809. In: Hegel Werke 4. Nürnberger und Heidelberger Schriften. – Frankfurt a. Main.

Heimann, Paul/ Otto, Gunter/ Schulz, Wolfgang (1972): Unterricht – Analyse
und Planung. – Hannover.

Kauder, Peter (2003): Alfred Petzelt – Leben und Werk. In: Kauder, Peter
(Hg.): Alfred Petzelt – Pädagogik wider den Zeitgeist. – Hohengehren.

Klafki, Wolfgang (1973 (1963)): Studien zur Bildungstheorie und Didaktik. –
Weinheim und Basel.

Petzelt, Alfred (1964 (1946)): Grundzüge systematischer Pädagogik. - Freiburg i.B.

Petzelt, Alfred (1969 (1953)): Über das Problem der Bildung im Hinblick auf
die Einzelwissenschaften. In: Heitger, Marian/ Ipfling, Heinz-Jürgen (Hg.):
Pädagogische Grundprobleme in transzendentalkritischer Sich. – Bad
Heilbrunn.

Robinsohn, Saul B.(1971): Bildungsreform als Revision des Curriculum. - Luchterhand.

Ruhloff, Jörg (1967): Didaktik und Wissenschaftsmethodologie. In: Welt der Schule. Heft 1.

Schirlbauer, Alfred (1992): junge bitternis. Eine Kritik der Didaktik. – Wien.

Schirlbauer, Alfred (1996): Im Schatten des pädagogischen Eros. Destruktive Beiträge zur Pädagogik und Bildungspolitik. – Wien.

Schwanitz, Dietrich (2002): Bildung. Alles, was man wissen muß. – München.

Sinz, Rainer (1976): Lernen und Gedächtnis. – Berlin.

Ein Schuss Kynismus für klare Luft (2008)

Interview mit Alfred Schirlbauer über Diogenes von Sinope von Lukas Wieselberg

Warum sollten wir uns heute noch an diesen schamlosen Obdachlosen erinnern, der sich selbst als Weltbürger bezeichnet hat?

Vielleicht weil sein Leben und seine Philosophie den Widerpart zur heutigen Lebensweise darstellen. Der Hauptpunkt der kynischen Philosophie war ja das Bekenntnis zur Bedürfnislosigkeit. Sie sagt, dass man überhaupt nur klar denken kann, wenn man sich von seinen Begierden und Süchten befreit. Modern ausgedrückt: Wer nichts hat, dem kann auch nichts genommen werden, der ist auch angstfrei in gewisser Weise.

Wenn jemand öffentlich isst und onaniert – ist das wirklich ein Ausdruck davon, seine Bedürfnisse nicht zu befriedigen?

Man unterscheidet zwischen natürlichen Bedürfnissen und jenen, die uns von der Gesellschaft nahegelegt werden. Den Geschlechtstrieb zu befriedigen ist natürlich, und das hat Diogenes auch öffentlich getan. Er soll auch einmal aus einem Bordell gekommen sein und danach von einem Bürger zur Rede gestellt worden sein - Diogenes, aus so einem Haus kommst du? Seine Antwort: Was ist schon dabei, wäre es dir lieber, wenn ich aus deinem Haus käme? Die natürlichen Bedürfnisse sind ihm also kein Dom im Auge. Nur mit den gekünstelten und anerzogenen hatte er Probleme, heute könnte man sagen: mit den Konsumbedürfnissen, die es in Ansätzen auch schon damals in der Athener Oberschicht gegeben hat.

Ein Puff ist für Diogenes also noch natürlich. Wo liegt dann die Grenze zu den gesellschaftlichen Bedürfnissen?

Ich vermute, dass ihm schon die Ehe ein gekünsteltes Bedürfnis gewesen wäre. Es hat zwar einige Kyniker gegeben, die im zeitgenössischen Sinn verheiratet waren und Kinder hatten. Krates z.B. hatte viel von seinen Eltern geerbt. Den Großteil seines Erbes hat er verschenkt, den anderen Teil in einem bankenähnlichen Unternehmen hinterlegt mit der Bitte es seinen Kindern auszuzahlen in dem Falle, dass sie keine Philosophen werden. Denn wenn sie Philosophen werden, brauchen sie es ja nicht, da sie ja bedürfnislos sind. Fortgebracht haben sich die Kyniker im Wesentlichen durch Bettelei.

Das klingt ein bisschen nach Franz von Assisi.

Wobei den Kynikern aber christliche Nächstenliebe völlig fremd war. Dem anderen zu helfen, Kranke zu pflegen etc., da ist nichts überliefert.

In der Entsagung aber gibt es Parallelen?

Ja, aber um der inneren Seelenruhe, nicht um des Glückes und Genusses von anderen willen, denn das wäre das christliche Modell. Man verzichtet auf etwas, teilt etwas mit anderen wie der heilige Martin seinen Mantel. Diogenes hat auf Mäntel überhaupt verzichtet, er soll ja auch seinen Trinkbecher weggeworfen haben, als er einen Buben beobachtet hat, wie man auch aus der hohlen Hand trinken kann.

Sehen Sie einen noch radikaleren Gegenentwurf als jenen der Kyniker?

Nein. Der Marxismus ist es sicherlich nicht, weil der den Wohlstand gerecht verteilen will, daran ist dem Kynismus überhaupt nicht gelegen. Ihm geht es um die Befriedigung der unmittelbarsten Bedürfnisse. Heute geht es darum, dass alles schneller und besser sein muss. Diogenes würde sagen: Warum schneller, wenn es langsamer auch geht? Warum höher, wenn es niedriger auch geht? Warum reicher, wenn es so auch geht? Wozu brauchen wir alle diese Dinge? Das verschafft ihm ein bedeutendes Ausmaß an innerer Selbstsicherheit. Und damit ist er seinen Zeitgenossen entgegengetreten, hat sie provoziert und beschämt, traute sich Dinge zu sagen, die man als normaler Athener Bürger, der fortkommen möchte, nicht sagt. Diogenes hatte das, was Odo Marquard einmal die „Schandmaulkompetenz des alten Menschen" genannt hat. Alte Menschen sind ja dadurch gekennzeichnet, dass sie nichts mehr brauchen, weil sie ohnehin nur noch kurz zu leben haben und sich alle möglichen frechen Dinge erlauben können. Ich denke, das geht auch in jüngeren Jahren – wenn man sich diese Tugend der Bedürfnislosigkeit zu eigen macht.

Fühlen Sie sich – nicht unbedingt was das Alter betrifft – in Sachen Schandmaulkompetenz dem Diogenes verwandt?

Ja, doch. Ich erinnere mich, dass ich vor rund zehn Jahren einmal eine Ministerin geärgert habe. Sie sprach mich im Ministerium an mit den Worten: „Sie sind doch der, der immer so böse Sachen über uns schreibt." Ich antwortete: „Ja, Frau Minister, ich sehe das als meine Pflicht an." Sie: „Wieso soll das eine Pflicht sein?" Und ich: „Deswegen bin ich ja pragmatisiert, dass ich nicht kuschen muss." Bei aller Kritik, die man an der Pragmatisierung üben kann: Auch der pragmatisierte Beamte oder Hochschullehrer hat die Möglichkeit zu äußern, was er für richtig hält – ohne die Befürchtung, dass man ihm ans Leder kann.

Gibt es durch die Reduktion der Pragmatisierungen heute auch weniger Schandmaulkompetenz?

Ich glaube schon. Was ich seit dem Universitätsgesetz 2002 bemerke, ist eine unglaubliche und erschreckende Bravheit, und zwar nicht nur bei den Professoren und Angestellten, sondern auch bei den Studenten. Welche Anordnung

auch immer von oben kommt, wird ausgeführt, wenn auch mit Nörgeln und
Raunzen.

Was könnte man dieser Tendenz mit Diogenes entgegenhalten?

Unter den derzeitigen Bedingungen sehe ich wenige Chancen, die Menschen
sind halt so gestrickt. Das ist eine gewisse pessimistische Anthropologie, die
ich da habe, und die hatte ja auch Diogenes: dass Menschen in erster Linie auf
ihren Vorteil bedacht sind oder zumindest darauf, keinen gröberen Nachteil
zu erleiden. Das macht ängstlich, einschüchterbar und lenkbar. Und das war ja
offen gesagt auch der Zweck der Uni-Reformen.

*Einer Reform, die auch viele Begriffe aus der Philosophiegeschichte zu neuen
Ehren kommen ließ, wie z.B. die Autonomie.*

Dem heutigen Gerede ist es gelungen, den Sinn dieses altehrwürdigen
Vokabels in sein komplettes Gegenteil zu kehren. Autonomie wird nur noch
als Selbstständigkeit verstanden. Und zwar Selbstständigkeit, das zu tun, wozu
man gehalten wird, es zu tun. Im antiken Sinn hat Autonomie Selbstgesetzge-
bung bedeutet. Autonom waren die griechischen Stadtstaaten. Die Hochschulautonomie ist schlicht keine, das UG 2002 (Universitätsgesetz, Anmerk. H.S.)
wurde ja nicht von der Universität gemacht, sondern vom Parlament bzw. von
Beamten im Ministerium. Es gab zwar Proteste dagegen, aber die waren meines Erachtens ein bisschen zaghaft und halbherzig. Man wusste natürlich, dass
man so wie bisher nicht weiterwurschteln kann. Nur, was man sich dagegen
eingehandelt hat ..., die jungen Leute an der Uni werden das in noch schlim-
merer Form erleben als ich.

Was wäre die eigentlich korrekte Bezeichnung für „Hochschulautonomie"?

Mit Hegel gesagt: Autonome Hochschulen sind selbstständige Knechte. Sie
machen selbstständig das, was sie machen sollen.

Aus eigenem Wollen?

Nicht direkt, es gibt schon einen Instanzenzug, über den sich der politische
Herrschaftswille bis in die einzelnen Institute und Fakultäten hineinverästelt.
Wir haben immerhin einen Universitätsrat, der den Rektor auswählt. In den
Universitätsräten sitzen im Wesentlichen Wirtschaftsvertreter, an den pädago-
gischen Hochschulen, den ehemaligen Akademien, die jetzt den stolzen Titel
Hochschulen führen dürfen, sind es nicht Wirtschaftsvertreter, sondern die
alten Landespolitiker und Kirchenvertreter. Es läuft alles wie bisher.

*Zurück zu Diogenes. Wäre ihm eine solche Uni-Reform nicht völlig gleichgül-
tig, weil ihm institutionalisierte Pädagogik sowieso suspekt ist?*

Das stimmt zumindest teilweise für die Kyniker, für Diogenes sicher. Bei
Antisthenes, seinem Lehrer, war das aber z.B. anders. Der hat ein Gymnasium
unterhalten.

Diogenes selbst hatte auch Schüler. Ist das nicht schwierig für einen so störri-
schen Menschen?

Vermutlich, die Schüler werden ihm schon auf die Nerven gegangen sein,
wenn sie ihn allzu oft behelligt haben. Was ihm sicher gefallen hat, war die Tatsache, dass er Anklang gefunden hat bei seinem Publikum, dass man von ihm
lernt und ihn auch nachahmt. Was ihm wohl weniger gefallen hätte - davon ist
zumindest nichts überliefert -, wäre, mit einem Schwanz von Schülern durch
die Stadt ziehen zu müssen. Da war er zu sehr egoman.

Dennoch ging die Geschichte des Kynismus weiter.

Es gab einen großen historischen Bruch in der Spätantike, von den Kynikern war jahrhundertelang nicht mehr die Rede. Es kam zur Dominanz des
christlichen Platonismus, erst in der Renaissance wurden die Kyniker zum Teil
wiederentdeckt und zu Ehren gebracht. Merkwürdigerweise hat aber auch diese
Wiederentdeckung eher zu einer Verstärkung des Platonismus und nicht des
Kynismus auf breiter Basis geführt. Kyniker gab es immer nur in Spurenele-
menten, sie waren immer nur der Sand im Getriebe. Mit der Philosophie des
Kynismus ist eben kein Staat zu machen, das sind *misfits*, nicht gesellschafts-
fähige Typen.

Aber gerade deswegen so wichtig?

Ja, als Störelemente. Meine schrecklichste Vision ist es ja, wenn alles wie
geschmiert läuft, wenn nichts mehr stört und irritiert, wenn kein Gedanke
mehr aufkommt. Da halte ich kynische Elemente nach wie vor für unverzichtbar, damit ein Rest an Witz und Kritik in der Gesellschaft erhalten bleibt.
Momentan sieht es so aus, dass die Kritik in den Untergrund geht, aber das war
die kynische Kritik ohnehin immer.

Wo sehen Sie die Reste dieser Kritik heute?

Es gibt schon ein paar Gegenwartsphilosophen wie etwa Konrad Paul Liessmann. Er ist eher eine Mischform, wie er selbst auch einmal gesagt hat, aus
Skeptiker, Kyniker und Sophist. Dann natürlich Rudolf Burger, der oft sau-
freche Dinge schreibt und sich somit weithin unbeliebt macht. Mitunter blitzt
es auch bei Michael Fleischhacker, dem Chefredakteur der „Presse", auf. Seine
Definition in einem Leitartikel, was Liberalismus in Österreich bedeutet, war
Kynismus in Reinkultur. Sinngemäß schrieb er: „Liberal war in Österreich
immer die Sammelbezeichnung für die Roten, die den Geruch der armen Leute
nicht vertragen haben, für diejenigen Schwarzen, deren Ehen nicht gehalten
haben, die sich aber trotzdem nach dem Segen der Kirche gesehnt haben, und
für diejenigen Blauen, die imstande waren, ihr Bekenntnis zur deutschen Kul-
turnation in ganzen Sätzen vorzutragen."

Ist das jetzt zynisch oder kynisch?

Diese Differenzierung, die durch die Philosophiegeschichte geistert, halte ich für schulmeisterlich. Es gibt keinen substanziellen Unterschied zwischen Kynismus und Zynismus, das ist überkandidelt und moralinsauer. Die These lautet ja, dass der Kynismus moralisch unantastbar ist, der Zynismus hingegen eine schlechte Charaktereigenschaft. Ich glaube, dass Zyniker niemals schlechte Charaktere sind.

Ich verstehe das ja so: Kyniker leben das, was sie denken, so wie Diogenes oder die Aussteiger dieser Welt, falls es sie noch gibt. Zyniker hingegen stehen im Leben so wie alle anderen, haben aber eine zynische Weltmeinung, sie sind sozusagen theoretische Kyniker.

Moderne Kyniker üben natürlich alle einen bürgerlichen Beruf aus, sonst kann man nicht überleben, insofern haben Sie recht. Sie stehen in der Gesellschaft, aber gedanklich stehen sie außen.

Tun das nicht die meisten Menschen?

Nein, sonst würde die Gesellschaft gar nicht funktionieren. Die meisten Menschen finden schon okay, was sie machen sollen, und tun es mit viel Engagement. Sie verhalten sich wie Fische im Wasser, sind auch glücklich dabei. Man sollte sie nicht besonders irritieren, außer durch kynische Zwischenbemerkungen.

Sind kynische Zwischenbemerkungen auch in der Pädagogik notwendig?

Äußerst notwendig. Allerdings nicht in der praktischen Pädagogik, dafür würde ich warnen. Mit Kindern geht man nicht kynisch um, schon Ironie ist bei ihnen fragwürdig. Sie verstehen Ironie schlicht nicht, sie anzuwenden wäre eine Form von Überheblichkeit. Aber in der Theorie ist Kynismus höchst angebracht. Wenn man sich anschaut, was in der Pädagogik an Irrlehren, Ideologemen mit Feuereifer und Inbrunst verbreitet wird, da muss hin und wieder ein Schuss Kynismus für klare Luft sorgen.

Zum Beispiel?

Ich denke etwa an die Irrlehre vom partnerschaftlichen Erziehungsstil, mit der die Lehrer jahrzehntelang traktiert wurden. Das hatte natürlich den Vorteil, die damals noch wirksamen autoritären Methoden in der Erziehung abzumildern, aber irgendwann muss man auch sagen, dass das schlichtweg falsch ist. Die Kinder sind nicht meine Partner in der Erziehung, ich erziehe nicht mit ihnen zusammen die Kinder gemeinsam, sondern meine Erziehungsarbeit vollzieht sich an ihnen und nicht mit ihnen als Partner. Das suggeriert Gleichberechtigung, und das ist ein Euphemismus oder Ideologie. Ein anderes Beispiel: die Ideologie von der Halbwertszeit des Wissens; das Wissen verfalle so schnell, und daher müsse man nicht so viel lernen und nur noch lernen, wo man nachschaut. Das sind Irrlehren, die das, was sie zu erwirken versuchen, verhindern: z.B. Aufklärung, Vernünftigkeit, Bildung. Ehrlicher wäre es zu sagen: Bildung ist eine anstrengende Angelegenheit.

Ist das schon eine kynische Aussage?

Ein Kyniker würde das vermutlich noch zuspitzen und sagen, dass man sich um Bildung gar nicht erst bemühen soll, weil sie ohnehin unglücklich macht, weil man dann niemanden mehr hat, mit dem man reden kann. Man wird einsam, weil alle anderen dann ja die ungebildeten Deppen sind. Das wäre eine typisch kynische Überspanntheit. Ich habe aber auch die Erfahrung gemacht in Lehrveranstaltungen, wenn man Anfänger mit solchen Überlegungen konfrontiert, dann beginnen sie sich plötzlich selbst für Bildungstheorie zu interessieren.

Eine paradoxe Intervention?

Ja. Oder denken Sie an die grassierende Motivationsideologie: Egal ob Schüler oder Manager, alle müssen motiviert werden. Ein klassischer Kyniker wie Schopenhauer hat gewusst, worum es sich dabei handelt. Er hat geschrieben: „Motivation ist Betrug am Willen eines anderen, indem ich ihm meine Motive für ein bestimmtes Handeln als die seinen unterschiebe und mache, dass er meine Motive für die seinen hält." Die Pädagogik ist ein weites Feld, in dem man es permanent mit derartigen Ideologemen zu tun hat. Heute grassieren Begriffe wie Offenheit, Aktivität, Ganzheit. Das Lernen soll ganzheitlich sein, jeder muss heutzutage offen sein. Ein kynischer Spruch eines Kollegen dazu wäre: Wer ganz offen ist, kann nicht ganz dicht sein.

Das ist aber schon mehr als Sand im Getriebe, das ist fast schon konstruktiv

Ja, der Kynismus ist imstande, wie ein Blitz plötzlich Licht in die Sache zu werfen, aber wie der Blitz ist er auch gleich wieder weg: kurze Helligkeit, und dann tritt wieder der gesellschaftliche Dämmerzustand ein.

Aus dem Ultimativen Wörterbuch der Pädagogik. Diabolische Betrachtungen

Buchwissen (Subst.), das – Nach A.B. (Ambrose Bierce, Anmerk. H.S.) ein „abwertender Begriff, den der Dummkopf für jedes Wissen prägt, das über seine eigene ungestrafte Ignoranz hinausgeht". Praktisch also jedes Wissen, von dem ich selber keine Ahnung habe. Der davon weiß, hat es sich ja nur „angelesen". Lesen wird dabei als gedankenlose Tätigkeit vorgestellt, wobei gedankenvolle Tätigkeit immer als „Erfahrung" bezeichnet wird. Der Nichtleser beruft sich also, wenn überhaupt auf etwas, auf Erfahrung. Der Leser beruft sich auf Literatur. Die beiden dürften sich also nicht viel zu sagen haben (S. 24).

Epilog

Aus dem Altgriechischen (ἐπίλογος): „Schluss der Rede" oder auch „Schluss des Dramas". Als Tochter von A.S. musste ich über diese beiden Definitionen zugegebenermaßen ein wenig schmunzeln. Treffen sie doch genau seinen Humor und Hang zum Zynismus.

Gleichzeitig sei an dieser Stelle betont, dass der Anlass ein unglaublich trauriger ist, da die Welt der Pädagogik in Wien um einen „kynischen Pädagogen" (s. Ultimatives Wörterbuch der Pädagogik, S. 51), der sich nie scheute, unangenehme Thematiken an- und auszusprechen, ärmer ist. Auch als Vater nahm er selten ein Blatt vor den Mund, war stets ehrlich und gab meiner jugendlichen Naivität und der meines Bruders Jörg elaborierten und rhetorisch kaum zu bezwingenden Konter.

Während ich mich als Jugendliche das eine oder andere Mal über seine Aussage „kein gutes Vorbild, sondern ein abschreckendes Beispiel zu sein" ärgerte, kann ich aus heutiger Sicht doch vieles besser verstehen. Gerne erzählte er die Anekdote, in der ich einmal (recht schlagfertig, wie ich finde) erwiderte: „Pare, wir haben uns doch sowieso selbst erzogen." (Anmerkung: „Pare" ist eine Wortkreation aus dem Italienurlaub mit den Worten Papa und „il mare". „Väterchen Frost", wie wir ihn liebevoll auch nannten, erschien mir für diesen Epilog dann doch zu düster.)

Als Kinder zweier Pädagogen hatten mein Bruder Jörg und ich es allerdings auch nicht immer leicht. Als ich gerade schreiben und lesen gelernt hatte, wurde ich schongleich dazu verdonnert, Prüfungsbögen von Studierenden nach dem Alphabet zu sortieren. Ich erinnere mich an unzählige Prüfungen, die während des Sortierens den gesamten Wohnzimmerboden einnahmen. (Ich durchschaute schnell, dass viele Rechtschreibfehler in einem „Nicht genügend" resultierten.)

Im Griechenlandurlaub wurde ein (!) Versuch gestartet, „Risiko" zu spielen. Nachdem A.S. aus dem vermeintlichen Spiel Prüfungsfragen generierte und wiederholt Pakte brach, war uns Kindern rasch klar, dass wir zusammenhalten mussten – und dass die Hauptstädte von Honduras und Kalmückien Tegucigalpa und Elisa sind.

Frühe Kindheitserinnerungen beinhalten jedoch ebenso das gemeinsame Anschauen von Josef Haders „Privat" (Topfpflanzen, geht's spazir'n!), welches von meinem Bruder und mir auch heute noch gern zitiert wird, und der Musikvideos der Beatles auf VHS-Kassetten.

A.S. war ein, meiner ganz unvoreingenommenen Meinung nach, hoch intelligenter Theoretiker (Als er sich als Jugendlicher beim Fußballspielen das Bein brach und mehrere Wochen mit einem Liegegips ans Bett gebunden war, brachte er sich aus Langeweile selbst Latein bei, statt, wie es sein Vater wollte,

das Rapid Match im Fernsehen anzusehen.). Bei den sogenannten „lebensprak-
tischen Dingen", wie dem Zusammenbauen eines Regals des Möbel-Schweden,
oder dem Einschlagen eines Nagels, scheiterte er jedoch.

Unter dem Eintrag „Selbst" (s. Ultimatives Wörterbuch der Pädagogik,
S. 81 f) schreibt A.S. folgendes: „Vielleicht sind wir wirklich nichts anderes
als Konglomerate unserer genetischen Ausstattung, unseres Milieus, unserer
Lernerfahrungen, unserer Begegnungen mit anderen, die wir nachgeahmt
haben, weil sie irgendwie imponierend waren (…)."

Nun bin ich über Umwege selbst Lehrerin und Vortragende an den beiden
Pädagogischen Hochschulen Wiens geworden und wieder muss ich schmunzeln. Ich bin schlussendlich auch eines eben dieser Konglomerate – geprägt
durch Vorbilder und „abschreckende Beispiele". Wenn Studierende mir sagen,
ich wäre meinem Vater beim Vortragen sehr ähnlich, stelle ich mir vor, wie
er mich lachend darauf hinweist, dass ein Lob in der Hierarchie nur „von
oben nach unten funktioniert" (freue mich selbstverständlich aber dennoch
darüber).

Ohne meinen Vater, ohne seinen Schubs zu einem humanistischen Bildungsweg könnte ich heute nicht Tolkiens „Der Hobbit" auf Latein und Rowlings
„Harry Potter" auf Altgriechisch lesen. Ich wüsste nicht, wer Adorno und Cio-
ran waren. Mir wären Ambrose Bierce und dessen Definition von „Optimis-
mus" fremd. Ich wüsste nicht ob der genialen Lyrics der Beatles: „Try thinking
more if just for your own sake."

Ohne meinen Vater wäre ich nicht ich.

Teresa Schirlbauer

Anhang

Bibliografie Alfred Schirlbauer

Monografien

Fachdidaktik Fachunterricht. Studienbrief im Rahmen des Fernstudienprojekts „Pädagogik für Lehrer an Höheren Schulen". Eigenverlag Institut für Erziehungswissenschaften der Universität Wien, Wien 1980.

Didaktik und Unterricht. Eine systematische Untersuchung zum Theoriebegriff der Göttinger und der Berliner Schule. Jugend und Volk, Wien/München 1982 (J&V-Förderungspreis).

Unterricht, Gegenstand und Prozeß. Studienbrief im Rahmen des Fernstudienprojekts „Allgemeinpädagogische Ausbildung für Lehramtskandidaten an einer Massenuniversität". Wien 1983.

Junge Bitternis. Eine Kritik der Didaktik. WUV, Wien 1992.

Im Schatten des pädagogischen Eros. Destruktive Beiträge zur Pädagogik und Bildungspolitik. Sonderzahl, Wien 1996. 2. Auflage 2001.

Die Moralpredigt. Destruktive Beiträge zur Pädagogik und Bildungspolitik. Sonderzahl, Wien 2005.

Ultimatives Wörterbuch der Pädagogik. Löcker, Wien 2012. 2. Auflage 2015.

Editionen

Lehrersein heute. Tyrolia, Innsbruck 1991.

Gemeinsam mit Gertrude Brinek: Pädagogik im Pluralismus. WUV, Wien 1993.

Gemeinsam mit Gertrude Brinek: Vom Sinn und Unsinn der Hochschuldidaktik. WUV, Wien 1996.

Gemeinsam mit Gertrude Brinek: Lob der Schule. WUV, Wien 2002.

Gemeinsam mit Agnieszka Dzierzbicka: Pädagogisches Glossar der Gegenwart. Löcker, Wien 2006, 2. Auflage 2008.

Gemeinsam mit Heribert Schopf, Gordan Varelija: Zeitgemäße Pädagogik. Löcker, Wien 2018.

Aufsätze bzw. Beiträge in Zeitschriften und Sammelbänden

Das Bildungsproblem bei Wilhelm v. Humboldt. Diskussionsbericht zum Salzburger Symposion. Vierteljahresschrift für wissenschaftliche Pädagogik. Heft 4/1987. Hgg. v. Marian Heitger. Kamp, Bochum 1978, 53–542.

Zum Bildungs- und Lernbegriff als Analysemaßstab. In: Breinbauer, Ines Maria/Kantner, Rudolf/Schirlbauer, Alfred/Stipsits, Reinhold: Medien pädagogische Analyse des ORF-Studienprogramms „Wirtschaften". Durchgeführt im Auftrag des BMfUK. Institut für Erziehungswissenschaften der Universität Wien, Wien 1979, 5–24.

Gemeinsam mit lnes M. Breinbauer: Das Verhältnis von Theorie und Praxis in der Pädagogik. Vierteljahresschrift für wissenschaftliche Pädagogik. Heft 4/1979. Hg. v. Marian Heitger. Kamp, Bochum 1979, 446–454.

Kulturfächer. In: Spiel, Walter (Hg.): Konsequenzen für die Pädagogik [= Band XI der „Psychologie des 20. Jahrhunderts"]. Kindler, Zürich 1980, 861–867.

Gegenstandsbegriff und Lehrer-Schüler-Relation. Plädoyer für eine fachlich genetische Lehrerausbildung. Vierteljahresschrift für wissenschaftliche Pädagogik. Heft 1/1981. Hgg. v. Marian Heitger. Kamp, Bochum 1981, 65–78.

Vorschläge für einen pädagogischen Unterricht oder: Wie können wir verhindern, daß das Denken im Lernen versandet? In: Heitger, Marian/ Breinbauer, lnes Maria (Hg.): Innere Schulreform Reform für das Kind und seine Bildung. Herder, Wien/Freiburg/Basel 1981, 77–90.

Geschichte als Bildungsfach. In: Heitger, Marian: Innere Schulreform III. Die Vielheit der Fächer und die Einheit der Bildung. Herder, Wien/ Freiburg/ Basel 1984, 49–61.

Einige skeptische Fragen und Anmerkungen zum Konzept des Projektunterrichts. In: Vierteljahresschrift für wissenschaftliche Pädagogik. Heft 2/1986. Kamp, Bochum, 252–266.

Streifzug durch die Projektpädagogik. In: Erziehungswissenschaft Erziehungspraxis. 1/1987. Agentur Dieck, Heinsberg, 25–29.

Vom Pauker zum Animateur. Einige Anmerkungen zur Karriere der Sozialklimatologie in Unterricht und Lehrerfortbildung. In: Pädagogische Impulse. Heft 2/1987. 37–39.

„Freiraum Schule". ln: Der Wiener Lehrer. Heft 5/1987.

Das Klassische und die Vielfalt. Bildungstheoretische Anmerkungen zur Lehrplanarbeit aus Anlaß eines neuen Lehrplans. In: Vierteljahresschrift für wissenschaftliche Pädagogik. Heft 3/1987. Kamp, Bochum, 381–395.

Von der Versteinerung der Herzen durch Unterricht. Anmerkungen zur Fragwürdigkeit der Konstitution von Pädagogik als Erziehung und Unterricht. In: Breinbauer, Ines Maria/Langer, Michael (Hg.): Gefährdung der Bildung Gefährdung des Menschen. Festschrift für Marian Heitger zum 60. Geburtstag. Böhlau, Wien 1987, 97–106.

Comeback des redenden Lehrers? Einige Überlegungen zur Rolle des Lehrers aus Anlaß zweier Neuerscheinungen zum Thema „Frontalunterricht". Vierteljahresschrift für wissenschaftliche Pädagogik. Heft 3/1988. 318–327.

Projektunterricht ein Stück Antiaufklärung. In: Der Wiener Lehrer. Heft 9/1987. 14f.

Partnerschaft zwischen Ungleichen? Argumente gegen die Vorstellung, das pädagogische Verhältnis könne partnerschaftlich sein. In: Pädagogische Impulse. 3/1988. 55–57.

Ergänzungen, Ganzheiten und „integrierte Codes". Von der Ruinierung des Unterrichts durch seine Komplettierungsbemühungen. In: Löwisch, Dieter Jürgen/Ruhloff, Jörg/Vogel, Peter (Hg.): Pädagogische Skepsis. Wolfgang Fischer zum einundsechzigsten Geburtstag. Academia Verlag, St. Augustin 1988, 197–208.

Vom elitären Charakter der Bildung. In: Heitger, Marian: Elitebildung oder Chancengleichheit. Tyrolia, Innsbruck 1988, 63–86.

Kritik der Reform. Interpretationen zu Kurt Zeidlers „Wiederentdeckung der Grenze". In: Pädagogische Impulse. Heft 3/89. 48–51.

Konturen einer postmodernen Pädagogik. In: Vierteljahresschrift für wissenschaftliche Pädagogik. Heft 1/1990. 31–45.

Gesamtschule ante portas. In: Wissenschaft und Glaube. Vierteljahresschrift der Wiener Katholischen Akademie. Heft 1/1990. 55–69.

Von Klempnern, Schwätzern, Kurpfuschern und Animateuren. Der Lehrer und sein wandlungsfähiges Selbstverständnis. In: Schirlbauer, Alfred (Hg.): Lehrersein heute. Tyrolia, Innsbruck 1991, 9–34.

Ganzheitliche Bildung durch Gesamtunterrichtsdidaktik? In: Vierteljahresschrift für wissenschaftliche Pädagogik. Heft 2/1991. 192–201.

Im Schatten des pädagogischen Eros. Enttäuschende Bemerkungen über die Kunst, Schüler in der Schule bei der Stange des Lernens zu halten. In: Strobl, Walter (Hg.): Schule und Zukunft. Jahrbuch der Wiener Gesellschaft für Bildungspolitik und Schulmanagement. APV, Wien 1991, 85–96. Auch in: Schaufler, Gerhard (Hg.): Schule der Gefühle. Tyrolia, Innsbruck 1994, 33–48.

Bokanowskys Problem. Oder: Das Allgemeine der Erziehungswissenschaften. In: Vierteljahresschrift für wissenschaftliche Pädagogik. Heft 4/1992. 388–403.

Von der normativen zur skeptischen Pädagogik. Ein Bericht. In: Brinek, Gertrude/Schirlbauer, Alfred (Hg.): Pädagogik im Pluralismus. WUV, Wien. 1993, 53–67.

H.-J. Heydorn - Bildungsmessianismus und Gesellschaftskritik. In: Heitger, Marian (Hg.): Kanzel und Katheder. Zum Verhältnis von Religion und Pädagogik seit der Aufklärung. Tyrolia, Innsbruck 1994, 459–470.

Der Skeptiker und seine Stellung im sozialen Raum. Oder: Bedarf Skepsis der Legitimation? In: Fischer, Wolfgang (Hg.): Colloquium Paedagogicum.

Studien zur Geschichte und Gegenwart transzendentalkritischer und skeptischer Pädagogik. Academia, St. Augustin 1994, 223–240.

Wollt ihr die totale Schule? In: Pädagogische Rundschau. 48. Jg./1994. 531–540.

Bürokratische Anstalt humaner Lebensraum paradoxe Autonomie. Zur Vorgeschichte der Autonomiedebatte. In: Brinek, Gertrude/Severinski, Nikolaus (Hg.): Staatsschule am Ende? Perspektiven für den Bildungsmarkt. WUV, Wien 1995, 75–88. Auch in: Wenger-Hadwig, Angelika (Hg.): Pädagogik im Widerspruch. Tyrolia, Innsbruck 1996, 59–77.

Zur Metamorphose des Gymnasiums. In: Wiener Journal. Nr. 188/1996. 10–11. Auch in: AHAes. Die pädagogische Zeitung für die Allgemein bildenden Höheren Schulen. Linz 1996, Heft 1. 6–7.

Von der Lernschule zur Schule als Lebensraum? In: BMUK (Hg.): Bildung Arbeit Lebenszeit. Lebensbegleitendes Lernen im 21. Jhdt. Wien 1996, 64–72.

Sprache und Geist der Reform. Anmerkungen zur Pädagogik des frühen 20. Jhdts. In: Arbeitsgemeinschaft sonderpädagogischer Zentren (Hg.): Der Spitzer. Heft 4/1997. 10–16.

Interdisziplinäre Bemerkungen zum interdisziplinären Unterricht. In: Borrelli, Michele/Ruhloff, Jörg (Hg.): Deutsche Gegenwartspädagogik. Bd. III. Pädagogik - Interdisziplinäre Verflechtungen und intradisziplinäre Differenzierungen. Schneider, Hohengehren 1998, 102–114.

Das Weißbuch „Lehrplan 1999". Versuch einer positiven Rückfütterung. In: Pädagogische Impulse. Heft 2/1997.

Guter Unterricht ist Unterricht, in dem Verstehen gelehrt wird. In: Freund, Josef/Gruber, Heinz/Weidinger, Johann (Hg.): Guter Unterricht. Was ist das? ÖBV, Wien 1998, 163–176.

Vom Verschwinden des Lehrers in der Neuen Lernkultur. In: Wenger-Hadwig, Angelika (Hg.): Der Lehrer Prügelknabe oder Hoffnungsträger der Gesellschaft? Tyrolia, Innsbruck 1998, 54–69.

Pädagogen und „richtige Männer". Differenzen und Gemeinsamkeiten von militärischer und pädagogischer Führung. In: FHStg. Militärische Führung (Hg.): Interdisziplinäre Beiträge zur militärischen Führung. Armis et Litteris, Bd. 1. 1998, 93–103.

Humanes Lernen eine Mogelpackung. In: Felten, Michael (Hg.): Neue Mythen in der Pädagogik. Auer, Donauwörth 1999, 29–42.

Disziplin. Bemerkungen zum heimlichen Ziel aller Erziehung. In: FHStg. (Hg.): Armis et Litteris, Bd. II. 1998, 79-90. Auch in: Wenger-Hadwig, Angelika (Hg.): Schule zwischen Disziplin und Freiheit. Tyrolia, Innsbruck 2000, 9–19.

Considerazioni interdisciplinari sulla questione dell'insegnamento interdisci plinare. In: Borrelli, Michele/Ruhloff, Jörg (Hg.): La pedagogia tedesca contemporanea. III Volume. Luigi Pellegrini Editore, Cosenza 1999, 171–189.

Distanz als didaktische Kategorie. Bemerkungen zum Mußecharakter von Schule. In: Sigot, Ernst: Otium - Negotium. Beiträge des interdisziplinären Symposions Zeit. Edition Praesens, Wien 2000, 100–110.

Pädagogik und Anthropotechnik. Oder: Hat Peter Sloterdijk der Pädagogenzunft etwas zu sagen? In: Vierteljahresschrift für wissenschaftliche Pädagogik. Heft 4/2000. 471–482.

Die Moralpredigt. Invektiven zum Ethikunterricht. In: Helmer, Karl/Meder, Norbert/Meyer-Drawe, Käte/Vogel, Peter (Hg.): Spielräume der Vernunft. Jörg Ruhloff zum 60. Geburtstag. Königshausen und Neumann, Würzburg 2000, 344–367.

Werterziehung oder „Erziehung durch Unterricht"? In: Wenger-Hadwig, Angelika (Hg.): Europäische Wertegemeinschaft. Tyrolia, Innsbruck 2001, 44–54.

Die Lehren des Krieges. Perspektiven einer Pädagogik der Konkurrenz. In: Liessmann, Konrad Paul (Hg.): Der Vater aller Dinge. Nachdenken über den Krieg. Zsolnay, Wien 2001, 222–242.

Menschenführung durch Evaluation und Qualitätsmanagement. In: Böhm, Winfried/Brinkmann, Wilhelm/Oelkers, Jürgen/Soetard, Michel/Winkler, Michael (Hg.): Kritik der Evaluation von Schulen und Hochschulen [= Bd. 31 der Reihe „Erziehung Schule Gesellschaft"). Ergon, Würzburg 2004, 57–68.

Humboldt incorporated. In: Dzierzbicka, Agnieszka/Kubac, Richard/Sattler, Elisabeth (Hg.): Bildung riskiert. Erziehungswissenschaftliche Markierungen. Löcker, Wien 2005, 227–235.

Bildungslügen. Über pädagogische Illusionen. In: Liessmann, Konrad Paul (Hg.): Der Wille zum Schein. Zsolnay, Wien 2005, 198–217.

Beurteilt, gemessen, gerankt. Über Menschenführung in der Postmoderne. In: Klement, Karl (Hg.): Das Messbare und das Eigentliche. Innverlag+gatt, Innsbruck 2005.

Autonomie. In: Dzierzbicka, Agnieszka/Schirlbauer, Alfred (Hg.): Pädagogisches Glossar der Gegenwart. Löcker, Wien 2006,_13–22. „ ... an Bildung festhalten, nachdem die Gesellschaft ihr die Basis entzog". In. Klement, Karl (Hg.): Trotzdem: Zuversicht. Schneider Verlag, Hohengehren 2006, 31–40.

Kompetenz statt Bildung? In: engagement. Zeitschrift für Erziehung und Unterricht. Heft 3/2007. Aschendorff Verlag, 179–183.

Sollen wir uns vor den Bildungsstandards fürchten, oder dürfen wir uns über sie freuen? In: Radits, Franz (Hg.): Muster und Musterwechsel in der Lehrer und Lehrerinnenbildung. Perspektiven aus Pädagogik und Fachdidaktik. LIT, Wien/Berlin 2007, 149–156.

37 Elefanten. Oder: Braucht man eine Lerntheorie, um unterrichten zu können? In: Mitgutsch, Konstantin/Sattler, Elisabeth/Westphal, Kristin/ Breinbauer, Ines Maria (Hg.): Dem Lernen auf der Spur. Klett-Cotta, Stuttgart 2008. 197–211.

Bildung im „Industriefaschismus". In: Bunger, Carsten/Euler, Peter/Gruschka, Andreas/Pongratz, Ludwig A. (Hg.): Heydorn lesen. Buchse der Pandora, Wetzlar 2008. 147–160.

Was bleibt uns schon anderes übrig? Ein verhaltenes Plädoyer für den Normativismus in Anschluss und Abgrenzung zu Panajotis Kondylis. In: Herchert, Gaby/Löwenstein, Sascha (Hg.): Von der Säkularisierung zur Sakralisierung. Spielarten und Gegenspieler der Moderne. Festschrift für Karl Helmer zum 75. Geburtstag. WVB Wissenschaftlicher Verlag Berlin, 2011, S. 219–228.

Schule des Fortschritts. In: Schirlbauer/Alfred, Schopf/Heribert, Varelija/Gordan (Hg.): Zeitgemäße Pädagogik. Löcker, Wien 2018. 9–24.

Das Individuum im Schnittpunkt seiner Institutionen. Wo bleibt seine Subjektivität/Individualität? In: Armis et litteris Band 29/2013; 2., überarbeitete Auflage; Fordern und fördern (lassen). Grenzen der individuellen Entwicklung in der hochschulischen Berufsausbildung, BMLVS/Theresianische Militärakademie, Wien, 2014, S. 27-37.

Textnachweise, der in diesem Band herangezogenen Auswahl:

Junge Bitternis

Vom elitären Charakter der Bildung wurde beim 8. Symposium „Innere Schulreform – Elitebildung oder Chancengleichheit" (Oktober 1987) erstmals vorgetragen, ein zweites Mal bei der Arbeitstagung der Schülerberater an AHS (April 1989). In: 1) Marian Heitger, Elitebildung oder Chancengleichheit? Innsbruck 1988. 2) Tagungsbericht der Arbeitstagung der Schülerberater an AHS, Lernen Chance für die Zukunft. Wien 1989.

Gegenstandsbegriff und Lehrer-Schüler-Verhältnis wurde beim Salzburger „Pfingstsymposion" (1980) innerhalb des Rahmenthemas „Pädagogisches Verhältnis" vorgetragen. In: Vierteljahresschrift für wissenschaftliche Pädagogik 1/1989.

Von Klempner, Schwätzern, Kurpfuschern und Animateuren wurde beim 9.Symposion „Innere schulreform – Lehrersein heute" erstmals vorgetragen, ein zweites Mal aus Anlaß eines Gastvortrages an der Pädagischen Akademie des Bundes in Wien (Dezember 1989). In: Alfred Schirlbauer (Hg.) Lehrersein heute. Innsbruck 1990.

Im Schatten des pädagogischen Eros

Die große Transformation. Modifizierte Fassung von „Bürokratische Anstalt - Humaner Lebensraum - Paradoxe Autonomie" In: Gertrude Brinek/Nikolaus Severinski (Hg.), Staatsschule am Ende? Wien 1995.

Die totale Schule? Stark überarbeitete Fassung von „Wollt ihr die totale Schule?" In: Pädagogische Rundschau, Heft 5/1994.

Die banale Schule. Originalbeitrag.

Im Schatten des pädagogischen Eros. In: Marian Heitger (Hg.), Schule der Gefühle. Innsbruck 1994.

Der redende Lehrer - He 'll never come back Überarbeitete Fassung von „Comeback des redenden Lehrers?" In: Vierteljahresschrift für wissenschaftliche Pädagogik, Heft 3/1988.

Projektemacherei - Aufstand des Lebens gegen das Denken. Unter dem Titel „Projektunterricht- Ein Stück Antiaufklärung" in: Wiener Lehrer, Heft 9/1987.

„Offenheit" - aber welche? Originalbeitrag

Die Ritter von der harmonischen „Gestalt" - Eine Polemik gegen das „Lernen mit allen Sinnen". Originalbeitrag.

Reinheit und Vermischung. Originalbeitrag.

Die Umerziehung des Lehrkörpers. Originalbeitrag.

Bokanowskys Problem. In: Vierteljahresschrift für wissenschaftliche Pädagogik, Heft 4/1992.

Allgemeine Pädagogik in Forschung und Lehre. Originalbeitrag.

Von der normativen zur skeptischen Pädagogik - Ein Bericht. Gekürzte Fassung eines Beitrages in: Gertrude Brinek/Alfred Schirlbauer (Hg.), Pädagogik im Pluralismus. Wien 1993.

Textnachweise

Die Moralpredigt

Sprache und Geist der Reform. Anmerkungen zur Pädagogik des frühen 20. Jahrhunderts. In: Der Spitzer (SPZ-INFO), Heft 4/ 1997. Hg. Arbeitsgemeinschaft Sonderpädagogischer Zentren.

Guter Unterricht ist Unterricht, in dem Verstehen gelehrt wird. Vortrag beim Symposion „Guter Unterricht – Was ist das?" an der Pädagogischen Akademie der Erzdiözese Wien im Oktober 1997. In: Freund, Josef/ Gruber, Heinz/ Weidinger, Walter (Hg.): Guter Unterricht – Was ist das? Wien 1998.

Vom Verschwinden des Lehrers und seiner Epiphanie. Vorgetragen im Herbst 1997 beim Bayerischen Lehrertag und beim Salzburger Symposion „Innere Schulreform". In: Wenger-Hadwig, Angelika (Hg.): Der Lehrer – Hoffnungsträger oder Prügelknabe der Gesellschaft. Innsbruck 1998.

Humanes Lernen – eine Mogelpackung. Bilanz und Kritik reformpädagogischer Unterrichtsmethoden. In: Felten, Michael (Hg.): Neue Mythen in der Pädagogik. Warum eine gute Schule nicht nur Spaß machen kann. Donauwörth 1999.

Distanz als didaktische Theorie. Bemerkungen zum Mußecharakter von Schule. Vorgetragen beim interdisziplinären Symposion der SODALITAS zum Thema „Zeit" (August 1998). In: Sigot, Ernst (Hg.): Otium – Negotium. Wien 2000.

Disziplin. Bemerkungen zum heimlichen Ziel aller Erziehung. Vortrag beim Symposion „Interdisziplinäre Aspekte militärischer Führung" an der TherMilAk Wiener Neustadt 1998 und beim Salzburger Symposion „Innere Schulreform" 1998. In: Wenger-Hadwig, Angelika (Hg.): Schule zwischen Disziplin und Freiheit. Innsbruck 2000.

Die Moralpredigt. Invektiven zum Ethikunterricht. In: Helmer, Karl/ Meder, Norbert/ Meyer-Drawe, Käte/ Vogel, Peter (Hg.): Spielräume der Vernunft. Jörg Ruhloff zum 60. Geburtstag. Würzburg 2000.

Werterziehung oder Erziehung durch Unterricht? Vorgetragen beim Salzburger Symposion „Innere Schulreform" 2000. In: Wenger-Hadwig, Angelika (Hg.): Europäische Wertegemeinschaft. Innsbruck 2001. Pädagogik und Anthropotechnik. Oder: Hat Peter Sloterdijk der Pädagogenzunft etwas zu sagen? Vortrag beim Pfingstsymposion Salzburg/Maria Plain 2000. In Vierteljahrsschrift für wissenschaftliche Pädagogik. Heft 4/ 2000.

Paideia – Tochter des Polemos. Perspektiven einer Pädagogik der Konkurrenz. Vortrag beim Philosophicum Lech/ Arlberg „Der Vater aller Dinge" im Herbst 2000. Unter dem Titel „Die Lehren des Krieges. Perspektiven einer Pädagogik der Konkurrenz" in: Liessmann, Konrad P. (Hg.): Der Vater aller Dinge. Nachdenken über den Krieg. Wien 2001.

Bildungslügen. Über pädagogische Illusionen. Vortrag beim Philosophicum Lech/ Arlberg „Der Wille zum Schein – Über Wahrheit und Lüge" im Herbst 2004. In: Liessmann, Konrad Paul (Hg.): Der Wille zum Schein – Über Wahrheit und Lüge. Wien 2005.

Lernen und Bildung im Übergang von der Disziplinar- zur Kontrollgesellschaft. Vortrag bei der WBS-Stadtekonferenz „Schuleintritt und Kinderwirklichkeit" im Juni 2004.

Alle weiteren aufgenommenen Textnachweise, die in Sammelbänden publiziert wurden, entnehmen Sie bitte der o.a. Bibliografie.

GRUNDFRAGEN DER PÄDAGOGIK:
Studien - Texte - Entwürfe

Herausgegeben von der Alfred-Petzelt-Stiftung

www.ingramcontent.com/pod-product-compliance
Lightning Source LLC
LaVergne TN
LVHW092009050326
832904LV00002B/27